Otto A. Böhmer

Lichte
Momente

Für Christel und Mareike

Inhalt

»Der entscheidende, der eigentlich aufschlussreiche Moment im Leben eines Menschen ist der, in dem die disparaten Elemente, die er in sich trägt, die zerstreut und unverbunden in ihm herumliegen, plötzlich zu einem unsichtbaren Kristall zusammenschießen, der nie mehr aufzulösen ist, von dessen harter, spürbarer, ja schmerzlicher Form alles bestimmt sein wird, was er je unternimmt. Von diesem inneren Kristall wird er sich nie mehr befreien können, und ob er durch ihn scheitern wird oder ihm schließlich entspricht, wird sich erst sehr spät, manchmal sogar lange nach seinem Tod erweisen, nämlich dann, wenn Sinn oder auch Unsinn seines Werks anderen aufgeht. Dieser Moment kann blitzartig sein, er kann sich aber auch zu Jahren dehnen.«

Elias Canetti

Vorwort

Als der Philosoph Friedrich Nietzsche in den Erinnerungen suchte, die ihm Klarheit eingaben über den schicksalhaften Verlauf seiner Existenz, fiel ihm eine Begebenheit ein, die sich im Hochgebirge zugetragen hatte. Von einem eher unspektakulären Aussichtspunkt, der leicht zu übersehen war, schaute er ins Tal: »Ich sah hinunter, über Hügel-Wellen, gegen einen milchgrünen See hin, durch Tannen und altersernste Fichten hindurch: Felsbrocken aller Art um mich, der Boden bunt von Blumen und Gräsern. ... alles in Ruhe und Abendsättigung. Links Felsenhänge und Schneefelder über breiten Waldgürteln, rechts zwei ungeheure beeiste Zacken, hoch über mir, im Schleier des Sonnenduftes schwimmend, – alles groß, still und hell. Die gesamte Schönheit wirkte zum Schaudern und zur stummen Anbetung des Augenblicks ihrer Offenbarung.«

Später hat Nietzsche die Ahnung, die ihn am Berghang überkam, zur Gewissheit erhoben. Ein Bewusstsein wirft sich auf, das zu abwegiger Selbstsicherheit drängt, von der das Realitätsprinzip, bis auf Widerruf, nichts zu befürchten hat. Der »Wanderer« wird ihm zur wiederkehrenden Metapher für das Dasein des Menschen auf Erden. Er geht seines Weges; dabei bleibt er abhängig vom Licht des Tages, in dem man sehen, aber auch geblendet werden kann. Nietzsche, der am Ende seines bewussten Lebens eingestand, er sei »des Tages müde, krank vom Licht«, legte Wert darauf, den Helligkeitsabstufungen der Tageszeiten unterschiedliche Erkenntnisleistungen zuzusprechen. Was ihm in den Bergen zuteilgeworden war, nahm er aus den frühen Abendstunden mit hinüber in den nächsten hellen Tag. Dort wurde es zur »Philosophie des Vormittags«, einer Vorstufe des Wissens, das sich belohnt glaubt im Vollzug unmittelbarer Einsichtigkeit, die aus den Dingen selbst erwächst: »So mag es ... dem Wanderer ergehen, aber dann kommen, als Entgelt, die wonnevollen Morgen anderer Gegenden und Tage, wo ... ihm nachher, wenn er still, in dem Gleichmaß der Vormittagsseele, unter Bäumen sich ergeht, aus deren Wipfeln und Laubverstecken heraus lauter gute und helle Dinge zugeworfen werden, die Geschenke aller jener freien Geister, die in Berg, Wald und Einsamkeit zu Hause sind und welche, gleich ihm, in ihrer bald fröhlichen, bald nachdenklichen Weise, Wanderer und Philosophen sind. Geboren aus den Geheimnissen der Frühe, sinnen sie darüber nach, wie der Tag zwischen dem zehnten und zwölften Glockenschlage ein so reines, durchleuchtetes, verklärt-heiteres Gesicht haben könne: sie suchen die Philosophie des Vormittages ...«

Was im sanften Licht des Vormittags noch wie ein heiteres Gedankenspiel anmutet, reift in der Helle des Mittags zur endgültigen Einsicht. Die Zeit scheint stillzustehen; die Gestalten des Lebens sind weder alt noch jung, und das, was ist, rechtfertigt sich im Licht des Bestehenden. Die Wahrheit, die dem Menschen nun zugemutet wird, rührt an das Innerste seines Daseins; sie ruht in sich selbst und bewahrt ihre eigene Begründung. Nietzsche spricht von der Helle des Mittags wie von jener Klarsichtigkeit, die manche Menschen im Angesicht des Todes befällt: Das Vergangene zählt nicht mehr, die Gegenwart stirbt dahin, und die Zukunft ist ein leeres Blatt. Eine solche Gewissheit kann als Glück begriffen werden, das nicht mehr auf Erfüllung aus sein muss, sondern dem Lebenstraum zugeneigt bleibt: »Wem ein tätiger und stürmereicher Morgen des Lebens beschieden war, dessen Seele überfällt um den Mittag des Lebens eine seltsame Ruhesucht ... Es wird still um ihn, die Stimmen klingen fern und ferner; die Sonne scheint steil auf ihn herab. Auf einer verborgenen Waldwiese sieht er den großen Pan schlafend; alle Dinge der Natur sind mit ihm eingeschlafen, einen Ausdruck von Ewigkeit im Gesichte … Er will nichts, er sorgt sich um nichts, sein Herz steht still, nur sein Auge lebt, – es ist ein Tod mit wachen Augen. Vieles sieht da der Mensch, was er nie sah, und soweit er sieht, ist alles in ein Lichtnetz eingesponnen und gleichsam darin begraben. Er fühlt sich glücklich dabei, aber es ist ein schweres, schweres Glück. – Da endlich erhebt sich der Wind in den Bäumen, Mittag ist vorbei, das Leben reißt ihn wieder an sich, das Leben mit blinden Augen, hinter dem sein Gefolge herstürmt: Wunsch, Trug, Vergessen, Genießen, Vernichten, Vergänglichkeit …«

Die Erkenntnis, die Nietzsche in der Helle des Mittags gewann, lässt sich über ihren Anlass hinaus haltbar machen; was in ihr anklingt, ist eine Ahnung, die für ganze Lebensabschnitte individuelle Gültigkeit beanspruchen kann: Der lichte Moment nämlich, die Offenbarung des Augenblicks, lässt sich verlängern und wird zur mutmaßlichen Einsicht in das, was kommt. Wir meinen dies an uns selbst beobachten zu können: Im Dasein jedes Menschen gibt es, so kann man behaupten, Episoden des ruhigen Gelingens, in denen sein Leben sich der ihm zugedachten Ordnung fügt. Eine denkwürdige Gewissheit macht sich bemerkbar, in deren Glanz die gehegten Erwartungen Wirklichkeitsansprüche anmelden dürfen. Wer in der Lage ist, sein Leben wie ein wohlwollender Beobachter zu betrachten, wird feststellen, dass es immer wieder Phasen des Neubeginns gibt, die, zumindest in der nachträglichen Wertung, als eminent wichtig erscheinen und einer Läuterung gleichkommen. Man ist sich fast sicher, dass eine andere Zeit begonnen hat – eine Zeit des phantastischen Gelingens, die auch mit Fehlschlägen auskommen kann. Ein solches Wissen ist wie ein neues Leben, es steht im schönen Schein, der eine Vielzahl von Möglichkeiten anbietet, die man nutzen darf. Als Weltanschauung wirft der schöne Schein Glanz ab; er gibt das Licht, in dem Dichter und Denker heimfinden und den großen Wurf wagen. Im schönen Schein nimmt der erfüllte Augenblick Gestalt an; aus einer Eingebung wird, wie es Ulrich, die Hauptfigur in Robert Musils Roman *Mann ohne Eigenschaften* beschreibt, eine Idee: »Denn eine Idee: das bist du; in einem bestimmten Zustand. Irgend etwas haucht dich an; wie wenn in das Rauschen von Saiten plötzlich ein Ton kommt; es steht etwas vor dir wie eine Luft-Spiegelung; aus dem Gewirr deiner Seele hat sich ein unendlicher Zug geformt, und alle Schönheiten der Welt scheinen an seinem Wege zu stehn. Das bewirkt oft eine einzige Idee. Aber nach einer Weile wird sie allen anderen Ideen, die du schon gehabt hast, ähnlich, sie ordnet sich ihnen unter, sie wird ein Teil deiner Anschauungen und deines Charakters, deiner Grundsätze oder deiner Stimmungen, sie hat die Flügel verloren und eine geheimnisvolle Festigkeit angenommen.«

Dabei macht der Zündflug des Gedankens das Wesen der Inspiration (lat. »Einatmung«, »Einhauchung«) aus: Er trifft, trifft zu, und man darf sich aufs Trefflichste erleuchtet fühlen. Wer das Glück hat, inspiriert zu sein, wird ergriffen: »Man zog ein Gesicht dazu wie zu einem Gebet, und hielt den Schritt an«, schreibt Nietzsche in der *Fröhlichen Wissenschaft*, »ja man stand stundenlang auf der Straße still, wenn der Gedanke ›kam‹ ... So war es der Sache ›würdig‹.«

Lichte Momente sind unterschiedlich intensiv, so wie auch die Gefühle, die uns zusetzen, unterschiedlich intensiv sind. Entsprechend fallen die Wertungen aus, die wir mit ihnen verbinden; wir hätten es gern ergreifend, haben jedoch auch Angst davor und sind zuletzt froh, wenn wir es überhaupt noch schaffen fortzukommen von den gewöhnlichen Beschwernissen, vom unspektakulären Lasten- und Leidensdruck, vom Missmut des Positiven, und sei es nur für den einen erfüllten Augenblick, der vorgesehen ist für das absolute Genügen, für Entrückung und Klarsichtigkeit ohne Ich.

In der Geistesgeschichte waren es meist die großen Erleuchtungen, die von sich reden machten; leidenschaftliche Zumutungen, Blitzeinschlag im Kopf, Einflüsterungen auf Dauer und Widerhall, die das Wahre, »das Licht einer wunderbaren Einsicht« (Descartes), erahnen ließen. »Eine wahrhaft beglückende, entrückende, zweifellose und gläubige Inspiration«, glaubt der Teufel in Thomas Manns

Doktor Faustus versprechen zu können, »eine Inspiration, bei der es keine Wahl, kein Bessern und Basteln gibt, bei der alles als seliges Diktat empfangen wird, der Schritt stockt und stürzt, sublime Schauer den Heimgesuchten von Scheitel zu den Fußspitzen überrieseln, ein Tränenstrom des Glücks ihm aus den Augen bricht.« Eine solch massive, vor Gedankengewalt nicht zurückschreckende Einwirkung hatte schon Nietzsche, von dem Thomas Mann bekanntlich viel hielt, der Inspiration zugeschrieben und damit vor allem sich selbst gemeint: »Man hört nicht, man sucht nicht«, heißt es in *Ecce Homo*, »man nimmt, man fragt nicht, wer da gibt; wie ein Blitz leuchtet ein Gedanke auf, mit Notwendigkeiten, in der Form ohne Zögern – ich habe nie eine Wahl gehabt … Alles geschieht im höchsten Grade unfreiwillig, aber wie in einem Sturme von Freiheits-Gefühl, von Unbedingtsein, von Macht, von Göttlichkeit … Es scheint wirklich …, als ob die Dinge selber herankämen und sich zum Gleichnisse anböten.«

Die lichten Momente, von denen wir in unserem Buch berichten, fallen allerdings eher unspektakulär aus; sie ergeben sich wie beiläufig und sind, bei geneigter Betrachtung, oft erst im Rückblick zu erkennen, so dass wir sie, zusammengefasst und im Nachklang, als Lebensgeschichten erzählen können, die wechselndes Personal aufbieten, aber eben auch das Positive und Grundvertraute ansprechen, in dem wir uns wiedererkennen: »Wir werden angeweht von einem fremden, vertrauten, uns einleuchtenden Geist«, schreibt die Dichterin Brigitte Kronauer. »Es gibt im glücklichsten Fall einen Kurzschluss wie in der Liebe zwischen zwei Individuen, die bisher ganz gut ohne einander ausgekommen sind und sich auf einmal fragen, wie sie das so lange geschafft haben. Noch in den scheinbar beliebigsten Abschweifungen und düstersten Assoziationen spüren wir eine Bezauberung, eine Zuversicht, die Fatalität des Lebens durch deren Formulierung besiegen zu können.«

Die säumenden Jahre des Lebens
Platon und der Feuerfunke

Manchmal muss man zurück, noch ehe es überhaupt losgeht. Der Philosoph Platon, ein Großmeister seiner Zunft, der in der Philosophie für vieles steht, aber sicher nicht für die Entdeckung der Leichtigkeit des Seins, war, bevor er sich zum Philosophen bilden ließ, ein veritabler Dichter. Davon wollte er später, als er den Rang einnahm, den ihm die Geschichtsschreiber der Philosophie bis heute zusprechen, nichts mehr wissen: Er erklärte seine frühere Beschäftigung mit der Dichtkunst, bei der poetische Bilder abfielen, die, obwohl sie Bruchstücke blieben, etwas Unerhörtes hatten, zum Irrweg, ja zu einem unentschuldbaren Fehltritt, über den der Mantel des Schweigens zu legen sei. Dabei war Platon, soweit wir das beurteilen können, kein schlechter Dichter, im Gegenteil: Er hat uns 33 Epigramme hinterlassen, die allesamt etwas von der dunklen Seite des Lebens anklingen lassen, jenen rätselhaften und unzugänglichen Mächten, mit denen der nachmalige Philosoph, der dann geradezu unerbittlich auf die lichte Ideenwelt setzte, nicht mehr viel anfangen konnte. Er blendete aus, was ihn störte, und hielt sich stattdessen an das bis heute bewährte, wenn auch immer wieder in Frage gestellte Diktum, dass nicht sein kann, was nicht sein darf. In seinen Gedichten indes gesteht sich der junge Platon Sehnsüchte ein, die auch daher rühren, dass wir im Leben niemals recht ankommen: Noch aus den gelungensten Momenten werden wir wieder fortgerissen, so dass es wohl kein Glück gibt, das sich halten ließe. Allenfalls kommt eine Ahnung auf, dass es der Flug des Gedankens ist, der den erfüllten Augenblick umkreist, auch wenn der längst auf dem Rückzug ist oder sich in unbekannte Sphären abgesetzt hat, die wir überall vermuten dürfen, bevorzugt aber im Himmel: »Schaust nach den Sternen empor, mein Stern. O wär ich mit tausend Augen/ der Himmel, ich sähe nieder mit ihnen auf dich.«

Die Inspiration, die Platon zuteilwurde und aus Sicht der Literatur wohl eher als Negativerlebnis zu werten ist, weil es einen bis dahin erfolgversprechenden Dichter zur spontanen Umschulung veranlasste, hatte einen Namen: Sokrates. Dieser Philosoph war in Athen ein berühmter Mann, der die hohe Kunst der Nachdenklichkeit im Stil eines umtriebigen Moderators betrieb. Er schien nichts anderes zu tun zu haben, als seine Mitbürger in lästige Grundsatzgespräche zu verwickeln. Wer darauf keine Lust hatte, tat besser daran, bei seinem Anblick die Flucht zu ergreifen, wofür es aber, spätestens wenn der Philosoph sein Gegenüber freundlich angesprochen hatte, meist schon zu spät war. Sokrates verstand sich darauf, unverfängliche Fragen zu stellen. Die Antworten, die er erhielt, nahm er wohlwollend zur Kenntnis, knüpfte daran aber sogleich weitere Fragen, die dazu gedacht waren, einen bestimmten Gedankengang, den der Philosoph anscheinend immer schon vorher parat hatte, voranzubringen und weiterzuführen. Wissen, so machte Sokrates deutlich, kommt nur dann zustande, wenn man es durch gemeinsame Anstrengung aus der Beliebigkeit holt und auf den Stand ernsten Bedenkens hebt.

Platon, geboren um 425 v. Chr., begegnete Sokrates erstmalig im vergleichsweise zarten Alter von dreizehn Jahren. Welche unmittelbare Folgewirkung dieses Zusammentreffen hatte, ist nicht überliefert; es lässt sich jedoch vermuten, dass ein tiefgreifender Eindruck entstand, der den Knaben Platon, dem man ohnehin einen Hang zur Altklugheit nachsagte, nicht mehr losließ. So kam es, dass die zweite Begegnung zwischen Platon und Sokrates, die, den Chronisten zufolge, sieben Jahre später stattfand, zu einem einschneidenden Erlebnis werden konnte, das beizeiten vorbereitet worden war. Sokrates stand inmitten einer Gruppe von jungen Müßiggängern und führte das philosophische Wort, als Platon hinzustieß, der damit, ohne es zu wissen, seinen Abschied als Dichter vorbereitete. Es war wohl so etwas wie Liebe auf den ersten Blick: Platon sah den Philosophen, hörte, was der weise Mann sagte, und glaubte zu wissen, dass er seinem Leben von nun an ein ganz anderes Gewicht verleihen musste. Der freie Flug des Gedankens, der, für die Poesie genutzt, noch die entlegensten Gegenstände miteinander verbinden konnte, so dass alles auf anrührende Weise zu der einen Heimat des Menschen auf Erden zu gehören scheint, bekam nun Ziel und Richtung vorgegeben: Platon nämlich, so zeigte sich, war kein Freund von Halbherzigkeiten, er betrieb das philosophische Geschäft, das er spät, aber nicht zu spät übernommen hatte, mit dem Sendungsbewusstsein des nachhaltig Bekehrten. Das konnte auch Sokrates nicht verborgen bleiben, dem, folgt man etwa dem Bericht des Philosophiegeschichtsschreibers Diogenes Laertios, bildhaft vor Augen geführt wurde, dass er sich keinen Nachfolger mehr zu suchen brauchte, denn der war schon da: »Es geht die Erzählung, Sokrates habe geträumt, er halte auf seinem Schoße das Junge von einem Schwan, das alsbald befiedert und flugkräftig geworden, in die Lüfte emporgestiegen sei mit schallenden Jubeltönen; und tags darauf sei ihm Platon vorgeführt worden; da habe er gesagt, dies sei der Vogel. Seine philosophischen Studien betrieb (Platon) zunächst in der Akademie, dann in dem Garten am Kolonos ... Als er dann mit einer Tragödie in den Wettbewerb eintreten wollte, verbrannte er, des Sokrates Mahnungen folgend, seine Dichtungen vor dem Dionysischen Theater ... Von da ab war er ununterbrochen des Sokrates Hörer.«

Das Lehrer-Schüler-Verhältnis, das zwischen Sokrates und Platon bestand, währte acht Jahre; es erwies sich als fruchtbar und spannungsfrei. Keineswegs spannungsfrei indes ging es im athenischen Staatswesen zu: Nach dem Peloponnesischen Krieg, der mit dem

Sieg der Spartaner endete, übernahmen in Athen dreißig Aristokraten die Macht. Unter ihnen waren einige Verwandte des jungen Platon, der selbst aus einer reichen und einflussreichen Familie stammte. Die Hoffnungen, die er auf die neuen Machthaber setzte, wurden jedoch enttäuscht; er musste erkennen, dass Realpolitik eigenen Gesetzmäßigkeiten folgt und ein Beharrungsvermögen an den Tag legt, dass sich mit den löblichen Idealen, die ihr entgegengehalten werden, nicht vereinbaren lässt – eine Erkenntnis, die er in der Folge noch öfter machen musste. Im siebenten seiner Briefe, dem bedeutendsten autobiographischen Zeugnis, das uns erhalten geblieben ist, heißt es: »Ich glaubte nämlich, sie (die Dreißig) würden den Staat so verwalten, dass sie aus einem Zustande der Ungerechtigkeit zu einer gerechteren Lebensweise ihn hinführten, so dass ich mit großer Spannung erwartete, was sie ausrichten würden. Da ich nun aber sah, dass diese Männer in kurzer Zeit die frühere Verfassung als eine goldene erscheinen ließen, unter anderem einen mir befreundeten älteren Mann, den Sokrates, den ich fast unbedenklich für den gerechtesten aller damals Lebenden erklären möchte, nebst andern nach einem Bürger aussandten, um diesen mit Gewalt seiner Hinrichtung entgegenzuführen, damit jener, ob er nun wolle oder nicht, an ihrem Tun sich beteilige; er aber gab ihnen kein Gehör und setzte sich lieber der äußersten Gefahr aus, als dass er an ihrem frevelhaften Treiben teilnahm; – da ich das alles … sah, da erfüllte es mich mit Unwillen, und ich selbst zog mich von dem damaligen schlechten Regimente zurück.«

In der von Intrigen und Machtkämpfen geprägten Atmosphäre des Stadtstaates Athen hatte sich eine Opposition gegen das mit dem Namen Sokrates verbundene freie Philosophieren aufgebaut, von dem behauptet wurde, es trage zur verderblichen Meinungsbildung bei und untergrabe die ohnehin nur noch mühsam aufrechterhaltenen sittlich-religiösen Fundamente des Gemeinwesens. Der Philosoph schien die Gefahr, die ihm drohte, nicht sehen zu wollen, er philosophierte ungerührt weiter. So kam es, wie es kommen sollte: Seine Gegner stellten ihn unter Anklage, ein an sich schon unerhörter Vorgang, den der Philosoph jedoch so gelassen zur Kenntnis nahm, als ginge es nur darum, eine neue Antwort auf alte Vorwürfe zu finden. Dass sein Fall längst dem Geltungsbereich gepflegter Gesprächskultur entzogen worden war und zu einer Entscheidung über Leben und Tod führen würde, ahnte er zwar, fühlte sich aber dadurch erst recht aufgefordert, ein letztes Mal Unerschrockenheit und Standfestigkeit vorzuführen. Sokrates wurde der Prozess gemacht, man verurteilte ihn zum Tode. Über sein Ende berichtet Platons Dialog *Phaidon*: »Sokrates aber sagte: Was macht ihr doch, ihr wunderbaren Leute! Ich habe vorzüglich deswegen die Weiber weggeschickt, dass sie dergleichen nicht begehen möchten; denn ich habe immer gehört, man müsse stille sein, wenn einer stirbt. Also haltet euch ruhig und wacker. Als wir das hörten, schämten wir uns und hielten inne mit Weinen. Er aber ging umher, und als er merkte, dass ihm die Schenkel schwer wurden, legte er sich gerade hin auf den Rücken ... Bald darauf zuckte er, und seine ... Augen waren gebrochen ... Dies, o Echekrates, war das Ende unseres Freundes, der unserm Urteil nach von den damaligen, mit denen wir es versucht haben, der trefflichste war, und auch sonst der vernünftigste und gerechteste.«

Nach der Hinrichtung seines Lehrers begab sich Platon auf Reisen. Er besuchte die griechischen Kolonien im Mittelmeerraum und betätigte sich als Erzieher reicher Herrschersöhne, war dabei aber wenig erfolgreich. Er kehrte nach Athen zurück und eröffnete vor den Toren der Stadt, im ehemals Heiligen Bezirk, eine Privatuniversität, an der er seine eigene Philosophie lehrte, von der er, in aller Bescheidenheit, behauptete, sie diene nicht nur dem Wissen, sondern habe auch, wenn sie denn nur systematisch genug betrieben werde, die Ausbildung klügerer, ja sogar: besserer Menschen zur Folge. Fünfzehn Jahre, so schrieb Platon in seinem Hauptwerk *Politeia*, solle die von ihm befürwortete Ausbildung zum Elitephilosophen dauern; zwei Drittel der Zeit seien für den Unterricht in Mathematik und Naturwissenschaften zu rechnen, der Rest diene der Einübung in die eigentliche Philosophie, von der er nichts Geringeres erwartete als die dialektisch begründete Zusammenschau aller Erkenntnisse vor dem Hintergrund der unvergänglichen Wesensformen allen Wissens, der Ideen: »Wer zur Zusammenschau fähig ist, ist dialektisch; wer nicht, ist es nicht ... Hierauf also, sprach ich, wirst du achten müssen, und welche unter« den Schülern »dieses am meisten sind und beharrlich im Lernen, beharrlich auch im Kriege und in allem Vorgeschriebenen, diese wiederum, wenn sie dreißig Jahre zurückgelegt haben, aus den Auserwählten auswählen und zu noch größeren Ehren erheben, um, indem du sie in der Dialektik prüfst, zu sehen, wer von ihnen Augen und die andern Sinne fahrenlassend auf das Seiende selbst und die Wahrheit loszugehen vermag.«

Der Elite-Philosoph, wie ihn Platon sich vorstellte, hat zu Recht wenig Beifall gefunden. Sein Konzept eines vorgeblich besseren Wissens, das vermessen genug war, eine Herrschaft der Philosophen errichten zu wollen, steht bis heute unter Totalitarismusverdacht. Platons Lehrer Sokrates, der ihn von der Literatur weggelockt und zur Philosophie gebracht hat, wäre über solchen Verdacht wohl erhaben gewesen. Er überlebte in den Schriften seines bedeutendsten Schülers und war dort für eine Freiheit des Denkens zuständig, die Platon selbst, der seiner Sache sicher war und zur Unduldsamkeit neigte, zunehmend für entbehrlich hielt. Ein Erweckungserlebnis, wie es ihm widerfahren war, als er Sokrates kennenlernte, hielt er dennoch für wiederholbar; warum sollte nicht auch anderen jungen Menschen ein Licht aufgehen, wenn die Voraussetzungen stimmen und sie entsprechend vorbereitet sind: »Vermöge der langen Beschäftigung mit dem Gegenstande und dem Sichhineinleben, wie ein durch einen abspringenden Feuerfunken plötzlich entzündetes Licht in der Seele sich erzeugt und dann durch sich selbst Nahrung erhält, weiß ich, dass ich, wenn ich es ausspräche oder niederschriebe, auf das sorgfältigste es tun und es mir gewiss vor allen andern leid sein würde, wäre es schlecht abgefasst. Ergäbe sich mir aber, dass es sich in einer der Mehrzahl verständlichen Weise niederschreiben und aussprechen ließe, was könnte dann von uns im Leben Schöneres geschehen, als etwa den Menschen zu großem

Heile Gedeihendes niederzuschreiben und das Wesen der Dinge für alle an das Licht zu ziehen?«

Der Tonfall leichter, sich selbst genügender Heiterkeit, den man aus einer solchen Absichtserklärung heraushören mag, war Platon ansonsten eher fremd. Er galt nicht gerade als Erfinder des Frohsinns: Diogenes Laertios wusste zu berichten, dass der Philosoph in seinem ganzen Leben nie beim Lachen ertappt worden sei. Vielleicht ging er dazu in den Keller seiner Akademie; auf jeden Fall stand ihm der Ernst des Lebens näher als die Leichtigkeit des Seins, für die es ja ohnehin besonderer Talente bedarf, um sie überhaupt wahrnehmen und bedienen zu können. Dass die Spottlust der Menschen sogar vor ihren Vorgesetzten, den Göttern, nicht haltmachte, erschien Platon besonders verwerflich: »Es ist unziemlich, allzusehr dem Lachen zugeneigt zu sein, und man kann nicht gutheißen, wenn Homer Verse dieser Art schreibt: ›Unauslöschliches Lachen erregt es den Seligen, keuchend/ Rund um den Saal den Hephaistos als Schenken watscheln zu sehen‹. Ich denke, dass solche Dinge, auch wenn sie wahr sind, Kindern und unreifen Personen nie erzählt werden dürften, sondern es wäre angemessen, sie zu verschweigen oder sie höchstens einer kleinen Zahl von Leuten mitzuteilen, nachdem man den Göttern ein Opfer von seltenem Wert und großen Ausmaßen gebracht hat.«

Das Herzstück von Platons Philosophie ist die Ideenlehre. Die Ideen sind als Urbilder der Erscheinungen zu verstehen: Sie bilden ein eigenes Reich, das nicht von dieser Welt ist, obwohl es mit ihr, notgedrungen, in Verbindung steht, denn sonst gäbe es keine Realität, kein Wissen in dem uns zugänglichen Sinn. Die Erkenntnis des Menschen funktioniert, weil sie, wie eine nicht nachlassende Erinnerung, noch immer an den Ideen teilhat. So wissen wir, dank des geheimnisvollen Anklangs der Ideen, immer mehr, als wir wissen, und schauen auch im Neuen auf das, was immer war: »Ich meine … gar nichts Neues und fange davon an, dass ich voraussetze, es gebe ein Schönes an und für sich, und ein Gutes und Großes und so alles andere … So verstehe ich denn gar nicht mehr und begreife nicht jene anderen gelehrten Gründe; sondern wenn mir jemand sagt, weswegen irgendetwas schön ist, entweder weil es eine blühende Farbe hat oder Gestalt oder sonst etwas dieser Art, so lasse ich das andere – denn durch alles übrige werde ich nur verwirrt gemacht – und halte mich ganz einfach und kunstlos und vielleicht einfältig bei mir selbst daran, dass nichts anderes es schön macht als eben jenes Schöne ...«

Nimm und lies!

Augustinus und der Augenblick höchster Gewissheit

Eine der bekanntesten Erleuchtungen, die wir aus der Geistesgeschichte kennen, überkam im Sommer des Jahres 386 n.Chr. den späteren Kirchenvater Aurelius Augustinus. Die »Bekehrung«, über die er im gleichnamigen achten Kapitel seines Buches *Bekenntnisse* berichtet, hat so, wie Augustinus sie beschrieb, wohl eher nicht stattgefunden. Seine Darstellung des Vorgangs ist ein Musterbeispiel stilisierter Rückschau, in der das Wesentliche auf die Eingebung konzentriert wird, welche jahrelange geistige Kämpfe, Ängste und Zweifel zusammenfasst und zu einer Art Palastrevolte der Gedanken im Kopf erklärt, die den endgültigen Umsturz bringt und Gott als den heimlichen Strategen erkennen lässt, der sich, nicht ohne die eine oder andere Seelenlist anzuwenden, der Dienste eines von ihm Auserwählten versichert. Bevor es dazu kommt, hat der Auserwählte allerdings einige Prüfungen zu bestehen, die sich im Nachhinein als Vorbereitung für die entscheidende Examination deuten lassen.

Augustinus kam im Jahre 354 n.Chr. in Afrika zur Welt. Der Ort des Geschehens war die Kleinstadt Tagaste, die heute Souk-Ahras heißt und in Algerien liegt. Er stammte aus einer Kleinbürgerfamilie: Der Vater Patricius stand in öffentlichen Diensten, besaß etwas Land und einen gemäßigten Ehrgeiz; die Mutter Monnica war Christin, willensstark bis zur Starrsinnigkeit und vom rechten Gottesglauben mehr als überzeugt. Zeit ihres Lebens versuchte sie, andere Leute zu bekehren: zuerst den Ehemann, der wacker dagenhielt, dann Freunde und Nachbarn, die sich irritiert zeigten, und schließlich – als wahrhaft lohnendes Opfer – den Sohn, der von ihr auf einen Weg gebracht wurde, von dem es, als es so weit war, keine entscheidenden Abweichungen mehr geben sollte. Augustinus ging im benachbarten Madaura zur Schule, dort begann er auch mit dem Studium, das er dann in Karthago, der Hauptstadt des römischen Afrika, fortsetzte. Mit 19 las er den *Hortensius*, eine (später verlorengegangene) Programmschrift des Philosophen Cicero, der, inspiriert vom bereits etwas vergesslich gewordenen griechischen Geist, die Philosophie auf ehrwürdige Weise zu popularisieren verstand. Seine Aufforderung, *Weisheit* nicht nur zu suchen, sondern, wenn möglich, auch zu *lieben*, hat Augustinus ernst genommen. Er studierte Rhetorik, ein Fach, das sich in der Antike nicht auf feinsinnige Redekunst beschränkte, sondern als anspruchsvolle Bildungswissenschaft betrieben wurde. Augustinus las die lateinischen Klassiker; mit dem Griechischen kam er indes nicht so gut zurecht. Er wurde städtischer Rhetoriklehrer in Karthago, womit er zwar ein Auskommen hatte, das jedoch keine großen Sprünge erlaubte. In Karthago lernte er auch seine Freundin Floria kennen, jenes geheimnisvolle Geschöpf – das in der späteren Philosophiegeschichte eine verhuschte Existenz als »Konkubine« zugewiesen bekam –, mit der der damals noch nicht so heilige Mann immerhin fünfzehn Jahre zusammenlebte und einen Sohn hatte, der auf den schönen Namen Adeodatus (»der von Gott Gegebene«) hörte.

Augustinus scheint die Spielarten der Liebe gekannt zu haben; es wird berichtet, dass er zu jener Zeit kein Kind von Traurigkeit war. Dass er dennoch nicht zum Genussmenschen wurde, lag auch an der seiner Mutter geschuldeten christlichen Erziehung; sie glaubte »die Sünden der Fleischeslust« zu kennen und wusste damit die hartnäckigsten Schuldgefühle zu verbinden. Mit Floria ging Augustinus nach Rom, versuchte sich dort wieder als Rhetoriklehrer, wobei seine Einkünfte noch etwas kümmerlicher wurden, denn die Studenten waren Selbstzahler und legten dabei eine ausgesprochen schlechte Zahlungsmoral an den Tag. Schließlich machte Augustinus doch noch einen Karrieresprung: Er wurde nach Mailand berufen, der damaligen Kulturhauptstadt des Römischen Reiches. Dort amtierte er als Erster Redner am kaiserlichen Hof. Er studierte die Schriften des Mailänder Bischofs Ambrosius, der ihm eine Existenz vorführte, in der weltliche und geistliche Macht scheinbar problemlos ineinandergriffen. Ambrosius war zudem ein Schriftgelehrter von Format: Er brachte die christliche Glaubensbotschaft mit der griechischen Philosophie zusammen und formte daraus einen Wahrheitsanspruch, der dem noch immer etwas zögerlichen Augustinus überzeugend erschien. Dieser, der zuvor bei den Manichäern, einer christlichen, an strenger Zweiteilung zwischen Licht und Dunkel, Gut und Böse geschulten Sekte, mitgewirkt hatte, sah sich nun als Christ, der auf dem Weg zu seinem Gott war.

Seine resolute Mutter Monnica, die während all der Jahre nicht lockergelassen hatte, tat ein Übriges: Sie redete dem Sohn seine Floria aus, die nach Afrika zurückgeschickt wurde. Stattdessen sollte er ein junges Mädchen aus besseren Kreisen heiraten, was allerdings Schwierigkeiten bereitete: Zum einen scheint Augustinus Floria doch mehr vermisst zu haben, als es Monnica recht sein konnte; zum andern gab sich die neuerwählte Braut unerwartet spröde, so dass es nur zu einer Verlobung langte, die dann sang- und klanglos aufgelöst wurde. Das Leben des Augustinus hatte zwischenzeitlich jedoch ohnehin eine Kehrtwendung genommen, die Mutter Monnica in höchste Genugtuung versetzte – ihr Sohn war auf wundersame Weise erleuchtet worden. Bevor sich jedoch die Kernbotschaft der Erweckung zu erkennen gab, musste erst einmal ergiebig geweint werden. Augustinus berichtet: »Jetzt aber, da eindringende Betrachtung aus verborgenen Tiefen mein ganzes Elend hervorgezogen und mir vor das Seelenauge gerückt hatte, erhob sich ein gewaltiger Sturm und trieb einen gewaltigen Regenguss von Tränen heran. Ich aber warf mich, weiß nicht wie, unter einem Feigenbaum zur Erde und ließ den Tränen freien Lauf. Sie flossen in Strömen aus meinen Augen. Ein dir gefälliges Opfer, und nicht mit diesen Worten, aber dem Sinne nach sprach ich zu dir: ›Ach du, Herr, wie lange! Wie lange, Herr, willst du so zürnen? Gedenke nicht unserer alten Missetaten!‹ Denn ich fühlte, dass sie es waren, die mich festhielten … So sprach ich und weinte in bitterster Zerknirschung meines Herzens.«

Die Zerknirschung hält jedoch nicht ewig an, irgendwann muss es auch wieder gut sein: Augustinus hat sich seiner »alten Missetaten« erinnert, die, zumindest aus heutiger Sicht, so schlimm nicht waren, er hat Tränen vergossen und wartet nun, ohne seinen Gott ungebührlich bedrängen zu wollen, auf einen Fingerzeig von oben. Der kommt dann auch prompt: »Und siehe, da hörte ich vom Nachbarhause her in singendem Tonfall, ich weiß nicht, ob eines Knaben oder eines Mädchen Stimme, die immer wieder sagt: ›Nimm und lies, nimm und lies!‹ – Sogleich wandelte sich meine Miene, und angestrengt dachte ich nach, ob wohl Kinder bei irgendeinem Spiel so zu singen pflegten, doch konnte ich mich nicht entsinnen, dergleichen je vernommen zu haben. Da ward der Tränen Fluss zurückgedrängt; ich stand auf und konnte mir's nicht anders erklären, als dass ich den göttlichen Befehl empfangen habe, die Schrift aufzuschlagen und die erste Stelle zu lesen, auf die meine Blicke träfen … So kehrte ich schleunigst dahin zurück, wo ich …, als ich fortging, die Schrift des Apostels (hatte) liegen lassen. Ich griff sie auf, öffnete sie und las stillschweigend den ersten Abschnitt, der mir in die Augen fiel: ›Nicht in Fressen und Saufen, nicht in Kammern und Unzucht, nicht in Hader und Neid, – sondern ziehet an den Herrn Jesus Christus und hütet euch vor fleischlichen Gelüsten …‹ – Weiter konnte ich nicht lesen, wollte es auch nicht. Denn kaum hatte ich den Satz beendet, durchströmte mich das Licht der Gewissheit, und alle Schatten des Zweifels waren verschwunden.«

Von nun ist alles anders. Augustinus beginnt mit seinem zweiten Leben. Mit seinem ersten Leben schließt er ab wie einer, der kaum mehr begreifen kann, wie er es überhaupt je hatte führen können. Monnica ist es zufrieden; sie weiß ihren Sohn aufgehoben in Gott, den sie schon länger zu kennen glaubt, und kann nun, da alles wohlgeraten scheint, ihren Abgang von der irdischen Bühne vorbereiten. Auch da spielt ein gründlich bekehrter Augustinus noch einmal mit: Er wird mit einer zweiten Vision bedacht, in der ihm der Tod seiner Mutter als versöhnliches Ereignis erscheint, das den Übergang in eine absolut bessere Welt einleitet. Und auch wenn der Himmel das Ziel ist, lässt sich darüber doch schon auf Erden Verständigung erreichen: »Da führten wir, Aug in Auge, ein herzerquickendes Gespräch … Wir sagten: Wenn in einem Menschen der Lärm des Fleisches schwiege, und es schwiegen auch die Erinnerungsbilder von Erde, Wasser und Luft, wenn auch die Seele vor sich schwiege und selbstvergessen über sich hinauseilte, wenn die Träume schwiegen und alles, was man sich einbilden und erdichten mag; wenn alles so spräche und dann schwiege und nun lauschend das Ohr dem zuwendete, der es erschuf – und wenn dann er allein spräche, so dass wir sein Wort hörten … und im raschen Gedankenflug die ewige, über allem waltende Weisheit berührten, und wenn dies Dauer hätte, so dass das ewige Leben wäre wie dieser Augenblick höchster Erkenntnis, nach dem wir uns gesehnt, ja wäre dann nicht erfüllt, was verheißen ist: ›Gehe ein zu deines Herrn Freude?‹ … Du aber weißt, Herr, dass meine Mutter an jenem Tage, als wir so miteinander redeten und die Welt mit all ihren Freuden jeglichen Reiz für uns verlor, das Wort ergriff und sagte: ›Was denn soll ich noch hier?‹«

Was Geist und Seele zu bieten haben, ist ein kontinuierliches Wunder, das den Menschen, der schon seit längerem meint, über sich selbst aufgeklärt zu sein, zu einer gewissen Ehrfurcht anhalten sollte. Daran dürfen wir uns auch dann erinnern, wenn wir mit Gott, der wohl seine Gründe hat, unerkannt zu bleiben, nicht mehr so viel anzufangen wissen wie Augustinus. »So ist der Geist zu eng, sich selbst zu fassen. Wo aber ist es, was er an Eigenem nicht fassen kann? Ist es etwa außer ihm, nicht in ihm selbst? Wie also fasst er's nicht?

Ein groß' Verwundern überkommt mich da, Staunen ergreift mich über diese Dinge. Und da gehen die Menschen hin und bewundern die Höhen der Berge, das mächtige Wogen des Meeres, die breiten Gefälle der Ströme, die Weiten des Ozeans und den Umschwung der Gestirne – und vergessen dabei sich selbst.«

In der geheimsten Kammer des Herzens
Dante und der Weg ins Licht

Zum Wesen nachhaltiger Inspiration gehört es, dass sie im Verborgenen wirkt und sich allen Festlegungen entzieht. Wer inspiriert werden will, sollte auf das grundsätzlich Mögliche warten, denn der Quell der Inspiration kann sich überall auftun. Er lässt sich nicht orten, ist mal hörbar, mal unhörbar, man kann ihn auf irdischem oder unirdischem Terrain vermuten, ja, er darf auch wie einer von uns erscheinen. Dann wäre die Inspiration Mensch geworden, der mehr ist als das, was man für gewöhnlich mit ihm verbindet. Dem italienischen Dichter Dante Alighieri, dessen *Göttliche Komödie* als eines der überragenden Werke der Weltliteratur gilt, wurde ein solcher Mensch in sein Leben geschickt, eine Fügung, die sich nicht mit einer einmaligen Erscheinung begnügte, sondern einen Lebensweg eröffnete, der, trotz diverser Irrungen und Wirrungen, auf die Erringung höchster Erkenntnisweihen ausgerichtet war.

Die Begegnung, um die es geht, vollzieht sich früh, sogar sehr früh: Am 1. Mai im Jahre 1274 – ganz genau wissen wir es nicht, denn die Datenlage ist aufgrund des zeitlichen Abstandes und poetisch bekränzter Legendenbildung alles andere als gesichert – sieht der gerade mal neunjährige Dante ein gleichaltriges Mädchen. Es heißt Beatrice und wurde ihm vom Himmel geschickt, das weiß er sofort. Mit Beatrice kommt die Macht der Liebe in sein Leben, das von nun an, so sagt es die wissende Rückschau, ein anderes, ein neues Leben ist. *Vita nuova*, das neue Leben, heißt denn auch ein Frühwerk Dantes, das vermutlich um 1292 entstand und von der schicksalsträchtigen Begegnung mit Beatrice erzählt. Schon der Beginn zeigt, dass es sich hier nicht um eine gewöhnliche Herzensangelegenheit handelt, sondern um die Liebe als Himmelsmacht: »Schon zum neunten Mal war seit meiner Geburt der Himmel des Lichtes beinahe zu demselben Punkte wiedergekehrt, und zwar in seinem eigenen Kreislauf, als mir zum ersten Mal die verklärte Herrin meines Geistes erschien, die von vielen, die nicht wussten, wie sie sie nennen sollten, Beatrice genannt wurde. Sie war damals schon so lange in diesem Leben gewesen, dass während ihrer Zeit der Sternenhimmel sich um den zwölften Teil eines Grades gen Osten bewegt hatte, so dass sie ungefähr im Beginn ihres neunten Lebensjahres erschien und ich sie ungefähr zu Ende meines neunten Jahres sah. Sie erschien mir, in ein Gewand von der edelsten Farbe gekleidet, blutrot, bescheiden und ehrbar, gegürtet und geschmückt nach der Weise, die ihrem allerjugendlichsten Alter geziemte. In diesem Augenblick, das kann ich wahrhaftig sagen, begann der Geist des Lebens, der in der geheimsten Kammer des Herzens wohnt, so heftig zu zittern, dass er mir in dem leisesten Pulsen furchtbar erschien; und zitternd sagte er die folgenden Worte: Siehe, ein Gott, der stärker als ich ist und der daherkommt und mich beherrschen wird.«

Beatrice heißt »die Segenspendende«, und tatsächlich ist sie von Anfang an dazu da, dem jungen Dante den Segen höherer Erkenntnis vorzuführen. Dass sie dieses in aller Leibhaftigkeit tun muss, gehört zu unserem irdischen Geschick, das nun mal, dankenswerterweise, vor die vollkommene Abgehobenheit ein endliches Dasein der Sinnenfreude und Sinnenlast stellt. Ihm ist der junge Dante durchaus heftig ausgesetzt gewesen; bevor er sich in jenen Läuterungsweg begibt, der schließlich in die Ewigkeitsankunft der *Göttlichen Komödie* mündet, hat er gelebt, gekämpft, gestritten, und die Liebe war ihm nicht nur vornehmes, von Berührungsängsten getragenes Säuseln, das der Angebeteten, bis auf Widerruf, lyrischen Personenschutz gewährt. Bei ihrer ersten Begegnung lässt sich denn auch nicht nur Beatrices göttliche Abkunft erahnen, sondern es machen sich zugleich die üblichen, keineswegs unangenehmen Verliebtheitssymptome bemerkbar. Dante erlebt den Widerstreit der Gefühle, den jeder erfährt, der in die Liebe fällt; Beatrice geht ihm nicht mehr aus dem Kopf, sein Herz schlägt heftiger, doch er weiß bereits, dass er prüfen muss, bevor er sich ewig bindet. Er durchmustert die Leidenschaften, die in ihm sind, und ordnet sie nach den Gesichtspunkten göttlicher Wahrheit, die nur am Wesen der Liebe, nicht aber an ihrem Tagesgeschäft und Personenbetrieb interessiert sein kann: »In diesem Augenblick begann der animalische Geist, der in jener hohen Kammer wohnt, zu welcher alle Geister der Empfindung ihre Wahrnehmungen hinauftragen, sich sehr zu wundern, und indem er insbesondere zu den Geistern des Gesichtes sprach, sagte er diese Worte: Nun ist eure Seligkeit erschienen. In diesem Augenblick begann der natürliche Geist, der in jenem Teile wohnt, in welchem sich unsere Ernährung vollzieht, zu weinen, und weinend sprach er die Worte: Wehe mir Armen! denn nun werd ich häufig behindert sein. Von da an, sage ich, beherrschte die Liebe meine Seele, die ihr so rasch angetraut war, und sie begann eine solche Sicherheit und solche Herrschaft über mich zu gewinnen, durch die Kraft, welche meine Phantasie ihr gab, dass ich vollkommen nach ihrem Gefallen zu tun genötigt ward.«

Die Geister geben klein bei vor einer Liebe, die höher sein muss als alle Vernunft – was wiederum ein Richterspruch ist, den die Vernunft selbst, unter dem freien Diktat der Gnade, verkünden darf. Eine Gewissheit wird damit geschaffen, in die sich der Liebende einzurichten hat, und er tut es nach den Gewohnheiten der Zeit, die zwischen hoher und niederer Minne sehr wohl zu unterscheiden weiß. Die eine ist eine Art Gottesdienst innigen Begehrens, die andere dient dem Lustgewinn und findet den Beifall der Kumpanen. Die vorhandenen Standesunterschiede bleiben davon unberührt, ja werden sogar ausdrücklich bestätigt. In Dantes Fall bedeutet dies, dass er seine Beatrice über Jahre hinweg anhimmelt; das genügt ihm und genügt ihr, die von seiner sublimen Leidenschaft zudem gar nicht so viel mitbekommt, denn im wirklichen Leben hat man anderes mit ihr vor. Die historische Beatrice, so sagen es übereinstimmende Vermutungen, stammte aus vermögendem Hause und wohnte in Florenz nicht weit von den Alighieri entfernt; es war also ein Nachbarkind, auf das Dante begeisterungswilliger Blick fiel. Später heiratete dieses Kind einen Bankier, das war familienintern so abgemacht worden, während ihr Verehrer mit einer gewissen Gemma Donati erst verlobt und dann verehelicht wird; auch das entsprach elterlichem Kalkül und war in den besseren Kreisen, die es für ihre Kinder immer noch etwas besser haben wollen, üblich. Dantes Liebe zu Beatrice musste das keinen Abbruch tun, im Gegenteil: Von den Bewährungsproben und Beweislasten des Alltags freigestellt, konnte sie nahezu ungestört vor sich hin glühen und schließlich zum Ewigen Licht werden. Um sich an dem zu wärmen, braucht der Liebesvisionär keinen Anlass, und auch die normale, jederzeit abrufbare Vergänglichkeit kann ihn nicht mehr erschrecken: »Als so viele Tage vorübergegangen waren, dass gerade neun Jahre seit … der Erscheinung jener Lieblichsten verflossen waren, geschah es am letzten jener Tage, dass jenes wunderbare Mägdlein mir erschien, in das allerweißeste Kleid gehüllt und inmitten zweier edler Frauen von älteren Jahren. Und da sie durch eine Straße ging, wendete sie ihre Augen nach der Stelle, wo ich furchtsam und schüchtern stand, und in ihrer unaussprechlichen Holdseligkeit, die nun bereits in dem Reiche der Ewigkeit ihren Lohn gefunden hat, grüßte sie mich sehr tugendlich, dass ich das Endziel aller Seligkeit zu schauen meinte. Die Stunde, in welcher ihr süßer Gruß mich erreichte, war bestimmt die neunte jenes Tages, und da dieses das erste Mal war, dass ihre Worte sich bewegt hatten, um an mein Ohr zu dringen, fühlte ich solche Wonne, dass ich wie trunken aus der Menge eilte …«

Vom heutigen, radikal ausgenüchterten Standpunkt muss es kurios anmuten, wie wenig ein Dichter braucht, um in den Stand vollkommener Seligkeit versetzt zu werden. Neun Jahre sind vergangen, seitdem die Liebe auf Dante fiel, neun Jahre, in dem seine Herzenssache ruhig gestellt blieb, um gerade deshalb unangefochten zu sein; nun, da Beatrice das Wort an ihn gerichtet hat, drängt es ihn zum höchsten der Gefühle. Dabei ist er überzeugt davon, dass seine Liebe auch deswegen unter himmlischer Oberaufsicht steht, weil die Zahl Neun, die er so oft und so gerne erwähnt, als heilige Zahl gilt. Er selbst gibt eine Erläuterung dazu: »Drei ist die Wurzel der Neun, weil sie ohne Hilfe einer anderen Zahl mit sich selbst vervielfacht neun gibt, wie wir es ja ganz offenbar sehen, denn dreimal drei ist neun. Wenn daher die Drei für sich selbst der Schöpfer der Neun ist, und so auch der Schöpfer der Wunder an sich die Drei ist, nämlich der Vater, der Sohn und der Heilige Geist, die da Drei und Eins sind, so ward dieses Weib von der Zahl Neun begleitet, auf dass verstanden werde, dass sie eine Neun, das heißt ein Wunder war, dessen Wurzel lediglich die wundertätige Dreieinigkeit sein kann. Vielleicht würde eine tiefsinnigere Person einen noch tieferen Grund in alledem finden, aber dieser ist der, den ich darin finde und der mir am besten gefällt.«

Dante Alighieri stammt aus einer Florentiner Adelsfamilie. Die Mutter stirbt früh, der Vater findet in den Schriften des Sohnes keine besondere Erwähnung. Dante wird eine standesgemäße Ausbildung zuteil; er studiert die sieben freien Künste: Dialektik, Grammatik, Rhetorik, Arithmetik, Geometrie, Astronomie und Musik; zudem kann er Latein und Französisch. Auch für die schönen Künste interessiert er sich, er ist mit Dichtern und Malern befreundet. Sein Hauptaugenmerk legt er zunächst auf die Politik, die zur damaligen Zeit, anders als heute, nicht mehr nur die gebremste Kunst des gerade noch Machbaren meint, sondern Glaubens- und Machtkämpfe um jeden Preis. Dabei ist fast immer Gott mit im Spiel, das Seelenheil wird beschworen, obwohl es um irdische Besitzstände geht, die sich mit religiöser Etikettierung noch eindrucksvoller darstellen lassen. In den Florentiner Stadtkämpfen steht Dante zunächst auf Seiten des Papstes gegen die Anhänger des Hohenstauferkaisers; später bekennt er sich zur Monarchie, von der er eine uneingeschränkte Vernunftherrschaft unter göttlichen Vorzeichen erhofft. Diese Hoffnung allerdings trügt, so wie auch Dantes Erfolge als Politiker, freundlich gesprochen, eher trügerisch sind und, auf Dauer gesehen, unter keinem guten Stern stehen. Nachdem er im Jahre 1300 einige Monate im Priorat, dem höchsten Gremium der Republik Florenz, mitwirkt, wird er bald darauf in die Verbannung geschickt und in Abwesenheit mehrfach zum Tode verurteilt. Dante zieht daraus seine Konsequenz: Er will nur noch »Partei für sich selbst« sein. In der *Göttlichen Komödie* lässt er den Dichter Vergil dazu sagen: »Nun nimm zum Führer deinen eignen Willen;/ Hier ist der Aufstieg, hier die Kunst zu Ende./ Sieh, wie hier Gras und Blumen und die Bäume/ Die Erde alle aus sich selbst erzeuget/ … Erwarte von mir nicht mehr Wort und Zeichen./ Frei, grade und gesund ist nun dein Wille,/ Und Sünde wär' es, wenn du ihm nicht folgtest./ Drum krön ich dich zu deinem eignen Herrn.«

Dantes großem Werk, der *Göttlichen Komödie*, liegt ein Plan zugrunde, der Jahre der Reifung braucht. Wann er mit der Niederschrift begonnen hat, weiß man nicht so genau; vermutlich wird die endgültige Fassung im Jahre 1313 geschrieben. Während all der Zeit ist Beatrice, die, 24-jährig, im Sommer 1290 verstorben war, unvergessen geblieben. Sie, die zur reinen Erinnerung, zum Heiligenbild der Liebe wurde, erfährt in der *Göttlichen Komödie* ihre letztgültige Beglaubigung: Beatrice wird zum engelgleichen Wesen; sie geleitet Dante, der Abbuße tun muss, bevor er den Königsweg der Erkenntnis antreten darf, durch die Himmelssphären bis hin zu Gott. Schon ihr erster Auftritt im Paradies, den er vorgeführt bekommt, hat Stil: »So kam in einer dichten Blumenwolke,/ Die aus der Engel Händen dort entströmte/ Und niederregnete nach allen Seiten,/ Im weißen Schleier mit Olivenzweigen/ Dort eine Frau in einem grünen Mantel/ Und einem Kleide von der Flammen Farbe./ Da hat mein Geist, der schon seit langen Zeiten/ Von ihrer Gegenwart mit jenem Staunen/ Und tiefem Beben nicht erschüttert worden./ Auch ohne dass die Augen sie erkannten,/ Nur durch geheime Kraft, die von ihr ausging,/ Der alten Liebe große Macht erfahren …«

Die himmlische Beatrice, die sich seiner annimmt, kann Dante einige Vorwürfe nicht ersparen: Zu wenig hat er auf Erden aus seinen Talenten gemacht, zu unstet war er in seinen Entscheidungen, auch zu selbstbezogen, und zu spät ist er darauf verfallen, dass es schon auf Erden eine höhere Einsicht gibt. Im Himmel lässt man es jedoch nicht beim Aufrechnen eines gelebten Lebens bewenden; die Uhren in Gottes Reich gehen anders. Auf ihrem Weg durch das Paradies, der sie bis ins Empyreum, den Feuerhimmel, führt, verlieren sich denn auch alle Nebensächlichkeiten; alles Nichtige und Entbehrliche bleibt zurück. Dante sieht, für einen ergreifenden Moment, Beatrice in ihrer ganzen, unwirklichen Schönheit: »Wenn alles, was bisher von ihr gesprochen,/ In einem einzigen Lob zusammenkäme,/ So würd' es diesmal doch noch nicht genügen./ Die Schönheit, die ich sah, ist so erhaben,/ Nicht über uns nur, nein, ich möchte glauben,/ Dass nur ihr Schöpfer selbst sie ganz genieße./ An dieser Stelle geb ich mich geschlagen,/ Mehr als von einer Stelle seines Werkes/ Jemals ein Dichter überwältigt wurde./ Vom ersten Tag, da ich ihr Bild gesehen/ Im Erdenleben, bis zu diesem Schauen/ Ist meinem Sang zu folgen nicht verboten,/ Doch jetzt muss meine Dichtung drauf verzichten,/ Noch weiter ihre Schönheit zu verfolgen,/ Wie jeder Künstler vor dem letzten Ziele.«

Letztes Ziel, nicht nur für Künstler, ist die ergebene Hinwendung zu Gott, an der der Dichter, wohl weil sein Ich etwas eigenwilliger ist und er der Worte bedarf, die sich nicht immer fügen wollen, länger zu arbeiten hat als andere. Dafür bringt er einen Besinnungsprozess hinter sich, der alle Durststrecken der Welterfahrung durchläuft, bevor er im Himmel, befreit und geläutert und vielleicht noch ein wenig nachbebend ob der Schrecken, denen er entkommen ist, in absolute Sicherheitsverwahrung genommen wird. Als Dante seinem Ziel näher kommt, verschwindet Beatrice von der Bildfläche; sie hat getan, was sie tun sollte, ihm bleibt nur der Nachruf: »O Herrin, die du meine Hoffnung nährest/ Und die du gütig bis zur Hölle nieder/ Zu meinem Heile deine Spuren führtest;/ Von allen Dingen, die ich hier gesehen,/ Verdank ich deiner Macht und deiner Güte/

Die Kraft und Gnade, die sie mir gewähren./ Du hast mich aus der Knechtschaft hin zur Freiheit/ Geführt auf allen Wegen, jede Weise,/ Die dir dazu in deine Macht gegeben./ Du wollst in mir dein hohes Werk behüten,/ Dass meine Seele, die durch dich gesundet,/ Dir wohlgefällig sich vom Leibe löse./ So flehte ich, und jene aus der Ferne,/ Hat, wie ich glaube, lächelnd mich betrachtet,/ Dann hat sie sich zum ewigen Quell gewendet.«

Dante stirbt am 14. September 1321 in Ravenna. Der Weg zu Gott, den er anzutreten hat, ist ein Wiederholungspfad; an seinem Ende wartet ein Lichterrund, in dem auch der Geläuterte, obwohl er alles zu wissen glaubt, noch immer als Fragender steht. Das Unbegreifliche lässt sich nicht begreifen, der Dichter wird stumm. Dennoch weiß er, dass keines seiner Worte vergebens war; er ist am Ziel seiner Wünsche, mehr Aufklärung kann nicht sein: »Nunmehr wird meine Sprache noch viel ärmer/ Für das auch, was ich weiß, als die des Kindes,/ Das noch am Mutterbusen letzt die Zunge;/ Nicht weil noch mehr als nur ein einfach Leuchten/ Im hellen Licht war, auf das ich schaute,/ Das immer so ist, wie es je gewesen;/ Nein, durch die Sehkraft, die in mir gewachsen/ Beim Schauen, ward die einzige Erscheinung/ Verändert, während ich mich selbst gewandelt./ In jenem klaren, tiefen Wesensgrunde/ Des hohen Lichts erschienen mir drei Kreise/ Mit einem Umfang, drei verschiednen Farben./ Und zweie sah ich wie zwei Regenbogen/ Einander spiegeln, Feuer schien der dritte,/ Von beiden Seiten gleichermaßen lebend./ O ewiges Licht, das sich nur selbst bewohnet,/ Nur selbst begreift, und von sich selbst begriffen/ Und sich begreifend sich auch liebt und lächelt!«

Der unwissende Philosoph
Voltaire und das eingeschränkt freie Leben

Wer den Mantel der Geschichte wehen sieht, von dem unsere Politiker gerne sprechen, bekommt nicht nur Erhabenes zu sehen. Oft nämlich ist das, was dem Betrachter unter dem Mantel dargeboten wird, gar nicht so sonderlich beeindruckend: Man muss ja davon ausgehen, dass nicht jeden Tag Reiche zusammenstürzen, ideologische Systeme schmählich kapitulieren oder neue Gesellschaftsformationen errichtet werden, an die sich große Hoffnungen knüpfen. Für den zur diskreten Gehässigkeit neigenden Beobachter mag die Geschichte daher, wenn sie den Mantel lupft, nur wie ein gewöhnlicher Exhibitionist erscheinen; sie zeigt, was sie zeigen will, und das ist zumeist durchschnittlich und gewöhnlich. Wer mehr möchte, muss den Mut haben, die Geschichte mit einer Vielzahl von Geschichten auszuschmücken; im Idealfall entsteht dabei ein Zusammenklang von persönlichem Erleben und Faktenwelt, von Phantasie und nüchternem Realitätsbestand. So kann die Geschichte – mit den Mitteln von Ironie, List und erzählender Tücke – fortgeschrieben werden.

Der Philosoph, Dichter und Weltmann François-Marie Arouet, der sich Voltaire nannte, war ein solcher Geschichts- und Geschichtenschreiber von eigenen Gnaden. Er liebte es, sein Leben auszuschmücken, was ihm besonderen Spaß bereitete, da er selbst noch unter den Lebenden weilte und nicht auf die Nachreichungen enthusiasmierter Hinterbliebener angewiesen war. Voltaire erklärte sein Dasein zu einem Kunstwerk, das der Pflege und wohlwollender Kommentierung bedurfte; die Frage, ob es sich bei den Nachrichten, die er ausstreute, um Dichtung oder Wahrheit handelte, musste ihn nicht allzu sehr interessieren. Es genügte ihm, wenn er selbst und mit ihm die Lebensumstände, in die er sich begeben hatte, Gesprächsstoff genug boten, um eine Diskussion fortzuführen, die dem ernsten Erkenntnisgewinn ebenso zu dienen hatte wie einer verschmitzten Relativierung der öffentlich ausgelobten Wissensleistungen.

Voltaires Karriere, eine Komödie des Ruhms, der Anfeindungen und Intrigen, verlief mit bemerkenswerter Gradlinigkeit. Bereits mit dreißig Jahren hatte der junge Mann, 1694 geboren als Sohn des königlichen Justizbeamten François Arouet und dessen charmanter Gattin Marie Marguerite, einen wesentlichen Teil seiner Existenzplanung verwirklicht: Er war zum bestverdienenden Autor Frankreichs aufgestiegen – ein Schriftsteller, der ebenso witzig wie boshaft sein konnte und den Geschmack des Lesepublikums zu bedienen verstand. Den einmal erreichten Status verteidigte Voltaire mit Geschick: Er ließ sich von den Bemühungen der Zensur, ihm das Handwerk zu legen, nur selten beeindrucken und setzte stattdessen seinen Ehrgeiz daran, auch als Geschäftemacher und gewiefter Finanzjongleur zu reüssieren.

Im Jahre 1749 stand Voltaire auf der Höhe seines Ruhms; er war reich, bekannter als jeder Minister – und trotzdem nicht glücklich: Seine große Liebe Émilie du Châtelet, mit der ihn immerhin eine 16 Jahre während Liaison verband, starb bei der Geburt ihres dritten Kindes. Der Dichter, an Schicksalsschläge nicht gewöhnt, sah sich vorübergehend aus dem seelischen Gleichgewicht gebracht. In einer solchen Seelenverfassung reiften in ihm Veränderungspläne: Seit Jahren schon unterhielt er eine lebhafte Korrespondenz mit Friedrich II., dem König von Preußen, der ihn immer wieder nach Berlin eingeladen hatte.

Voltaire überlegte ernsthaft, ob er dem unermüdlichen Werben des Monarchen nachgeben sollte. Im Sommer 1750 schließlich avisierte er dem preußischen Hof sein Kommen. Der König schickte dem Dichter, den er eigentlich mehr als Philosophen schätzte, einen überaus freundlichen, ja schmeichelhaften Willkommensbrief, in dem es hieß: »Sie sind Philosoph, ich bin es auch. Was gibt es Natürlicheres, als dass Philosophen, die dazu bestimmt sind, zusammen zu leben, dieser Neigung nachgeben? Ich bin nicht so töricht zu glauben, dass Berlin Paris aufwiegen könne. Wenn Reichtum, Größe und Pracht eine Stadt liebenswert machen, so treten wir gegen Paris zurück. Wenn der gute Geschmack sich an einem Ort der Welt findet, so gebe ich zu, dass dies Paris ist. Aber bringen Sie denn diesen Geschmack nicht überall hin, wo Sie sind? Sie werden hier glücklich sein, solange ich lebe.«

Die Voraussage schien sich zunächst zu bewahrheiten. Voltaire wurde in Berlin als Europas bedeutendster Dichter und Denker gefeiert, was ihm, mit Blick auf die Anfeindungen in seinem Heimatland, ausgesprochen guttun musste. Er erhielt die Gunst, dem Monarchen, der sich selber in der Poesie und Musik betätigte, als Gesprächspartner und Privatlehrer zu dienen – eine Beschäftigung, die sich angenehm anließ, da Friedrich geruhte, gnädig zu sein und, fürs Erste, die Rolle des begabten und gelehrigen Schülers zu spielen. In seinen *Memoiren*, die Voltaire bereits 1759 veröffentlichte, berichtete er: »Ich arbeitete täglich zwei Stunden mit Seiner Majestät; ich korrigierte alle seine Werke und verfehlte nie, das Gute darin höchlichst zu loben, wenn ich alles, was nichts taugte, wegstrich. Ich begründete ihm alles schriftlich, und das ergab eine Rhetorik und eine Poetik zu seinem persönlichen Gebrauch. Er lernte daraus, und sein Genie kam ihm noch besser zustatten als mein Unterricht. Ich hatte keinerlei Hofdienst, brauchte keine Besuche abzustatten, keine Pflicht zu erfüllen. Ich hatte mir ein freies Leben geschaffen und konnte mir etwas Angenehmeres als diesen Zustand nicht denken.«

Schon nach einigen Monaten jedoch legten sich erste Schatten auf seine Zufriedenheit. Der König, ähnlich egozentrisch veranlagt wie der Dichter, aber dafür mit weitaus weniger Selbstironie ausgestattet, fing an, Voltaire auf die Nerven zu gehen; er beanspruchte seinen Gast, wann immer er es für richtig hielt. Was die Machtverhältnisse in Preußen anging, so blieb festzustellen, dass die Militärs das Sagen hatten, und Friedrich II. war, ungeachtet aller toleranten Anwandlungen, der oberste und mächtigste aller preußischen Soldaten, der sich durchaus auch als solcher aufzuspielen wusste. Hinzu kam, dass Voltaire unter einer Kälte litt, die in Preußen, wie er fand, nicht nur den Winter bestimmte. Seiner Nichte Marie-Louise, die ihm nach dem Tode von Madame Châtelet in Paris den Haushalt führte, übermittelte er die trüben Gedanken, von denen er immer öfter heimgesucht wurde: »Ich schreibe neben einem Ofen, mit schwerem Kopf und traurigem Herzen, indem ich auf die Spree blicke, und zwar weil die Spree in die Elbe fließt und die Elbe ins Meer, und das Meer nimmt die Seine auf, und unser Haus in Paris ist ganz nahe an der Seine, und ich sage: Mein liebes Kind, warum bin ich in diesem Palast, in diesem Zimmer, das auf die Spree hinausgeht, und nicht in der heimatlichen Ofenecke? Warum musste ich dich wegen eines Königs verlassen? Mein liebes Kind, wie viele Vorwürfe mache ich mir. Wie ist mein Glück vergiftet! Wie kurz ist doch das Leben! Wie traurig, dass ich mein Glück fern von dir gesucht habe! Ich bin kaum wieder genesen ...« Voltaire versuchte, seinem Heimweh durch zusätzliche Umtriebigkeit zu begegnen. Dabei ging es ihm weniger um seine literarischen Arbeiten, sondern um Finanzgeschäfte, bei denen er sich zugutehielt, in der Regel sogar geschickter vorzugehen als ausgebuffte Profis. Auch in Preußen gelang ihm der eine oder andere Coup; insgesamt verfügte er über ein respektables Jahreseinkommen, mit dem er einigermaßen zufrieden war. Trotzdem erhielt er in Berlin weiteren Anschauungsunterricht für die alte Volksweisheit, dass Geld allein nicht glücklich macht: Der König, der den hochverehrten Dichter durch eine Vielzahl fast schmeichlerisch zu nennender Briefe in sein Reich gelockt hatte, zeigte seinem Gast, wie wenig das Wort gegenüber realpolitischer Macht bedeutete.

Voltaire bekam zu spüren, dass er als geistreicher Gesellschafter eingekauft worden war, mit dem der Monarch nach Belieben

umspringen zu können glaubte. Um die Launen des Königs erträglich zu machen, trat der Dichter den Rückzug auf sein ureigenes Spezialgebiet an: Er flüchtete sich in die Ironie. An seine Nichte schrieb er im Dezember 1752: »Ich will mir ein kleines Wörterbuch für Könige anlegen. ›Mein Freund‹ bedeutet ›mein Sklave‹. ›Mein lieber Freund‹ heißt: ›Sie sind mir mehr als gleichgültig.‹ Unter der Phrase ›Ich werde Sie glücklich machen‹ ist zu verstehen: ›Ich werde Sie bei mir dulden, solange ich Sie brauchen kann.‹ ›Soupieren Sie heute Abend mit mir‹ bedeutet nur: ›Ich will Sie heute Abend verhöhnen.‹«
Allerdings ließ sich Voltaire nicht gerne verhöhnen; er versuchte, innerhalb der freiwilligen Emigration, in der er sich befand, eine Art zweite Front aufzuziehen. An dieser Front, die er selbst weder begradigen noch vorverlegen konnte, erprobte er den inneren Rückzug als Waffe gegen eine Verfügungsgewalt, der sich der Einzelne ansonsten kaum entziehen konnte. Der König registrierte sehr wohl, dass sein Gast schweigsamer wurde; er reagierte mit Spott und diversen Sticheleien. Auf persönliche Gespräche, dazu das täglich vollzogene Poesie-Privatissimum wollte er gleichwohl nicht verzichten, und Voltaire konnte es nicht in den Sinn kommen, seine diskrete Verweigerungsstrategie in einer Weise eskalieren zu lassen, dass es für ihn gefährlich geworden wäre. Im Rückblick hat er dem Preußenkönig dennoch eine vergleichsweise freundliche Würdigung zuteilwerden lassen, die jegliche Gehässigkeit vermied und stattdessen auf die merkwürdig-komischen Effekte setzte, von denen das Leben am Hofe des musen- und machtbesessenen Regenten wahrlich nicht frei war: »War seine Majestät gekleidet und gestiefelt, huldigte der Stoiker für ein paar Augenblicke der Sekte Epikurs: er ließ zwei oder drei Favoriten kommen, Leutnants aus seinem Regiment oder Pagen, Heiduken oder junge Kadetten. Man trank Kaffee. Derjenige, der das Taschentuch zugeworfen bekam, blieb eine halbe Viertelstunde mit dem König allein … Nach diesem Schuljungenvergnügen kamen die Staatsgeschäfte an die Reihe … Alles wurde so militärisch pünktlich erledigt, es wurde so blind gehorcht, dass ein Land von vierhundert Meilen wie eine Abtei regiert wurde … Diese merkwürdige

Regierung, diese noch seltsameren Sitten, dieser Kontrast zwischen Stoizismus und Epikuräertum, strenger militärischer Zucht außerhalb und Lässigkeit innerhalb des Schlosses, den Pagen, mit denen man sich in seinem Kabinett vergnügte, und den Soldaten, die man unter den Fenstern des Monarchen, der zusah, sechsunddreißigmal Spießruten laufen ließ, den feierlichen Reden über Moral und den hemmungslosen Ausschweifungen – all das gab ein recht bizarres Bild; damals wusste kaum jemand davon; erst in der Zwischenzeit ist in Europa einiges durchgesickert.«

Im Frühjahr 1753 nahm Voltaire seinen Abschied. Das preußische Intermezzo war beendet – zur Erleichterung der beiden Hauptbeteiligten. Friedrich II. hatte mit zunehmender Unlust registriert, dass der Dichter inzwischen Patzigkeiten wagte und ungnädige Antworten auf gnädig ergangene Fragen gab; eine solche Umsetzung der Gunst, Gedankenfreiheit zu gewähren, fand der Monarch ungehörig und, dies vor allem, undankbar seiner werten Person gegenüber. Voltaire seinerseits zeigte sich von dem devoten Höflingsbetrieb, der im Umkreis des Königs praktiziert wurde, angewidert; er sehnte sich zurück nach seiner würdigen Selbständigkeit, wie er sie, beispielsweise im lothringischen Cirey, dem Landsitz seiner geliebten Émilie du Châtelet, hatte erleben dürfen. Bevor der Dichter jedoch französischen Boden erreichte, ließ Friedrich ihn noch einmal seine Macht spüren: Voltaire wurde, unter der Beschuldigung, er wolle sich einige Kostbarkeiten aneignen, die ihm der König nur leihweise überlassen habe, in Frankfurt am Main festgesetzt, desgleichen seine Nichte, die aus Paris herbeigeeilt war, um den deprimierten Onkel in Empfang zu nehmen. Alle Proteste nutzten nichts; man behandelte Voltaire wie einen Arrestanten. In seinen *Memoiren* berichtete er: »Man steckte uns … in eine Art Gasthaus; die zwölf Soldaten wurden vor der Tür als Wachen aufgestellt; vier weitere postierte man in meinem Zimmer, vier in einer Dachkammer, in die man meine Nichte gebracht hatte, und vier in einem allen Winden geöffneten Bodenverschlag, wo man meinen Sekretär auf Stroh schlafen ließ. Meine Nichte hatte zwar ein kleines Bett; aber ihre vier Soldaten mit aufgepflanztem

Bajonett ersetzten ihr Vorhänge und Kammerfrau … Wir blieben zwölf Tage Kriegsgefangene und mussten jeden Tag 140 Taler zahlen.«

Die entwürdigende Behandlung, die Voltaire in Frankfurt widerfuhr, wurde zu seinem Schlüsselerlebnis. Ein heiliger Zorn erfasste ihn, der nicht nur dem König von Preußen galt, sondern darüber hinaus all die vielen kleinen und großen Potentaten meinte, die es, noch immer und eigentlich mehr denn je, für eine Selbstverständlichkeit hielten, mit ihren Untergebenen nach Gutdünken umspringen zu können. Die Lektion, die Voltaire bei seinem Aufenthalt in Preußen gelernt hatte, besagte, dass jede der schönen Künste hilflos war, wenn es den Regierenden beliebte, sie zu unterdrücken. Der Dichter nahm sich vor, von nun an selbst für seine Freiheit zu sorgen. Für den Rest seines Lebens wollte er so unabhängig bleiben, wie das in den damaligen Zeiten eben möglich war. Dazu hatte er ein Hilfsmittel an der Hand, dessen segensreiche und freundschaftsfördernde Wirkung nirgendwo unterschätzt werden konnte: Voltaire besaß Geld, er war ein vermögender Mann, der sich die Vorkehrungen zur Sicherung seiner Unabhängigkeit durchaus etwas kosten lassen konnte.

Als er, noch immer zornig gestimmt, bei seiner Rückkehr nach Frankreich erfahren musste, dass Behörden und Zensurkammern keineswegs zur Besinnung gekommen waren und ihn weiter zu schikanieren gedachten, ließ er sich auf dem Gebiet der Stadtrepublik Genf nieder. Dort, in einer Umgebung und unter Leuten, die Französisch sprachen, erwarb er ein Haus in Lausanne, ein zweites in Genf sowie die komfortablen Landgüter Tournay und Ferney in Grenznähe zu Frankreich, die ihm als Alterssitz dienen sollten. Die Möglichkeit, sich mit sechzig Jahren noch so etwas wie eine neue Heimat schaffen zu können, versetzte ihn in einen fast kindlichen Eifer: Er ließ Marie-Louise aus Paris anrücken und machte sich eigenhändig daran, seine Domizile standesgemäß auszubauen. Einem Verehrer schrieb er: »Ein Philosoph muss gegen die Hunde, die ihn verfolgen, stets mehrere Schlupflöcher haben … Ich habe vier Pfoten, nicht nur zwei ... Mit der einen stehe ich in Lausanne, in einem reizenden Haus im Winter; mit der zweiten Pfote in Genf, wo mir die gute Gesellschaft Besuche macht. Dies sind meine beiden Vorderpfoten. Mit den Hinterpfoten aber stehe ich in Ferney und in der Grafschaft Tournay ... Ich habe mich dabei zum Maurer und Zimmermann entwickelt ... Madame und ich sind dabei, für unsere Freunde und unsere Hühner Behausungen zu schaffen. Wir pflanzen Orangenbäume und Zwiebeln, Tulpen und Karotten. An allen Ecken und Enden fehlt etwas. Es gilt, Karthago neu zu gründen.«

Hatte Voltaire nun seinen Alterswohnsitz gefunden, so konnte von Ruhestand noch keine Rede sein. Nachdem seine Häuser wohnlich geworden waren, entwickelte er eine Produktivität, die Freunde wie Feinde gleichermaßen verblüffen musste. Aus dem Dichter, der weiterhin dichtete, wurde nun auch ein Philosoph, der gerade jener Freiheit nachdachte, die ihm in Frankfurt so schnöde beschnitten worden war. Voltaires immenser Altersfleiß schlug sich in zahllosen Publikationen nieder: Er schrieb mehr als zwanzig Romane und Erzählungen, darunter sein bekanntestes Prosastück *Candide oder der Optimismus*; er arbeitete mit bemerkenswertem Fleiß an der *Enzyklopädie* seines Kollegen Diderot mit, brachte einen mehrbändigen *Versuch über die Sitten* zu Papier, veröffentlichte den *Traktat über die Toleranz* und das *Philosophische Wörterbuch*, in welchem er versuchte, seine mit den Jahren gewachsenen weltanschaulichen Ideen allgemeinverständlich darzustellen. Das alles gelang ihm, obwohl er, wie er selber meinte und Klage führte, zusehends hinfälliger wurde; von der liebgewordenen Gewohnheit, alle Gebrechen und Malaisen seiner schwachen Leiblichkeit aufmerksam zu registrieren und vor allem auch hingebungsvoll zu beschreiben, wollte er gerade im Alter nicht mehr lassen. Seine Briefe unterzeichnete er gern mit »der kranke Alte« oder, wahlweise, auch »der alte Kranke«; im Stillen amüsierte es ihn, dass ein kämpferisch dahinsiechender Greis wie er noch in der Lage war, die Mächtigen seiner Zeit zu ärgern und der Wahrheit, ein ums andere Mal, die Ehre zu geben: »In Frankreich muss man Hammer und Amboss sein: ich war als Amboss geboren.

Ein schmales väterliches Erbteil wird alle Tage schmäler, weil auf die Dauer alles teurer wird und die Regierung schon oft Renten und Bargeld angegriffen hat. Man achte nur genau auf alle Operationen, die das stets verschuldete, stets schwankende Ministerium in den Staatsfinanzen vornimmt; es ist immer eine darunter, aus der auch eine Privatperson Nutzen ziehen kann, ohne irgendjemand verpflichtet zu sein; und nichts ist angenehmer, als selbst sein Vermögen zu schaffen: der erste Schritt kostet einige Mühe, die anderen fallen leicht. In der Jugend muss man sparsam sein, dann findet man im Alter zu seiner Überraschung ein hübsches Kapital vor. Das ist die Zeit, in der man ein Vermögen am nötigsten hat, die Zeit, in der ich jetzt genieße; nachdem ich bei Königen gelebt habe, habe ich mich, trotz riesiger Verluste, im eigenen Haus zum König gemacht.«

Voltaire ging es, bei aller persönlichen Eitelkeit, um einen Aufruf zur Selbstbescheidung des Menschen: Von Gott ist keine Hilfe zu erwarten, der Mensch als sein vermutlich ranghöchstes Geschöpf muss mit dem auskommen, was er hat, und das ist vor allem seine Vernunft. Von ihr gilt es, angemessen Gebrauch zu machen; der Mensch soll wissen, was er wissen kann, aber er sollte auch die Grenzen der Vernunft kennen – als ein um Erkenntnis bemühtes Wesen bringt er es, bestenfalls, bis zum »unwissenden Philosophen«: »Gott wird wohl wegen eines so erbärmlichen Tieres, wie es der Mensch ist, nicht seine ewigen Gesetze durchbrechen … Das eine muss man allerdings zugeben, dass dieses elende Tier das Recht hat, ganz bescheiden zu schreien, und zu verstehen versucht, warum diese ewigen Gesetze nicht so sind, dass jedes Individuum sich dabei wohl befinden kann. Das System des ›Alles ist gut!‹ stellt den Schöpfer der Natur als einen mächtigen und bösen König dar, dem es gleichgültig ist, ob vier- oder fünftausend Menschen ums Leben kommen und ob die anderen ihre Tage in Not und Tränen dahinschleppen … Ist Gott denn an einem Ort oder außerhalb aller Orte oder zugleich an allen Orten? Ist er körperlicher oder geistiger Natur? Woher soll ich das wissen … ›Erkenne dich selbst!‹ ist ein ausgezeichneter Rat. Aber nur Gott selbst könnte ihn wirklich in die Tat umsetzen. Wir nennen

Seele, was beseelt ist. Mehr wissen wir nicht von diesen Dingen, weil unsere Intelligenz ihre Grenzen hat. Drei Viertel der Menschheit lassen es dabei bewenden; das letzte Viertel ist auf der Suche; niemand hat gefunden oder wird je finden!«

Bei aller Skepsis den angemaßten Vernunftleistungen gegenüber konnte sich Voltaire eine bewusste Rückwendung des Menschen zur Natur nicht vorstellen. Seine Geschichtsphilosophie war linear; sie ging von der Vorstellung aus, dass, ungeachtet aller objektiv gegebenen Grausamkeiten und Ungerechtigkeiten, doch auch sparsam bemessene Fortschritte möglich sein sollten, deren stetes Bedenken die Menschheit davon abhalten konnte, überheblich zu werden und sich selbst aus der Eigenverantwortung zu nehmen. So reagierte er denn auch nur mit bewährter Ironie und einigermaßen verständnislos, als ihm sein Kollege Rousseau, Propagandist einer Rückkehr zum Naturzustand, der sich anschickte, zu einem berühmten Philosophen zu werden, ein Exemplar seiner Programmschrift *Über den Ursprung und die Grundlagen der Ungleichheit zwischen den Menschen* zusenden ließ: »Noch niemand hat soviel Geist verschwendet wie Sie, in dem Bestreben, uns wieder zu Bestien zu machen. Man bekommt richtig Lust, auf allen vieren zu gehen, wenn man Ihr Werk liest. Indessen habe ich diese Gewohnheit schon seit sechzig Jahren aufgegeben, und so ist es mir unmöglich, sie wieder aufzunehmen. Ich überlasse diese natürliche Gewohnheit denen, die ihrer mehr würdig sind als Sie und ich. Noch weniger ist es mir möglich, mich zu den Wilden Kanadas einzuschiffen; erstens will meine Krankheit mich zwingen, dem größten Arzt Europas nahezubleiben; zweitens herrscht in diesem Land Krieg, und aufgrund des Vorbilds unserer Nationen sind die Wilden jetzt ebenso bösartig wie wir. So muss ich mich damit begnügen, als friedlicher Wilder in meiner Einsamkeit zu verbleiben, die ich mir ganz in der Nähe Ihrer Vaterstadt ausgesucht habe.«

Es verwundert nicht, dass Rousseau sich nach dem Erhalt eines solchen Antwortschreibens pikiert zeigte; zwischen den »beiden größten Denkern ihres Zeitalters«, wie sie genannt wurden, kam keine tiefere Beziehung zustande. Bei kaum einem anderen Dichter-philosophen zeigt sich die innere Zusammengehörigkeit von Leben und Arbeit, von Daseinsentwurf und literarischer Produktivität so deutlich wie bei Voltaire, der schon seine Namensgebung dazu benutzte, dem Publikum ein Erfolgsstück anzuzeigen, das so lange auf dem Spielplan stehen sollte, wie es sein Intendant, Autor und Regisseur, die in Personalunion agierten, letztlich für richtig hiel-ten. Voltaires imposantes Gesamtwerk, in dem die Arbeiten, denen nachfolgende Generationen nicht mehr viel abgewinnen konnten, deutlich überwiegen, ist unlösbar in seine Biographie eingebunden, die er, der Meister persönlich, im Sinne des unauslöschlichen Urhe-berrechts, als ironisch-brüchige Selbstinszenierung betrieb und zugleich weiterschrieb – eine ebenso nachhaltige wie amüsante Unternehmung, die in dem Maße erfolgreich bleiben konnte, wie sie äußeren Zuspruch, Befehdungen, Lobhudeleien und massive Nach-stellungen in das eigene Identitätsverständnis mit aufzunehmen ver-stand. Dabei konnte er es sich, zu guter Letzt, sogar leisten, den Mächtigen seiner Zeit gegenüber nicht nur aufmüpfig, sondern auch nachtragend zu sein. An Friedrich II., der darum bemüht war, die Korrespondenz mit seinem ehemaligen Gast aufrechtzuerhalten, schrieb der über siebzigjährige Voltaire voller Groll: »Sie haben mir genug Böses angetan; Sie haben mich auf immer mit dem König von Frankreich entzweit; sie haben mich … übel behandeln lassen. Sie beehren mich zwar mit Briefen, aber Sie verderben mir diesen süßen Trost durch bittere Vorwürfe. Das Schlimmste, was Sie angerichtet haben, ist dies, dass die in ganz Europa verbreiteten Feinde der Phi-losophie jetzt sagen können: Die Philosophen können nicht in Frie-den miteinander leben. Da gibt es einen König, der nicht an Jesus Christus glaubt; er ruft an seinen Hof einen Mann, der auch nicht an ihn glaubt, und er behandelt diesen Mann schlecht. Es gibt also keine Humanität bei den sogenannten Philosophen, und Gott bestraft die einen durch die anderen.«

Voltaire starb am 11. Mai 1778. Kurz vor seinem Tod war er noch einmal – trotz seiner »83 Jahre und 83 Krankheiten« – nach Paris zurückgekehrt, eine beschwerliche Unternehmung und zugleich letzter Akt seiner Selbstinszenierung, die als Triumph endete. In Paris regierte inzwischen nach dem fünfzehnten der sechzehnte Ludwig, ein vergleichsweise harmloser Monarch, der froh war, wenn er von seinem Volk und allen Problemen in Ruhe gelassen wurde. Man setzte ihn in Kenntnis darüber, dass Voltaires Anwesenheit in der Hauptstadt wahre Begeisterungsstürme auslöste; es ließ ihn ungerührt. So konnte der greise Dichterphilosoph, der sich in seinen letzten Tagen selbst als König fühlen durfte, noch einmal Hof halten; er tat es ausgiebig und ohne Rücksicht auf seine Gesundheit. Es war, als ob er nur noch den nicht enden wollenden Schlussbeifall abwarten wollte, der das große Bühnenspiel seines Lebens beschließen musste. Seine privaten Dinge hatte er geordnet: Marie-Louise erbte, neben zahlreichen Wertpapieren, das Landgut Ferney, das sie ebenso verkaufte wie Voltaires mehr als 6000 Bände umfassende Bibliothek. Die gestrengen Verehrer des Meisters, die alsbald auf den Plan traten, sahen in diesem recht flott vollzogenen Veräußerungsvorgang einen Akt geistiger Barbarei; in Wirklichkeit entsprach er den Gepflogenheiten, die im Haushalt des Meisters geherrscht hatten. War er nicht selbst geldgierig gewesen, hatte sich nicht sogar dazu bekannt und darauf hingewiesen, dass es gerade für Künstler eine Klugheitspflicht darstelle, wohlhabend zu werden, wenn ihnen denn, was ja eher als unwahrscheinlich zu gelten habe, die Möglichkeit dazu geboten würde? So entledigte sich die Nichte der ihr noch verbliebenen Pflichten im Geiste des Onkels; er selbst hatte, versöhnt mit der Welt und doch zutiefst beunruhigt über den moralischen Zustand der Menschheit, zuletzt nur noch eine Hoffnung aussprechen wollen: »Ich wende mich nicht mehr an die Menschen, sondern an Dich, Gott aller Wesen, aller Welten und aller Zeiten … Du hast uns kein Herz gegeben, damit wir uns hassen, und nicht Hände, um uns umzubringen. Gib, dass wir einander helfen, damit wir die Last eines elenden und flüchtigen Lebens ertragen können. Mögen sich alle Menschen erinnern, dass sie Brüder sind. Mögen sie die Tyrannei über die Seelen verabscheuen! Wenn schon die Geißel des Krieges unvermeidlich ist, so lasst uns wenigstens im Frieden miteinander nicht hassen und peinigen!«

Voltaire war und blieb »der unwissende Philosoph«. Ein kühn zusammengezimmertes Gedankensystem, in dessen Mitte eine waghalsige philosophische Botschaft lauert, hat er nicht hinterlassen. Dafür bevorzugte er die Strategie der vielen kleinen Nadelstiche, die nicht immer trafen, zumeist jedoch beachtliche Wirkung hinterließen. Was auf Dauer mit seinem Namen verbunden bleiben wird, ist die schlagende Überzeugungskraft von Witz und Ironie, die der Wahrheit oft näher sind als ausgeklügelte Geistreicheleien. In einem seiner etwas versöhnlicher gestimmten Briefe an den König von Preußen machte der Dichterphilosoph im Übrigen noch einen Vorschlag, der auch für unsere heutige, schier grenzenlose Mitteilungssucht gelten könnte: »Eure Majestät … nahmen die Schere, schnitten alle die Seiten heraus, die Ihnen langweilig erschienen, und ließen nur die übrig, die Ihnen Vergnügen bereiteten; auf diese Weise reduzierten Eure Majestät dreißig Bände auf einen oder zwei: eine vortreffliche Methode, um uns von der Sucht der Vielschreiberei zu heilen.«

Deine Wissenschaft sei menschlich

Hume und die gemischte Lebensweise

Von der Philosophie nimmt man für gewöhnlich an, dass sie der Weisheits- und Wahrheitsfindung dient und insofern keine schädlichen Nebenwirkungen zeitigt, denn Weisheit und Wahrheit gelten als nützlich, ja als hochwillkommen, und stehen im Rufe, dem geistigen Wohlbefinden des Menschen zuträglich zu sein. Das mag in der Regel so sein; wer weise ist von dem erwartet man eine gewisse seelische Ausgeglichenheit, und ein Mensch, der nach langem Grübeln in den Besitz der Wahrheit gelangt, kann sich, eben aufgrund dieses entscheidenden Erkenntniszugewinns, glücklich schätzen – es sei denn, die Wahrheit selbst erweist sich als schrecklich und macht aus einem ehedem zufriedenen einen zutiefst verstörten Zeitgenossen. Für den, der sich erst noch mit der Philosophie beschäftigen will, den begabten und interessierten Anfänger also, resultiert daraus eine solide und im Prinzip gänzlich unaufgeregte Erwartungshaltung, die allerdings jäh durchbrochen werden kann, wenn sich die Ergebnisse, welche der ungeduldige Novize erhofft, nur verzögert oder gar nicht einstellen wollen und die Philosophie daraufhin ins Unermessliche aufzuwachsen scheint – ein Gebirgszug mächtigster Gedanken, die auf einmal unübersteigbar anmuten.

Eine solche Verkehrung hehrer Vorstellungen widerfuhr dem Studenten David Hume: Er, 1711 in Edinburgh geboren, war von seiner

Familie frühzeitig zum Studium der Rechte gedrängt worden, das er, mehr schlecht als recht, absolvierte, ohne von seiner eigentlichen Liebe, der Philosophie, zu der er auch die Literatur zählte, lassen zu wollen. Wann immer es die Mußestunden erlaubten, die sich Hume durchaus großzügig gewährte, las er die Klassiker, vor allem Platon, Plutarch, Seneca und Cicero, welche ihm allesamt die eine seligmachende Forderung nach einem der Wahrheit und Weisheit gewidmeten Leben aufzustellen schienen. Hume war bereit, diese Forderung zu der seinen zu machen: Er gedachte, sein Dasein unter den Leitstern der Philosophie zu stellen; die Erwartungen, die er damit verband, sahen Enttäuschungen nicht unbedingt vor. Er brach sein Studium der Jurisprudenz unverrichteter Dinge ab und kehrte nach Hause in seinen schottischen Heimatort Ninewells zurück, wo er sich seiner Familie erklärte; der weisheitsliebende Jüngling, der von nun an nur noch mit der Philosophie liiert sein wollte, wurde zwar nicht gerade freudig begrüßt, aber man sah doch ein, dass die Liebschaft ernst genug war, um Widerstandsmaßnahmen als zwecklos einzustufen.

Nachdem ihm der Familienrat, angeführt von seinem Onkel George, der nach dem frühen Tod von Davids Vater als erster Erzieher fungierte, eine zögerliche Zustimmung zu seinen Plänen signalisiert hatte, glaubte der gerade achtzehnjährige Exstudent der Rechtswissenschaften freie Bahn zu haben: Die ganze Welt des Denkens lag nun in aller Offenheit vor ihm; er konnte sich, mehr denn je, mit den Gedankengebäuden befassen, die bereits errichtet worden waren, und aus dieser Beschäftigung jenen Gewinn ziehen, der auf die weitere Anreicherung durch eigenes Zutun angewiesen ist. Was sich als verführerische Aufgabe darstellte und zunächst, für den Zeitraum eines halben Jahres etwa, auch euphorische Gefühle auslöste, erwies sich jedoch schon bald als quälerisches Unterfangen: Die Gedankengebäude, die Hume betrat, glichen, bei näherem Hinsehen, architektonischen Ungetümen, die eher zum systematischen Verlaufen einluden denn zur konsequenten Erkundung. Eine Irreführung setzte ein, als deren Urheber Hume seine eigene Unzulänglichkeit begreifen musste; nicht an den großen Philosophen lag es, dass er immer weniger verstand, was Wahrheit und Weisheit bedeuten konnten, sondern nur an ihm selbst: Er hatte sich, so schien es, übernommen.

Als vorläufiges Ergebnis seiner enthusiastisch begonnenen Bemühungen waren ihm kaum mehr als Zweifel und eine deprimierende Desorientierung beschieden. Hume flüchtete in die Krankheit. Ein rätselhafter Hautausschlag setzte ihm zu; die innere Erregung, in die er sich versetzt sah, traktierte ihn zudem mit intensivem Speichelfluss, den der verhinderte Philosoph besonders peinlich fand, weil er ihn auch dann heimsuchte, wenn es nur um das gewöhnliche Mitteilungsbedürfnis ging. Hume kam sich wie der Idiot der Familie vor; an dem äußeren Erscheinungsbild, das er abgab, schien man an ihm die Schädlichkeit festmachen zu können, die der Philosophie besonders aus konservativ-kirchlichen Kreisen von jeher zugesprochen wurde. Ein Arzt, den man konsultierte, konnte keine körperlichen Krankheitssymptome erkennen; er mutmaßte – für die damalige Zeit eine durchaus mutige Diagnose –, dass die Leiden des jungen Mannes wohl aus »dem geheimen Born seiner Seele« gespeist würden. Er empfahl, was nun schon wieder weniger mutig war, verstärktes Gottvertrauen und verschrieb zudem, für alle Fälle, die Anwendung von frisch auf den Markt gekommenen »antihysterischen Pillen«.

Als Hume bereits glaubte, seine merkwürdige Krankheit überwunden zu haben, setzte im Frühjahr 1731 ein unerwarteter Rückschlag ein: Eine geradezu aberwitzige Fresslust befiel ihn. Von morgens bis abends konnte er essen, und wenn der Rest der Familie nachts in den Betten lag, schlich er abermals gern in die Speisekammer, um sich dort mit dem Allernötigsten zu versorgen, so dass er die langen Stunden bis zum Frühstück zumindest einigermaßen unbeschadet zu überstehen vermochte. Innerhalb von wenigen Wochen wurde aus dem hageren und hochaufgeschossenen David Hume ein kräftiger, ja man musste wohl sagen: ein zur Dicklichkeit neigender junger Mann, der nun so gesund aussah, dass sich alle weiteren Fragen nach seinem Befinden zu erübrigen schienen. Als sein so mächtig gesteigerter Appetit schließlich nachließ, war dies das Zeichen, dass sich die Krankheit bereit erklärte, den Rückzug anzutreten. Hume kam zur Ruhe; eine neue, nunmehr geläuterte Besinnungsphase setzte ein, in der die zuvor abgeleisteten Geisteswirren wie eine notwendige Bewährungsprobe erschienen, deren Bestehen jene lang vermisste Klarheit verschaffte, die Aufschluss darüber gab, wie es denn nun weitergehen sollte mit seinem Leben und Denken.

Auch die Lektüre, die sich Hume in seinen ersten euphorischen Studien zu Gemüte geführt hatte, erfuhr nun eine andere, realistischer gewordene Bewertung: »Da ich jetzt Zeit und Muße hatte, meine entflammte Einbildungskraft abzukühlen, begann ich ernsthaft zu überlegen, wie ich bei meinen philosophischen Untersuchungen vorgehen sollte. Ich fand, dass die aus der Antike überlieferte Moralphilosophie unter demselben Mangel litt, der schon in ihrer Naturphilosophie gefunden wurde, nämlich gänzlich spekulativ zu sein und mehr auf Erfindungen als auf Erfahrung zu beruhen. Jeder nahm nur seine eigene Phantasie im Errichten von Lehrgebäuden über Tugend und Glück ernst, ohne die menschliche Natur zu beachten, von der jede moralische Schlussfolgerung abhängen muss. Ich entschloss mich daher, die menschliche Natur zum Hauptgegenstand meines Studiums zu machen und zur Quelle, aus der ich jede Wahrheit ableiten wollte.«

Hume hatte sich damit für ein Arbeitsprogramm entschieden, das ebenso eingängig war, wie es sich als schwierig erweisen musste. Die menschliche Natur nämlich, ein naheliegender Forschungsgegenstand, der ihm tagtäglich in seinen verblüffend vielen Variationen vorgeführt wurde, ließ sich zwar beschreiben, was eher Aufgabe der Schriftsteller war, aber sie gab sich auch spröde, wenn es galt, allgemeine Regeln und Gesetzmäßigkeiten preiszugeben, von denen man annehmen durfte, dass sie immer schon maßgebend waren für das Denken und Fühlen der Menschen. Um überhaupt bestimmte Regeln auffinden zu können, muss man sich seines Verstandes bedienen, der, so Hume, aus der Fülle der Beobachtungen jene Schlüsse zieht, die eine gewisse Allgemeingültigkeit beanspruchen können. Ohne Erfahrungen jedoch, ohne die wesentlichen Botschaften, die von den Sinnen ausgehen, bleibt der Verstand zu Untätigkeit verdammt; er muss sich, in leerer Umtriebigkeit, mit sich selber beschäftigen und schließlich, angespornt durch eine wiederkehrende Langeweile, die großen metaphysischen Illusionen aushecken, welche in der Geschichte der Philosophie möglicherweise jene Funktion ausfüllen, die in der allgemeinen Überlieferung den Märchen zugesprochen wird.

Verleitet durch eine vorhersehbare berufliche Erfolglosigkeit – schließlich war Hume kaum mehr als ein verkrachter Student, der sich um Broterwerbszwänge noch nicht recht hatte kümmern müssen –, ging er nach Frankreich, dem Land, das im damaligen Europa als kulturelle Hochburg galt. Der angehende Philosoph, der mittlerweile einen steten Fleiß entwickelte und seine Notizbücher, die er fast immer bei sich trug, geradezu unermüdlich mit Aufzeichnungen füllte, ließ sich in Reims nieder, einer Stadt, die ihm gefiel, auf Dauer jedoch zu teuer wurde. Hume hatte, um überhaupt einen längeren Frankreich-Aufenthalt finanzieren zu können, all seine Ersparnisse zusammengekratzt; als diese zur Neige gingen, siedelte er aufs Land um, wo ihm freundliche Unterkunft in dem etwas heruntergekommenen Herrensitz Yvandeau gewährt wurde. Für Hume, einen geduldigen Schotten, der sich nach seinem Schlüsselerlebnis, der durchstandenen Krankheit, die zu neuer Selbstgewissheit führte, ohnehin zur Ruhe anzuhalten wusste, war es auf dem Lande fast zu ruhig. Die idyllische Landschaft, die er von den Fenstern seiner kleinen Wohnung aus sehen konnte, ließ ihn kalt; überhaupt hatte er, wie sich auch später zeigen sollte, für Naturschönheiten wenig Sinn. Über die Zweifel, die er hegte, die wiederkehrenden Anflüge von Heimweh und manches Stimmungstief, dem er sich ausgesetzt sah, machte er nur seinem Tagebuch Mitteilung, ansonsten erfüllte er die selbstgesteckten Pflichten und konzentrierte sich auf seine philosophische Arbeit, von der er nunmehr sicher war, dass sie sich in einem ersten grundlegenden Werk niederschlagen würde.

Im Sommer 1737 fuhr Hume nach England zurück. Er hatte ein umfangreiches Manuskript bei sich, das 1739 unter dem Titel *Traktat über die menschliche Natur* in einer zweibändigen Edition erschien und zu einem bemerkenswerten Misserfolg wurde. Hume, der sich vor Drucklegung seines Werkes des Öfteren vergeblich zur Ordnung gerufen hatte, um keine übertriebenen Erwartungen aufkommen zu lassen, was die mutmaßliche Aufnahme des Traktats in der Öffentlichkeit anging, durfte durchaus der Meinung sein, mit diesem Buch eine gewichtige Leistung vollbracht zu haben: Vom philosophischen Selfmademan war er zum Philosophen geworden, der Ordnung in eine Grundsatzdebatte zu bringen versprach, die inzwischen eher für Verwirrung denn für Aufklärung sorgte. Umso mehr musste es den Autor treffen, dass sein Erstlingswerk nahezu ohne Resonanz blieb und nur ein paar hämische Verrisse einheimsen konnte, deren Verfasser nichts anderes im Sinn zu haben schienen, als »einen nichtssagenden und grobschlächtigen Schotten«, wie es in einer Besprechung hieß, »alsbald wieder der Vergessenheit zuzuführen, welche er verdient«. In seiner 1776 veröffentlichten autobiographischen Skizze *Mein Leben* notierte Hume dazu: »Nie ist es einem literarischen Unternehmen unglücklicher ergangen als meinem ›Traktat über die menschliche Natur‹: Als Totgeburt fiel er aus der Presse und fand nicht einmal so viel Beachtung, um wenigstens unter den Eiferern ein leises Murren zu erregen. Aber da ich von Natur aus frohgemut und von sanguinischem Temperament bin, erholte ich mich rasch von diesem Schlag und setzte auf dem Land mit großem Eifer meine Studien fort.«

Was hier im heiteren Plauderton angesprochen und schnell übergangen wurde, war in Wirklichkeit eine herbe Enttäuschung, unter deren Nachwirkungen Hume noch lange litt. Dass er nicht den Ruhm fand, den er sich insgeheim wohl doch erhofft hatte, konnte er noch verschmerzen, da seine Eitelkeit nur schwach ausgeprägt war; dass die Philosophie jedoch, der er auf die Welt verholfen hatte, fast vollständig ignoriert wurde, erfüllte ihn mit Trauer und Wut. Es schien ihm, als wäre seine ganze Arbeit, die zu guter Letzt drei schwergewichtige Bände umfasste, gänzlich umsonst gewesen, ja, als hätte sie nie existiert, denn wo keine Resultate sind, die zur Kenntnis genommen werden, zählt auch die Mühe nicht mehr, die man sich gegeben hat. Hume musste dies umso unbegreiflicher erscheinen, als er der Meinung war, der Philosophie ein Fundament auf schwankendem Boden verliehen zu haben: eine Art Gewissheit in der Welt gängiger Ungewissheiten. Er hatte die Bandbreite des menschlichen Denkens durchmessen und war zu dem Ergebnis gekommen, dass alle Erkenntnisprozesse als ein gewöhnungsbedürftiges Zusammenwirken von Sinneswahrnehmung und Verstandestätigkeit funktionieren; die Muster dieser Vorgänge wiederholen sich, ein ums andere Mal, so dass der Mensch mit einiger Berechtigung vermuten darf, es handele sich dabei um Gesetzmäßigkeiten, die für alle Zeiten gelten. In Wirklichkeit jedoch herrscht ein Diktat der Einzelfälle; sie alle, zusammengenommen, machen Erfahrung aus, und Erfahrung ist, wie Hume nicht müde wurde zu betonen, das halbe Leben. Sogar das Ich, eine Art heiliger Bezirk der neueren Philosophie, in dem man sich erhaben glaubt über empiristische Anfechtungen, verfällt dem Verdikt, eine nützliche Fiktion zu sein, ausgeheckt von der Einbildungskraft, die dem Menschen ohnehin etliche Streiche spielt. »Ich meines Teils kann, wenn ich mir das, was ich als ›Ich‹ bezeichne, so unmittelbar als irgend möglich vergegenwärtige, nicht umhin, jedes Mal über die eine oder andere bestimmte Perzeption (Wahrnehmung, O. A. B.) zu stolpern, die Perzeption der Wärme oder Kälte, des Lichts oder Schattens, der Liebe oder des Hasses, der Lust oder Unlust. Niemals treffe ich mich ohne eine Perzeption an und niemals kann ich etwas anderes beobachten als eine Perzeption ... Wenn ich aber von einigen Metaphysikern, die sich eines solchen Ichs zu erfreuen meinen, absehe, so kann ich wagen, von allen übrigen Menschen zu behaupten, dass sie nichts sind als ein Bündel ... verschiedener Perzeptionen, die einander mit unbegreiflicher Schnelligkeit folgen und beständig in Fluss und Bewegung sind ... Die Einbildungskraft lässt uns das eine Mal Schlüsse aus Ursachen und Wirkung ziehen. Dieselbe Einbildungskraft überzeugt uns ein ander Mal von der dauernden Existenz äußerer Gegenstände, auch wenn diese den Sinnen nicht gegenwärtig sind. So gewiss aber diese beiden Wirkungen im menschlichen Geist gleich natürlich und notwendig sich vollziehen, so widersprechen sie doch in gewissen Beziehungen einander direkt, so dass wir unmöglich richtige und regelrechte Schlüsse aus Ursachen und Wirkung ziehen und zur gleichen Zeit an die dauernde Existenz der Materie glauben können. Nichts ist gefährlicher für die Vernunft als der Flug der Einbildungskraft, nichts hat die Philosophen in mehr Irrtümer gestürzt …«

David Hume war 28, als er die ersten beiden Bände des *Traktats über die menschliche Natur* veröffentlichte. Er hatte, mehr als ein Jahrzehnt, harte Arbeit geleistet, wie er mit einiger Berechtigung glauben durfte; nun da die verdiente Anerkennung ausblieb und der Philosoph, so seine Selbsteinschätzung, sich »wie ein Greis« fühlte, brauchte er Erholung, für die er die Rückkehr in heimatliche Gefilde wählte. Noch nie war ihm die schottische Provinz so anmutig und beruhigend erschienen wie jetzt, als er, ein Erfolgsphilosoph im Wartestand, wieder in die vertraute Umgebung eintauchte, wo man ihn willkommen hieß, als sei er nie richtig weg gewesen.

Doch Humes Bemühungen, sich ausschließlich auf seine freie Zeit zu konzentrieren und den offensichtlichen Misserfolg, den man ihm zugemutet hatte, zu vergessen, wollten nicht recht gelingen: So stürzte er sich wieder in die Arbeit, wohl ahnend inzwischen, dass die angestrengte Muße nicht seine Sache war, und begann mit den Arbeiten am dritten Band des *Traktats*, der sich vorwiegend ethischen Problemen widmete und bereits im Oktober 1740 in London erschien. Der Skeptizist Hume relativierte in diesem Buch auch die Moral des Menschen; sie ist für ihn kein aus den Zeitläufen herausgehobenes Handlungsgut, an dem sich gesellschaftliches Zusammenleben, ungeachtet der darin eingefassten Widersprüche, orientieren kann, sondern Bestandteil des allgemeinen Erfahrungsprozesses, der sich mühsam und die Möglichkeiten des Irrtums mittragend vorwärtsbewegt. Vernunftgründe können moralisch-ethische Entscidungen nicht zwingend reglementieren; die Begründungen, die sie liefern, verdanken sich vielmehr nachträglicher Reflexion, was nichts anderes bedeutet, als dass der Einzelne oft genug allein bleibt, allein mit sich und seinem Gewissen, wenn ihm die Wahl angeboten wird zwischen dem anscheinend Guten und Bösen. Hume entdeckt eine der unscheinbarsten Tugenden des Menschen, das Mitgefühl, dem er, durchaus hochachtungsvoll, die Funktion zuspricht, ein wesentliches, wenn nicht gar das entscheidende Regulativ für die Steuerung und Ordnung eines allgemeinen moralischen Handlungsgefüges zu sein: »Mitgefühl ist, wie wir zugeben wollen, weit schwächer als unser Eigeninteresse, und das Mitgefühl mit Personen, die uns fernstehen, ist viel schwächer als mit Personen, die nahe sind und uns nahestehen; aber genau aus diesem Grund ist es für uns notwendig, in unseren ruhigen Urteilen und Gesprächen über die Charaktere der Menschen alle diese Unterschiede zu vernachlässigen und unsere Gefühle allgemeiner und sozialer zu machen. Abgesehen davon, dass wir selbst unseren Standpunkt in dieser Hinsicht häufig ändern, treffen wir jeden Tag Menschen, deren Situation sich von der unseren unterscheidet und für die eine Verständigung mit uns unmöglich wäre, würden wir ständig auf jenem Standpunkt und auf der uns eigenen Betrachtungsweise beharren. Der Austausch von Gefühlen in Gesellschaft und Gespräch bewirkt daher, dass wir einen allgemeinen, unveränderlichen Maßstab formen, nach welchem wir Charaktere und Sitten gutheißen und ablehnen können.«

Humes persönliche Lage erforderte ebenfalls Mitgefühl, und zwar Mitgefühl mit sich selbst. Da seine Bücher ohne besondere Anerkennung blieben und auch der Versuch, als Professor an der Universität Edinburgh Fuß zu fassen, fehlschlug, musste er sehen, dass er andere Gelderwerbsquellen auftat. So kam ihm ein Angebot des Marquis von Annandale, der in St. Albans, in der Nähe von London, residierte, gerade recht: Der hochgestellte, gerade 25 Jahre alt gewordene Herr, über den einige widersprüchliche Gerüchte im Umlauf waren, suchte einen Hauslehrer – das Gehalt, das er zu zahlen versprach, durfte als solide gelten. Hume sagte zu. Der Umgang mit

dem Marquis ließ sich zunächst gut an, auch der Verwalter von Annandale, ein ehemaliger Kapitän namens Vincent, behandelte den
Philosophen freundlich. Dann aber änderte sich die Atmosphäre:
Der Marquis, der Jahre später entmündigt und für geisteskrank
erklärt wurde, entpuppte sich als bizarre Gestalt, die nur darauf
wartete, dem Neuankömmling in seinem Machtbereich das Leben
schwerzumachen, wobei ihm Kapitän Vincent, der von gleicher Gesinnung zu sein schien, munter zur Seite stand.

Hume, der in seiner Denker-Existenz zwar die Mühen der Arbeit
erfahren hatte, aber noch nie systematisch drangsaliert worden war,
verzweifelte. In den Briefen, die er an Freunde und Bekannte schickte,
sprach er von Tötungsabsichten, bei denen er allerdings offenließ,
wem diese gelten sollten: Wollte der Philosoph selber Hand an sich
legen, oder hatte er, seinem friedfertigen Charakter widersprechend,
Mordpläne gefasst, um seine beiden Peiniger aus dem Wege zu räumen? Es kam jedoch zu keiner Verzweiflungstat: Im April 1776 setzte
man Hume den Stuhl vor die Tür. Erleichtert und wütend zugleich,
versuchte dieser, das ihm zustehende Restgehalt einzuklagen, ein
Verfahren, das sich als äußerst langwierig erwies und erst elf Jahre
später von Erfolg gekrönt war: Die Rechtsnachfolger des Marquis,
dessen ständiges Kränkeln ihn übrigens nicht daran hinderte, ein
langes Leben zu führen und erst im Jahre 1792 endgültig das Zeitliche zu segnen, mussten den Philosophen ausbezahlen.

In der Zwischenzeit tröstete sich Hume damit, dass es ihm auch
in vertrackten Zeiten, geärgert nämlich von einem Verrückten und
dessen finsterem Adlatus, gelungen war, eine weitere philosophische Schrift fertigzustellen, *Eine Untersuchung über den menschlichen
Verstand*, in der er gleich zu Beginn eine fast heiter zu nennende
Grundsatzerklärung abgibt, die Mensch und Philosophie gleichermaßen gilt: »Der Mensch ist ein vernünftiges Wesen und empfängt
als solches seine eigentümliche Speise und Nahrung von der Wissenschaft. Aber so eng sind die Schranken des menschlichen Verstandes, dass weder von der Ausdehnung noch von der Sicherheit
seiner Errungenschaften auf diesem Gebiet viel Befriedigung erhofft

werden kann. Der Mensch ist auch ein geselliges und nicht nur ein vernünftiges Wesen; aber er kann sich nicht immer angenehm unterhaltenden Umgangs erfreuen, noch sich die rechte Genussfähigkeit dafür bewahren. Der Mensch ist endlich ein tätiges Wesen und muss wegen dieser Anlage sowie wegen der mannigfachen Bedürfnisse des menschlichen Lebens sich den Geschäften und der Arbeit unterziehen; aber bisweilen verlangt der Geist nach Erholung und kann nicht fortwährend die Last der Sorge und Arbeit ertragen. Die Natur scheint daher dem Menschengeschlecht eine gemischte Lebensweise als die geeignetste angewiesen und es im Geheimen gewarnt zu haben, sich hier keiner Voreingenommenheit allzu sehr hinzugeben und dadurch die Fähigkeit für andere Arbeiten und Vergnügungen einzubüßen. Fröne deiner Liebe zur Wissenschaft, spricht sie, aber deine Wissenschaft sei menschlich und lasse sich in unmittelbarer Beziehung zum tätigen und geselligen Leben setzen. Unzugängliche Gedanken und tiefbohrende Forschungen untersage ich; ihre strenge Strafe sei grübelnde Schwermut, zu der sie dich führen, endlose Ungewissheit, in die sie dich verstricken, und die kalte Aufnahme, welche die Mitteilung deiner angeblichen Entdeckung erfahren wird. Sei ein Philosoph; aber inmitten all deiner Philosophie bleibe Mensch!«

An diese Devise versuchte sich Hume zu halten, was ihm umso mehr gelang, als er erfreut feststellen konnte, dass sich die Vorzeichen seiner Erfolglosigkeit, still und heimlich, in ihr Gegenteil zu verkehren begannen. Er war auf dem Wege, ein anerkannter Autor zu werden, dessen Bücher sich nicht nur besser verkauften, sondern der auch von Seiten einer bislang eher zugeknöpft bleibenden Wissenschaft zögerlichen Zuspruch erfuhr. Man würdigte Hume zunächst auf dem Gebiet seiner Nebenarbeiten: Er hatte sich auch als Historiker betätigt, der unter anderem eine umfangreiche Geschichte Englands vorlegte, die viele Leser fand; zudem schrieb er ökonomische Untersuchungen und äußerte sich zu Fragen der politischen Ordnung. Den Zeitgenossen fiel auf, dass sie da einen Mann übersehen hatten, der zum Universalgenie taugte; als sich diese Erkenntnis immer mehr durchsetzte, fand auch der Philosoph David Hume Aufmerksamkeit: Von den Rändern seines Werks stieß man zurück in den eigentlichen Kern seiner Arbeit, die Philosophie, und beschloss, auch diese von nun an mit geradezu unerbittlichem Zuspruch zu verfolgen.

Hume wurde zu einer berühmten Persönlichkeit. Die neue Freundlichkeit, welche ihm widerfuhr, erfreute ihn, wenn sie ihm auch, nach kurzer Zeit schon, übertrieben vorkam. So konnte er sich, zum Ausgleich und um übersteigertem Selbstbewusstsein vorzubeugen, an die wenigen Gegenstimmen halten, die es noch gab: Sie kamen vorwiegend aus dem Lager der konservativen Theologie, in dem Hume, nicht ganz zu Unrecht übrigens, des fortgesetzten Atheismus bezichtigt wurde, und formulierten zuweilen nur ein gehässig anmutendes Unbehagen, das sich nicht davor scheute, die mit den Jahren immer mächtiger gewordene Leiblichkeit des Philosophen in ihre Kritik miteinzubeziehen: »Sein Aussehen spottete jeder Physiognomik, und der Tüchtigste in dieser Wissenschaft würde nicht die mindeste Spur seiner Geisteskräfte in den nichtssagenden Gesichtszügen haben entdecken können. Die Augen waren leer und geistlos, und beim Anblick seiner Korpulenz hätte man eher glauben können, einen Schildkröten essenden Ratsherrn als einen kultivierten Philosophen vor sich zu sehen. Die Weisheit hat sich sicherlich noch nie in eine so sonderbare Gestalt verkleidet.«

Als ebenso beleibter wie bekannter Denker ließ sich Hume 1763 noch einmal nach Frankreich einladen. Dort wurde er in einer Weise hofiert, die ihm selbst schier »unglaublich« erschien; man überhäufte ihn mit Ehrungen aller Art, und nachdem er eine Zeitlang sogar als englischer Botschafter in Paris fungiert hatte, weil eine zuvor eingetretene diplomatische Vakanz auf regulärem Wege nicht rechtzeitig genug besetzt werden konnte, war es ihm endgültig gelungen, auch seinen äußeren Status in einer Weise abzurunden, dass alle kleinlichen bis kläglichen Einwände, die noch immer erhoben wurden, an ihm abprallen mussten. Einige französische Philosophen machten ihrem berühmten Kollegen die Aufwartung; allen voran Jean-

Jacques Rousseau, der als schwierig galt und mit dem Hume alsbald in eine Beziehung eintrat, die einer leidenschaftlich-missverständlichen Liebesaffäre glich. Gegenseitige Lobpreisungen wechselten mit tiefen Verstimmungen ab; für den eher zurückhaltenden Schotten waren es besonders die unvorhergesehenen Gefühlsausbrüche Rousseaus, die ihn immer wieder irritierten. Von einer der Versöhnungsszenen, die zwischen ihnen stattfand, berichtete Hume: »Er setzte sich auf meine Oberschenkel, schlug seine Hände um meinen Hals, küsste mich mit größter Innigkeit, und während er mein Gesicht mit Tränen benetzte, rief er aus: ›Kannst du mir je vergeben, mein teurer Freund? Nach all den Beweisen der Zuneigung, die ich von dir erhalten habe, belohne ich dich mit diesem törichten und unpassenden Benehmen. Aber nichtsdestoweniger habe ich ein Herz, das deiner Freundschaft würdig ist. Ich liebe dich, ich achte dich. Und nicht ein Fünkchen deiner Güte ist an mir verschwendet.‹«

Der Lebensabend David Humes verlief in ruhigen Bahnen. Der Philosoph kehrte nach Schottland zurück. Man pries seine Altersweisheit und rühmte seine abgeklärten Umgangsformen. Eine Aura der Zufriedenheit umgab ihn; seine Besucher merkten, dass sie einem Mann gegenübertraten, der mit mildgestimmtem Wohlwollen auf sein Leben zurückblickte. Viel hatte er erreicht und das meiste, wie er glaubte, »richtig gemacht«. Auch als Hume erkrankte und seine letzten Jahre zu einem schmerzhaften Kampf wurden, dem kein Erfolg mehr beschieden sein konnte, resignierte er nicht; er schrieb an seinem großen Alterswerk, den *Dialogen über die natürliche Religion*, deren Brisanz er als so gravierend einschätzte, dass er sie nur postum veröffentlicht wissen wollte. Als der Philosoph im August 1776 starb, trauerten zahlreiche Freunde, während seine Gegner ihre Schadenfreude nur mühsam zu verbergen wussten. Sie, die Gegner, erhielten zwei Jahre später noch einmal Wasser auf ihre Mühlen, als Humes Neffe die *Dialoge* aus dem Nachlass veröffentlichte: Die letzte Schrift des Philosophen nämlich wagte es, am Nimbus des gerechten Gottvaters zu kratzen, der, so hat es den Anschein, die von ihm ins Leben beförderten Menschen lieber im Stich lässt, als er ihnen zu helfen versucht: Die menschliche Gattung »hat die stärksten Bedürfnisse und die größten körperlichen Mängel. Sie steht ohne Kleidung, ohne Waffen, ohne Nahrung, ohne Unterkunft, ohne eine der Annehmlichkeiten des Lebens da und besitzt nichts, was sie nicht ihrem eigenen Geschick und Fleiß verdankt. Kurz, die Natur scheint eine genaue Berechnung des für ihre Geschöpfe unerlässlich Notwendigen angestellt und ihnen, einem harten Herrn vergleichbar, wenig mehr an Kräften und Fähigkeiten gewährt zu haben, als zur Befriedigung dieser Grundbedürfnisse unbedingt erforderlich ist. Ein *gütiger* Vater hätte eine reichliche Ausstattung gegeben, um seine Kinder vor Unfällen zu bewahren und ihr Glück und Wohlergehen selbst unter ungünstigen Umständen sicherzustellen … Auf Epikurs alte Fragen gibt es noch immer keine Antwort: Ist er willens, aber nicht fähig, Übel zu verhindern? Dann ist er ohnmächtig. Ist er fähig, aber nicht willens? Dann ist er boshaft. Ist er sowohl fähig als auch willens? Woher kommt dann das Übel?«

Dass ihn der Teufel hole

Diderot und die Schwerkraft des Wissens

Es gibt Zeiten, in denen es gefährlich sein kann zu schreiben. Gerät die Literatur mit den Mächtigen aneinander, zeigen die eine merkwürdige Scheu, ihre Ansprüche vor dem Richterstuhl der Vernunft prüfen zu lassen. Obwohl die Kräfteverhältnisse eindeutig erscheinen – die Mittel der Herrschenden sind allemal wirkungsvoller als die Einflussmöglichkeiten des Denkens und des geschriebenen Wortes –, bleibt bei den Mächtigen ein massives Unbehagen zurück; sie fühlen sich herausgefordert, in die Enge getrieben, verunsichert: Eine Art schlechtes Gewissen macht ihnen zu schaffen, das sich auch dann nicht beruhigen lässt, wenn man die Schriftsteller, die einen aufreizen, hinter Schloss und Riegel bringt. Von einer solchen unmittelbaren Einflussnahme staatlicher und politischer Gewalten auf das Denken und Schreiben glaubt man sich heute, zumindest im Zentrum des gebildeten Europa, entfernt zu haben; Gefahren für Leib und Leben eines Autors bestehen nicht mehr, er kann nörgeln und grübeln, soviel er will, und je abstrakter der Ansatz seiner Kritik ist, desto willkommener wird er den diensthabenden Verwaltern eines ordnungsgemäß funktionierenden Gemeinwesens.

Die Zeiten, in denen das anders war, liegen noch nicht weit zurück. Auch das 18. Jahrhundert etwa hielt bereits eine Fülle von Fallstricken bereit, in denen sich aufmüpfige Dichter und Denker nur allzu schnell verfangen konnten. Ein rechtes Wort zur falschen Zeit genügte auch damals schon, um Intellektuelle aus dem Verkehr zu ziehen; sie wurden inhaftiert, verhört, zum Widerruf auch von Behauptungen gedrängt, die sie nie getan hatten. Denunziationen waren ein beliebtes Mittel, missliebige Zeitgenossen anzuschwärzen und die Denunzianten selbst in die Gunst der Begünstigung durch gewisse Würdenträger zu hieven. Frankreich, das im Europa des 18. Jahrhunderts als fortschrittlichste Nation galt, machte auf diesem Gebiet keine Ausnahme: Auf französischem Boden hatte die Aufklärung einige wichtige Etappensiege errungen, wahrscheinlich sogar eindrucksvollere als anderswo, und doch blieb die Reaktion mächtig. Sie ließ kaum eine Gelegenheit ungenutzt, den Freigeistern ihre Grenzen aufzuzeigen, die nötigenfalls, wenn denn die gemäßigteren Restriktionen nicht verfingen, auch aus Gefängnis- und Kerkermauern bestehen konnten.

Grenzen dieser Art bekam im Jahre 1749 der damals 36-jährige Philosoph und Dichter Denis Diderot zu spüren. Er hatte fünf Bücher, darunter zwei philosophisch-skeptische Abhandlungen und einen schlüpfrigen Roman, veröffentlicht, die ihr Verfasser selbst für vergleichsweise harmlos gehalten hatte, andernorts jedoch auf Ungnade stießen. Da man an maßgeblicher Stelle ohnehin glaubte, dass es wieder einmal an der Zeit war, ein Exempel zu statuieren, musste Diderot, stellvertretend für eine Reihe anderer kritischer Köpfe, daran glauben. Er wurde verhaftet und ins Gefängnis von Vincennes gesteckt. Dort unterzog man ihn eingehender Verhöre, die den Philosophen so in Panik versetzten, dass er sich bereit erklärte, seine Schriften zu widerrufen und in Zukunft lammfromm zu werden: »Meine Bücher ›Philosophische Gedanken‹, ›Indiskrete Kleinode‹ und der ›Brief über die Blinden‹ stellen geistige Vermessenheiten dar, die meiner Feder entschlüpft sind. Aber ich kann Ihnen bei meiner Ehre versichern (und ich besitze Ehre), dass es die letzten sein werden und dass es die einzigen sind … Was jene betrifft, die an der Verbreitung dieser Werke beteiligt waren, so soll ihnen nichts verborgen bleiben. Ich werde ihnen mündlich sowohl die Namen der Verleger wie der Drucker anvertrauen. Darüber hinaus will ich mich, sofern Sie es verlangen, verpflichten, diesen Leuten mitzuteilen, dass Ihnen ihre Namen bekannt sind, auf dass sie sich künftig ebenso klug verhalten, wie ich es zu tun entschlossen bin.«

Diderots Erklärung sprach nicht unbedingt für eben die Ehre, die er noch bei sich vorhanden wähnte; sie war allerdings auch nicht ganz ungewöhnlich. Die Intellektuellen der damaligen Zeit wurden oft und gern verhaftet; es kam jedoch auch genauso oft und schnell zu Freilassungen, die in der Regel unspektakulär über die Bühne gingen und zumeist auf die Intervention einflussreicher Gönner zurückzuführen waren. Die Erklärungen, die im Gefängnis unterschrieben werden mussten, galten als bloße Absichtsbekundungen, deren Inhalt mit dem Tag der Entlassung wohlmeinend in Vergessenheit geriet.

Diderot machte sich denn auch über sein unrühmliches Verhalten nur wenig Gedanken: Sein Schicksal nämlich schien sich, mit einem Mal, zum Besseren zu wenden. Zunächst wurden ihm zarte Hafterleichterungen gewährt; er durfte seine Zelle zur Studierkammer ausbauen, Besuche empfangen und munter korrespondieren. Hinzu kam, dass er, überraschend für ihn selbst, über Nacht zum Prominenten geworden war: Oppositionelle Kreise interessierten sich für sein Schicksal und erklärten ihn zur Symbolfigur für die ungebrochene Entwicklung des freien Geistes in Frankreich. Namhafte Persönlichkeiten intervenierten, allen voran Voltaire, der die früheren Arbeiten des Inhaftierten kaum zur Kenntnis genommen hatte. Diderot durfte sich geschmeichelt fühlen; von einem vergleichsweise unbekannten Dichter und Denker avancierte er zu einer Figur öffentlicher Anteilnahme. Seine gute Laune kehrte zurück; in Briefen gab er bereitwillig Auskunft über sich und sein bisheriges Leben, das er mit milder Verklärung betrachtete – insbesondere die Zeiten glorreicher Jugend, als er in einem kleinen Jesuitenkolleg auf dem Lande unterrichtet wurde und dabei schon früh Gelegenheit fand, seine Wirkung auf das andere Geschlecht abzuschätzen: »So war zu meiner Zeit die Erziehung in der Provinz: Zweihundert Kinder teilten sich in zwei Armeen. Nicht selten kam es vor, dass manche ernsthaft verletzt zu ihren Eltern zurückgebracht wurden … Du schreckst zurück vor dem Anblick ihrer zerzausten Haare und zerrissenen Kleider. So war ich als Junge … Und so gefiel ich auch sogar den Frauen und Mädchen in meiner Provinz. Sie mochten lieber mich, schlampig, ohne Hut, manchmal ohne Schuhe, nur mit einer Jacke und barfuß, mich, den Sohn eines Schmieds, als diesen kleinen, gutgekleideten, immer schön gepuderten, frisierten und wie aus dem Ei gepellten Monsieur, den Sohn der Frau Amtmännin … An meinen Knopflöchern sahen sie, wie weit ich mit meinen Studien gediehen war, und ein Junge, der sein Gemüt in einem offenen, gradlinigen Wort offenbaren und besser einen Faustschlag versetzen als eine Reverenz machen konnte, gefiel ihnen besser als ein dummer, feiger, falscher und verweichlichter kleiner Kriecher.«

Diderot liebte Geschichten, und am liebsten waren ihm Geschichten, die das eigene Leben ausschmückten. Er handelte dabei nach der Devise: Wo nichts ist, muss etwas erfunden werden, und kurioserweise gelang es ihm oft genug, eine eigene Form der Wahrheit auszuhecken, die sich alsbald, über ihren Erfinder hinweg, zu verselbständigen begann. Im Gefängnis von Vincennes erhielt er Gelegenheit, seine Phantasie mit dem neugeschürten Bewusstsein, ein wichtiger Mann geworden zu sein, in Einklang zu bringen. Der Philosoph wuchs gleichsam mit jedem Zuruf, der an ihn erging. Inzwischen hatten sich weitere Befürworter seines Schaffens zu Wort gemeldet, und sie sollten besonders wichtig für ihn werden: Es handelte sich dabei um die Verleger der großen *Enzyklopädie*, des ehrgeizigsten Lexikonunternehmens der damaligen Zeit, das später, nach einer ersten vorläufigen Endredaktion, 60 660 Einzelartikel umfasste. Diderot fungierte zusammen mit d'Alembert als Herausgeber des voluminösen Projekts, das ihn mehr als zwanzig Jahre in Anspruch nahm. Die *Enzyklopädie*, ursprünglich einige Nummern kleiner, nämlich als Übersetzung eines bereits vorhandenen zweibändigen, aus England importierten Nachschlagewerks geplant, uferte unter den Händen ihrer Editoren aus, was wohl auch damit zusammenhing, dass sich bereits im Vorfeld ein enormer wirtschaftlicher Erfolg abzeichnete: Mehr als 4000 Subskribenten hatten Vorbestellungen gezeichnet, so dass es, vor allem nach Meinung des hauptverantwortlichen Verlegers Le Breton, kein Zurück mehr geben konnte. Er intervenierte besonders hartnäckig, um seinen wichtigsten Mitarbeiter aus dem Gefängnis freizubekommen.

Im November 1749 war es so weit: Diderot, dem ein Gefängnisaufenthalt von insgesamt 103 Tagen zur dezenten Mehrung seines vorher eher bescheidenen Ruhmes verhalf, wurde entlassen. Die Freiheit, in die er zurückkehrte, erwies sich jedoch als eher zweifelhaftes Vergnügen: Zum einen nahmen ihn die umfangreichen, überaus zeitraubenden Arbeiten an der *Enzyklopädie* wieder in Beschlag, zum anderen musste er heimfinden zu seiner Gattin Antoinette, mit der ihn seit geraumer Zeit alles andere als innige Herzlichkeit verband. Die Leser eines zeitgenössischen Klatschblatts beispielsweise bekamen über die Ehe des Literaten die folgende Meinung aufgetischt: »Zu einer gewissen Zeit besuchte Monsieur Diderot sehr häufig eine Frau namens Madame Puiseux, von der es heißt, sie sei sehr geistreich … Madame Diderot, obwohl ebenso hübsch wie ihre Rivalin hässlich, ließ ihrer Eifersucht freien Lauf. Jedes Mal, wenn sie den Verdacht hatte, ihr Mann käme von Madame Puiseux, hörte sie nicht auf, ihm arg zuzusetzen. Dazu kommt noch, dass diese Frau (Mme. Diderot, O.A.B.) eine zweite Xanthippe ist, die unablässig schimpft und nie zufrieden ist, und so kann man sich vorstellen, wie es im Hause unseres Philosophen zuging. Um diesem Krakeel ein Ende zu machen, beugte sich Monsieur Diderot, ein kluger Mann, dem Willen seiner Frau und brach jeden Umgang mit Madame Puiseux ab. Vielleicht meinen Sie nun, das Entgegenkommen Monsieur Diderots habe alles wieder in Ordnung gebracht … Weit gefehlt. Madame Puiseux, nicht weniger heftig als ihre Rivalin, wollte sich an ihr rächen, prüfte alle Gelegenheiten und fand schließlich eine. Als sie vor ein paar Tagen mit ihren beiden Kindern am Haus Monsieur Diderots vorbeispazierte und seine Frau am Fenster erblickte, nahm sie den Augenblick wahr, um sie zu beschimpfen und zu versuchen, sie so auf die Straße zu locken … Dieser Anwurf war wie ein Signal und Auftakt der heftigsten und lächerlichsten Schlacht, die es vielleicht je zwischen zwei Weibspersonen gegeben hat … Und was meinen Sie, was unser Diderot während dieses Spektakels gemacht hat? Er wagte es nicht, vor den Augen einer Unzahl von Zuschauern zu erscheinen, die ihn ebensowenig verschont hätten wie seine Frau und seine angebliche Mätresse. Eingeschlossen in seinem Zimmer, stellte er stattdessen moralische… Überlegungen über die Annehmlichkeiten der Ehe und den Charakter der Frauen an …«

Diderot hatte es also, nach wie vor, nicht leicht, und doch war eine gewisse Folgerichtigkeit in seine Existenz gekommen. Wenngleich er ein gleichbleibend freudloses Eheleben erdulden musste und unter der Last seiner Herausgeberarbeiten ächzte, so war ihm doch durch den Gefängnisaufenthalt, der auf wahrhaft hinterhältige Weise zu seinem Schlüsselerlebnis wurde, unerwartete Klarheit zuteilgeworden über seine Zukunftsperspektiven und die Anforderungen, die er an sich selbst stellen durfte. Er befand sich an einem Punkt seines Lebens, der ihm, für einen Moment der Vergegenwärtigung, den konzentrierten Blick auf sich selbst gewährte – Vorausschau und Rückschau in einem: Aus bescheidenen, doch soliden Verhältnissen stammend, 1713 in der französischen Provinz geboren, war er, der Handwerkersohn, zunächst zum Theologen ausgebildet worden, eine Karriere, die den nachmaligen Feind der Kirche wohl selbst am meisten belustigte. Vom Land wechselte Diderot, wie so viele andere auch, nach Paris und brachte dort bis zum Jahre 1742 eine Lebensetappe hinter sich, die seine späteren Biographen wie einen weißen Fleck verbuchten. Mehr als ein Jahrzehnt wirkte er im Stile eines rechtzeitig abgetauchten Schriftstelleragenten: Kaum einer kannte ihn, und er selbst, der ansonsten mit Auskünften über die eigene Person keineswegs geizte, tat ein Übriges, um diese Epoche seines Lebens im geheimnisvollen Dunkel zu belassen. In einer humorig verbrämten Kurzfassung seines Werdegangs heißt es: »Ich komme nach Paris, will mir die Magistratenrobe anlegen und meinen Platz unter den Doktoren der Sorbonne einnehmen. Eine Frau, schön wie ein Engel, läuft mir über den Weg; ich will mit ihr schlafen, ich schlafe mit ihr; vier Kinder kommen; und so musste ich die Mathematik aufgeben, die ich liebte; Homer, Vergil, die ich stets in meiner Tasche trug; das Theater, an dem ich Gefallen fand; und war nur zu glücklich, die *Enzyklopädie* in Angriff zu nehmen, der ich fünfundzwanzig Jahre meines Lebens opfern sollte.«

Die *Enzyklopädie* also: Sie ließ sich als Schicksal, Zwangsmaßnahme und ungeahnte Chance in einem begreifen. Diderot musste, mit Übernahme der Mitherausgeberschaft für das kolossale Lexikonprojekt und spätestens nach Absitzen des Arrests von Vincennes, den Blick nach vorne wenden; aus der Rückschau wurde Vorausschau, die ihm, dem nunmehr bekannten Autor, deutlich machte, dass sich seine künftige Existenz nach den Forderungen richtete, die man an ihn gestellt hatte. Die Freiheit, die ihm noch blieb, war die Freiheit der Gedanken; in ihr konnte er sich einhausen, in ihr jene Abenteuer des Denkens bestehen, zu denen es im wirklichen Leben vermutlich keine Entsprechungen mehr geben würde. Diderot nahm sich vor, seine Arbeit als Herausgeber nicht nur als Fron zu betrachten, sondern vor allem die Möglichkeiten zu sehen, die sich ihm damit boten. Die Abenteuer des Denkens nämlich, die unerschrockenen Versuche, das bislang Ungedachte beim Namen zu nennen, ließen sich sehr wohl auch auf die *Enzyklopädie* beziehen, die ja in ihrem Programm bereits das neue Wissen der Zeit ansprach, mit dem sich hochgesteckte Erwartungen verbanden: »Wie viele Wahrheiten, die man damals nicht ahnte, sind heute entdeckt. Die wahre Philosophie lag damals noch in der Wiege; die Geometrie des Unendlichen existierte noch nicht, die experimentelle Physik zeigte sich kaum; es gab keine Dialektik, die Gesetze der vernünftigen Kritik waren völlig unbekannt … Es fehlte der Geist der Forschung und des Wettbewerbs, um die Gelehrten anzuregen. Ein anderer Geist, vielleicht weniger fruchtbar, aber auch seltener, nämlich der Geist der Folgerichtigkeit und der Methodik, hatte sich noch nicht die verschiedenen Teile der Literatur unterworfen.«

Die *Enzyklopädie*, getragen von einer bemerkenswerten Aufbruchstimmung des Geistes, wurde zu einem ungeahnten Erfolg. In kurzer

Zeit verkauften sich mehr als 2000 Exemplare pro Band, ein Resultat, das deutlich über der wohlmeinendsten Kalkulation lag. Das neue Lexikon konnte auch deshalb auf eine breite Zustimmung zählen, weil es sich bereits vom Ansatz her für alle Schichten öffnete; im Besonderen die herkömmliche Trennung zwischen Kopf- und Handarbeit sollte überwunden werden. Diderot selbst war maßgeblich daran beteiligt, dass man den Versuch wagte, die Spezialsprachen der verschiedenen Berufssparten auszuklammern und eine gemeinsame Verständigung zu suchen, die nachvollziehbare Mitteilungen aus allen Bereichen menschlichen Denkens und Handelns ermöglichte. Ein solches Vorhaben lief auf die Utopie einer Universalsprache hinaus, an der alle Weltbürger teilhaben konnten; die *Enzyklopädie* bekannte sich zu diesem Ideal, das die Verwirklichung der Philosophie im Kern ihrer wiederkehrenden Kommunikationsbemühungen bedeutet hätte.

Für die praktische Arbeit der Wissensvermittlung jedoch zählte zunächst nur das Bestreben, auch scheinbar abseits gelegene Schauplätze menschlicher Arbeit miteinzubeziehen; dies galt vor allem für die Handwerker, denen die Verantwortlichen der *Enzyklopädie* ein dezidiertes Interesse entgegenbrachten: »Wir wandten uns an die tüchtigsten Handwerker in Paris und unserem Königreich. Wir machten uns die Mühe, sie in ihren Werkstätten aufzusuchen, sie auszufragen, nach ihrem Diktat Aufzeichnungen zu machen, ihre Gedanken nachzuvollziehen, aus diesen Gedanken die jeweils eigentümlichen Fachausdrücke zutage zu fördern, Verzeichnisse derselben anzufertigen und sie zu erklären; ferner mit den Handwerkern zu sprechen, von denen wir Denkschriften erhalten hatten, und (eine fast unerlässliche Vorsicht) im Verlauf von langen, häufigen Gesprächen mit anderen Handwerkern das zu verbessern, was ihre Kollegen unvollständig, unklar und manchmal auch falsch auseinandergesetzt hatten.«

Ganz ohne Maßregelungen von Seiten der Intellektuellen ging es demnach doch nicht ab; letztlich entschieden Philosophen darüber, ob die Männer der Hand sich verständlich genug machten, dass auch

Männer des Kopfes kapieren konnten, worum es ging. Immerhin: Die Tendenz, welche die *Enzyklopädie* verfolgte, war mehr als löblich. Für ihren Herausgeber allerdings kehrte nach den Anfangserfolgen des Unternehmens der Alltag ein, und der sah nicht nur die leidigen Ehescharmützel vor, sondern auch wiederkehrenden beruflichen Ärger: Die Zensurbeamten lauerten; unzuverlässige Drucker mussten überwacht, säumige Autoren gemahnt, allzu kühne Artikel vorsorglich entschärft werden. Diderot kam sich mehr denn je wie ein Knecht vor, dem man, in einer Art heimtückischer Gunstbezeugung, die Oberaufsicht über seinesgleichen anvertraut hatte; nun war er zwar immer noch Knecht, aber er durfte über andere Knechte wachen, ein zweifelhaftes Privileg, auf das er gerne verzichtet hätte. Es gab jedoch, wie er konstatieren musste, so leicht kein Entkommen mehr für ihn: Langfristige Verträge banden ihn an das Lexikonprojekt, das zudem seine Haupteinnahmequelle war. Der Familienvater Diderot hatte keine andere Wahl. Aus dieser Konstellation resultierte allerdings auch eine positive Beeinflussung, die sich ganz unaufdringlich, ja fast unmerklich entfaltete. Diderot nämlich bekam die einmalige Gelegenheit, das Wissen seiner Zeit zu verinnerlichen und mit eigenen, höchst originellen Akzenten zu versehen – ein Prozess, der abseits des Tagesgeschäfts verlief und sich erst später in Resultaten, sprich: in Büchern und Publikationen, niederschlug.

Diderot wurde, als Lohnschreiber und Editor der *Enzyklopädie*, zu einem der wichtigsten Schriftsteller des 18. Jahrhunderts: In genialischen Entwürfen nahm er Einsichten vorweg, die erst einhundert Jahre später, zum Beispiel durch die Forschungen Darwins, ihre wissenschaftliche Legitimation fanden: »Im Tier- und Pflanzenbereich nimmt ein einzelnes Wesen seinen Anfang, wächst, lebt, verfällt und vergeht. Sollte es bei ganzen Arten nicht ebenso sein? Wenn uns der Glaube nicht lehrte, dass die Tiere aus den Händen des Schöpfers so hervorgegangen seien, wie wir sie sehen, und wenn es erlaubt wäre, auch nur die geringste Ungewissheit über ihren Anfang und ihr Ende zu haben, könnte dann der sich ganz seinen Spekulationen überlassende Philosoph nicht vermuten: die Tierwelt habe seit aller Ewigkeit ihre eigentümlichen, in der Masse der Materie verstreuten und vermischten Elemente gehabt; es sei zur Vereinigung dieser Elemente nur deshalb gekommen, weil die Möglichkeit dafür bestanden habe; der aus diesen Elementen entstandene Embryo habe zahllose Gestaltungen und Entwicklungen erfahren und nacheinander Bewegung, Empfindung, Ideen, Denkvermögen, Überlegung, Bewusstsein, Gefühle, Leidenschaften, Zeichen, Gebärden, Laute, artikulierte Laute, Sprache, Gesetze, Wissenschaften und Künste bekommen; Millionen Jahre seien über jeder dieser Entwicklungen verflossen; er werde vielleicht weitere Entwicklungs- und Wachstumsstufen durchlaufen, die uns unbekannt sind ...«

Mit zunehmendem Alter wurde Diderot die Arbeit, ungeachtet ihrer vernünftigen Perspektiven, immer mehr zur Last. Kleinere und größere Gebrechen hatten sich eingestellt, denen er zuweilen eine innigere Aufmerksamkeit widmete als den vielen Artikeln der *Enzyklopädie*, die auf seinen Schreibtisch flatterten. Zwar konnte er es, was die Hypochondrie anging, noch lange nicht mit seinem berühmten Kollegen Voltaire aufnehmen, der es zu wahrer Meisterschaft brachte, wenn es galt, über eingebildete oder tatsächlich vorhandene Malaisen eindrucksvolle Schilderungen abzugeben. Aber Diderot merkte sehr wohl, dass seine Lebenszeit keineswegs unbegrenzt war und die Gedanken an den Tod sich mit jener Selbstverständlichkeit einstellten, die aus der Natur der Sache resultierte. Was ihn bewog, auszuhalten inmitten seiner Pflichten, war die Gewissheit, dass es zwar keinen Seelenhimmel gab, in den man nach dem Ableben huldvoll hinaufberufen wurde, auch keinen Himmel auf Erden, aber eine Nachwelt, die es sich mit ihrer Wertung nicht so leicht machen würde wie die Gegenwart, von der man, alles in allem, nur schlecht denken konnte – trotz des vorherrschenden Aufklärungsoptimismus und der Fortschritte, die in Technik und Wissenschaft erzielt worden waren.

An die Nachwelt appellierte Diderot schon zu Lebzeiten; er tat es augenzwinkernd und doch von der anspruchsvollen Hoffnung inspiriert, dass es gerade dem Künstler, dem Dichter und Denker, dem wahren Genie und vielleicht noch einigen wenigen ehrbaren Politikern vergönnt sein möge, nicht ganz in Vergessenheit zu geraten: »Welcher Trost bliebe all diesen Philosophen, Ministern und wahrheitsliebenden Menschen, die das Opfer stumpfsinniger Völker, schrecklicher Priester und rasender Tyrannen wurden, im Augenblick ihres Todes? Sie hofften, das Vorurteil würde schwinden und die Nachwelt würde ihre Feinde mit Schande übergießen. O geheiligte Nachwelt, Rückhalt des Unglücklichen, der unterdrückt; du, die du gerecht bist, nicht verfälschst, den Menschen von Wert rächst, die Heuchelei entlarvst, den Tyrannen in den Schmutz ziehst, du sicherer und tröstlicher Gedanke, lass mich nie im Stich. Was für den religiösen Mensch das Jenseits, das ist die Nachwelt für den Philosophen.«

Diderot, als gewiefter Spötter und Desillusionist, war natürlich nicht so naiv, nur die Nachwelt allein als höchstrichterliche Instanz für die Bewertung seiner irdischen Taten gelten zu lassen; auch die Gegenwart musste noch mitspielen, wenn man den Rest des Lebens einigermaßen erträglich finden wollte. Bei genauerer Betrachtung seiner Verhältnisse hätte der Philosoph sich zwar durchaus eine mäßige Zufriedenheit verordnen können: Er war ein berühmter Mann, als Autor umstritten, als Herausgeber der *Enzyklopädie* eine Instanz; er hatte Kinder, im Besonderen eine Tochter, die er abgöttisch liebte, eine Gattin, mit der ihn feindseliges Schweigen verband, und er konnte vom Ertrag seiner Arbeiten leben, was, letztlich, nur wenigen Literaten gelang. Mit einer solchen Bestandsaufnahme jedoch ließ sich seine Unzufriedenheit nicht besänftigen, im Gegenteil; manchmal musste sie sich zu galligen Höhenflügen aufschwingen, zu kurzgefassten Daseinsprotokollen, an denen später auch Diderots Kollege Schopenhauer seine düstere Freude hatte: »Blöde geboren werden, unter Schmerzen und Schreien; Spielball von Unwissenheit, Irrtum, Not, Krankheiten, Bosheit und Leidenschaften sein; Schritt für Schritt zurückkehren zur Blödheit; vom Kleinkindergebrabbel zum Altersgefasel; leben inmitten von Halunken und Scharlatanen; sterben zwischen einem Quacksalber, der einem den Puls fühlt, und einem Pfaffen, der einem das Hirn verwirrt; nicht wissen, woher man kommt, warum man gekommen ist, wohin man geht; das nennt man also das wichtigste Geschenk unserer Eltern und der Natur: das Leben.«

Vielleicht gerade wegen solcher deprimierend-bösen Einsichten ist Diderots Alterswerk, darunter die Romane *Rameaus Neffe*, *Jacques der Fatalist* und das philosophische Kabinettstück *D'Alemberts Traum*, von bestürzender Modernität. Je älter der Philosoph wurde, desto weniger mochte er den in seinem Zeitalter des Aufbruchs und der stolzen Wissensvermehrung arretierten Fakten trauen: Diderot, ungetröstet durch die Hilfstruppen der Kirchen, machte sich zum Existentialisten, der die Beschwerlichkeiten des Daseins mit Sarkasmus und zunehmend müder werdender Ironie kommentierte. Auch die Tatsache, dass ihm auf Erden zu guter Letzt doch noch ein Ruhm zuteilwurde, der fast den kühnen Erwartungen entsprach, die er als junger Mann auf dem Weg in die Metropole gehegt hatte, verschaffte ihm keine spürbare Erleichterung. Seine Freunde überredeten ihn zu der Ansicht, dass eine längere Reise von Nutzen sein könnte, und so nahm er schließlich die wiederholte Einladung der Zarin Katharina II. an, die eine ebenso unnachgiebige wie großzügige Bewunderin Diderots war, dem sie, als ihn besonders hartnäckige Geldsorgen plagten, sogar die Bibliothek abkaufte, um ihm eine finanzielle Atempause zu ermöglichen.

Im Juni 1773 brach er in Richtung St. Petersburg auf, das er am 8. Oktober, nach einem längeren Zwischenaufenthalt in Holland, erreichte; Diderot fühlte sich miserabler denn je zuvor. Trotz einer Vielzahl neuer Eindrücke, trotz angeregter Gespräche mit der Zarin, einer klugen Frau, die bei guter Laune untertänigen Widerspruch duldete und den Gast an ihrem Hofe mit ausgesuchter Höflichkeit behandeln ließ, litt Diderot unter Heimweh: Bereits im März 1774 trat er die Rückreise an. Er glaubte Beweise zu haben, dass sein Tod berechenbar geworden war. In einem Brief an seine Freundin Sophie Volland schrieb er: »Die Zeit, in der man nach Jahren zählt, ist dahin;

gekommen ist die, in der man nach Tagen zählen muss. Je weniger Einkommen man hat, desto wichtiger ist es, einen guten Gebrauch davon zu machen. Vielleicht habe ich auf dem Boden meines Sackes noch zehn Jahre ... Ich habe geglaubt, die Fibern des Herzens würden sich mit zunehmendem Alter verhärten. Davon kann keine Rede sein. Manchmal denke ich, mein Empfindungsvermögen hat sich eher noch gesteigert. Alles berührt mich, alles geht mir nahe; ich werde der bemerkenswerteste Heulgreis sein, der Ihnen jemals untergekommen ist.«

Diderots Prognose, dass er noch zehn Jahre zu leben haben könnte, erwies sich als richtig: Er starb am 31. Juli 1784 in Paris nach elend langen Monaten des Leidens und der Auszehrung. Kurioserweise war seine finanzielle Situation, dank einer großzügigen Pension, die ihm seine Gönnerin Katharina, trotz zwischenzeitlicher Verstimmung über eine politische Schrift ihres Schützlings, ausgesetzt hatte, zuletzt wesentlich stabiler als sein Gesundheitszustand. Diderot, der sich, so als gehörte das zur noblen Schlussdarbietung, die er noch schuldig war, seinen Freunden durchweg in tapferer Heiterkeit präsentierte, hinterließ der von ihm so oft und gern beschworenen Nachwelt ein Werk, das, bis auf den heutigen Tag, vielschichtig und bewunderungswürdig geblieben ist. Er selbst, den die spitzbübische Freude am Spiel der Gegensätze nie verließ, gab, abschließend, noch ein Porträt unter die Leute, in dem man ihn, den Meister, wenn es denn gewünscht wurde, wiedererkennen konnte.

»Er war zeitlebens wahrheitsliebend und verlogen, traurig und fröhlich, weise und töricht, gut und böse, gescheit und dumm, ohne dass man jemals die Züge, die er von seinem Vater, seiner Mutter, seinem Paten, der Hebamme und der Amme hatte, völlig auslöschen konnte. Faul, unwissend und zänkisch in seiner Kindheit, unbekümmert und ausgelassen in seiner Jugend, ehrgeizig und verschlossen mit fünfzig Jahren, philosophisch und geschwätzig mit sechzig, starb er mit dem Kinderhäubchen auf dem Kopf *und hatte dabei noch Angst, dass ihn der Teufel hole.*«

Ich weiß, dass alle Länder gute Menschen tragen

Lessing und der Glaube an die Vernunft

Es ist nicht einfach für einen Dichter, einfach zu schreiben; das Komplizierte macht mehr her. Von einem Dichter, der dunkle Satzgebilde strickt, nimmt man an, dass er schlauer sein könnte als andere, gerade weil man ihn nicht recht versteht. Wer einfach schreibt, muss zudem mutig sein: Er lehnt sich weit aus dem Fenster, alles, was er sagt, kann gegen ihn verwendet werden.

Der Dichter Lessing war so ein mutiger Mann; er ließ sich nicht verbiegen, glaubte an die Vernunft im Menschen, an seine Mitleidsfähigkeit, an eine Bildung des Herzens, die mehr wert ist als kalte Gelehrsamkeit. Lessing kommt als Sohn eines Pfarrers zur Welt, der ehrgeizige Pläne hat: Der Sohn soll ein bekannter Prediger werden. Dafür unterrichtet er ihn erst einmal selbst (»versichern kann man, dass Lessing, sobald er nur etwas lallen konnte, zum Beten angehalten wurde«), gibt ihn dann auf die örtliche Lateinschule und erreicht, dass er eine Freistelle an der renommierten Fürstenschule St. Afra in Meißen erhält. Der Sohn macht brav mit, erweist sich als hervorragender Schüler; in einer Bewertung des Lehrerkollegiums heißt es allerdings, dass er gelegentlich eine »mokante« Art habe. Sein Rektor spart dennoch nicht mit Lob und findet dafür auch einen passenden Vergleich: »Er ist ein Pferd, das doppeltes Futter haben muss: Die Lektiones, die andern zu schwer werden, sind ihm kinderleicht. Wir können ihn fast nicht mehr brauchen.«

1746 geht Lessing nach Leipzig; dort studiert er Theologie und Medizin, beide Fächer behagen ihm nicht. Inzwischen hat er nämlich seine Liebe zum Theater entdeckt und ein Stück geschrieben (»Der junge Gelehrte«), das zwei Jahre später mit Erfolg uraufgeführt wird. Vor den Büchern kommt das Leben, erkennt Lessing; Lesen ist Zeitvertreib, macht einen zuweilen klüger, geht aber nur selten zu Herzen und verursacht, wenn die Lektüre gar zu vertrackt anmutet, nur Kopfschmerzen. Nach einem weiteren zähen und somit verschenkten Nachmittag in der Bibliothek wird ihm klar, dass er etwas ändern muss; eine Existenz, wie sie sich der Vater für seinen Sohn vorstellt, kann er nicht führen. In einem Brief an die Mutter wird er grundsätzlich: »Ich komme jung von Schulen, in der gewissen Überzeugung, dass mein ganzes Glück in den Büchern bestehe. Ich komme nach Leipzig, an einen Ort, wo man die ganze Welt im Kleinen sehen kann. Ich lebte die ersten Monate so eingezogen, als ich sie in Meißen nicht gelebt hatte … Doch es dauerte nicht lange, so gingen mir die Augen auf: Soll ich sagen, zu meinem Glücke, oder zu meinem Unglücke? Die künftige Zeit wird es entscheiden.« In Wahrheit aber hat Lessing die Entscheidung der künftigen Zeit schon vorweggenommen, und er ist selbstbewusst genug, sich davon nichts abhandeln zu lassen: »Ich lernte einsehen, die Bücher würden mich wohl gelehrt, aber nimmermehr zu einem Menschen machen. Ich wagte mich von meiner Stube unter meinesgleichen. Guter Gott! Was für eine Ungleichheit wurde ich zwischen mir und anderen gewahr …«

Ganz ohne Bücher geht es aber auch nicht, weiß der junge Lessing, der 23 Jahre später als Bibliothekar nach Wolfenbüttel berufen wird; mit den Büchern ist es wie mit den Menschen, man muss etwas genauer hinschauen, um herausfinden zu können, mit wem man gern Umgang hat und mit wem nicht. Lessing hat da für sich schon die Probe aufs Exempel gemacht; im Zweifelsfall lässt er sich lieber eine Komödie als ein Trauerspiel vorführen, was auch für die Bücher gilt: »Ich legte die ernsthaften Bücher eine Zeitlang auf die Seite, um mich in denjenigen umzusehen, die weit angenehmer und vielleicht ebenso nützlich sind. Die Comoedien kamen mir zuerst in die Hand. Es mag unglaublich vorkommen, wem es will, mir haben sie sehr große Dienste getan. Ich lernte daraus eine artige und gezwungene, eine grobe und natürliche Aufführung unterscheiden. Ich lernte wahre und falsche Tugenden daraus kennen, und die Laster ebenso sehr wegen ihres Lächerlichen als wegen ihrer Schändlichkeit fliehen.« Auch in Lessings Theaterstück »Der junge Gelehrte« wird diese Einsicht ans Publikum weitergegeben, als das junge Dienstmädchen Lisette dem zu Arroganz und Abgehobenheit neigenden Vielleser Damis erklärt: »Über den Büchern können Sie doch unmöglich die ganze Zeit liegen. Die Bücher, die toten Gesellschafter! Nein, ich lobe mir das Lebendige.«

Lessing beschließt, ganz Schriftsteller zu sein, ein kühner Entschluss, denn schon in Leipzig lebt er über seine Verhältnisse und muss vor seinen Gläubigern auf der Hut sein. Er flieht nach Berlin, betätigt sich als Journalist für verschiedene Blätter, darunter »Das Neueste aus dem Reiche des Witzes«, eine Beilage der *Vossischen Zeitung*. Witzig ist Lessing selbst, das fällt auf, gefällt aber nicht jedem. Immerhin kann er sich von den gröbsten wirtschaftlichen Sorgen frei machen und 1752 sogar sein Studium mit dem Magisterexamen abschließen. Dort äußert er sich unter anderem anerkennend über den spanischen Arzt und Philosophen Juan Huarte, der ihm als Vorbild gilt: »Er ist kühn, er verfährt nie nach den gemeinen Meinungen, er beurteilt und treibt alles auf seine besondere Art, er entdeckt alle seine Gedanken frei und ist sich selbst sein eigner Herr.« Sein eigner Herr sein, das möchte auch Lessing, was aber schwer ist in Zeiten, die sich lange, viel zu lange an das Diktat der herrschenden Potentaten gewöhnt haben. Einer davon ist der preußische König Friedrich II., der sich aus eigenen Gnaden aufgeklärt gibt, gern französisch spricht und den Dichterfürsten Voltaire zu Gast hat. Lessing imponiert das nicht, er hat die Mechanismen der Macht durchschaut und scheut sich nicht, sie mit feinem Spott beim Namen zu nennen:

»Dort der Regent, ernährt eine Menge schöner Geister,/ und braucht sie des Abends, wenn er sich von den Sorgen/ des Staates durch Schwänke erholen will, zu seinen/ lustigen Räten. Wieviel fehlt ihm, ein Mäcen zu sein!/ Nimmermehr werde ich mich fähig fühlen, eine so/ niedrige Rolle zu spielen; und wenn auch Ordensbänder/ zu gewinnen stünden./ Ein König mag immerhin über mich herrschen; er sei/ mächtiger, aber besser dünke er sich nicht.«

Lessing schreibt viel, gilt bald als einer der führenden deutschen Literaturkritiker. Für den Umgang der Kritik mit dem Dichter gibt er eine Empfehlung aus, die heute noch gilt: »Man schätzt jeden nach seinen Kräften. Einen elenden Dichter tadelt man gar nicht; mit einem mittelmäßigen verfährt man gelinde; gegen einen großen ist man unerbittlich. Bleibt sich dieser nicht allezeit gleich, entwischt ihm hier und da eine matte Zeile; diese matte Zeile, welche die Zierde eines mittelmäßigen Dichters sein könnte, wird unerträglich.«

Es beginnen unruhige Jahre für den Schriftsteller Lessing: Von 1755 bis 1758 ist er wieder in Leipzig, kehrt dann nach Berlin zurück, wo es ihn aber nicht hält: Zur Verwunderung seiner Freunde wechselt er die Fronten, wird Regimentssekretär des preußischen Generals Tauentzien in Breslau. Er kann das begründen: Die Festanstellung, die er gewählt hat, verlangt wenig Einsatz, dafür lässt sie ihm Zeit zum Schreiben. Das Lustspiel »Minna von Barnhelm« entsteht und eine ästhetische Abhandlung mit dem Titel »Laokoon oder Über die Grenzen der Malerei und Poesie«.

Noch einmal kehrt Lessing nach Berlin zurück; dann geht er auf Reisen und wird 1967 schließlich Dramaturg in Hamburg. Die *Hamburgische Dramaturgie*, die er entwickelt, setzt Maßstäbe für ein Theater, das sich von den damaligen starren Regeln befreien will. Der Schriftsteller Lessing erweitert zudem die Arbeitsplatzbeschreibung des Kritikers Lessing, der sich an folgende Grundsätze hält: »Wenn ich Kunstrichter wäre …, so würde meine Tonart diese sein: Gelinde und schmeichelnd gegen den Anfänger; mit Bewunderung zweifelnd, mit Zweifeln bewundernd gegen den Meister; abschreckend und positiv gegen den Stümper; höhnisch gegen den Prahler … Der Kunstrichter, der gegen alle nur einen Ton hat, hätte besser gar keinen. Und besonders der, der gegen alle nur höflich ist, ist im Grunde gegen die er höflich sein könnte, grob.«

In Hamburg scheitert Lessing, erst am Theater, das geschlossen wird, dann bei dem Versuch, sich als Verlagsbuchhändler durchzusetzen. 1770 nimmt er, der Not gehorchend, wieder eine feste Stelle an: Er wird Bibliothekar in Wolfenbüttel, wo er zwar über eine der ansehnlichsten Bibliotheken Europas wachen darf, aber einen gehobenen Hungerlohn bezieht und von den Launen seines Dienstherrn, des Herzogs von Braunschweig, abhängig ist. Zu den Büchern indes, die ihm früher für schwere Wissenslast und trockene Gelehrsamkeit standen, entwickelt er nun eine späte Herzensbindung; er erkennt, dass Bücher einer Wertschätzung bedürfen, die, geht man denn nur hochachtungsvoll genug mit ihnen um, die »toten Gesellschafter« auf einmal wieder zum Leben erweckt. Seine Arbeitsdevise beschreibt der Bibliothekar Lessing so: »Ich bin Aufseher von Bücherschätzen … Wenn ich nun unter den mir anvertrauten Schätzen etwas finde, von dem ich glaube, dass es nicht bekannt ist: so zeige ich es an … und bin ganz gleichgültig dabei, ob es dieser für wichtig oder jener für unwichtig erklärt, ob es denn dem einen frommt oder dem andern schadet. Nützlich und verderblich sind ebenso relative Begriffe als groß und klein …«

Obgleich sein Bibliothekarsdasein, von außen betrachtet, eher beschaulich anmutet, wird Lessing, der zeit seines Lebens ein reizbarer Unruhegeist bleibt, nicht viel gelassener; er streitet sich weiterhin gern, hat die Auseinandersetzungen, an denen er beteiligt ist, lieber pointiert und polemisch als wachsweich und vornehm. Allerdings lässt der Reiz des Kontroversen nach, was auch damit zu tun hat, dass Lessing, damit befindet er sich immerhin in bester Gesellschaft, nicht jünger wird; die ersten Altersmalaisen setzen ihm zu, von denen man bekanntlich nicht fröhlicher wird. Er bemüht sich um Gelassenheit, die einem jedoch nicht einfach so in den Schoß fällt; sie will erarbeitet sein und ist ständiger Anfechtung ausgesetzt.

Lessing geht gegen seine Reizbarkeit an, steht im Beruhigungsgespräch mit sich selbst; über Willkür und Dummheit, die ihn als jungen Mann geradezu reflexhaft in Protesthaltung brachten, will er sich nicht mehr aufregen als unbedingt nötig. »Ich, ich will mich nicht ärgern oder mich geschwind, geschwind abärgern, damit ich bald wieder ruhiger werde und mir den Schlaf nicht verderbe, um dessen Erhaltung ich besorgter bin als um alles in der Welt. – Nun wohlan, meine liebe Iriscibilität! Wo bist du! Wo steckst du? Du hast freies Feld. Brich nur los, tummle dich brav! Nun mach bald, was du machen willst, knirsch mir die Zähne, schlage mich vor die Stirn, beiß mich in die Unterlippe! … Und doch will ich es heute nicht fühlen, so gern ich es auch heute fühlen möchte.«

Lessings Bestandsaufnahme in eigener Sache fällt nicht sonderlich optimistisch aus; am Ende hat man sich Mühe gegeben und war in den entscheidenden Momenten allein: »Ich bin wahrlich nur eine Mühle, und kein Riese. Da stehe ich auf meinem Platze ganz außer dem Dorfe, auf einem Sandhügel allein, und komme zu niemandem und helfe niemandem und lasse mir von niemandem helfen. Wenn ich meinen Steinen etwas aufzuschütten habe, so mahle ich es ab, mit welchem Wind es sei. Von der ganzen weiten Atmosphäre verlange ich nicht einen Fingerbreit mehr, als gerade meine Flügel zu ihrem Umlaufe brauchen. Nur diesen Umlauf lasse man ihnen frei. Mücken können dazwischen hin schwärmen: aber mutwillige Buben müssen nicht alle Augenblicke sich darunter durchjagen wollen; noch weniger muss sie eine Hand hemmen wollen, die nicht stärker ist als der Wind, der mich umtreibt. Wen meine Flügel mit in die Luft schleudern, der hat es sich selbst zuzuschreiben: auch kann ich ihn nicht sanfter niedersetzen, als er fällt …«

Durch vereinzelte Reisen möchte sich Lessing aus seiner Isolation befreien; das Klima an den Fürstenhöfen aber macht ihn noch immer frösteln, ihm hilft nur die altbewährte Ironie: »Bei Hofe … habe [ich] mit andern getan, was zwar nichts hilft, wenn man es tut, aber doch wohl schaden kann, wenn man es beständig unterlässt; ich habe Bücklinge gemacht und das Maul bewegt.« 1776 ernennt man ihn dennoch zum Hofrat, und er heiratet seine langjährige Verlobte Eva König. Weihnachten 1777 wird sein erster Sohn geboren, der nur 24 Stunden am Leben bleibt. Vierzehn Tage später stirbt seine Frau. Gegen die Trauer geht er mit seinen Mitteln an: »Ich verlor ihn so ungern, diesen Sohn! denn er hatte so viel Verstand! so viel Verstand! … War es nicht Verstand, dass er die erste Gelegenheit ergriff, sich wieder davon zu machen? … Meine Frau ist tot; und diese Erfahrung habe ich nun auch gemacht. Ich freue mich, dass mir viel dergleichen Erfahrungen nicht mehr übrig sein können …, und bin ganz leicht.« So kann der Trost, falls es ihn denn gibt, nur ein hausgemachter Trost sein: »Totsein hat nichts Schreckliches; und insofern Sterben nichts als der Schritt zum Totsein ist, kann auch das Sterben nichts Schreckliches haben.«

Als er fast schon zur Ruhe gekommen ist, sieht sich Lessing doch noch einmal veranlasst, streitbar zu werden: Er legt sich mit dem einflussreichen Hamburger Hauptpastor Goeze an, der seine Frömmigkeit mit rhetorischem Aufwand und so unduldsam betreibt, dass »er seine Leute« am liebsten »an den Haaren in den Himmel schleppt«. In der Kontroverse mit Goeze, die er mit der Empfehlung »Lieber Herr Pastor! Poltern Sie doch nicht so in den Tag hinein, ich bitte Sie« einleitet, läuft Lessing erneut zu großer Form auf. Der Gott, den er meint, braucht keinen Namen, keine devoten Beschreibungen, man muss nicht einknicken vor diesem Gott. Das Christentum kam einst als frohe Botschaft daher; unter dem Zugriff der Kirchenverwalter wurde sie jedoch in Glaubensakte und Anbetungsvorschriften zerlegt, die den Gottesglauben zu einer freudlosen Sache machen. Lessings persönliches Glaubensbekenntnis wird in dem berühmten Stück »Nathan der Weise« (1779) dargelegt, das sein Vermächtnis geworden ist: »Ich weiß«, sagt Lessings Nathan, der eigentlich Lessings Lessing ist, »ich weiß, wie gute Menschen denken, weiß, dass alle Länder gute Menschen tragen.«

Der Dichter und Kritiker Lessing hat der deutschen Literaturgeschichte, die man als schwebendes Verfahren nehmen sollte, das kein abschließendes Urteil braucht, ausgesprochen gutgetan.

Andere Autoren haben sich zu höherem Gedankenflug aufgeschwungen oder sind näher an das ursprüngliche Geheimnis herangerückt; Lessing aber, ein Mann mit Witz, hat die Vernünftigkeit anmutig und die Schwere unseres Bedenkens leicht werden lassen. Der Mensch soll sich nicht in seinem Besitz verschanzen, schon gar nicht im Besitz vorgeblicher Wahrheit(en); nur wer sucht, findet, wer aber hat, dem wird auch genommen: »Nicht die Wahrheit, in deren Besitz irgendein Mensch ist oder zu sein vermeinet, sondern die aufrichtige Mühe, die er angewandt hat, hinter die Wahrheit zu kommen, macht den Wert des Menschen. Denn nicht durch den Besitz, sondern durch die Nachforschung der Wahrheit erweitern sich seine Kräfte ... Der Besitz macht ruhig, träge, stolz.«

Wer Augen hat zu sehen
Goethe und das große Ganze

Der Deutschen berühmtester Dichter war ein schicksalsgläubiger Mensch. Er war dies nicht als Fatalist, der ergeben darauf wartet, dass sich über seinem Kopf etwas zusammenbraut, sondern als Mann der Tat, der davon überzeugt ist, dass es höhere Fügungen gibt, die man erkennen und zu seinen Gunsten nutzen kann. Goethe hat sich selbst denn auch als Begünstigten gesehen; in seiner Autobiographie mit dem wunderbaren, weil unendlich passenden Titel *Dichtung und Wahrheit* heißt es: »Am 28sten August 1749, mittags mit dem Glockenschlage zwölf, kam ich in Frankfurt am Main auf die Welt. Die Konstellation war glücklich: die Sonne stand im Zeichen der Jungfrau und kulminierte für den Tag; Jupiter und Venus blickten sie freundlich an, Merkur nicht widerwärtig; Saturn und Mars verhielten sich gleichgültig; nur der Mond, der soeben voll ward, übte die Kraft seines Gegenscheins umso mehr, als zugleich seine Planetenstunde eingetreten war. Er widersetzte sich daher meiner Geburt, die nicht eher erfolgen konnte, als bis diese Stunde vorübergegangen. Diese guten Aspekte, welche mir die Astrologen in der Folgezeit sehr hoch anzurechnen wussten, mögen wohl Ursache an meiner Erhaltung gewesen sein ...«

Johann Wolfgang Goethe stammt auf Seiten der Väter aus einer grundsoliden thüringischen Familie von Handwerkern, Bauern und

Wirtsleuten, die allesamt wohl ein gewisser Ehrgeiz ausgezeichnet hat. Der Großvater Friedrich Georg Goethe war von Haus aus Schneider und ließ sich schließlich in der Freien Reichsstadt Frankfurt am Main nieder. Dort brachte er es, vor allem dank geschickter Einheirat in eine vermögende Gastwirtsfamilie, zu beträchtlichem Wohlstand, den er an seinen Sohn, Goethes Vater Johann Caspar Goethe, übergab. Der, ein eher verschlossener, zum Grübeln neigender Mensch, studierte die Rechtswissenschaften und versuchte danach, erfolglos, in der Frankfurter Stadtpolitik mitzumischen. 1742 erkaufte er sich den Titel Kaiserlicher Rat, der ihn auf dem Papier zu einer herausgehobenen Persönlichkeit machte, in Wirklichkeit jedoch keine zusätzlichen Einflussmöglichkeiten bescherte. Vater Goethe war enttäuscht und zog sich, 32-jährig, auf eine Privatgelehrten-Existenz zurück, die er finanziell abgesichert wusste. 1748 heiratet er die zwanzig Jahre jüngere Catharina Elisabeth Textor, Tochter eines ranghohen Frankfurter Stadtbeamten, die – Gegensätze ziehen sich bekanntlich an – das genaue Gegenteil ihres Gatten ist. Catharina Goethe grübelt nicht gern, sie steht mitten im Leben und hat einen beträchtlichen Mutterwitz zu bieten, der ihr nie ganz abhandenkommt, obwohl von den sechs Kindern, die sie zur Welt bringt, schließlich nur zwei überleben: Johann Wolfgang und seine ein Jahr jüngere Schwester Cornelia. Die Gegensätze, die er in seinen Eltern verkörpert sah, hat Goethe in einem berühmten Gedicht festgehalten, das anklingen lässt, wie schwierig es sein kann, wenn man Originalität sucht und sich doch vorgeprägt weiß: »Vom Vater hab ich die Statur,/ Des Lebens ernstes Führen,/ Vom Mütterchen die Frohnatur/ Und Lust zu fabulieren./ Urahnherr war der Schönsten hold,/ Das spukt so hin und wieder;/ Urahnfrau liebte Schmuck und Gold,/ Das zuckt wohl durch die Glieder./ Sind nun die Elemente nicht/ Aus dem Komplex zu trennen,/ Was ist denn an dem ganzen Wicht/ Original zu nennen?«

Goethe verlebt eine behütete Kindheit. Er wird von Privatlehrern unterrichtet, ist ein guter Schüler, wenn auch kein Überflieger. Das Lernen fällt ihm nicht schwer – ja, das ganze Leben, von dem er später sagen wird, er möchte von ihm »mehr und immer mehr«, erscheint ihm als leichte Übung, die insgesamt mehr Lust als Last beschert. Die Neugier aufs Leben, auf seine Gestalten, Abenteuer und Möglichkeiten, wird Goethe bis ins hohe Alter begleiten; sie ist es auch wohl, die ihn, auf seine eigene Weise, jung erhält. Mit sechzehn Jahren darf der junge Goethe zur Universität, hat also das erreicht, was man heute vornehm als Hochschulreife bezeichnet. Auf Wunsch des Vaters studiert er Jura in Leipzig. Im Vergleich zu Frankfurt erscheint ihm Leipzig weiträumig und weltoffen; er atmet auf. Allerdings hält seine gute Laune nicht lange vor: Die juristischen Vorlesungen erweisen sich als Tortur, und die in Leipzig lehrenden Literaturgrößen Gellert und Gottsched kann er beim besten Willen nicht ernst nehmen. Was er in Leipzig lernt – zumindest sagt ihm dies der eigene Lebensrückblick –, ist die Kunst, sich nicht in unnütze Grübeleien zu verlieren, sondern auf konkrete Fragen möglichst konkrete Antworten zu suchen. Goethe entwickelt eine produktive Ader, die zunächst zweckgebunden ist; er malt, um sich im Malen zu üben, er dichtet, weil dies eine Möglichkeit ist, seine Erlebnisse und Beobachtungen für sich zu verarbeiten. Ende Juli 1768 wird er krank, und zwar heftig: Eine Lungenblutung überrascht ihn im Schlaf, und nur dem schnellen Eingreifen eines benachbarten Arztes ist es zu verdanken, dass er mit dem Leben davonkommt. Von nun an ist er empfindlicher, was Krankheiten angeht, ja er schreibt sich selbst »gewisse hypochondrische Züge« zu, die ihn angeblich »nie mehr verlassen« haben. Er kehrt nach Frankfurt zurück. Im Frühjahr 1770 ist er wiederhergestellt und geht nach Straßburg, wo er sein Studium zu Ende bringen soll. Dort lernt er den Dichter und Theologen Johann Gottfried Herder kennen, der, obwohl nur fünf Jahre älter, bereits zu den Berühmteren der literarischen Zunft zählt und ihm wichtige Anregungen gibt. Goethe betreibt Selbsterfahrung, die er in der Folge perfektionieren wird: Nicht um den Blick nach innen geht es ihm, sondern um die Aneignung von Welt (»Willst du dich deines Werts erfreun,/ musst der Welt du Wert verleihn«). Obwohl er jede Menge Ablenkungen hat, darunter eine Liebesgeschichte mit der Pfarrerstochter Friederike Brion aus dem elsässischen Sesenheim (»Ich ging, du standst und sahst zur Erden,/ Und sahst mir nach mit nassem Blick:/ Und doch, welch Glück, geliebt zu werden!/ Und lieben, Götter, welch ein Glück!«), gelingt es ihm, sein Studium abzuschließen. Zwar reicht es nicht ganz zum Doktor, aber dafür wird er zum Lizentiaten der Rechte ernannt, ein Titel, der damals ähnlich gut angesehen ist.

Goethe kehrt nach Frankfurt zurück. Er erhält eine Zulassung als Rechtsanwalt am Frankfurter Schöffengericht und führt einige Prozesse. 1771 schreibt er das Theaterstück »Götz von Berlichingen«. Sein Held, ein altfränkischer Ritter, von dem wir vor allem ein bestimmtes Zitat in Erinnerung behalten haben, ist ein Querkopf, eher rückwärts- als vorwärtsgewandt, aber er versteht zu kämpfen und lässt sich nicht unterkriegen. So einen Kerl wollte man damals sehen, und dass der Götz eine Kunstfigur ist, macht seine Wirkung nur noch größer. Goethe schert sich nicht um theatralische Gepflogenheiten; sein Stück wird sozusagen im Galopp heruntergespielt und verzeichnet allein 59 Orts- und Szenenwechsel, eine rekordverdächtige Bühnenkulisse. »Der Götz«, der Ende 1771 fertiggestellt ist, macht Goethe bekannt; er weiß, dass er Dichter werden will, nichts anderes. Dennoch geht er im Frühjahr 1772 als Praktikant an das Reichskammergericht nach Wetzlar. Dort freundet er sich mit dem Gesandschaftssekretär Johann Christian Kestner an, dessen Verlobte Charlotte Buff, genannt Lottchen, es ihm angetan hat: Er glaubt, verliebt zu sein, lässt seiner Phantasie freien Lauf: Die Grenzen zwischen erdachter und erlebter Gefühlswelt verschwimmen. Lottchen sieht sich überfordert, Kestner ist unangenehm berührt; es kommt zu Spannungen, die sich, im Rahmen gegebener Konventionen, nicht lösen lassen. In dieser Situation besinnt Goethe sich auf seine bewährte Konfliktbewältigungsstrategie: Er macht sich davon, verlässt Wetzlar bei Nacht und Nebel und kehrt auf Umwegen nach Frankfurt zurück.

Die unglückliche Liebe, die ihm widerfahren ist, war nicht so unglücklich, als dass sie ihn aus der Bahn geworfen hätte, im Gegenteil: Sie bietet sich ihm als literarischer Stoff an, den er nur noch gestalten und niederschreiben muss. Im Herbst veröffentlicht er den Roman *Die Leiden des jungen Werthers*, der ihn mit einem Schlag berühmt macht. Werther, der Held des Buches, führt vor, was es heißt, zu viel Gefühl zu haben und zu sehr zu lieben; er wird überwältigt von der Wirklichkeit, die sich auf ihn legt und ihn einhüllt, in schmerzlicher Schönheit, in traurigstem Glück. Einer wie Werther kann sich nicht auf gewöhnliche Weise in der Welt zurechtfinden; seine Erfahrungswerte stehen unter ständiger Hochspannung. Gemessen an der großen Gefühligkeit, die das Buch durchzieht, wird Werthers Ende mit boshafter Nüchternheit geschildert; man könnte meinen, dass der Autor selbst genug gehabt hätte von Liebestaumel, überreizter Empfindsamkeit und frische Luft hereinlassen muss.

Die Jahre von 1773 bis 1775 sind für Goethe produktive Jahre. Nicht alles, was er aufs Papier bringt, hat Bestand, zumal er sich selbst gegenüber kritisch eingestellt bleibt: Er gewöhnt sich an, seine Schriften von Zeit zu Zeit einer erneuten Prüfung zu unterziehen, die streng ausfällt: Was ihm behagt, behält er, den Rest wirft er ungerührt ins Feuer. Goethe gehört jetzt zur Prominenz, man besucht ihn, will ihn sehen und sprechen. Von der Damenwelt wird er umschwärmt; er registriert es mit Wohlgefallen. Die eine oder andere Liebelei gönnt er sich; dann wird es für ihn ernst mit der Liebe: Er lernt die sechzehnjährige Frankfurter Bankierstochter Lili Schönemann kennen, und was zunächst wie einer der üblichen Flirts beginnt, wächst sich zu einer »tiefen Leidenschaft« aus, an die sich sogar noch der alte Goethe, der ansonsten ein Verdrängungskünstler ist, wehmutsvoll erinnert. Die Liebe zu Lili führt bis zur Verlobung; dann machen sich Gegensätze bemerkbar, die weniger auf Seiten der Liebenden bestehen, als von den dazugehörigen Familien geschürt werden. Goethe, ohnehin ein bindungsscheuer Mensch, ergreift nach bewährtem Muster die Flucht: Mit den Gebrüdern Stolberg, die sich beide als Dichter und Übersetzer einen Namen gemacht hatten, reist er in die Schweiz. Zurückgekehrt nach Frankfurt erlebt er die eigentliche Wendung seines Schicksals: Der Erbprinz Karl-

August von Sachsen-Weimar-Eisenach beruft ihn nach Weimar. Goethes Autobiographie *Dichtung und Wahrheit* endet mit ebendieser Schicksalswendung: Er reißt sich von allem los, von Lili, von der Liebe, von den kurz zuvor noch gefassten Plänen, er geht nach Weimar und beginnt dort ein neues Leben. Sein altes Leben lässt er mit einem mitreißenden Zitat aus seinem Theaterstück »Egmont« ausklingen: »Kind, Kind! nicht weiter! Wie von unsichtbaren Geistern gepeitscht, gehen die Sonnenpferde der Zeit mit unsers Schicksals leichtem Wagen durch, und uns bleibt nichts, als mutig gefasst die Zügel festzuhalten und bald rechts, bald links, vom Steine hier, vom Sturze da, die Räder wegzulenken. Wohin es geht, wer weiß es? Erinnert es sich doch kaum, woher es kam.«

Am 7. November 1775 trifft Goethe in Weimar ein, der Stadt, mit der sich bis heute sein Name verbindet. Im September 1775 war Karl August volljährig geworden und hatte die Regierung von seiner Mutter Anna Amalia übernommen. Goethe bewahrte ihm, seinem Herzog, eine lebenslange, fast väterlich zu nennende Anhänglichkeit. Noch im milden Rückblick des Alters mochte der Dichter seinem obersten Dienstherrn nur gute Seiten abgewinnen: »Er war achtzehn Jahre alt, als ich nach Weimar kam; aber schon damals zeigten seine Keime und Knospen, was einst der Baum sein würde. Er schloss sich bald auf das innigste an mich an und nahm an allem, was ich trieb, gründlichen Anteil. Dass ich fast zehn Jahre älter war als er, kam unserm Verhältnis zugute. Er saß ganze Abende bei mir in tiefen Gesprächen über Gegenstände der Kunst und Natur und was sonst allerlei Gutes vorkam ... Er war wie ein edler Wein, aber noch in gewaltiger Gärung. Er wusste mit seinen Kräften nicht wohinaus, und wir waren oft sehr nahe am Halsbrechen. Auf Parforcepferden über Hecken, Gräben und durch Flüsse und bergauf, bergein sich tagelang abarbeiten und dann nachts unter freiem Himmel kampieren, etwa bei einem Feuer im Walde: das war nach seinem Sinne. Ein Herzogtum geerbt zu haben, war ihm nichts, aber hätte er sich eins erringen, erjagen und erstürmen können, das wäre ihm etwas gewesen ... Ich leugne nicht, er hat mir anfänglich manche Not und Sorge gemacht. Doch seine tüchtige Natur reinigte sich bald und bildete sich bald zum Besten, so dass es eine Freude wurde, mit ihm zu leben und zu wirken.«

Goethe legt eine beeindruckende Umtriebigkeit an den Tag, macht sich unentbehrlich. Am 22. November 1775 schreibt er nach Frankfurt: »Wie eine Schlittenfahrt geht mein Leben, rasch weg und klingelnd und promenierend auf und ab. Gott weiß, wozu ich noch bestimmt bin, dass ich solche Schulen durchgeführt werde. Diese gibt meinem Leben neuen Schwung, und es wird alles gut werden …« Im Juni 1776 tritt er als Geheimer Legationsrat offiziell in den Weimarer Staatsdienst ein. Er bezieht ein Jahresgehalt von 1200 Talern und gehört zum obersten Regierungsgremium, dem sogenannten Geheimen Conseil. Die Aufgaben, die er übernimmt, sind alles andere als poetisch: Er arbeitet unter anderem neue Feuerverhütungsvorschriften aus, übernimmt die herzogliche Wegebauverwaltung, in der es genug Arbeit gibt, denn Wege und Straßen sind in einem saumäßigen Zustand; passend dazu darf er noch ein benachbartes Ressort betreuen, die sogenannte Wasserbaukommission, welche die Kanalisation vorantreiben und die erforderlichen Maßnahmen bei Überschwemmungen ergreifen soll. Auch im diplomatischen Dienst wird er eingesetzt und soll nebenbei noch das Kulturleben Weimars organisieren.

An die Liebe verschwendet Goethe, von zahlreichen Pflichten eingedeckt, zunächst keine unnützen Gedanken mehr. Dann aber lernt er die sieben Jahre ältere Hofdame Charlotte von Stein kennen, mit der ihn alsbald eine besondere Beziehung verbindet. Es ist eine andere Form der Liebe als die, die er bislang kennengelernt hat: Sie beginnt in der Gegenwart, schaut aber, wie durch geheime Wiedererinnerung, auch in die Vergangenheit. Goethe denkt über den Tag hinaus. Und: Er entdeckt seine Dichtkunst wieder.

Zunächst aber kommt eine weitere Aufgabe hinzu: Im Januar 1779 übernimmt er die sogenannte Kriegskommission und amtiert damit als eine Art Verteidigungsminister, dem eine Armee untersteht, die nicht gerade furchterregend ist: Bei seinem Dienstantritt besteht sie aus 532 Mann Infanterie, einer kleinen Artillerie und 30 Husaren. 1782 wird Goethe geadelt, er darf sich nun, als Geheimer Legationsrat, der er schon ist, Johann Wolfgang von Goethe nennen, aber sein Leben ändert sich dadurch kaum, es bewegt sich allenfalls noch mehr zum Repräsentativen, zum Staatstragenden hin – und macht ihn nicht glücklicher. So kommt es, wie es kommen muss: Am 3. September 1786 bricht er nach Italien auf. Lange hatte er überlegt, noch länger die Unternehmung vorbereitet. Es gab kaum Eingeweihte, sein Diener Philipp Seidel hält in Weimar die Stellung und erteilt auf neugierige Fragen ausweichende Antworten. Seinen Herzog hat Goethe um Urlaub auf unbestimmte Zeit gebeten, der ihm gewährt wird. In Italien werden Goethes Lebensgeister neu geweckt: Vom 28. September bis 14. Oktober ist er in Venedig, danach geht es nach Rom, dem eigentlichen Ziel seiner Wünsche. Dort lebt er in einer deutschen Künstlerkolonie, und es genügt ihm, einer unter vielen zu sein. Ihm geht nun leicht von der Hand, was ihm vorher noch schwerfiel. Von Februar bis Juni 1787 reist er in den Süden, sieht Pompeji, den rauchenden Vesuv, setzt nach Sizilien über, wo er, beim zufälligen Aufenthalt in einem botanischen Garten, auf seine Idee der »Urpflanze« verfällt, die ihm zu einem Erkenntnismodell für alle Lebensformen wird. Goethe ist nun so weit, dass er sich vom Kleinen zum Großen hinaufbewegt, Schritt für Schritt. Seine Sinne, die ihm geschärft wie nie vorkommen, liefern ihm das Material, mit dem er nach neuen Gesichtspunkten umgeht. Nicht mehr der Geniestreich zählt, der blendende Einfall, der Zugriff des kaum zu bändigenden Talents, sondern das Bleibende, das Wesen hinter den Erscheinungen, das Ideale im Realen, das Besondere im Allgemeinen, das gegen die Vergänglichkeit seinen Stand in der Zeit finden muss. Nach Weimar schreibt er: »Ich lebe ... hier mit einer Klarheit und Ruhe, von der ich lange kein Gefühl hatte. Meine Übung, alle Dinge wie sie sind zu sehen und abzulesen, meine Treue, das Auge licht sein zu lassen, meine völlige Entäußerung von aller Prätention kommen mir recht zustatten und machen mich im Stillen höchst glücklich. Alle Tage ein neuer merkwürdiger Gegenstand, täglichfrische, große, seltsame Bilder und ein Ganzes, das man sich lange denkt und träumt, nie mit der Einbildungskraft erreicht … Kehr ich nun in mich selbst zurück, wie man doch so gern tut bei jeder Gelegenheit, so entdecke ich ein Gefühl, das mich unendlich freut, ja das ich sogar auszusprechen wage. Wer sich mit Ernst hier umsieht und Augen hat zu sehen, muss solid werden, er muss einen Begriff von Solidität fassen, der ihm nie so lebendig ward …«

Am 18. Juni 1788 kehrt Goethe nach Weimar zurück, wo von Freude über die Rückkehr des verlorenen Sohnes nichts zu spüren ist. Die Verbitterung darüber macht ihm zu schaffen: »Aus Italien, dem formreichen, war ich in das gestaltlose Deutschland zurückgewiesen, heiteren Himmel mit einem düsteren zu vertauschen; die Freunde, statt mich zu trösten und wieder an sich zu ziehen, brachten mich zur Verzweiflung. Mein Entzücken über entfernteste, kaum bekannte Gegenstände, mein Leiden, meine Klagen über das Verlorne schien sie zu beleidigen, ich vermisste jede Teilnahme, niemand verstand meine Sprache.« Die Frau von Stein, zuvor schon geübt darin, Kühle zu zeigen, gibt sich besonders kühl. Nicht nur die Flucht nach Italien verübelt sie ihm: Goethe hat sich mit einem einfachen Mädchen aus dem Volke, der 16 Jahre jüngeren Christiane Vulpius, eingelassen. Und er macht, zu Frau von Steins Empörung, keinen Hehl aus seiner Beziehung. Bald schon lebt er mit seiner Christiane in einer eheähnlichen Gemeinschaft, an die sich die Weimarer erst gewöhnen müssen. Weihnachten 1789 wird dem Paar der gemeinsame Sohn August geboren. Zur französischen Revolution, dem Ereignis in Europa, geht Goethe auf Distanz: »… Ich konnte kein Freund der Französischen Revolution sein, denn ihre Greuel standen mir zu nahe und empörten mich täglich und stündlich, während ihre wohltätigen Folgen damals noch nicht zu ersehen waren.« Goethe blieb, auch in der Politik, Realist; eine Staatsordnung, die, mit eingeschränkten Verfassungsrechten, passabel funktioniert, war ihm lieber als ein Gemeinwesen, das seinen Bürgern das Paradies auf Erden verspricht.

Einen anhaltenden Lichtblick bedeutet für ihn die Freundschaft mit Friedrich Schiller. Was die beiden Dichter verbindet, ist weniger ein Erfahrungsaustausch, der im Umfeld der persönlichen Lebensverhältnisse verbleibt, sondern ein Gespräch, das sich mal sachbezogen, mal visionär über die Zeiten erhebt. Schiller und Goethe lassen die Wirklichkeit hinter sich, besser gesagt: unter sich. Sie schwingen sich hoch hinauf, durchmessen den Himmel des Idealen und suchen das Unvergängliche, das der Erscheinungswelt zugrunde liegt. Dennoch stehen sie mit beiden Beinen auf der Erde; sie kennen ihren Rang als Dichter: Auf die Kritik anderer, ihrer maßgeblichen Meinung nach deutlich minderbegabter Dichter reagieren sie unfreundlich bis grob. Als Schiller Anfang Mai 1805 stirbt, ist Goethe »erschüttert bis in die Wurzeln«.

In Europa weht inzwischen ein anderer Wind: Napoleon heißt der neue starke Mann, für den die deutschen Kleinstaaten keine Gegner sind. Selbst Preußen, die führende Macht in Deutschland, kann ihm nicht ernsthaft Paroli bieten: Als es in der Schlacht bei Jena unterliegt, kommen die Franzosen auch nach Weimar. Goethe, der sich am liebsten aus allem heraushalten möchte, erlebt die ungeliebte Politik, wie er sie am wenigsten mag, hautnah. Sein Haus wird besetzt, als Hausherr ist er entmachtet. Als zwei betrunkene Soldaten zu randalieren beginnen und ihm persönlich an den Kragen wollen, stellt sich Christiane mutig vor ihren Mann, der mit dieser Situation völlig überfordert ist. Die Tapferkeit seiner Frau, ihre langwährende Treue und liebevolle Sorge lässt einen Entschluss in ihm reifen, der sich schon länger vorbereitet hat: Er wird Christiane Vulpius heiraten. Am 19. Oktober 1806 lassen sich die beiden in der Weimarer Schlosskirche trauen; eine mehr als 18 Jahre währende Lebensgemeinschaft, die ein wenig zu fortschrittlich war für ihre Umgebung, wird zu guter Letzt noch legalisiert.

Als sein Hauptwerk sieht Goethe inzwischen die mehr als 1000 Seiten starke *Farbenlehre* an. Darin bezieht er Stellung gegen den ungekrönten König der Physik, den Briten Isaac Newton, der die (von der modernen Forschung bestätigte) These vertritt, dass sich im ursprünglichen weißen Licht bereits alle anderen Farben befinden. Goethe hingegen glaubt, dass die Farben aus einer Eintrübung des Lichts, einem Zusammenwirken von Hell und Dunkel entstehen. Er spricht damit das geheime Wesen des Sichtbaren an, das, um in Erscheinung zu treten, auf das menschliche Auge angewiesen ist: »Das Auge hat sein Dasein dem Licht zu danken. Aus gleichgültigen tierischen Hilfsorganen ruft sich das Licht ein Organ hervor, das seinesgleichen werde; und so bildet sich das Auge am Lichte fürs Licht, damit das innere Licht dem äußeren entgegentrete ... Hierbei erinnern wir uns der ... Worte eines alten Mystikers, die wir in deutschen Reimen folgendermaßen ausdrücken möchten: Wär' nicht das Auge sonnenhaft,/ Wie könnten wir das Licht erblicken?/ Lebt' nicht in uns des Gottes Kraft,/ Wie könnt' uns Göttliches entzücken?«

Im Sommer 1814 reist Goethe auf alten Spuren in die »Rhein- und Main-Gegenden« und erlebt dort glückliche Wochen. Am 6. Juni 1816 stirbt Christiane Goethe, sie erliegt einem Nierenleiden. Erneut versucht er, sich durch Arbeit abzulenken. Er schreibt (unter anderem) am zweiten Teil des *Faust*, nachdem er den ersten Teil 1806 hatte abschließen können, veröffentlicht einen Bericht über die *Italienische Reise* und die *Campagne in Frankreich*. Daneben stehen naturwissenschaftliche und ästhetische Studien, Prosastücke, Gedichte, Aufsätze – und, nicht zuletzt, eine umfassende Korrespondenz. Goethe als Briefschreiber ist ein Phänomen: In seinen Briefen, die ihm mal umständlich, mal wundersam genau, fast immer aber weise- bis altersweise geraten, gibt er sich, wenn er mag, zu erkennen. Und er zieht gern Bilanz: »Lange leben heißt gar vieles überleben, geliebte, gehasste, gleichgültige Menschen, Königreiche, Hauptstädte, ja Wälder und Bäume, die wir jugendlich gesäet und gepflanzt. Wir überleben uns selbst und erkennen durchaus noch dankbar, wenn uns auch nur einige Gaben des Leibes und des Geistes übrig bleiben. Alles dieses Vorübergehende lassen wir uns gefallen; bleibt uns nur das Ewige jeden Augenblick gegenwärtig, so leiden wir nicht an der vergänglichen Zeit ... Wirken wir also immerfort, so lange es Tag für uns ist, für andere wird auch eine Sonne scheinen, sie werden sich an ihr hervortun und uns indessen ein helleres Licht erleuchten. – Und so bleiben wir wegen der Zukunft unbekümmert! In unseres Vaters Reiche sind viele Provinzen ...«

Im Sommer 1823 ereilt Goethe, der sich im Grunde seines Herzens gesichert wähnt, noch einmal die Liebe. Er weilt zur Kur in Marienbad und verliebt sich in ein Mädchen namens Ulrike von Levetzow, die ein halbes Jahrhundert jünger ist als er. Sie hat denn in ihm auch nur einen freundlichen alten Herrn gesehen, der sich um sie kümmert; von seiner Berühmtheit, seinem Werk wusste sie kaum etwas. Goethe verspürt Gefühle, die alles andere als altväterlich sind; schließlich macht er Fräulein von Levetzow einen Heiratsantrag, der alle Beteiligten in Verlegenheit stürzt; man hält ihn hin, wagt nicht, ihm eine Ablehnung zu übermitteln. Immerhin deutet er die Umstände richtig und erklärt, noch bevor er zur tragisch-komischen Figur werden kann, seinen Verzicht. Der Verzweiflung, die ihn daraufhin erfasst, ist Goethe dichterisch Herr geworden, und er hat sich dabei noch einmal als Meister seines Fachs erwiesen. Die berühmte »Marienbader Elegie«, die er zu Papier bringt, belässt der Liebe ihr höheres Recht; zu neuem Spiel, neuem Glück entwirft sie sich und bleibt der Zeit enthoben: »... Ins Herz zurück! dort wirst du's besser finden,/ Dort regt sie sich in wechselnden Gestalten:/ Zu Vielen bildet eine sich hinüber,/ So tausendfach, und immer, immer lieber.«

Nach der Marienbader Erfahrung schließt Goethe endgültig Frieden mit sich selbst; die Stürme des Lebens, zu denen die Liebe zählt, haben sich gelegt: »Es ist wahr, ich habe in meinem langen Leben mancherlei getan und zustande gebracht, dessen ich mich allenfalls rühmen könnte. Was hatte ich aber, wenn wir ehrlich sein wollen, das eigentlich mein war, als die Fähigkeit und Neigung, zu sehen und zu hören, zu unterscheiden und zu wählen, und das Gesehene und Gehörte mit einigem Geist zu beleben und mit einiger Geschicklichkeit wiederzugeben. Ich verdanke meine Werke keineswegs meiner eigenen Weisheit allein, sondern Tausenden von Dingen und Personen außer mir, die mir dazu das Material boten.« Die neue Zeit, die er heraufkommen sieht, erfüllt ihn mit Misstrauen: »Alles ist jetzt ultra, alles transzendiert unaufhaltsam, im Denken wie im Tun. Niemand kennt sich mehr, niemand begreift das Element, worin er schwebt und wirkt, niemand den Stoff, den er bearbeitet ... Junge Leute werden viel zu früh aufgeregt und dann im Zeitstrudel fortgerissen; Reichtum und Schnelligkeit ist, was die Welt bewundert und wonach jeder strebt ...« Sein letztes Lebensjahrzehnt begeht Goethe wie ein penibler Nachlassverwalter seiner selbst. Er hat bereits eine Ausgabe seiner *Gesammelten Werke* erscheinen lassen – obwohl mit seinen Werken ja noch nicht Schluss ist. Sein Fleiß lässt nicht nach; die Hilfskräfte, die er sich hält, Sekretäre, Schreiber, Diener, haben gut zu tun. Goethes weltanschauliches Vermächtnis ist ein Bekenntnis zum Wert und zur Schöpferkraft des Menschen: »So musst du sein, dir kannst du nicht entfliehn!« Er weiß sich aufgehoben im Großen und Ganzen, im Göttlichen; die Hoffnung auf ein Weiterleben im Geiste ist berechtigt: »Kein Wesen kann zu nichts zerfallen!/ Das Ewge regt sich fort in allen,/ Am Sein erhalte dich beglückt! Das Sein ist ewig: denn Gesetze/ Bewahren die lebendgen Schätze,/ Aus welchen sich das All geschmückt./ – Das Wahre war schon längst gefunden,/ Hat edle Geisterschaft verbunden;/ Das alte Wahre, fass es an!/ Verdank es, Erdensohn, dem Weisen,/ Der ihr, die Sonne zu umkreisen,/ Und dem Geschwister wies die Bahn.«

Am 6. Juni 1827 stirbt die Frau von Stein, anderthalb Jahre später, am 14. Juni 1828, Goethes langjähriger Freund und Förderer Karl August. Der Dichter sieht dies als Zeichen in eigener Sache: Es wird Zeit auch für ihn. Eine letzte große Tat steht noch aus: die Vollendung des *Faust*. Zuvor hat er allerdings noch einen weiteren Schicksalsschlag zu überstehen: Am 10. November 1830 erhält er die Nachricht, dass sein Sohn August während einer Italienreise in Rom einer Krankheit erlegen ist. August von Goethe hat es im Schatten des übermächtigen Vaters nie leicht gehabt; seine Anlagen reichten zur Genietätigkeit nicht aus. So trank er mehr, als ihm guttat; sein Tod, unter der Rubrik »Vor den Vätern sterben die Söhne«, hat Goethe unendlich geschmerzt. Dennoch gelingt ihm der finale Kraftakt: Am 22. Juli 1831 ist es vollbracht, ist der zweite Teil des *Faust* abgeschlossen. Seinen letzten Brief diktiert Goethe am 17. März 1832; er ist an Wilhelm von Humboldt adressiert und enthält ein Bekenntnis zur Selbsterziehung des Menschen, der sich nur dann finden kann, wenn er sich seine Welt zu eigen gemacht hat: »Zu jedem Tun, daher zu jedem Talent, wird ein Angebornes gefordert, das von selbst wirkt und die nötigen Anlagen unbewusst mit sich führt, deswegen auch so geradehin fortwirkt, dass, ob es gleich die Regel in sich hat, es doch zuletzt ziel- und zwecklos ablaufen kann. – Je früher der Mensch gewahr wird, dass es ein Handwerk, dass es eine Kunst gibt, die ihm zur geregelten Steigerung seiner natürlichen Anlagen verhelfen, desto glücklicher ist er; was er auch von außen empfange, schadet seiner eingebornen Individualität nichts. Das beste Genie ist das, welches alles in sich aufnimmt, sich alles zuzueignen weiß, ohne dass es der eigentlichen Grundbestimmung, demjenigen, was man Charakter nennt, im mindesten Eintrag tue, vielmehr solches noch erst recht erhebe und durchaus nach Möglichkeit befähige.« Es sind dies die Worte, die auch auf seinen eigenen Lebensgang passen: Goethe war ein Genie, das die Arbeit nicht scheute; seiner Kunst, die von der Neugier auf die Welt lebte, ist dies bestens bekommen.

Wie die erste Liebe
Schiller und die Freiheit der Gedanken

Fragt man nach den bekanntesten deutschen Dichtern, dann nennt man ihn gleich nach Goethe; dass er in der deutschen Literaturgeschichte so weit nach vorn kam, war jedoch lange nicht abzusehen. Anders als Goethe, der sich auf sein Glück verlassen konnte, musste es Schiller zunächst so vorkommen, als werde er vom Schicksal entweder stiefmütterlich behandelt oder übersehen.

Er verlebt eine karge Kindheit. Der Vater ist ein ordnungsversessener Offizier, die Mutter so fromm, dass ihr Gottesglauben alles einschnürt, was nach Freude aussieht. Schiller besucht die Lateinschule, gilt als begabt und redegewandt. Das erweist sich als Nachteil, denn der Herzog von Württemberg, ein versponnener, zu Jähzorn und Selbstüberschätzung neigender Fürst, hat beschlossen, eine eigene Eliteanstalt, seine »militärische Pflanzschule« für begabte Landeskinder, zu gründen. Zu den Schülern, die ihm empfohlen werden, gehört auch der 13-jährige Schiller. Er muss auf der Stuttgarter Solitude, dem Sitz der herzoglichen Akademie, einrücken – es beginnt eine Zeit des Leidens. Der Unterricht in der Anstalt ist gnadenlos reglementiert, ebenso die knapp bemessene Freizeit. Für Herzog Karl Eugen ist die Schule sein Lieblingsspielzeug; er schaut persönlich nach dem Rechten. Schillers Haar missfällt ihm, er mag keine Rothaarigen und befiehlt, dass der Schüler es sich mit Puder einzufärben habe. Auf die Unterdrückung, die ihm widerfährt, reagiert Schiller mit nachlassenden Leistungen, er flüchtet sich erst in Krankheiten, dann in die Bücher, aus denen abzulesen ist, dass man sich von Tyrannen auch mit einem Freiflug der Gedanken absetzen kann. Shakespeare wird sein Vorbild; er hat das Theater, »die Bretter, die die Welt bedeuten«, mit Leben erfüllt, das so viel leidenschaftlicher, gerechter anmutet als das, was sich im Kleinstaat Württemberg abspielt. Karl Eugen möchte aus Schiller einen Regimentsarzt machen; also studiert er, unter Protest, Medizin, bringt eine Dissertation zustande (»Über den Zusammenhang der tierischen Natur des Menschen mit seiner geistigen«) und darf sich danach Regimentsmedikus nennen. Im Geheimen hat er sein erstes Theaterstück »Die Räuber« geschrieben, das im Januar 1782 in Mannheim uraufgeführt und zu einem spektakulären Erfolg wird: »Das Theater glich einem Irrenhause, rollende Augen, geballte Fäuste, heisere Aufschreie im Zuschauerraum. Fremde Menschen fielen einander schluchzend in die Arme, Frauen wankten, einer Ohnmacht nahe, zur Türe. Es war eine allgemeine Auflösung wie im Chaos, aus dessen Nebeln eine neue Schöpfung hervorbricht.« Der Autor erlebt die Uraufführung als Zuschauer, er hat sich unerkannt unters Publikum gemischt. Prompt bekommt er Ärger mit seinem Herzog; er wird zum Rapport bestellt und erhält den Befehl: »Ich sage, bei Strafe der Kassation, schreibt Er keine Komödien mehr!« Einen letzten Versuch unternimmt Schiller noch, den Landesherrn versöhnlicher zu stimmen, er bittet »untertänigst und treugehorsamst … um die gnädigste Erlaubnis, ferner literarische Arbeiten bekannt machen zu dürfen«. Vergeblich, der Herzog verweigert die Annahme des Gesuchs, und für Schiller ist klar, dass er fliehen muss, »wenn« seine »Knochen nicht in Schwaben vermodern sollen«. Im September 1782 setzt er sich mit einem Freund nach Mannheim ab, der Stadt seines ersten und bislang einzigen Triumphes. Die Hoffnung, dass der Mannheimer Theaterintendant Dalberg, ein intriganter Höfling, etwas für ihn tun könne, erfüllt sich nicht: Dalberg ist viel zu obrigkeitshörig, als dass er es sich mit dem Herzog von Württemberg verderben will. Schiller setzt seine Flucht fort, kommt über Frankfurt am Main und Worms schließlich ins thüringische Bauerbach. Dort, in einem abgelegenen Dorf, bewohnt er ein Häuschen, das ihm eine Stuttgarter Gönnerin, die Freifrau Henriette von Wolzogen, zur Verfügung gestellt hat; er kann aufatmen. Es ist Winter, das Land tiefverschneit, der Herzog weit weg. Seine Gönnerin hat zwei Zimmer für ihn herrichten lassen, und er kann erst einmal ausschlafen. Danach sieht er die thüringische Einöde in freundlicherem Licht: »Liebster Freund! Endlich bin ich hier, glücklich und vergnügt, dass ich einmal am Ufer bin. Ich traf alles noch über meine Wünsche. Keine Bedürfnisse ängstigen mich mehr, kein Querstrich von außen soll meine dichterischen Träume, meine idealistischen Täuschungen stören. Das Haus meiner Wolzogen ist ein recht hübsches und artiges Gebäude, wo ich die Stadt gar nicht vermisse. Ich habe alle Bequemlichkeit, Kost, Bedienung, Wäsche, Feuerung, und alle diese Sachen werden von den Leuten des Dorfes auf das vollkommenste und willigste besorgt … Gegenwärtig kann und will ich keine Bekanntschaften machen, weil ich entsetzlich viel zu arbeiten habe …«

Schiller schreibt an einem neuen Stück: »Luise Millerin« heißt es und ist ein »bürgerliches Trauerspiel«. Überhaupt ist Schiller, nachdem er meint, in Bauerbach eine zweite Heimat gefunden zu haben, voller Pläne: Er skizziert die Handlung des »Don Carlos« und stößt auf eine historische Figur, die im Mittelpunkt eines weiteren, bekannten Stücks stehen wird, »Maria Stuart«. Eine gewisse Ungeduld zeichnet den Dramatiker und Menschen Schiller aus; am liebsten möchte er die Ideen so verarbeiten, wie sie ihm zu Kopf steigen – im Schwung des ersten phantastischen Zutragens, mit Begeisterung und Liebe seinem literarischen Personal gegenüber, für das er sich in Fürsorgepflicht nimmt. Der Winter jedoch ist lang in Bauerbach, und Schillers anfänglicher Schwung lässt nach. Nun macht ihm die Einsamkeit zu schaffen, er wünscht sich Freunde herbei. Einen Vertrauten gewinnt er in dem Meininger Bibliothekar Reinwald. Reinwald, ein guter Zuhörer, dem es jedoch an Begeisterungsfähigkeit mangelt, versorgt ihn mit Lektüre. Insbesondere historische Werke haben es ihm jetzt angetan, er sieht in der Geschichte eine Fundgrube, aus der sich nicht zuletzt auch die Literatur bedienen soll. Schiller, dem es an Alternativen mangelt, erklärt Reinwald zu seinem Freund: »Ich wünschte Sie so oft in meine einsame grillenhafte Zelle hinein und möchte oft meine tägliche Kost um eine menschliche Gesellschaft dahingeben … Mühsam und wirklich oft unter Druck muss ich eine Laune, eine dichterische Stimmung hervorarbeiten, die mich in zehn Minuten bei einem guten denkenden Freund sonst anwandelt …« Er macht Reinwald zum bevorzugten Gesprächspartner und Adressaten seiner Briefe. Als er ihn länger und vor allem näher kennt indes, geht Schiller zu ihm auf Distanz – ungeachtet dessen, dass dieser inzwischen Bekanntschaft mit seiner Lieblingsschwester Christophine geschlossen hat. Schiller warnt seine Schwester vor der Eheschließung mit einem Mann, den er nun »griesgrämig und staubtrocken« nennt, »ein fleißiger, nicht ganz ungeschickter Philister …, aus einem kleinen städtischen Ort, durch Verhältnisse gedrückt, durch hypochondrische Kränklichkeit noch mehr darnieder gebeugt«. Vergebens, 1786 wird Reinwald sein Schwager.

Als der Winter endlich zur Neige geht und es Frühling wird, atmet Schiller auf. Die Welt, zuvor noch schneegrau und verhangen, nimmt wieder Licht und Wärme an. Was verdeckt und verworren schien, löst sich in Klarheit auf. Am 14. April 1783, einem »herrlichen« Frühlingsmorgen, erläutert Schiller in einem programmatischen Brief an Reinwald seine literarische Arbeitsweise, die auf das Subjekt als Erneuerer des Objektiven setzt: »Wir schaffen uns einen Charakter, wenn wir unsere Empfindungen und unsere historische Kenntnis von fremden in andere Mischungen bringen – bei den Guten das Plus oder Licht – bei Schlimmeren das Minus oder den Schatten verwalten lassen. Gleichwie aus einem einfachen weißen Strahl, je nachdem er auf Flächen fällt, tausend und wieder tausend Farben entstehen, so bin ich zu glauben geneigt, dass in unsrer Seele alle Charaktere nach ihren Urstoffen schlafen … Liebe, mein Freund, das große unfehlbare Band der empfindenden Schöpfung, ist zuletzt nur ein glücklicher Betrug. Erschrecken, entglühen, zerschmelzen wir für das fremde, uns ewig nie eigen werdende Geschöpf? Gewiss nicht. Wir leiden jenes alles nur für uns, für das Ich, dessen Spiegel jenes Geschöpf ist. Ich nehme selbst Gott nicht aus …« Zwischen Freundschaft und Dichtkunst besteht eine Wesensähnlichkeit der Innigkeit nach, ohne dass sich daraus eine Folgewirkung ergibt, auf die man Anspruch erheben könnte: »Können wir den Zustand eines Freundes feurig fühlen, so werden wir uns auch für unsere poetischen Helden erwärmen. Aber die Folgerung, dass die Fähigkeit zur Freundschaft und platonischen Liebe sonach auch die Fähigkeit zur großen Dichtung nach sich ziehen müsse, würde sehr übereilt sein. Denn ich kann einen großen Charakter durchaus fühlen, ohne ihn schaffen zu können … Das ist unstreitig wahr, dass wir die Freunde unserer Helden sein müssen, wenn wir in ihnen zittern, aufwallen, weinen und verzweifeln sollen …« Am Ende seines Briefes befällt Schiller die Melancholie; die Frühlingssonne verschwindet hinter schwerem Gewölk: »Teurer Freund! Ich bin nicht, was ich gewiss hätte werden können. Ich hätte vielleicht groß werden können, aber das Schicksal stritt zu früh wider mich. Lieben und schätzen Sie mich wegen dem, was ich unter besseren Sternen geworden wäre, und ehren Sie die Absicht in mir, die die Vorsicht in mir verfehlt hat. Aber bleiben Sie mein!«

Als er sich gerade daran gewöhnt hat, seine Erwartungen so gering wie möglich zu halten, erreicht Schiller ein Schreiben des Herrn von Dalberg, den er zwischenzeitlich fast schon vergessen hatte. Der Mannheimer Intendant hat mitbekommen, dass Schiller nicht mehr in Acht und Bann steht; der Herzog von Württemberg hat anderes zu tun, als nach einem entlaufenen Regimentsarzt fahnden zu lassen. Auch von den neuen Theaterstücken, an denen sein einstiger Erfolgsautor schreibt, ist Dalberg in Kenntnis gesetzt worden; nun erkundigt er sich mit lauernder Freundlichkeit nach dem Fortgang der Arbeit, bekundet sein Interesse an der »Luise Millerin« und deutet an, dass er sich mittlerweile sogar vorstellen könne, ihn zum festangestellten Theaterautor zu machen. Schiller, gewitzt durch die bisherigen Erfahrungen, reagiert zunächst ausweichend, fühlt sich dann aber doch so geschmeichelt, dass er sich daranmacht, eine Bühnenfassung seines Stücks für das Mannheimer Theater zu erstellen. Er kommt gut voran: »Meine Luise Millerin jagt mich schon um 5 Uhr aus dem Bette. Da sitz ich, spitze Federn und käue Gedanken. Es ist gewiss und wahrhaftig, dass der Zwang dem Geist alle Flügel abschneidet. So ängstlich für das Theater – so hastig, weil ich pressiert bin, und doch ohne Tadel zu schreiben, ist eine Kunst. Doch gewinnt meine Luise Millerin, das fühl ich.«

Auch seine Gönnerin, die Freifrau von Wolzogen, lässt sich in Bauerbach blicken. Sie hat ihre 17-jährige Tochter Charlotte dabei, in die sich Schiller, der auf eine solche Gelegenheit gewartet hat, bereitwillig verliebt. Allerdings stößt er auf wenig Gegenliebe, was er fast als beleidigend empfindet. Reinwald, erstaunlich einfühlsam in dieser Situation, rät ihm zum Ortswechsel: Statt sich auf eine Verwirrung des Herzens einzulassen, die ihn von der Arbeit abhalte, möge Schiller lieber nach Mannheim fahren, um mit Dalberg zu verhandeln, der ihm ja, wenngleich etwas verbrämt, ein Angebot gemacht habe. Das klingt überzeugend, und Schiller vergisst seinen Liebeskummer so schnell, wie er ihn sich zugezogen hatte. Am 26. Juli 1783 trifft er in Mannheim ein. Tatsächlich bietet ihm Dalberg einen Vertrag als Theaterautor und Dramaturg an, der allerdings so schlecht dotiert ist, dass Schiller ihn eigentlich hätte ablehnen müssen. Eine Festanstellung am Theater erscheint ihm jedoch verführerisch, so dass er gar nicht daran denkt, um höhere Bezüge zu feilschen. Sein alter Freund Streicher, den er in Mannheim wieder getroffen hat, berichtet: »Seine Zufriedenheit über die Anstellung sprach aus jedem Wort, aus jedem Blick, und er mochte sich dabei wohl denselben Himmel in der Wirklichkeit denken, der auf dem Theater oft so täuschend dargestellt wird ...« Kurz darauf wird Mannheim vom »kalten Fieber«, einer malariaähnlichen Seuche, heimgesucht. Auch Schiller erkrankt; auf ärztliches Anraten unterzieht er sich einer rigorosen Hungerkur, die ihn von den Beinen holt. An Henriette von Wolzogen schreibt er: »Schon vierzehn Tage habe ich weder Fleisch noch Fleischbrühe gesehen. Wassersuppe heute, Wassersuppe morgen, und dieses geht so mittags wie abends. Allenfalls gelbe Rüben oder saure Kartoffeln. Fieberrinde ess ich wie Brot, und ich habe sie mir express von Frankfurt verschrieben …« Bei seinem Versuch, gegen die tückische Krankheit anzugehen, mutet sich Schiller, der ja schon als Regimentsmedikus auf Gewaltkuren setzte, zu viel zu; er drückt das Fieber herab, kuriert es aber nicht aus, so dass es sich nur oberflächlich zurückzieht und ihn in maliziöser Anhänglichkeit ein Leben lang begleitet. In Mannheim ruiniert Schiller seine Gesundheit, will es aber nicht recht wahrhaben, obwohl er in Momenten erschöpfter Ruhe bereits ahnt, was er sich eingefangen hat: »Denken Sie sich in meine äußerst anstrengende Situation – um mit Abstand hier zu leben, und die mir vorgesetzte Summe Geld zur Bezahlung meiner Schulden herauszuschlagen – um zugleich die Ungeduldigkeit des Theaters und die Erwartungen des hiesigen Publikums zu befriedigen, habe ich unter meiner Krankheit mit dem Kopf arbeiten müssen und durch starke Portionen China (Chinin) meine wenigen Kräfte so hinhalten zu müssen, dass mir dieser Winter vielleicht auf zeitlebens einen Stoß versetzte …«

Endlich, am 11. Januar 1784, erfolgt die Uraufführung des »Fiesko«. Sie wird ein Misserfolg, das Publikum zeigt sich gelangweilt. Schiller nimmt es gelassen: Er hatte das Stück ein weiteres Mal umgeschrieben, die Regie verpasste ihm ein bombastisches Finale, das aber auch nichts mehr retten kann. Nach nur drei Aufführungen nimmt Dalberg den »Fiesko«, der zum Fiasko zu werden droht, aus dem Programm. Besser ergeht es Schiller mit der »Luise Millerin«, die bereits drei Monate später auf die Bühne kommt. Auf Vorschlag des Starschauspielers Iffland, der auch eine der Hauptrollen spielt, war das Stück in »Kabale und Liebe« umbenannt worden, ein, wie man fand, deutlich zugkräftigerer Titel, der dazu beitrug, das Publikum ins Theater zu locken. Bei der Premiere saß Schiller neben seinem Freund Streicher, der ihn genau beobachtet: »Ruhig, heiter, aber in sich gekehrt und nur wenige Worte wechselnd erwartete Schiller das Aufrauschen des Vorhangs. Aber als nun die Handlung begann – wer vermöchte den tiefen, erwartenden Blick – das Spiel der unteren gegen die Oberlippe – das Zusammenziehen der Augenbrauen, wenn etwas nicht nach Wunsch gesprochen wurde – den Blitz der Augen, wenn auf Wirkung berechnete Stellen diese auch hervorbrachten – wer könnte dies beschreiben! – Während des ganzen ersten Aufzugs entschlüpfte ihm kein Wort, und nur zum Schluss wurde ein ›Es geht gut‹ gehört. Der zweite Akt wurde mit so vielem Feuer und ergreifender Wahrheit dargestellt, dass, nachdem der Vorhang schon niedergelassen war, alle Zuschauer auf eine damals ungewöhnliche Art sich erhoben und in stürmisches, einmütiges Beifallrufen und Klatschen ausbrachen. Der Dichter wurde so sehr davon überrascht, dass er aufstand und sich gegen das Publikum verbeugte. In seinen Mienen, in der edlen, stolzen Haltung zeigte sich das Bewusstsein, sich selbst genug getan zu haben, sowie die Zufriedenheit darüber, dass seine Verdienste anerkannt und mit Auszeichnung geehrt wurden.«

Ansonsten aber wird Schiller in Mannheim nicht froh. Er spürt, dass die Schauspieler mit seiner am Ideal ausgerichteten Sprache nichts anfangen können und lieber derbe Volksstücke haben, die auf die üblichen Effekte setzen. Schiller ist zudem ein Autor, der sich einmischt: Er wohnt den Proben bei, scheut sich nicht, einzugreifen und lautstark zu tadeln. Das kommt nicht gut an, und der Theaterautor Schiller hat den Eindruck, dass auf den Brettern, die die Welt bedeuten, Dienst nach Vorschrift absolviert wird. Gewichtiger, weil anhaltend sind andere Sorgen, die ihm zu schaffen machen. Schon immer konnte Schiller mit Geld nicht sonderlich gut umgehen, auch mit dem, das er sich über Schulden besorgt. Einen Großteil seines knappen Jahresgehalts hatte er bereits darauf verwendet, sich neu, d. h. standesgemäß einkleiden zu lassen – eine unsinnige Investition, wie er bald feststellt, denn aus der Schuldenfalle, die sich immer enger um ihn zieht, kommt er nicht mehr heraus. Einige seiner Gläubiger, bislang eher zurückhaltend, werden nun fordernder und schlagen unfreundliche Töne an. In dieser Situation erinnert er sich seines Bauerbacher Refugiums, das ihm wie ein verlorenes Paradies vorkommt. An Reinwald schreibt er: »Gott weiß, ich habe mein Leben hier nicht genossen … Ungeachtet meiner vielen Bekanntschaften, dennoch einsam und ohne Führung, muss ich mich durch meine Ökonomie hindurchkämpfen, zum Unglück mit allem versehen, was zu unnötigen Verschwendungen reizen kann. Tausend kleine Bekümmernisse, Sorgen, Entwürfe, die mir ohne Aufhören vorschweben, zerstreuen meinen Geist, zerstreuen alle dichterischen Träume und legen Blei an jeden Flug der Begeisterung. Den ganzen Winter hindurch verließ mich das kalte Fieber nicht. Bester Freund, ich bin hier noch nicht glücklich gewesen, und fast verzweifele ich, ob ich je in der Welt wieder darauf Anspruch machen kann. Halten Sie es für kein leeres Geschwätz, wenn ich gestehe, dass mein Aufenthalt in Bauerbach bis jetzt mein seligster gewesen, der vielleicht nie wieder kommen wird.« Der resignative Tonfall, den Schiller anschlägt, erscheint berechtigt, zumal ihn wenig später eine weitere Hiobsbotschaft erreicht: Dalberg weigert sich, seinen Vertrag als Theaterautor zu verlängern. Damit hat Schiller, gerade nach dem Erfolg von »Kabale und Liebe«, nicht gerechnet. Die Empfehlung des Intendanten, er möge sich lieber wieder in seinem erlernten Beruf als Mediziner betätigen, muss ihm wie blanker Hohn erscheinen. Schiller nimmt auch diesen Rückschlag scheinbar ungerührt hin. Mittlerweile hat er sich ein etwas stabileres Selbstwertgefühl zugelegt, das vom äußeren Zuspruch weitgehend unabhängig bleibt. In einem Vortrag vor der Kurpfälzischen Gesellschaft, bei dem auch ein missgelaunter Dalberg zugegen ist, gewinnt Schiller seiner persönlichen Befindlichkeit eine allgemeingültige Botschaft ab: Nur wer seine Bestimmung erkannt hat und ihr konsequent folgt, findet seinen Platz in der Gesellschaft und kann Gutes für sie bewirken. Es ist dies auch eine Frage der Würde, die sich jeder Mensch zusprechen muss – unabhängig von dem, was andere über ihn denken: »Dann nur, wenn wir bei uns selbst erst entschieden haben, was wir sind und was wir nicht sind, nur dann sind wir der Gefahr entgangen, von fremdem Urteil zu leiden – durch Bewunderung aufgeblasen oder durch Geringschätzung feig zu werden … Man verurteilt den jungen Mann, der, gedrungen von innerer Kraft, aus dem eigenen Körper einer Brotwissenschaft hervortritt und dem Rufe des Gottes folgt, der in ihm ist? – Ist das die Rache der kleinen Geister an dem Genie, dem sie nachzuklimmen versagen?«

Nachdem er als Theaterautor entlassen worden ist, verfällt Schiller auf eine seltsame Idee: Er möchte eine literarische Zeitschrift herausgeben, der er den Titel *Rheinische Thalia* gibt, was sich gut anhört, ihm aber keinen Verleger bringt. Er entschließt sich, den Vertrieb selbst in die Hand zu nehmen und wirbt um Subskribenten. In dem Anschreiben, das er für diesen Zweck aufsetzt, ist weniger von der geplanten Zeitschrift die Rede, sondern vom Autor Schiller, der unaufgefordert Rechenschaft ablegt über seinen bisherigen Werdegang. Dabei wählt er die dramatische Pose: »Ich schreibe als Weltbürger, der keinem Fürsten dient. Frühe verlor ich mein Vaterland, um es gegen die große Welt auszutauschen, die ich eben nur durch die Fernröhre kannte. Ein seltsamer Missverstand der Natur hat mich in meinem Geburtsort zum Dichter verurteilt. Neigung für Poesie beleidigte die Gesetze des Instituts, worin ich erzogen ward, und widersprach dem Plan seines Stifters. Acht Jahre rang mein Enthusiasmus mit der militärischen Regel, aber Leidenschaft für die Dichtkunst ist feurig und stark, wie die erste Liebe. Was sie ersticken sollte, fachte sie an, Verhältnissen zu entfliehen, die mir zur Folter waren, schweifte mein Herz in eine Idealenwelt aus – aber unbekannt mit der wirklichen, von welcher mich eiserne Stäbe schieden – unbekannt mit den Menschen –, unbekannt mit den Neigungen freier, sich selbst überlassener Wesen …«

Jemand, der einen solchen Werdegang hinter sich bringt, hat nicht viele Möglichkeiten: Er wird entweder verrückt oder behauptet sich, mehr schlecht als recht, in einer gebrochenen Existenz. Oder er schafft Großes, was Schiller in gespielter Bescheidenheit für sich in Anspruch nimmt. Das Große allerdings, das er hervorbringt, ist nicht ausgewogen, nicht wohlproportioniert; es leidet unter einem Geburtsfehler, der vom Vergangenen herrührt: »Unbekannt mit Menschen und Menschenschicksalen musste mein Pinsel notwendig die mittlere Linie zwischen Engel und Teufel verfehlen, musste er ein Ungeheuer hervorbringen, das zum Glück in der Welt nicht vorhanden war, dem ich nur darum Unsterblichkeit wünschen möchte, um das Beispiel einer Geburt zu verewigen, die der naturwidrige Beischlaf der Subordination und des Genius in die Welt setzte. Ich meine die Räuber …« Der Erfolg der »Räuber«, so sieht es Schiller im Nachhinein, hat ihn bekannt gemacht, aber auch aus vertrauten Bindungen gerissen und der Heimat verwiesen. Darunter leidet er noch immer: »Die Räuber kosteten mir Familie und Vaterland in einer Epoche, wo noch der Ausspruch der Menge unser schwankendes Selbstgefühl lenken muss, wo das warme Blut eines Jünglings durch den freundlichen Sonnenblick des Beifalls munterer fließt, tausend einschmeichelnde Ahndungen künftiger Größe seine schwindelnde Seele umgeben und der göttliche Nachruhm in schöner Dämmerung vor ihm liegt – mitten im Genuss des ersten verführerischen Lobes, das unverhofft und unverdient aus entlegenen Provinzen mir entgegenkam, untersagte man mir in meinem Geburtsort bei Strafe der Festung – zu schreiben. Mein Entschluss ist bekannt – ich verschweige das Übrige …« Da die Vergangenheit nur noch bedingt zählt, auch wenn die »Räuber«, wie Schiller an anderer Stelle spöttisch vermerkt, »nicht totzukriegen« sind, muss er als Autor einen Neuanfang wagen: »Nunmehr sind alle meine Verbindungen aufgelöst. Das Publikum ist mir jetzt alles, mein Studium, mein Souverän, mein Vertrauter. Ihm allein gehöre ich jetzt an. Vor diesem und keinem anderen Tribunal werde ich mich stellen. Dieses nur fürchte ich und verehr ich. Etwas Großes wandelt mich an bei der Vorstellung, keine andere Fessel zu tragen als den Ausspruch der Welt – an keinen anderen Thron mehr zu appellieren als an die menschliche Seele.«

Als es für Schiller, der noch das wehmütig tragende Idyll von Bauerbach im Kopf hat, immer enger wird und er sich von seinen Gläubigern »umzingelt« fühlt, erreicht ihn eine Einladung, nach Leipzig zu kommen; unbekannte Verehrer, der Konsistorialrat Körner und sein Freund Huber, haben ihm geschrieben. Schiller ahnt, dass sich,

nach Bauerbach, ein weiterer inspirativer Zufluchtsort für ihn auftun kann; sein Schicksal, glaubt er, wird von nun an freundlicher mit
ihm umgehen, er sagt zu: »Menschen, Verhältnisse, Erdreich und
Himmel sind mir zuwider … Meine Seele dürstet nach neuer Nahrung – nach bessern Menschen – nach Freundschaft, Anhänglichkeit
und Liebe … Bei Ihnen will ich alles doppelt, dreifach wieder sein,
was ich ehemals gewesen bin, und mehr noch als das alles, o meine
Besten, ich werde glücklich sein. Ich wars noch nie …« – In Leipzig
und Dresden erlebt Schiller tatsächlich eine glückliche Zeit: Körner
und Huber, die mit Dora und Minna Stock verlobt sind (»zwei reizenden Schwestern«), setzen ihren Ehrgeiz daran, ihm das Leben so
angenehm wie möglich zu machen. Als sich seine Gläubiger wieder
melden, stehen sie ihm finanziell zur Seite und achten dabei auf Diskretion. Schiller fühlt sich »aufgehoben wie im Himmel«, er macht
Pläne: »Mein Herz wurde warm. Es war nicht Schwärmerei – philosophisch feste Gewissheit wars, was ich in der herrlichen Perspektive der Zeit vor mir liegen sah. Mit weicher Beschämung, die nicht
niederdrückt, sondern männlich emporrafft, sah ich rückwärts in
die Vergangenheit, die ich durch die unglücklichste Verschwendung
missbrauchte … Eine Hälfte wurde durch die wahnsinnige Methode
meiner Erziehung und die Misslaune meines Schicksals, die zweite
und größere aber durch mich selber vernichtet. Tief habe ich das
empfunden, und in der allgemeinen feurigen Gärung meiner
Gefühle haben sich Kopf und Herz zu einem herkulischen Gelübde
vereinigt – die Vergangenheit nachzuholen und den edlen Wettlauf
zum höchsten Ziele von vorn anzufangen …« Bezeichnenderweise
ist in dieser glücklichen Zeit Schillers bekanntestes Gedicht, die
Hymne »An die Freude«, entstanden. Anderthalb Jahre bleibt er in
Dresden, vollendet dort unter anderem sein Theaterstück »Don Carlos«; dann aber packt ihn die alte Unruhe. Auf seine Freunde lässt er
nichts kommen; die Sachsen jedoch bezeichnet er, zunehmend
schlechtgelaunt, als »seichtes, zusammengeschrumpftes, unleidli-
ches Volk, bei dem es einem nie wohl wird«. Im Sommer 1787 reist er
nach Weimar, das zur entscheidenden Station seines Lebens wird.

Zunächst erlebt er jedoch eine Enttäuschung: Goethe, der berühmteste deutsche Dichter, von dem sich Schiller, insgeheim, ein wenig Protektion erhofft hat, ist verreist. Er sieht sich, einmal mehr, auf sich selbst zurückgeworfen, aber dieses Mal will er das Beste daraus machen. Das geht nur über Arbeit, über die Bereitschaft, von anderen zu lernen, ohne den Wert der eigenen Leistung geringzuschätzen: »Um nun zu werden, was ich soll und kann, werd ich besser von mir denken lernen und aufhören, mich in meiner eigenen Vorstellungsart zu erniedrigen.« Das ist allerdings auch eine finanzielle Frage: »Ich muss von Schriftstellerei leben, also auf das sehen, was einträgt.« Überdies soll die Liebe nun dazu beitragen, seiner Unruhe Herr zu werden. Er hat die Schwestern Caroline und Charlotte von Lengefeld kennengelernt, die ihm ausnehmend gut gefallen. Caroline, die ältere, ist hübscher und charmanter als Charlotte; am liebsten hätte er beide geheiratet, aber das geht leider nicht. So entscheidet er sich, nach reiflicher Überlegung, für Charlotte, von der er, selbstbezogen wie Künstler gerne sind, einiges erwartet: »Ich muss ein Geschöpf um mich haben, das mir gehört, das ich glücklich machen kann und muss, an dessen Dasein mein eigenes sich erfrischen kann … Ich bedarf eines Mediums, durch das ich die anderen Freuden genieße. Freundschaft, Geschmack, Wahrheit und Schönheit werden mehr auf mich wirken, wenn eine ununterbrochene Reihe feiner wohltätiger, häuslicher Empfindungen mich für die Freude stimmt und mein erstarrtes Wesen wieder durchwärmt.«

Inzwischen hat sich Schiller als Historiker betätigt: Er legt eine opulente *Geschichte des Abfalls der Niederlande* vor, die auch deswegen zum Erfolg wird, weil der Dramatiker Schiller dem Historiker Schiller das Konzept vorgibt: Er erzählt Geschichte als »Universalgeschichte«, verliert sich nicht in randständigen Begebenheiten, sondern spürt den Ideen nach, die den Geschichtsverlauf prägen. Auf Vermittlung Goethes wird ihm eine Professur in Jena angetragen; er sagt zu, ohne zu ahnen, dass die Lehrtätigkeit unbesoldet und mit beträchtlichen Unkosten verbunden ist. »Diese Professur soll der Teufel holen«, beschwert er sich in einem Brief an Körner, weiß aber, dass er es sich nicht leisten kann, die eingegangene Verpflichtung gleich wieder aufzugeben. Auch mit Goethe ist er mittlerweile zusammengetroffen; ohne besonderes Vergnügen. Die beiden Dichter haben sich nicht viel zu sagen. Schiller findet den berühmten Kollegen blasiert und kalt: »Öfters um Goethe zu sein, würde mich unglücklich machen«, notiert er und fügt wütend hinzu: »Ich glaube in der Tat, er ist ein Egoist in ungewöhnlichem Grade … Er macht seine Existenz wohltätig kund, aber nur wie ein Gott, ohne sich selbst zu geben – dies scheint mir eine Handlungsart, die ganz auf den höchsten Genuss der Eigenliebe kalkuliert ist … Eine ganz sonderbare Mischung von Hass und Liebe ist es, die er in mir erweckt hat …« Mit Goethe, der ein Glückskind ist, kann er sich nicht messen: »Wie leicht ward sein Genie von seinem Schicksal getragen, und wie muss ich bis auf diese Minute noch kämpfen! Einholen lässt sich alles Verlorene für mich nicht mehr – nach dem dreißigsten bildet man sich nicht mehr um …«

Dann aber geschieht das Unerwartete: Die beiden Dichter werden zu Freunden. Im Juli 1794 kommen sie eher zufällig ins Gespräch, es geht um Anschauung und Form in der Natur; auf einmal entdecken sie den Gleichklang ihres Denkens. Diese spät, aber nicht zu spät entdeckte Geistesverwandtschaft versetzt Schiller in Aufbruchstimmung; er sieht vieles klarer, auch sich selbst. In einem Brief an Goethe schreibt er: »Weil mein Gedankenkreis kleiner ist, so durchlaufe ich ihn darum schneller und öfter, und kann eben darum meine kleine Barschaft besser nutzen, und eine Mannigfaltigkeit, die dem Inhalte fehlt, durch die Form erzeugen. Sie bestreben sich, Ihre große Ideenwelt zu simplifizieren, ich suche Varietät für meine kleinen Besitzungen. Sie haben ein Königreich zu regieren, ich nur eine etwas zahlreiche Familie von Begriffen, die ich herzlich gern zu einer kleinen Welt erweitern möchte.« Die Freundschaft mit Goethe bedeutet für Schiller die langersehnte, günstige Wendung des Schicksals: Er wähnt sich nun endgültig auf der glücklichen Seite und macht dies durch einen Ortswechsel deutlich: 1799 gibt er seinen Jenaer Wohnsitz auf und zieht mit der Familie nach Weimar. In sei-

Wie die erste Liebe

nem letzten, ungemein produktiven Jahrzehnt schreibt er seine bedeutendsten Theaterstücke (»Wallenstein«, »Die Jungfrau von Orleans«, »Maria Stuart«, »Wilhelm Tell«); mit seinen *Briefen über die ästhetische Erziehung des Menschen* legt er eine noch immer nachdenkenswerte Theorie des Schönen vor, die Philosophie und Dichtkunst harmonisch ineinanderfügt. Den Konflikt zwischen Pflicht und Neigung, den der von ihm verehrte Philosoph Kant als grundlegend für die praktische Weltauffassung des Menschen erkannt hatte, löst Schiller, indem er eine dritte Größe einbringt: den »Spieltrieb«, der sich im wahren, d. h. hingebungsvollen, Umgang mit dem Schönen zu erkennen gibt: »Mit dem Angenehmen, mit dem Guten, dem Vollkommenen ist es dem Menschen nur ernst, aber mit der Schönheit spielt er … Denn, um es endlich auf einmal herauszusagen, der Mensch spielt nur, wo er in voller Bedeutung des Worts Mensch ist, und er ist nur da ganz Mensch, wo er spielt.« Schiller, vor die Wahl gestellt, sich für Philosophie oder Poesie zu entscheiden, bekennt sich zur Poesie: »Dort ist alles so heiter, so lebendig, so harmonisch aufgelöst und so menschlich wahr, hier«, in der Philosophie, »alles so strenge, so rigid und abstrakt und so höchst unnatürlich … Soviel ist gewiss, der Dichter ist der einzig wahre Mensch, und der beste Philosoph ist nur eine Karikatur gegen ihn.« Das ist übertrieben – (manche Philosophen haben sich längst als bessere Dichter erwiesen) –, aber es entspricht Schillers Erkenntnisinteresse, das endgültig in höhere Gefilde drängt: »Zürne der Schönheit nicht, dass sie schön ist, dass sie verdienstlos«, schreibt er, »lass sie die Glückliche sein, du schaust sie, du bist der Beglückte …« Als Dichter, der, so ahnt er bereits, nicht mehr lange zu leben hat, schwebt ihm die Auflösung des Irdischen in einem unerhört leichten, zur Ewigkeit aufgehobenen Schlussbild vor: »Denken Sie sich … den Genuss, lieber Freund, in einer poetischen Darstellung, alles Sterbliche ausgelöscht, lauter Licht, lauter Freiheit, lauter Vermögen – keinen Schatten, keine Schranke, nichts von dem allen mehr zu sehen …« Das Allgemeine nimmt das Individuelle zu sich auf, über der Erde dehnt sich der unendliche Raum des Himmels, in den der Mensch – »flüchtet«

er »aus der Sinne Schranken/ In die Freiheit der Gedanken« – an dem ihm bestimmten Tag (»froh des neuen, ungewohnten Schwebens«) eingeht. Diese klassische Vorstellung, die keinen persönlichen Gottesglauben braucht, um andächtig und stolz zu sein, wird von Goethe und Schiller gemeinsam bedient; in Sprache und Poesie folgt sie einem ureignen »Rhythmus«: »Er leistet … dieses Große und Bedeutende, dass er, indem er alle Charaktere und alle Situationen nach Einem Gesetz behandelt, und sie trotz, ihres Unterschiedes, in Einer Form ausführt, dadurch den Dichter und seine Leser nötigt, von allem noch so Charakteristisch-Verschiedenen etwas Allgemeines, rein Menschliches zu verlangen. Alles soll sich in dem Geschlechtsbegriff des Poetischen vereinigen, und diesem Gesetz dient der Rhythmus sowohl zum Repräsentanten als zum Werkzeug, da er alles unter seinem Gesetze begreift. Er bildet auf diese Weise die Atmosphäre für die poetische Schöpfung, das Gröbere bleibt zurück, nur das Geistige kann von diesem dünnen Elemente getragen werden.«

Schiller, nie ganz gesund, hat sich am Ende zu viel zugemutet: Er wollte »tätig sein, nur tätig«; wenn ihn eine Idee gepackt hatte, musste er ihr, um den Preis äußerster Erschöpfung, entsprechen. Wie man sich seine Arbeitsweise vorzustellen hat, beschreibt Goethe: »Schiller behauptete, der Mensch müsse können, was er wolle, und nach dieser Manier verfuhr er. Ich will Ihnen ein Beispiel geben: Schiller stellte sich die Aufgabe, den *Tell* zu schreiben. Er fing damit an, alle Wände seines Zimmers mit so viel Spezialkarten der Schweiz zu bekleben, als er auftreiben konnte. Nun las er Schweizer Reisebeschreibungen, bis er mit Weg und Stegen des Schauplatzes des Schweizer Aufstandes auf das Genaueste bekannt war. Dabei studierte er die Geschichte der Schweiz; und nachdem er alles Material zusammengebracht hatte, setzte er sich über die Arbeit, und buchstäblich genommen stand er nicht eher vom Platze auf, bis der *Tell* fertig war. Überfiel ihn die Müdigkeit, so legte er den Kopf auf den Arm und schlief. Sobald er wieder erwachte, ließ er sich nicht, wie ihm fälschlich nachgesagt wurde, Champagner, sondern starken schwarzen Kaffee bringen, um sich munter zu halten. So wurde der *Tell* in sechs Wochen fertig; er ist aber auch wie aus einem Guss.«

Schiller war ein Dichter, an dem sich, mehr als an Goethe, die Geister scheiden. Seine Kritiker bemängeln eine für Schwulst und Pathos anfällige Sprache, seinen Anhängern gilt er als Meister des Guten, Wahren und Schönen, der dem Menschen zutraute, zum Gesamtkunstwerk zu werden. Erschwerend wirkte, dass Goethe und Schiller ihr Programm der deutschen Klassik als Alleinunterhalter betrieben, es fehlte an frischem Wind von außen, an fähigem Nachwuchs. Was an Schiller überzeugt, ist die Tateinheit von Poesie und Praxis, die er vorlebte: »Immer strebe zum Ganzen, und kannst du selber kein Ganzes/ Werden, als dienendes Glied schließ an ein Ganzes dich an! … Willst du dich selber erkennen, so sieh, wie die andern es treiben,/ Willst du die andern verstehn, blick in dein eignes Herz.« Sein Realitätssinn, den er aus einer verunglückten Erziehung bezog, ist Schiller, trotz seines Drangs zum Höheren, erhalten geblieben; zum Stichwort »Würde des Menschen«, die ja bis heute als höchstes Gut gehandelt wird, notierte er: »Nichts mehr davon, ich bitt euch. Zu essen gebt ihm, zu wohnen./ Habt ihr die Blöße bedeckt, gibt sich die Würde von selbst.«

Am warmen Winterofen

Fichte und der Urgrund des Wirklichen

Die Philosophie des deutschen Idealismus, von unten betrachtet eine hermetisch anmutende Hochgebirgslandschaft des Denkens, in der man auf Klettertouren noch immer zu bemerkenswerten Ausblicken gelangt, wird für gewöhnlich mit den Namen Kant, Fichte, Hegel und Schelling belegt. Dabei gilt Kant als Gründungsvater, der aber eigentlich gar nichts gründen, sondern der Philosophie nur Ordnung beibringen wollte, während Hegel sich über bestehende Sicherheitsbedenken hinwegsetzte und der Philosophie, vor allem der eigenen, grundsätzlich alles zutraute. Schelling, der, was er nie recht verstand, als genialer Frühstarter vom spät in Fahrt kommenden Jugendfreund Hegel überrundet wurde, überlebte zwar seine Kollegen, schaffte aber nicht mehr den Anschluss an die bereits abgeleisteten Ruhmesjahre. Zwischendrin machte Johann Gottlob Fichte auf sich aufmerksam, im Rahmen des deutschen Idealismus vielleicht der originellste Denker, der sich im Umgang jedoch als schwierig erwies und zudem nicht gerade wendig war, wenn es galt, der eigenen, insgesamt etwas vorschnell festgezurrten Philosophie zu mehr Spielraum zu verhelfen.

Fichte kam 1790 als Seiteneinsteiger zur Philosophie, als es ihm ausgesprochen schlecht ging: Er war nahezu zahlungsunfähig und betätigte sich damals, mehr schlecht als recht, als Hauslehrer in

Leipzig. In dieser ungemütlichen Situation suchte ihn ein Student auf, der ihn um Privatunterricht in der kantischen Philosophie bat. Fichte sagte zu; das Diktat prekärer Finanzen ließ ihm keine andere Wahl. Dabei hatte er von dem Königsberger Philosophen, der mittlerweile als der größte seiner Zunft galt, noch keine Zeile gelesen. Fichte stürzte sich in die Lektüre der kantischen Schriften, die ihm wie »eine Offenbarung« erschienen: »Ich fand darin eine Beschäftigung, die Herz und Kopf füllte; mein ungestümer Ausbreitungs-Geist schwieg: das waren die glücklichsten Tage, die ich verlebt habe. Von einem Tag zum anderen verlegen um Brot, war ich dennoch damals vielleicht einer der glücklichsten Menschen auf dem weiten Rund der Erde.«

Auf der Rückreise von Warschau, wo er sich erfolglos um eine Hauslehrerstelle beworben hatte, machte Fichte in Königsberg Station. Er entschloss sich, dem verehrten Kant seine Aufwartung zu machen, der auf Fichtes Besuch allerdings eher reserviert reagierte. Der Königsberger Philosoph war nicht mehr der Jüngste; er hatte sein Lebenswerk nahezu beendet und wurde zum Dank dafür von allerlei Altersmalaisen geplagt. Fichte schickte ihm seine Erstlingsschrift *Versuch einer Kritik aller Offenbarung*, die Kant überraschend positiv aufnahm; er lud Fichte zum Mittagessen ein. Das Gespräch bei Tisch verlief in angenehmer Atmosphäre, und Fichte konnte eigentlich zufrieden sein. Einen Tag später jedoch holten ihn die gewohnten Schwierigkeiten wieder ein: Er musste feststellen, dass er, einmal mehr, pleite war. In einem Anflug kühner Verzweiflung setzte er einen Brief auf, in dem er unter Hinweis auf seine weiteren Pläne Kant um ein Darlehen ersuchte: »Höchstzuverehrender Herr Professor! … Ich habe noch 2 Dukaten, und diese sind nicht mein, denn ich habe sie für Miete und dergl. zu bezahlen. Es scheint also kein Mittel übrig zu sein, mich zu retten, wenn sich nicht jemand findet, der mir Unbekannten, bis auf die Zeit, da ich sicher rechnen kann, … die Kosten der Rückreise vorstrecke. Ich kenne niemanden, dem man dieses Pfand, ohne Furcht ins Gesicht gelacht zu bekommen, anbieten dürfte als Sie, tugendhafter Mann.«

Der tugendhafte Mann indes war zu tugendhaft, um auf Fichtes Ansinnen einzugehen. Stattdessen erklärte er sich bereit, etwas für Fichtes Erstlingsschrift zu tun, die er für publikationswürdig hielt. Durch Kants Vermittlung wurde die *Kritik aller Offenbarung* dem Königsberger Verleger Hartung übergeben, der, nach einigem Murren, sogar einwilligte, das Honorar bei Ablieferung des Manuskripts fällig werden zu lassen. Zur Ostermesse 1792 erschien Fichtes Erstlingswerk, das man in interessierten Kreisen für die langerwartete Abhandlung Kants zur Religionsphilosophie hielt. Das »Intelligenzblatt« der in Jena erscheinenden *Allgemeinen Literatur-Zeitung* meldete am 30. Juni 1792: »Man hat es für Pflicht gehalten, das Publikum von der Existenz eines in aller Rücksicht höchst wichtigen Werkes zu benachrichtigen, welches diese Ostermesse unter dem Titel erschienen ist: ›Versuch einer Kritik aller Offenbarung‹, Königsberg bei Hartung. Jeder, der nur die kleinsten derjenigen Schriften gelesen, durch welche der Philosoph von Königsberg sich unsterbliche Verdienste um die Menschheit erworben hat, wird sogleich den erhabenen Verfasser jenes Werkes erkennen.«

Der Philosoph von Königsberg, erhabener Verfasser eines Werks, dessen Verfasser er nicht war, sah sich daraufhin zu einer Klarstellung veranlasst: »Der Verfasser des ›Versuchs einer Kritik aller Offenbarung ist der im vorigen Jahre auf kurze Zeit nach Königsberg herübergekommene, aus der Lausitz gebürtige ... Kandidat der Theologie Herr Fichte ... Überdem habe ich weder schriftlich noch mündlich auch nur den mindesten Anteil an dieser Arbeit des geschickten Mannes ... und halte es daher für Pflicht, die Ehre derselben dem, welchem sie gebührt, hiermit ungeschmälert zu lassen. Immanuel Kant.«

Mit dieser Erklärung wurde Fichte unversehens zum bekannten Schriftsteller, ein ans Wundersame grenzender Vorgang, der über die zuvor abgeleisteten Durststrecken hinwegtröstete. Er konnte nun daran denken, eine eigene, über Kant hinausreichende Philosophie zu entwickeln. Die entscheidende Anregung dafür erhielt er, folgt man den Erinnerungen seines Enkels Eduard Fichte, im

November 1793: »Hier sei … einer Mitteilung erwähnt, welche er später in Freundeskreisen machte, dass er damals, über das höchste Prinzip der Philosophie lange und anhaltend meditierend, wie mit einer plötzlich ihn ergreifenden Evidenz, während er am warmen Winterofen stand, von dem Gedanken ergriffen worden sei, nur das Ich, der Begriff der reinen Subjekt-Objektivität, könne das höchste Prinzip sein.«

Das Grundprinzip der Philosophie, das Fichte entdeckt zu haben glaubte, lag im Ich selbst, dem Kant zwar die durchgehende Fähigkeit zur Selbstbestimmung im Rahmen nachgewiesener Grenzen zugestanden hatte, das darüber hinaus aber mit einem gestutzten Erkenntnisanspruch auskommen sollte. Fichte indes hielt nichts von falscher Bescheidenheit; er verlagerte den Erkenntnisanspruch des Subjekts ins Objektive, weil er davon überzeugt war, dass im Ich eine unendlich reichhaltige Reflexionstätigkeit stattfand, die Wissen überhaupt erst ermöglichte. Das geheimnisträchtige Wirken dieser Tätigkeit, von Fichte als »Setzen« bezeichnet, blieb dem normalen Erkenntniszugriff verwehrt und erschloss sich nur der »intellektuellen Anschauung«, einer Wesensschau des Bewusstseins auf dem Grund seiner selbst. Mit der kompromisslosen Festlegung auf das Ich, seiner erkenntnisschöpfenden Treue dem eigenen Wissen gegenüber, sah sich Fichtes Philosophie allerdings vor die Schwierigkeit gestellt, Wirklichkeit herleiten zu müssen, Realität also, die für den normalen Wissensbürger die schiere Selbstverständlichkeit darstellt. Fichte löste dieses Problem, indem er seinem Ich per Dekret ein Nicht-Ich zur Seite stellte, das aus der Beschränkung der ursprünglichen Freiheit erwachsen sollte, jener an sich doch end- und zeitlosen Tätigkeit, die auf einmal mit der Widerständigkeit des Wirklichen aneinandergeriet: »Der Urgrund alles Wirklichen ist demnach die Wechselwirkung oder die Vereinigung des Ich und Nicht-Ich. Das Nicht-Ich ist nichts Wirkliches, wenn es sich nicht auf ein Handeln des Ich bezieht … Das Ich ist das erste, das Nicht-Ich das zweite, darum kann man das Ich abgesondert denken, aber nicht das Nicht-Ich.«

Fichte brachte das Kunststück fertig, mit scheinbar einfachen Begriffen eine komplizierte Gedankenmaterie aufzutürmen, deren Argumentationszusammenhang zu einer Angelegenheit für Eingeweihte wurde. Überdies gab die von ihm gewählte Terminologie zu Missverständnissen Anlass und rief versierte Spötter auf den Plan, allen voran Goethe, der nach der Lektüre von Fichtes Abhandlung *Über den Begriff der Wissenschaftslehre* den Philosophen Jacobi um diskrete Nachhilfe ersuchte: »Möchtest Du liebes Nichtich gelegentlich meinem Ich etwas von deinen Gedanken darüber mitteilen? Lebe wohl und grüße alle die guten und artigen Nichtichs um dich her.«

Goethe, kein Freund abstrakter Reflexionsartistik, behandelte Fichte auch dann noch mit ironischer Distanz, als dieser 1794 in seinen unmittelbaren Einflussbereich geriet und zum Professor an der Universität Jena avancierte. In den folgenden Jahren stand Fichte auf der Höhe eines schnell gewonnenen Ruhmes; man sprach über seine Wissenschaftslehre, ohne sie mehrheitlich verstanden zu haben. Für einige Zeit amtierte Fichte im Rang eines führenden Modephilosophen; dann ging es langsam bergab. Er legte sich mit Kollegen, vor allem aber mit den studentischen Verbindungen an, deren »zügelloses Treiben« er auf das Heftigste kritisierte, worauf man ihm nachts die Fensterscheiben einwarf. Als Fichte sich daraufhin beim Staatsminister Goethe beschwerte, ließ der ihn wissen: »Sie haben also das absolute Ich in großer Verlegenheit gesehen, und freilich ist es von den Nicht-Ichs, die man doch gesetzt hat, sehr unhöflich, durch die Scheiben zu fliegen. Es geht ihm aber wie dem Schöpfer und Erhalter aller Dinge, der, wie uns die Theologen sagen, auch mit seinen Kreaturen nicht fertigwerden kann.«

Für den diplomatischen Dienst wäre Fichte nicht geeignet gewesen; er sah sich gern missverstanden, neigte zu Überreaktionen und hatte, wie es bei Autodidakten oft der Fall ist, ein etwas zu ausgeprägtes Selbstwertgefühl. Auch auf seinen späteren Lebensstationen (unter anderem Erlangen, Königsberg, Berlin) eckte er an, was seine Kritiker in der einmal gefassten Meinung bestätigte, an diesem Philosophen vor allem einen »unvertilgbar gemeinen Grundzug der

Natur« feststellen zu dürfen. 1811 wurde Fichte zum Rektor der neu-gegründeten Universität Berlin ernannt. In politisch unübersichtli-chen Zeiten, deren Hauptakteur Napoleon war, der eine Doppelrolle als Despot und Freiheitsverweser spielte, dachte er über einen *Geschlossenen Handelsstaat* nach und hielt *Reden an die deutsche Nation* (1808), die eindeutig und missverständlich genug waren, dass sich später auch die Nationalsozialisten auf sie berufen konnten.

Insgesamt ist Fichtes Philosophie nicht so verschroben, wie man meint; sie bietet, auch heute noch, die Möglichkeit zu unbedingter Selbstbesinnung, zur Vergegenwärtigung eigener Bewusstseinsleis-tung vor dem Hintergrund zunehmender Fremdbestimmung. Phi-losophie, wie Fichte sie betrieb, blieb auf beispielhafte Weise an ihr Subjekt, das reflektierende Ich, gebunden; nicht verwundern kann es daher auch, dass die bekannteste Sentenz Fichtes, bis zum heuti-gen Tag, ein Ausspruch ist, der diesen Zusammenhang deutlich wer-den lässt: »Was für eine Philosophie man wähle, hängt sonach davon ab, was man für ein Mensch ist: denn ein philosophisches System ist nicht ein toter Hausrat, den man ablegen oder annehmen könnte, wie es uns beliebte, sondern es ist beseelt durch die Seele des Men-schen, der es hat.«

Der Geist in den Alpen

Hegel und der Aufstieg zur Philosophie

Eleusis

An Hölderlin

Um mich, in mir wohnt Ruhe. Der geschäft'gen Menschen
Nie müde Sorge schläft. Sie geben Freiheit
Und Muße mir. Dank dir, du meine
Befreierin, o Nacht! – Mit weißem Nebelflor
Umzieht der Mond die ungewissen Grenzen
Der fernen Hügel. Freundlich blinkt der helle Streif
Des Sees herüber.
Des Tages langweil'gen Lärmen fernt Erinnerung,
Als lägen Jahre zwischen ihm und jetzt.
Dein Bild, Geliebter, tritt vor mich,
Und der entfloh'nen Tage Lust ...

Ein Dichter, so scheint es, wendet sich hier im Gedicht an einen anderen Dichter, den wir wohl kennen: an Friedrich Hölderlin. Der Dichter jedoch, der im Gedicht das altgriechische Eleusis, den sagenumwobenen Ort der eleusinischen Mysterien, beschwört, ist gar kein Dichter, sondern ein angehender Philosoph: Georg Wilhelm Friedrich Hegel. Wir schreiben das Jahr 1796: Hegel befindet sich auf einem Landgut bei Bern und ist dort als Hauslehrer tätig. Er hat die Söhne des wohlhabenden Berner Patriziers Carl Friedrich Steiger von Tschugg zu unterrichten und erledigt diese Aufgabe zur weitgehenden Zufriedenheit des Hausherrn, der seinen Hauslehrer ansonsten so behandelt, wie man die meisten Hauslehrer jener Zeit behandelt, nämlich herablassend und mäßig freundlich. Hegels Arbeitgeber war möglicherweise sogar noch ein wenig herablassender als andere, denn er litt unter schlechter Laune, seitdem er bei dem Versuch, in den Rat der Stadt Bern gewählt zu werden, überraschenderweise gescheitert war. Die Atmosphäre auf dem idyllischen, im Schweizer Jura zwischen Neuenburger und Bieler See gelegenen Landgut Tschugg ist also eher kühl, und der Hauslehrer muss sich selbst bei Stimmung halten, was ihm einigermaßen schwerfällt.

Hegels Freund Hölderlin, dem das Gedicht *Eleusis* übersandt wird, hält sich derweil in Frankfurt am Main auf, wo er sich ebenfalls als Hauslehrer betätigt – was, wie wir wissen, eine Übung ist, die viele Intellektuelle jener Zeit zu bewältigen haben, denn der Stand des Hauslehrers dient als eine Art Durchgangsstation für all jene Dichter und Denker, die sich, aus ökonomischen Gründen, noch nicht in der Lage sehen, von den Erträgen ihres Dichtens und Denkens zu leben. Hölderlin scheint allerdings glücklicher zu sein als Hegel, den er seinerzeit während des gemeinsamen Studiums im nachmals berühmten Tübinger Stift kennengelernt hat: Er, Hölderlin, ist bei der Frankfurter Kaufmannsfamilie Gontard untergebracht, von der ihm im besonderen Maße Susette Gontard, die Dame des Hauses, gefällt, die er dann, kurzentschlossen, zu seiner großen, lebenssprengenden Liebe erklärt, an der er später – das ist allerdings eine andere Geschichte – ebenso scheitert wie an den Anforderungen eines bewussten, realitätsverhafteten Lebens.

Hegel hat Heimweh nach Deutschland, das ihm weniger als Land etwas bedeutet, sondern als Heimstatt seiner Freunde. Hölderlin stellt ihm, zunächst allerdings eher vage, eine Hauslehrerstelle in Frankfurt in Aussicht; Einzelheiten seien noch zu klären, und das letzte, hoffentlich positive Wort noch nicht gesprochen. Hegel muss also erst einmal alleine zurechtkommen, und er wird dadurch veranlasst, in sich hineinzuhorchen – innezuhalten und das bisher Erreichte, das nicht viel ist, in einer Weise zu deuten, dass sich daraus neue, womöglich sogar richtungsweisende Schlüsse ziehen lassen. Dazu gehört auch der Blick zurück in die eigene Geschichte.

Die Vorfahren der Hegels stammen aus der Steiermark und aus Kärnten. Einer heißt Johannes Hegel, ist Kannengießer und Genusstrinker und bringt es zum Bürgermeister von Großbottwar, wo heute noch ordentlich Wein getrunken wird. Die Hegels treten als gestandene Leute auf, sie sind Pfarrer, Schreiber und Advokaten. Die Familie ist verzweigt und gediegen, von Genialität keine Spur, zumindest dringt nichts nach außen. Das gilt für Hegels Großvater, der sich als Amtmann in Altensteig im Schwarzwald betätigt, das gilt für seinen Vater Georg Ludwig Hegel, der Rentkammersekretär ist und Ende September 1769 eine junge Frau mit dem richtungsweisenden Namen Maria Magdalena Fromme heiratet. Als Georg Wilhelm Friedrich Hegel am 27. August 1770 in Stuttgart geboren wird, setzt er die Familientradition fort: Auch er gibt sich äußerlich bieder, hegt seinen Genius im Verborgenen, ja, er hat große Mühe, ihn überhaupt zu finden. Nachdem er ihn aber gefunden hat, hält er sich mit ihm zur Arbeit an; die große Idee braucht nur einen Wurf, ist seine Überzeugung, sie muss jedoch ständig gehegt und gepflegt werden. Auch im Gedankenreich der Philosophie ist Vertrauen gut und Kontrolle besser. Hegel steigt in der Philosophie vom Außendienstmitarbeiter zum Aufsichtsratsvorsitzenden auf, dabei ändert er an sich nur das Nötigste, das Unabänderliche belässt er im Zugzwang. Seine Geschichte mutet erst schwäbisch, dann deutsch an; woanders aber hätte sie sich nicht ergeben können. Was Hegel ausbreitet, ist ein Denkexempel, das nichts Geringeres wagt, als die Grenzen unseres armen Kopfes auszuloten. Dahinter, hinter den Grenzen, lauert entweder Gott oder der Wahnsinn oder gar nichts oder nur die Großausgabe jenes Geistes, dem sich der Philosoph Hegel dienstverpflichtete. Er fing früh damit an, unscheinbar, redlich, nicht dumm; das alte Philosophen-Spiel »Ich sehe was, was du nicht siehst« wollte er nicht spielen, alle sollten sehen, was er sah; dafür überging er die Ängste, verschwieg er die Zweifel, nahm er Selbstvergessenheit in Kauf.

Nach allem, was man von ihm zu wissen meint, war er ein fleißiger Schüler, unauffällig, gutwillig, bemüht, er schlug nicht über die Stränge. Etwas Ältliches soll er von Kindesbeinen an gehabt haben, heißt es, eine Verständigkeit, die man, gelegentlich, für überzogen hielt. Hegels Vater scheint seinen Ältesten so gesehen zu haben, wie ihn später die Biographen sahen; der Sohn wird frühzeitig zu einem erst ordentlichen, dann vielversprechenden Mitglied der Gesellschaft ausgebildet, wofür auch Privatlehrer Sorge tragen, die von Zeit zu Zeit mit herangezogen werden. Hegel hatte eine Kindheit, in der es wenig in Frage zu stellen gab. Das kann man positiv sehen; gerade Kinder leiden darunter, wenn sie sich zum Selbstverständlichen, der runden Einheit von Welt und Ich, auf einmal querstellen sollen. Hegels Scheu, gegen die Diktatur der Begriffe anzugehen, zu der er seine Philosophie lebenslang anhält, hat möglicherweise mit der Angst zu tun, aus einem Weltbild zu fallen, das sich in früher Geschlossenheit als vereinnahmend und harmoniefördernd erwiesen hatte; bricht man es auf, machen sich Verzweiflung und Zerrissenheit breit, die er in den Tiefen der Seele vermutet.

In Bern drängt sich Hegel die Erkenntnis auf, dass er zum Typus des Spätberufenen gehört. Der Spätberufene lässt sich mit allem, was er tut, Zeit; seine Langsamkeit scheint System zu haben. Was ein solcher Mensch zustande bringt, ist, wie man glauben möchte, bestenfalls solide, selten jedoch genial. Für die Genialität ist ein anderer Typus zuständig, der des jungen Genies, eines Überfliegers im Geiste, dem ganz einfach zufällt, was anderen, den weniger Bemittelten, sichtlich schwerfällt. Trotzdem sollte man den Spätberufenen, der von seinen Kritikern eher für einen Handwerker denn für einen Künstler gehalten wird, nicht unterschätzen; was er sich durch zähe Arbeit erwirbt, kann sehr wohl großartig sein und letztendlich als reife Leistung durchgehen, die für eine etwas andere Form der Genialität spricht. Während seines Studiums in Tübingen ist Hegel denn auch weniger durch großartige intellektuelle Leistungen aufgefallen als durch Beharrlichkeit und eine gesellige Art, die bei seinen Kommilitonen gut ankam. Er galt als trinkfest, und wenn man etwas an ihm lobte, war es sein hintergründiger Humor. Einer von Hegels ersten Biographen, der Philosoph Karl Rosenkranz, schreibt 1844: »Man fand an ihm damals nichts besonders Geistreiches heraus. Seine Jugendbekannten in Schwaben waren erstaunt, als er sie später mit seinem Ruhm überraschte. Das hätten wir, hieß es, vom Hegel nimmer gedacht! – In den ritterlichen Künsten der Akademie blieb Hegel zurück. Er ritt zuweilen. Er trank …, namentlich während des Sommers 1790, wacker mit. Er fing … das Fechten an, gab es aber bald wieder auf. Zu manchen äußerlichen Hemmungen … kam noch eine Vernachlässigung des Anzugs. So sehr er daher auch mit jungen Damen zu verkehren liebte und so gut er bei ihnen seiner Gesinnung und geistigen Munterkeit wegen gelitten war, so wenig glückte es ihm doch bei ihnen … Wenn es anging, suchte Hegel mit den Damen ein Pfänderspiel zu arrangieren, wo ihm denn doch von holdem Munde auch ein Küsschen zu Teil werden musste. Alle diese Umstände vereinigten sich, ihm eine etwas grämliche, schwerfällige Außenseite zu geben, ihn älter erscheinen zu lassen, als er war. Er bekam daher im Stift den Spitznamen: der alte Mann oder auch schlichtweg: Alter.«

Für die Genialität in Tübingen sorgen Freunde Hegels, der bereits erwähnte Hölderlin etwa und, allen voran, der spätere Philosoph Friedrich Wilhelm Joseph Schelling, den man allgemein für ein kaum älter werdendes Wunderkind von nahezu unbegrenzten Talenten hielt. Während einige seiner Studienkollegen bereits auf den Höhen der zeitgenössischen Philosophie wandelten, übte sich Hegel noch in aufmerksamer Zurückhaltung; bei Diskussionen hörte er lieber zu, als selber das Wort zu ergreifen, und er bewunderte die Belesenheit der jeweiligen Meinungsführer.

Nachdem Hegel ein zweijähriges Studium hinter sich gebracht hat, wird er 1790 zum Magister der Philosophie ernannt; drei Jahre später legt er sein theologisches Konsistorialexamen ab, das ihn dazu berechtigt, ein geistliches Amt anzustreben, wovon er jedoch Abstand nimmt. Das Abschlusszeugnis, das man Hegel ausstellt, entspricht zwar im Großen und Ganzen der listigen Unauffälligkeit, mit der er in Tübingen gewirkt hat, ist jedoch besser, als es Rudolf Haym, ein anderer Biograph Hegels, wahrhaben will, der zu dem Ergebnis kommt: »Seine Lehrer gaben ihm das Zeugnis mit auf den Weg, dass er ein Mensch mit guten Anlagen, aber mäßigem Fleiß und Wissen, ein schlechter Redner und ein Idiot in der Philosophie sei ...«

Im Herbst 1793 tritt Hegel die Hauslehrerstelle in Bern an. Er hat keine andere Wahl gehabt und muss nun das Beste aus seiner Situation machen. Hegel gibt sich Mühe: Er ist ein ordentlicher, nur schwer in Begeisterung zu versetzender Lehrer; die Umstände, unter denen er zu arbeiten hat, tun ein Übriges, um seinen inneren Enthusiasmus klein zu halten. Was ihm stille Freude bereitet, sind nicht seine Schüler, die beiden braven Steiger-Söhne, sondern die üppig ausgestattete Bibliothek des Hausherrn, in der er, wenn es die Dienstzeiten gestatten, auch seinen privaten Studien nachgehen darf. So wird Hegel zu einem Leser, der sich, eher unsystematisch, ein Wissen anliest, aus dem er mehr machen will, als es das Hauslehrer-Dasein erlaubt. Ende August 1795 schreibt Hegel an Schelling: »Ich bin nur ein Lehrling ... Von meinen Arbeiten ist nicht der Mühe wert zu reden; vielleicht schicke ich Dir in einiger Zeit den Plan von etwas zu, das ich auszuarbeiten gedenke ... Lebe wohl, antworte mir bald! Du kannst nicht glauben, wie wohl es mir tut, in meiner Einsamkeit von Dir und meinen andern Freunden von Zeit zu Zeit etwas zu hören.« Die Einsamkeit des Lehrlings auf dem Wege zur Philosophie: Hegel hat seine Gründe, ein solches Bild für sich in Anspruch zu nehmen. Zum einen ist er ja tatsächlich isoliert, abgeschnitten von den Diskussionszentren, die er kennt, und angewiesen auf einen regen brieflichen Gedankenaustausch; zum andern darf er sich, gemessen an den Fortschritten seiner ehemaligen Kommilitonen, über die man schöne Gerüchte in Umlauf hält, getrost wie ein

Anfänger im Geiste vorkommen, dessen tastende Versuche zwar löblich sein mögen, zum jetzigen Zeitpunkt aber nicht erwähnenswert sind.

Im Sommer 1796 unternimmt Hegel mit drei anderen, aus Sachsen stammenden Hauslehrern eine vierzehntägige Wanderung durch die Berner Ostalpen. Für seine Begleiter gilt dieser Marsch durch eine eindrucksvolle Landschaft als Urlaub; Hegel indes muss sich förmlich zwingen, an ihm teilzunehmen. Er hat zur Natur keine Beziehung; der Naturschwärmerei, die in jenen Tagen immer mehr in Mode kommt, kann er nicht viel abgewinnen. Dennoch führt er ein Reisetagebuch, das seine Eindrücke festhält. Hegel gibt sich Mühe, in Begeisterung zu geraten, aber es will nicht recht gelingen. Er ahnt noch nicht, dass die widerstreitenden Überlegungen, die in ihm kreisen, bereits einen stillen Erkenntnisprozess in Gang gesetzt haben, aus dem ihm dann, eher beiläufig, eine Einsicht zufällt, die so zwingend wird, dass sie sich zur treibenden Kraft für sein Philosophieren aufwerfen kann.

Die Wanderung der vier jungen Männer führt zunächst vom Thuner See aus in Richtung Grindelwald. Hegel befindet sich nun im Gebirge; er notiert unter dem Datum des 25. Juli: »Von hier hat die Natur für einen Bewohner ebener Gegenden ein völlig verändertes Ansehen. Er befindet sich immer zwischen hohen, zum Teil grünen Bergen, und in der Ferne zeigen sich ihm die Spitzen von Schneebergen. Die Täler sind ganz eng, hier aus fetten Wiesen bestehend, die mit unzähligen Obst-, besonders Nuss- und Kirschbäumen besät sind und immer einen erfrischenden, anmutigen, ländlichen Anblick darbieten. Aber die Enge der Täler, wo ihm durch die Berge alle ferne Aussicht benommen wird, hat etwas Einengendes, Beängstigendes für ihn. Er sehnt sich immer nach Erweiterung, nach Ausdehnung, und sein Blick stößt immer an Felsen an.«

Auch die Gletscher vermögen Hegel nicht zu beeindrucken: »Wir sahen … diese Gletscher nur in der Entfernung von einer halben Stunde, und ihr Anblick bietet weiter nichts Interessantes dar. Man kann es nur eine neue Art von Sehen nennen, die aber dem Geist schlechterdings keine weitere Beschäftigung gibt, als dass ihm etwa auffällt, sich in der stärksten Hitze des Sommers so nahe bei Eismassen zu befinden, die selbst in einer Tiefe, wo sie Kirschen, Nüsse und Korn zur Reife bringt, von ihr nur unbeträchtlich geschmelzt werden können. Nach unten ist das Eis sehr schmutzig und zum Teil ganz mit Kot überzogen, und wer eine breite, bergab gehende, kotige Straße, in der der Schnee angefangen hat, zu schmelzen, gesehen hat, kann sich von der Ansicht des unteren Teils der Gletscher ... einen ziemlichen Begriff machen und zugleich gestehen, dass dieser Anblick weder etwas Großes noch Liebliches hat ...«

Hegel hat, ohne dies hier näher ausführen zu können, den *Geist* als seinen Schlüsselbegriff gewählt. Der Geist braucht Arbeit, er ist ständig in Bewegung, will diese Beweglichkeit am Anschauungsmaterial umsetzen, das sich ihm gegenüberstellt. Dafür aber taugt die Bergwelt ganz und gar nicht: Die Berge stehen da in ihrer steinernen Massigkeit, sie verdecken den Himmel, auch den Himmel des Geistes, der sich erst, wenn man ihm auf die Sprünge hilft, ins Unendliche ausspannt. Dem Wanderer Hegel dämmert die Einsicht, dass er den Geist, will er ihm Lebendigkeit und Gestaltungskraft belassen, aus den Naturgegebenheiten heraushalten muss. Geist und Natur nämlich, als elementare Bestandteile der Schöpfung, passen im Menschen, der ja selbst eine Art Zwitterwesen ist, das seine Kreatürlichkeit mit dem ihm zugewachsenen Denkvermögen in Einklang zu bringen hat, nicht recht zusammen; er sieht sich veranlasst, in seiner Selbstbestimmung entweder das eine oder das andere Element stärker zu berücksichtigen. Hegel entscheidet sich für den Geist und gegen die Natur; diese Entscheidung fällt früh, und sie entspricht seinem persönlichen Naturell. Die Wirklichkeit sprengt die ihr zugemuteten Begriffe; sie lässt sich zwar verstehen, aber nicht bändigen. Bei genauerem Hinsehen erweist sich jeder Begriff als zu klein für das, was er fassen soll – immer überwiegt das Wirkliche, das Objektive. Hegel jedoch ist nicht bereit, einen solchen Schluss zu ziehen. Er hat sich, und dies scheint unverrückbar zu sein, auf die Seite des Geistes geschlagen: Die Natur, so wird er später dekretieren, ist für den Geist nur ein Durchgangsstadium; in ihr ist er außer sich und muss zu sich selbst zurückfinden.

Als die Wanderung endet, ist Hegel froh. Die ausgedehnte Bergtour hat ihm neben vielen Blasen an den Füßen vor allem eine Erkenntnis gebracht: Er ist für die Berge nicht geschaffen. Das wusste er allerdings vorher schon; was er noch nicht wusste und nun weiß, ist, dass der von ihm so geschätzte Geist eine Freiheit braucht, die ihn über die Berge und alle sonstigen Hindernisse hinwegfliegen lässt. Ja, der Geist ist selbst diese Freiheit, er braucht Beschäftigung und Bewegung, die er an den Gebirgswänden nicht findet. Der Bergwanderer Hegel hat die Botschaft der Berge verstanden, sie bedarf der unnachgiebigen Widerlegung. Wenn das Überflugsrecht nicht gewährt wird, muss man es sich nehmen: »Weder das Auge noch die Einbildungskraft finden auf diesen formlosen Massen irgendeinen Punkt, auf dem jenes mit Wohlgefallen ruhen, oder wo diese Beschäftigung oder ein Spiel finden könnte. Der Mineraloge allein findet Stoff, über die Revolution dieser Gebirge unzureichende Mutmaßungen zu wagen. Die Vernunft findet in dem Gedanken der Dauer dieser Berge oder in der Art von Erhabenheit, die man ihnen zuschreibt, nichts, das ihr imponiert, das ihr Staunen und Bewunderung abnötigte. Der Anblick dieser ewig toten Massen gab mir nichts als die einförmige und … langweilige Vorstellung: es ist so.«

Dieses *Es ist so* wird zu einem sowohl negativ wie positiv besetzten Satz der hegelschen Philosophie. Es ist so: Das hat die Philosophie zu erkennen, der der alte Hegel keine Höhenflüge mehr zutrauen will. Es ist so: Das kann und darf der Philosophie nicht genügen, sofern sie sich an den lebendigen Geist hält, der vom Himmel herabkommt, sich in der öden und sperrigen Natur nicht zurechtfindet, weshalb er sie eilig zurücklässt und erst im Denken, endgültig, zu sich selbst kommt.

Als Hegel sich dann später endgültig in der Philosophie eingehaust hat, mutet er ihr viel, ja er mutet ihr alles zu. Er dehnt ihren Erkenntnisanspruch auf einen Bereich aus, in dem sein berühmter Vorgänger Kant noch Zurückhaltung anempfohlen hatte: auf die Wirklichkeit, wie sie ist, wenn sie nicht durch das Denken betrachtet wird. Hegel wagt den Umkehrschluss: Die Wirklichkeit ist das Denken, zumindest macht das Denken ihr Wesentliches aus. Ohne das Denken ist die Wirklichkeit zwar vorhanden, aber sie wird nicht gewusst und zählt eigentlich nicht. Erst die vom Geist durchdrungene Wirklichkeit ist wahre und vernünftige Wirklichkeit. Bevor Hegel zu dem wurde, der er ist, hat er sich in einer Zwangsverschickung selbst finden müssen. Das geschah in den Berner Alpen, als er das massive Ungenügen »toter Gebirgsmassen« entdeckte und sich stattdessen lieber an den *Geist* hielt. Hegel hat seiner Eigenzeit des Werdens und Reifens ein treues Andenken bewahrt; im Rückblick erschien sie ihm wie ein Gleichnis für die abgründige, aus der Nacht aufsteigende Selbstfindung, die jeder Mensch, ob er sich Philosoph nennen darf oder nicht, am eigenen Leibe zu durchstehen hat, an seinen Kollegen Windischmann schreibt er: »Halten Sie sich für überzeugt, dass an Ihrem Gemütszustand … jene Arbeit teilhat, dieses Hinabsteigen in dunkle Regionen, wo sich nichts fest, bestimmt und sicher zeigt, … wo jeder Beginn eines Pfades wieder abbricht und ins Unbestimmbare ausläuft … Ich kenne aus eigner Erfahrung diese Stimmung des Gemüts oder vielmehr der Vernunft, wenn sie sich einmal mit Interesse und ihren Ahnungen in ein Chaos der Erscheinungen hineingemacht hat und wenn sie, des Ziels innerlich gewiss, noch nicht hindurch, noch nicht zur Klarheit und Detaillierung des Ganzen gekommen ist. Ich habe an dieser Hypochondrie ein paar Jahre bis zur Entkräftung gelitten; jeder Mensch hat wohl überhaupt einen solchen Wendungspunkt im Leben, den *nächtlichen* Punkt der Kontraktion seines Wesens, durch dessen Enge er hindurchgezwängt und zur Sicherheit seiner selbst befestigt und vergewissert wird.«

Eine Art Maschine
Darwin und die Variationen

Die Philosophie lebt davon, dass sich nicht nur Philosophen an ihr beteiligen, und das ist gut so. Zu vielschichtig sind die Probleme dieser Welt, zu dicht miteinander verwoben, als dass die Philosophen, ehrwürdige Spezialisten für das Allgemeine, allein noch in der Lage wären, Antworten zu finden auf jene wiederkehrenden Fragen, die uns so lange schon beschäftigen. Die Ergebnisse der Einzelwissenschaften, die sich rapide vermehren, sind, soweit wie möglich, in das philosophische Nachdenken miteinzubeziehen; für den Philosophen stellt sich die Aufgabe, auf der Höhe des empirischen Erkenntnisstands zu sein und zugleich die prüfende Reflexion über den Sinngehalt unseres Tuns nicht aus den Augen zu verlieren. Das bedeutet zum einen ein Mehr an Arbeit, zum anderen aber auch eine gesteigerte Verantwortung, die mit der Herausforderung einhergeht, Philosophie als Instrument kritischen Nachfragens mit einem Wissen auszustatten, das Ergebnisse offerieren kann und nicht nur auf Mutmaßungen angewiesen bleibt. Eine solche, in ihrem Ermessensspielraum und Erwartungshorizont erweiterte Philosophie, die sich ihres traditionellen Rüstzeugs deswegen noch lange nicht entledigen muss, hat die Möglichkeit, aus den Fragen und Einwänden der Einzelwissenschaften zu lernen; ein Umstand, der nützlich erscheint, denn Lernen schadet bekanntlich nicht – schadet auch nicht den

Philosophen, die mit der Philosophiegeschichte allein im Sturmge-
päck nur noch wenig Eindruck schinden können.

Die Spezialisierung der Wissenschaften setzte im 19. Jahrhundert
ein – in einer Zeit, da der Philosophie im deutschen Idealismus noch
einmal ein spekulatives Hochgefühl beschert wurde, das alsbald ver-
flog und geschäftigem Zweckdenken wich. Die Korrekturen zu den
idealistischen Tagträumen erfolgten vor allem aus England; dort, wo
man sich schon immer eher nüchternen Überlegungen hingegeben
hatte, waren es in erster Linie die Naturwissenschaftler, deren For-
schungsresultate das bisherige Weltbild der Philosophie in Frage
stellten. Dabei tat sich besonders der Biologe und Geologe Charles
Darwin hervor, ein Mann, der, ohne es zu wollen, die Philosophie
dazu bewegte, sich mit einem neuen Menschenverständnis ausein-
anderzusetzen, das keine anthropozentrischen Höhenflüge mehr
gelten ließ, sondern nur noch die radikal desillusionierte stammes-
geschichtliche Wirklichkeit. Der Mensch, einst zum Ebenbild Gottes deklariert, geriet nach Darwins Lehre, so wie sie von den meisten
seiner Zeitgenossen verstanden wurde, in eine bedenkliche Nähe
zum Affen; ein Ansinnen, das nicht nur Theologen und konserva-
tive Philosophen zunächst einmal als derbe Zumutung erscheinen
musste. Darwin selbst lag es zeit seines Lebens fern, mit unnützen
Provokationen Aufmerksamkeit erzwingen zu wollen. Er war ein
Meister der unauffälligen und unaufwendigen Lebensführung.

1809 im mittelenglischen Shrewsbury geboren, legte er bereits als
Knabe einen Hang zum gepflegten Understatement an den Tag. Der
Vater Robert Waring Darwin, ein imposanter Landarzt, dem es
gelang, ein solides Vermögen anzuhäufen, das dem Sohn später ein
sorgenfreies Dasein ermöglichte, beobachtete die Entwicklung von
Charles, des fünften seiner sechs Kinder, mit Wohlwollen, vermochte dabei aber keinerlei Besonderheit oder gar herausragende
Begabung zu entdecken. Der Junge wirkte verträumt, wenn nicht gar
verschlafen; was ihn interessierte, waren naturkundliche Fundstücke, die er mit ungewohnter Emsigkeit sammelte. Zuweilen erfasste
ihn auch eine seltsame Ordnungs- und Klassifizierungswut: Charles

wollte die Dinge benannt wissen, was im Besonderen für Pflanzen galt, denen er zuweilen sogar eigene Namen anheftete, nur um sie in einen kleinen Kosmos der Zugehörigkeit einzubringen, den er selbst verwaltete. Der anscheinend so ganz und gar nicht geniale Junge hatte zudem Ahnungen, in denen etwas von späteren Erkenntnisleistungen aufblitzte: So dämmerte es ihm bereits in jungen Jahren, dass der Fluss der Gedanken im Kopf nicht nach Maßgabe der üblichen Zeiteinheiten zu messen ist – eine Vermutung übrigens, die konträr lief zu der damals gängigen Theorie über die binnenphysiologischen Abläufe beim Menschen; sie, die Gedanken nämlich, können sich vervielfältigen, überschlagen, können aber auch, in Extremsituationen beispielsweise, scheinbar stillstehen oder ungeahnte Hellsichtigkeit gewinnen. In seiner postum veröffentlichten *Autobiographie* schrieb Darwin dazu: »Mein Vater und meine älteren Schwestern haben mir erzählt, dass ich als kleiner Junge eine ausgeprägte Vorliebe für lange, einsame Spaziergänge gehabt habe, doch ich weiß nicht mehr, was ich mir dabei gedacht habe. Ich war häufig in Gedanken versunken und kam einmal, auf dem Rückweg zur Schule, oben auf den alten Befestigungsanlagen um Shrewsbury herum, die man in einen öffentlichen Weg umgewandelt hatte, wobei an einer Seite kein Geländer angebracht war, vom Wege ab und fiel hinab, doch die Höhe betrug nur sieben oder acht Fuß. Und dennoch war die Fülle der Gedanken, die mir bei diesem kurzen, aber plötzlichen und völlig unerwarteten Fall durch den Kopf schossen, erstaunlich, und es stimmte kaum mit dem überein, was Physiologen, glaube ich, bewiesen haben, dass jeder Gedanke eine bestimmte Zeit in Anspruch nimmt …«

Charles Darwin blieb ein mittelmäßiger Schüler. Die naturwissenschaftlichen Fächer lagen ihm mehr als alte Sprachen oder Poesie – das immerhin stellte sich heraus. Sein Vater hatte schließlich ein Einsehen mit ihm und nahm ihn von der Schule. Frei nach dem Motto: Wer schon kein guter Schüler ist, soll wenigstens anständig studieren, schickte er den Sohn auf die Universität Edinburgh, wo er sich, getreu einer gewissen Familientradition, zum Arzt ausbilden lassen sollte. Das Studium jedoch machte dem gerade 18-jährigen Darwin junior keine große Freude; die Vorlesungen ödeten ihn an, und nur bei den vorgeschriebenen Besuchen in diversen Krankenhäusern wurde er lebhafter, weil er merkte, dass sich hinter medizinischen Fällen menschliche Schicksale verbargen, die zu ergründen spannender war als die Lektüre von Lehrbüchern und Fachuntersuchungen. Der Vater registrierte mit Missvergnügen, dass sein Sprössling sich anscheinend nicht dazu durchringen konnte, die erforderliche Zielstrebigkeit an den Tag zu legen. Insgeheim schien Charles darauf zu spekulieren, dass sein Vater als wohlhabender Landarzt seinen Kindern genügend Vermögen hinterlassen würde, um auch ohne erfolgreich absolvierte Ausbildung ein sorgenfreies Leben führen zu können. Sorgenfrei allerdings lebte der Sohn schon jetzt: Nachdem er als Student nur das Nötigste tat, konnte er sich ansonsten auf seine Freizeitaktivitäten konzentrieren, bei denen die Jagd an erster Stelle stand. Besonders gern war er in Maer, dem idyllisch gelegenen Landsitz seines Onkels Jos, den Charles überaus schätzte: »Meine Besuche in Maer ... waren sehr schön, unabhängig von dem herbstlichen Jagdvergnügen. Das Leben dort war absolut frei, die Gegend sehr angenehm zum Spazierengehen und Reiten, und am Abend ergab sich sehr viel angenehme Unterhaltung, nicht so persönlich, wie es in großen Familiengesellschaften meist der Fall ist, und auch mit Musik. Im Sommer pflegte die ganze Familie häufig auf den Stufen der alten Säulenvorhalle zu sitzen, vor sich den Blumengarten; der steil abfallende, bewaldete Abhang gegenüber dem Haus spiegelte sich in dem See, aus dem dann und wann ein Fisch emporschnellte oder auf dem ein Wasservogel umherschwamm. Nichts hat in mir ein lebendigeres Bild hinterlassen als diese Abende in Maer. Ich hing auch mit großer Liebe und Verehrung an meinem Onkel Jos: Er war schweigsam und zurückhaltend, als sei er ein furchterregender Mensch, doch manchmal sprach er ganz offen mit mir. Er war ganz der Typus eines aufrichtigen Menschen mit klarem Urteil. Ich glaube, keine Macht der Erde hätte ihn dazu bringen können, auch nur einen Zoll breit von dem abzuweichen, was er für richtig hielt ...«

Von Edinburgh wechselte Darwin an die Universität Cambridge. Er hatte vier Semester Medizin studiert – ohne Erfolg; nun überredete ihn sein Vater dazu, es mit der Theologie zu versuchen. Ein Geistlicher in der Familie, dachte Darwin senior wohl, war auch nicht schlecht; im gesellschaftlichen Ansehen stand der Gottesmann auf einer ähnlichen Stufe wie der Arzt, und er konnte zudem auch dann noch für die Ewigkeit arbeiten, wenn die Kenntnisse der Medizin nichts mehr fruchteten. Als Student mit vergleichsweise unangenehmen Erfahrungen – er hatte ja in seinem Studium noch nicht sehr viel Glück entwickelt – erbat sich Charles Bedenkzeit aus: Er wollte prüfen, ob er glaubensfest genug war, um es zum redlichen Diener Gottes auf Erden zu bringen. Der Vater willigte ein, und der Sohn unterzog sich eingehender Studien, die ihm immerhin den sogenannten Baccalaureus Artium einbrachten, einen akademischen Grad, der ihn dazu berechtigt hätte, als Geistlicher in der Anglikanischen Staatskirche zu wirken. Darwin sah jedoch keine Veranlassung, einen Beruf zu ergreifen; die Zweifel, welche er hegte, erschienen ihm keineswegs ausgeräumt, und so begann er auf Anraten seines väterlichen Freundes Henslow, der Professor für Theologie und Botanik war, ein Zweitstudium in Biologie. Henslow teilte die Sammelleidenschaft seines Schülers, der sich mittlerweile besonders für Käfer aller Art interessierte. Im Frühjahr 1831 absolvierte Darwin eine ausgedehnte naturkundliche Exkursion durch Nordwales. Nach seiner Rückkehr fand er einen Brief Henslows vor, in dem ihm mitgeteilt wurde, dass ein junger Wissenschaftler für eine ausgedehnte, wahrscheinlich mehrjährige Forschungsreise rund um die Welt gesucht würde. Die Expedition mit der »Beagle«, einem Forschungsschiff ihrer Majestät Königin Victoria, werde von der britischen Regierung finanziert; der Naturkundler an Bord müsse allerdings unentgeltlich arbeiten und für seine Verpflegung, bei der ein Jahressatz »von etwa 30 Pfund« veranschlagt werde, selber aufkommen. Henslows Brief schloss mit den Worten: »Ich habe ausgesprochen, dass ich Sie für die bestqualifizierte Person unter denen, die ich kenne, halte ... Ich spreche dies aus, nicht in der Voraussetzung, dass sie ein fertiger Naturforscher, sondern reichlich dazu qualifiziert sind, zu sammeln, zu beobachten und alles, was einer Aufzeichnung auf dem Gebiete der Naturgeschichte wert ist, aufzuzeichnen … Tragen Sie sich nicht mit irgendwelchen bescheidenen Zweifeln oder Befürchtungen über Ihre Untüchtigkeit, denn ich versichere Ihnen, ich meine, Sie sind gerade der Mann, welchen sie suchen! So betrachten Sie sich auf die Schulter geklopft von Ihrem Büttel und herzlich ergebenen Freunde J. S. Henslow.«

Die Reise mit der »Beagle« sollte, wie sich herausstellte, zu Charles Darwins philosophischem Schlüsselerlebnis werden, das ihm die Augen öffnete für die Vielfältigkeit des Lebens und dessen enormen Reichtum an Variationen. Der junge Naturwissenschaftler musste sich auf dieser Fahrt wie ein Theaterbesucher vorkommen, der gekommen ist, einen Einakter zu sehen, und dem zu seiner Überraschung ein unendlich abwechslungsreiches, abendfüllendes Spektakel präsentiert wird, das seine eigene Geschichte erzählt, der man nur zuhören muss, um auf andere, die bisherigen Gewissheiten übersteigende Gedanken zu kommen.

Am 27. Dezember 1831 war es so weit: Die »Beagle« verließ den Hafen von Davenport und stach in See. »Das gute kleine Schiff«, wie Darwin sein neues Zuhause liebevoll nannte, war nur 31 Meter lang und hatte immerhin siebzig Mann Besatzung. Das beengte Leben an Bord führte naturgemäß zu einigen Spannungen und Auseinandersetzungen, die durch die Launen des zum Jähzorn neigenden Kapitäns FitzRoy, mit dem Darwin die Kabine teilte, noch verstärkt wurden. Der junge Wissenschaftler, den FitzRoy, ein Anhänger der physiognomischen Theorien von Lavater, zunächst gar nicht mitnehmen wollte, weil er Einwände gegen dessen Nase hatte, erwies sich jedoch als Glücksgriff für das Schiff und seine Besatzung: Darwins Ausgeglichenheit, sein zufriedenes, gelegentlich fast sonnig zu nennendes Gemüt trugen wesentlich zur Entspannung bei. Nie habe man, wie später übereinstimmend bekundet wurde, ein böses Wort von ihm zu hören bekommen, und auch die Seekrankheit, die ihn anfangs malträtierte, vermochte ihn nicht aus dem seelischen

Gleichgewicht zu bringen. Sein wahres Befinden teilte Darwin nur dem Tagebuch mit, das er von Reisebeginn an führte: »30. Dezember 1831. – Gegen Mittag bei Breitengrad 43, südlich von Kap Finisterre und jenseits der berühmten Biscaya-Bucht. Entsetzliche Stimmung und sehr seekrank. Ich habe oftmals vor Antritt der Fahrt gesagt, dass ich das Unternehmen wohl häufig bereuen würde. Ich kann mir kaum einen elenderen Zustand vorstellen, wenn mich so düstere und traurige Gedanken heimsuchen wie heute. Für ein paar Minuten stolperte ich an Deck und war durch den Anblick des Meeres sehr beeindruckt. Das tiefe Wasser unterscheidet sich so sehr von den Küstengewässern wie ein See von einem Teich. Es ist nicht nur die dunkle Blaufärbung, sondern die Leuchtkraft dieser Farbe, wenn sie sich gegen die weißen Schaumkronen abhebt, was seine einzigartige Schönheit ausmacht …«

Darwin lernte mit der Seekrankheit umzugehen. Schließlich hatte er sich so an die Schiffsbewegungen gewöhnt, dass ihm der feste Boden, den er bei Landausflügen unter die Füße bekam, fast schon wieder verdächtig erscheinen wollte. Im Februar 1832 erreichte die »Beagle« Brasilien, wo verschiedene längere Aufenthalte vorgesehen waren. Darwin sah sich mit einer völlig neuen Umgebung und einer Fülle von exotischen Details konfrontiert, die ihn, wie er konstatierte, »in schier grenzenloses Erstaunen versetzte«. Er hatte Mühe, mit seinen Aufzeichnungen nachzukommen – so viel gab es zu beobachten, zu registrieren und festzuhalten. Seine Begeisterung wurde allerdings empfindlich gestört, als er in einen Streit mit Fitz-Roy geriet, bei dem es um Sklaverei ging, die der Kapitän als gottgefällig und ökonomisch wertvoll einstufte, während Darwin sie grundsätzlich verabscheute. In einem Brief an seine Schwester Catherine schrieb er: »Ehe ich England verließ, wurde mir gesagt, alle meine Ansichten würden sich ändern, sobald ich in Sklavenländern gelebt hätte; die einzige Änderung, deren ich mir bewusst bin, ist, dass ich den Charakter der Neger viel höher schätzen gelernt habe. Es ist unmöglich, einen Neger zu sehen und nicht freundlich gegen ihn gestimmt zu sein: ein so gemütvoller, offener, ehrlicher Ausdruck und so schöne muskulöse Körper! … Die Sklaverei betrachte ich jetzt als monströsen Schandfleck auf unserer gerühmten Freiheit. Ich habe genug … gesehen, um gründlich von den Lügen und dem Unsinn angewidert zu werden, den man über diese Angelegenheit in England hört.« Darwin war nicht bereit, seine Einschätzung der Sklaverei zu revidieren; er zeigte sich auch standhaft, als FitzRoy, der von seiner Mannschaft ein einheitliches Meinungsbild erwartete, für das er als Vordenker verantwortlich zeichnete, damit drohte, ihn der Kabine zu verweisen oder gar in Brasilien zurückzulassen. Später jedoch legte sich der Zorn des Kapitäns; er erklärte sich großmütig bereit, »die unvernünftigen Ansichten des jungen Mannes« zu dulden, wünschte jedoch, über das leidige Thema während der Reise nicht mehr zu reden. Die »Beagle« erreichte im Dezember 1832 die Südspitze Amerikas, das sogenannte Feuerland. Mehr noch als die wilde Landschaft, die Darwin, so seine Notiz, »an Tod und Zerfall« erinnerte, faszinierten ihn die Eingeborenen, ein Menschenschlag, der mit seiner »primitiven Ungefügtheit« in unwirtlichsten Regionen überlebt hatte. Was mochten die geheimen Gesetze sein, die solche, eigentlich nicht zu erwartenden Entwicklungen möglich machten, fragte sich Darwin als staunender Beobachter, und ihm dämmerte, dass die Natur, wo immer sie noch Natur war, einen unspektakulären, diffizilen und sehr langwierigen Anpassungsprozess austrug, in dem sich die Lebenstüchtigkeit all ihrer Geschöpfe erweisen musste: »Ich hätte kaum geglaubt, wie groß die Verschiedenheit zwischen wilden und zivilisierten Menschen sei: sie ist größer als die zwischen einem wilden und domestizierten Tier, insofern beim Menschen eine größere Veredelungsfähigkeit vorhanden ist … Wenn man diese Wilden betrachtet, so fragt man, wo sind sie hergekommen, was kann wohl einen Stamm von Menschen versucht, oder welche Veränderung kann ihn gezwungen haben, die schönen Gegenden des Nordens zu verlassen, die Kordilleren oder das Rückgrat von Amerika hinabzuwandern, Kanus zu erfinden und zu bauen, welche von den Stämmen in Chile, Peru und Brasilien nicht gebraucht werden, und dann eines der unwirtlichsten Länder auf der ganzen Erde zu betreten? Obschon sich derartige Betrachtungen zuerst dem Geist aufdrängen, dürfen wir doch sicher sein, dass sie zum Teil irrig sind. Es liegt kein Grund vor zur Annahme, dass die Feuerländer an Zahl abnehmen; wir müssen daher annehmen, dass sie ihren Anteil an Glück, welcher Natur der auch sein mag, genießen, und zwar genug, um ihr Leben des Besitzes wert zu machen. Die Natur, welche die Gewohnheiten zu einer unwiderstehlichen Macht und ihre Wirkungen erheblich gemacht hat, hat den Feuerländer dem Klima und den Erzeugnissen seines elenden Vaterlandes angepasst.«

Von April bis Juni 1834 hielt sich die »Beagle« in Patagonien auf. In Bahía Blanca, einer argentinischen Hafenstadt, setzte sich Darwin von der Mannschaft ab und unternahm einen ausgedehnten Landausflug. Dabei stieß er auf eine Vielzahl fossiler Funde, die ihn in Erstaunen versetzten. Es war, als befände er sich in einem naturkundlichen Freiluftmuseum, das mit beeindruckenden, vor allem aber gänzlich unerwarteten Beständen aufwarten konnte: den Überresten nämlich von kolossalen Säugetieren wie des Megatherium etwa, einer ausgestorbenen Riesenfaultierrasse, oder verschiedener Muschelarten, von denen es immerhin noch etliche lebende Ableger gab, so dass Darwin darin eine Bestätigung für die Theorie seines Kollegen, des Geologen Lyell sah, der davon ausging, dass »Schalentiere eine größere Langlebigkeit als die Spezies der Säugetiere« aufwiesen. Überhaupt war die Langlebigkeit im Tier- und Pflanzenreich wohl ein Phänomen, das die gewöhnliche Auffassungsgabe des menschlichen Zeithorizonts vor gewisse Probleme stellte; ein Umstand, den Darwin nicht überbewertet wissen wollte, da er Leben und Sterben auch im großen, erdgeschichtlichen Kontext als ein undramatisches, ja letztlich wohl sehr normales Geschehen verstand: »Wenn daher, wie es wahrscheinlich zu sein scheint, die Spezies zuerst selten werden und dann aussterben – wenn die zu rapide Zunahme einer jeden Spezies, selbst der am meisten begünstigten, beständig durch Hemmnisse aufgehalten wird, wie wir zugeben müssen, obschon es schwer ist zu sagen, wie und wann – und wenn wir ohne das geringste Erstaunen, doch außerstande, den genauen Grund anzuführen, sehen, dass eine Spezies außerordentlich häufig und eine andere nahe verwandte Spezies in einem und demselben Bezirk selten ist: Warum sollten wir ein großen Erstaunen empfinden, dass die Seltenheit noch einen Schritt weiter, nämlich zum Aussterben geführt hat?... Irgendeine außerordentliche Kraft herbeizuziehen und sich zu wundern, wenn eine Spezies zu existieren aufhört, scheint mir auf das gleiche hinauszulaufen, als wollten wir zwar zugeben, dass die Krankheit des Individuums der Vorläufer des Todes ist – wären auch nicht überrascht über die Krankheit, wunderten uns aber doch, wenn der kranke Mensch dann stirbt, und wollten annehmen, dass er durch irgendeinen Gewaltakt umgekommen sei.«

Die Überlegungen, die Darwin in den unwirtlichen Landstrichen von Feuerland und Patagonien anstellte, wurden noch entscheidend vertieft, als die »Beagle« im September 1835 die sagenumwobenen Galapagosinseln erreichte. Hier sah sich der Naturkundler mit einer Artenvielfalt konfrontiert, die ihm so erstaunlich vorkam, dass sich die Frage nach ihrer Geschichte wie von selbst stellte. Darwin begriff, dass es nicht damit getan war, nur zu beobachten und zu katalogisieren, sondern dass man eine Theorie benötigte, mit deren Hilfe der Varietätenwandel natürlicher Lebensformen auf seine möglichen naturgeschichtlichen Konstanten hin untersucht und bestimmt werden konnte. Eine solche Theorie musste ebenso einfach wie weitreichend sein; sie sollte alle Arten von Lebewesen umfassen und den Verstehensprozess der natürlichen Vergangenheiten in einer Weise verlängern, dass sich daraus Erklärungsmodelle für vorhandene biologische Zusammenhänge und ihre Entwicklungen ergaben. Darwin glaubte, des Rätsels Lösung auf der Spur zu sein; einstweilen hatte er zwar nur eine Fülle von Fundstücken und Untersuchungsergebnissen – und noch keine ausgearbeitete Theorie –, aber er tröstete sich damit, dass es besser so war als umgekehrt: Was hätte er mit einer genialen Hypothese anfangen sollen, für die sich keine Belege beibringen ließen ... Die Mutmaßungen, die ihn beschäftigten, erhielten zudem täglich neues Anschauungsmaterial; es schien tatsächlich nur noch eine Frage der Zeit, bis das Rätsel des Lebens eines seiner wesentlichen »Geheimnisse« preisgab: »Die Naturgeschichte dieser Inseln ist in hohem Grad merkwürdig und verdient sehr wohl Aufmerksamkeit. Die meisten organischen Erzeugnisse sind eingeborene Schöpfungen, die sich nirgendwo anders finden; es besteht sogar ein Unterschied zwischen den Bewohnern der verschiedenen Inseln, doch zeigen alle eine ausgesprochene Verwandtschaft mit denen von Amerika, obschon sie von diesem Kontinent durch ein Stück offenen Meeres mit einer Breite von 500 bis 600 Meilen getrennt sind. Der Archipel ist eine kleine Welt für sich oder vielmehr ein an Amerika gehängter Satellit; von dort hat er einige wenige verstreute Siedler herbeigezogen und den allgemeinen Charakter seiner eingeborenen Erzeugnisse erhalten. Bedenkt man die unbedeutende Größe dieser Inseln, so fühlt man sich nur umso mehr über die Zahl ihrer eingeborenen Geschöpfe und über ihren beschränkten Verbreitungsbezirk überrascht. Wenn man sieht, dass jede Höhe von einem Krater gekrönt wird und dass die Verbreitungsgrenzen der meisten Lavaströme noch ganz deutlich sind, so werden wir zu der Annahme geführt, dass sich innerhalb einer, geologisch genommen rezenten Periode hier noch der Ozean ununterbrochen ausbreitete. Wir scheinen daher in beiden Beziehungen, sowohl im Raum als in der Zeit, jener großen Tatsache – jenem Geheimnis aller Geheimnisse –, dem ersten Erscheinen neuer lebender Wesen auf der Erde, nähergebracht zu werden …«

Am 2. Oktober 1836 beendete die »Beagle« ihre große Reise und machte im Hafen von Falmouth fest. Charles Darwin war inzwischen 28 Jahre jung; als 23-Jähriger hatte er sich seinerzeit zu jenem »einen und einzigen Abenteuer« seines Lebens entschlossen, das er niemals bereuen sollte, im Gegenteil: Er wusste und wies wiederholt darauf hin, dass seine Weltsicht aus einer Weltreise resultierte, die ihm höchst anschaulich vor Augen führte, wie vielfältig die Lebensformen auf Erden waren, wie kompliziert ihre wechselseitigen Abhängigkeiten und wie kurzlebig, gemessen an der globalen

Naturgeschichte, ihre individuellen Existenzweisen. Ausgestattet nunmehr, so sein Stoßseufzer, »mit ganzen Bergen von Materialien, Notizen und Aufzeichnungen«, tat Darwin das in seiner Situation wohl einzig Richtige: Er ließ sich Zeit. In aller Ruhe begann er mit der Auswertung seiner Arbeiten; die dazugehörige Theorie war ihm in groben Zügen präsent, wartete aber noch, überdeckt von Daten und Fakten, auf eine ihr gemäße Formulierung.

Der junge Naturforscher, der nach seinem Abenteuerdasein inzwischen zur Sesshaftigkeit neigte, seine Cousine Emma Wedgwood geheiratet und ein Haus in der Nähe von London erworben hatte, wusste immerhin, dass er ein grundlegendes Werk schreiben würde, in welchem die Ergebnisse seiner Forschungen vorgestellt und die daraus resultierenden Konsequenzen zusammengefasst werden sollten.

Im Herbst des Jahres 1838 gelang Darwin so etwas wie der Durchbruch; er erhielt eine Anregung, die es ihm erlaubte, seine Theorie zu konkretisieren und ihre möglichen Anwendungsbereiche zu präzisieren: »Mein erstes Notizbuch begann ich im Juli 1837. Ich … trug Tatsachen in großem Rahmen zusammen und verstand bald, dass die Selektion der Schlüsselbegriff war für den Erfolg des Menschen bei der Zucht nützlicher Tier- und Pflanzenrassen. Doch wie man die Selektion auf Organismen anwandte, die im Naturzustand lebten, war noch einige Zeit ein Rätsel für mich. – Im Oktober 1838 … las ich zufällig und zu meinem Vergnügen Malthus' Abhandlungen über Bevölkerung, und da ich aus meinen langen Beobachtungen der Gewohnheiten von Tieren und Pflanzen wohl darauf vorbereitet war, den Kampf um die Existenz zu erkennen, der überall stattfindet, durchzuckte es mich plötzlich, dass unter diesen Umständen begünstigte Variationen dazu neigen, bestehen zu bleiben, während weniger geeignete vernichtet werden. Das Ergebnis daraus wäre die Entstehung neuer Arten.«

Darwins Buch *Die Entstehung der Arten*, sein grundlegendes Werk, erschien erst im Jahre 1859. Alle 1300 Exemplare der ersten Auflage wurden am ersten Tag verkauft, was auch damit zu tun hatte, dass sein Verfasser, aufgrund anderer Publikationen, mittlerweile zu einem Mann des öffentlichen Interesses geworden war. Darwin galt als anerkannter Wissenschaftler und erfolgreicher Autor: 1839 hatte er seinen *Reisebericht eines Naturforschers um die Welt* veröffentlicht, eine Nacherzählung der großen Reise, die zu Bestseller-Ehren kam und in mehr als fünfzehn Sprachen übersetzt wurde. Die Tantiemen, die ihm dieses Buch einbrachte, hatte Darwin im Grunde schon nicht mehr nötig: Er konnte es sich nämlich, früheren Tagträumen folgend, inzwischen tatsächlich erlauben, von den Erträgen des väterlichen Erbteils zu leben, das ihm zugefallen war. Die ihm gemäße, behaglich anmutende Existenz als Privatgelehrter führte er umso lieber, da ihm diverse Krankheiten zusetzten, die, waren sie nun hypochondrischer Natur oder echte Gebrechen, ein kontinuierliches, unter Pflichten und zeitlichen Zwängen stehendes Arbeiten oft genug behinderten. Am Ende seines Lebens durfte er mit Genugtuung auf das Erreichte schauen: Als berühmter, zudem umstrittener Wissenschaftler, dessen Thesen von der natürlichen Zuchtwahl nicht nur erbitterte Gegner auf den Plan riefen, sondern auch gewiefte Simplifikateure, die aus Darwins Theorie das einfache Recht des Stärkeren ableiten zu können glaubten, hielt er sich von den Zentren der Auseinandersetzung fern – er meinte gesagt zu haben, was gesagt werden musste; für weiterführende Interpretationen fühlte er sich nicht mehr zuständig. Zu guter Letzt kam er nicht umhin zu konstatieren, dass seine einseitige Beschäftigung mit den Naturwissenschaften ihn von früher gepflegten Vorlieben, zum Beispiel Musik, Lyrik und Malerei, radikal entfremdet hatte; was ihm blieb, war eine schlichte Restgläubigkeit, die ohne persönlichen Gott auskam, und eine fast kindlich zu nennende Vorliebe für dickleibige Romane, die, so Darwins Forderung, das Leben gefälligst besser darstellen sollen, als es in Wirklichkeit ist.

In Ferne und Verborgenheit
Kierkegaard und das still Erhebende

Obwohl sich Selbstfindung als ein nicht ganz unproblematischer Zeitvertreib erweist und keine Garantien bietet, erfreut sie sich nach wie vor großer Beliebtheit. Sich selbst zu finden gilt als erstrebenswert, wobei der Weg dahin interessanter ist als die Ankunft am Zielort. Dort geht es nämlich eher langweilig zu; ein Mensch, der sich gefunden zu haben glaubt, hat nicht mehr viel zu erzählen und ruht lieber in sich selbst. Zudem erliegt er dem produktiven Irrtum, dass mit geglückter Selbstfindung seine Sache entschieden ist. In Wahrheit jedoch wird sie an die nächsthöhere Instanz überwiesen, die sich über alle Befangenheitsanträge erhaben zeigt. In ihrem Tagesgeschäft erweist sich Selbstfindung als eher freudlose Veranstaltung; sie muss mit Wiederholungen auskommen und wirtschaftet in fremdem Auftrag. Das Ich nämlich, um das es geht, ist nicht von sich aus da; es steht im Dienst einer Macht, die sich am liebsten bedeckt hält. Man kann diese Macht, wie es der Philosoph Kierkegaard getan hat, Gott nennen, man kann sie aber auch einfach nur als Geheimnis nehmen, das unser Leben trägt, ohne sich wirklich offenbaren zu müssen. Das ist gut so, denn wüssten wir alles, vor allem den Grund unseres Daseins, hinter dem, letztlich, ein anderer steht, der nicht erkannt werden will, wäre unser Weltbild-Apparat, der auf Berechenbarkeit setzt, heillos überfordert und müsste den Geist aufgeben.

Es gibt demnach zwei Arten der Selbstfindung. Die eine ist weitverbreitet und dient der Therapie am unglücklichen Bewusstsein, das in so vielen Köpfen lagert. Das Ich, das dabei befragt wird, ist auskunftsfreudig, hat aber wenig zu sagen, denn es neigt dazu, sich zu überschätzen und den eigentlichen Grund, warum es überhaupt da ist, außer Acht zu lassen. Die andere Art der Selbstfindung scheint eher ein Minderheitenvergnügen zu sein; sie setzt tiefer an und fragt, wer das Selbst, das da sucht und findet, überhaupt erst ermöglicht hat. Für Kierkegaard gibt es darauf nur eine Antwort: Es ist Gott, der hinter allem steht; er kommt zum Vorschein, wenn das Ich sich durchschaut hat und begreift, dass es im Normalbetrieb zwar ganz bei sich selbst sein kann, in Erst- und Letztbegründung jedoch an einer Urheberschaft hängt, die sich der Einsichtnahme entzieht. Selbstfindung verlangt eine Entscheidung: Genügt mir mein Ich, oder öffne ich mich für *das Umgreifende* (Karl Jaspers), das von weit her kommt und keinen Namen braucht, um anwesend zu sein: Ich bin der ›Ich bin da‹ (Exodus 3,13–14). Der Weg der Selbstfindung, den Kierkegaard einschlägt, lässt sich nur »auf die beschwerliche Weise« gehen; er ist von Zweifeln nicht frei, kennt auch die Verzweiflung, hat aber die Gewissheit für sich, dass es einen Gott gibt, der am Anfang und Ende unserer Erkenntnisbemühungen steht. Für uns ist diese Gewissheit nicht mehr zustimmungspflichtig; es geht, anscheinend, auch ohne Gott, der allerdings schon so viel ausgestanden hat, dass er sich um die Argumente seiner Verächter nicht mehr kümmern muss. Ob mit oder ohne Gott: Selbstfindung kann, allen Einreden zum Trotz, noch immer lohnend sein, besonders dann, wenn sie sich in ihren Ursprung zurückwendet und eine Ahnung davon bekommt, dass für das kleine Ich eine Pflegschaft übernommen wurde, die, bis auf weiteres, anonym bleibt und nicht aufkündbar ist.

Was Søren Kierkegaard, der am 5. Mai 1813 in Kopenhagen geboren wird und dort am 11. November 1855 stirbt, seinen Zeitgenossen sagen will, von denen er sich zu Lebzeiten durchweg missverstanden fühlt, ist ein Glaubensbekenntnis der eigenen Art. Es ruft zu einer

Scharfsinnigkeit auf, die das Komplizierte einfach macht und das Einfache einschneidend vertrackt. Es misstraut der gewohnten Sichtbarkeit der Dinge, der vordergründigen Welt der Erscheinungen und Symbole. In der ist Gott nicht zu entdecken – besonders dann nicht, wenn man, mit trübe spähendem Blick, nur auf das Gewöhnliche stiert, auf jene von Menschen zugerichtete Welt, die inzwischen einem künstlichen Produkt gleicht. Nicht im stumpfen, auf alle Köpfe gelegten Gewohnheitsrecht kann man Gott für sich entdecken, sondern in der ergreifenden Einsamkeit der Existenz – dort wo der Mensch nur noch sich selbst hat und die Frage stellen muss nach dem wahren Grund des ihn angehenden Seins. Dass diese Frage erschütternd ist und ein ganzes Leben bestimmen kann, war für Kierkegaard unmittelbar einsichtig. »Ist Gott«, fragt er, »nicht so unbemerkbar, so verborgen in seinem Werk vorhanden, dass ein Mensch wohl sehr gut so dahinleben, heiraten, geachtet und angesehen sein könnte als Mann, Vater und Schützenkönig, ohne Gott in seinem Werk zu entdecken, ohne ein einziges Mal so recht einen Eindruck von der Unendlichkeit des Ethischen zu bekommen, weil er sich mit einer Analogie zu der spekulativen Verwechslung des Ethischen und des Weltgeschichtlichen half, indem er sich mit Sitte und Brauch in der Stadt half, in der er lebte? Wie eine Mutter ihr Kind ermahnt, wenn es zu einer Gesellschaft gehen soll: ›Schick dich gut und benimm dich so, wie du es von anderen artigen Kindern siehst‹, so könnte auch er dahinleben und sich benehmen, wie er es von den anderen sieht …« Wer den unsichtbaren Gott sehen will, darf nicht mit einer pompösen Ankunft rechnen oder nach Auffälligkeiten Ausschau halten, die zur schlagenden Einsicht werden: »Wenn Gott also die Gestalt eines seltenen, ungeheuer großen Vogels mit rotem Schnabel annähme, auf der städtischen Umwallung oben auf einem Baum säße und vielleicht auf ungewöhnliche Weise pfiffe, so würde der Gesellschafter gewiss die Augen aufmachen … Hierin liegt ein ganzes Heidentum, dass Gott sich zu dem Menschen unmittelbar verhält wie das Auffallende zu dem verwunderten Menschen. Aber das wahre geistige Verhältnis zu Gott … ist durch den Durchbruch der Verinnerlichung bedingt, was der göttlichen Hinterlist entspricht, – ja, dass er vom Auffallendsten bis zur Unsichtbarkeit entfernt ist, so dass einem seine Anwesenheit gar nicht zu Bewusstsein kommt, während seine Unsichtbarkeit wiederum seine Allgegenwärtigkeit ist.«

Auch Kierkegaards eigene, äußerlich nicht gerade ereignisreiche Biographie war von dieser Erkenntnis geprägt; sie führte vor, dass die Begegnung mit Gott kein sonntäglicher Pflichtbesuch ist, sondern ein immerwährender, schmerzhaft-einsichtiger Wahrnehmungsprozess, der den Einzelnen überwältigt und ohne Rücksicht auf Verluste an sich bindet. Die Einsamkeit der Existenz, für die man nicht alt werden muss, um sie in ihrer ganzen Härte zu spüren, bringt es mit sich, dass man beizeiten das Interesse an Ausreden und Entschuldigungen verliert. Die Existenz des Einzelnen hängt nicht an seinem Wohlbefinden, auch nicht an äußeren Erfolgen und den Meinungen der anderen; ihr Resonanzboden ist der »Weltinnenraum« (Rilke), in dem er seine Wahrheit suchen und finden muss.

Dass eine solche Wahrheitssuche mehr sein sollte als das generöse Bemühen, die eigene Person zu verstehen, hatte Kierkegaard sich bereits als junger Mann klarzumachen versucht. Selbsterkenntnis, so glaubte er, funktioniert nicht um ihrer selbst willen, sondern findet ihren Grund nur, wenn sie auf den Beistand Gottes setzt. Ohne den Zuspruch Gottes betreibt der Einzelne, so klug er sich auch anstellen mag, bloße Bewusstseinsgymnastik; er kann sich zwar finden, wird aber an sich selbst keinen Halt haben, so dass ihm sein Ich immer wieder entgleitet. In einer Aufzeichnung des 22-jährigen Studenten Søren Kierkegaard heißt es: »Das, was mir eigentlich fehlt, ist mit mir selbst ins Reine zu kommen darüber, was ich tun soll, nicht darüber, was ich erkennen soll, außer, soweit ein Erkennen jedem Handeln vorausgehen muss. Was mir fehlt, war: Ein vollkommen menschliches Leben zu führen und nicht bloß eins der Erkenntnis, so dass ich dadurch dahin komme, meine Gedankenentwicklung nicht zu gründen auf etwas, das man objektiv nennt …, sondern auf etwas, das mit der tiefsten Wurzel meiner Existenz zusammenhängt, wodurch ich sozusagen in das Göttliche eingewachsen bin … Auf dieses innere Handeln des Menschen, diese Gottesseite des Menschen, kommt es gerade an, nicht auf eine Masse von Erkenntnissen, denn die werden schon folgen …«

Drei Jahre später, am 11. August 1838, starb Michael Pedersen Kierkegaard, wohlhabender Handelsmann und Vater des Theologiestudenten Søren Kierkegaard, im Alter von 81 Jahren. In seinem Tagebuch notiert der Sohn: »Mein Vater starb Mittwoch nachts um zwei Uhr. Ich hatte den innigen Wunsch gehabt, dass er noch ein paar Jahre leben würde, und ich betrachte seinen Tod als das letzte Opfer, das er seiner Liebe zu mir gebracht hat. Denn er ist nicht von mir gegangen, sondern für mich dahingegangen, damit, wenn möglich, noch etwas aus mir werden könnte.« Kierkegaard fühlte sich verpflichtet, dem Vater in einem Akt nacheilenden Gehorsams dessen innigsten Wunsch zu erfüllen, der darin bestand, seinen Jüngsten mit einem theologischen Examen bekränzt zu sehen. Er wurde, vorübergehend, fleißig, warf sich auf sein Studium und brachte es in vergleichsweise kurzer Zeit zum erfolgreichen Ende. Seinem Vater, zu dem er zeitlebens ein zwiespältiges, von abgründiger Zuneigung, aber auch von Distanziertheit geprägtes Verhältnis gepflegt hatte, war damit postum ein letzter Liebesdienst erwiesen. Von nun an wurde der Vater zum Übervater: Kierkegaard beförderte ihn zur literarischen Figur, an der er, unter anderem, auch die weltanschaulichen Muster vorführen konnte, die den Sohn – im Verlauf einer Erziehung, die ihm als Etüde heiteren Ernstnehmens in Erinnerung blieb – entscheidend prägen sollten. In einer Schrift mit dem Titel *Johannes Climacus oder De omnibus dubitandum est* (Alles darf bezweifelt werden) hat der damals dreißigjährige Søren Kierkegaard, der hinter dem Pseudonym Johannes Climacus Deckung bezog, eine Kindheit beschrieben, in der das Spiel der Worte und Gedanken zum Vorspiel für eine Wahrheitssuche wird, die nur intern, nicht auf dem von den Wissenschaften überwachten Erkenntnisterrain fündig wird: »Mit einer allmächtigen Phantasie verband der Vater eine unwiderstehliche Dialektik. Wenn er bei irgendeiner Gelegenheit … sich auf ein

Wortgefecht mit einem anderen einließ, dann war Johannes ganz Ohr, und dies umso mehr, als alles in einer beinahe festlichen Ordnung vor sich ging. Der Vater ließ den Gegner erst ganz ausreden, fragte ihn vorsichtshalber, ob er noch mehr zu sagen habe, bevor er mit seiner Entgegnung begann ... Die Pause trat ein, die Aussage des Vaters folgte, und siehe! im Handumdrehen war alles anders. Wie das zuging, blieb Johannes ein Rätsel, aber seine Seele ergötzte sich an diesem Schauspiel. Der Gegner sprach von neuem, Johannes war noch aufmerksamer, um alles richtig zu behalten ... Im Nu war wieder alles umgekehrt, das Erklärliche unerklärlich gemacht, das Gewisse zweifelhaft, das Gegenteil einleuchtend ... Johannes vergaß das Gesagte wieder, sowohl was der Vater, wie das, was der Gegner gesagt hatte, aber diesen Schauer in der Seele vergaß er nicht ... Je älter er wurde, je mehr der Vater sich mit ihm einließ, umso mehr achtete er auf jenes Unbegreifliche; es war, als stehe der Vater in einem geheimen Einvernehmen mit dem, was Johannes sagen wollte, und könne ihm daher mit einem einzigen Wort alles verwirren ... Was andere Kinder im Zauber der Poesie und der Überraschung des Märchens besitzen, das besaß Johannes in der Ruhe der Intuition und den Changements der Dialektik. Es erfreute das Kind, es wurde das Spiel des Knaben, es wurde die Lust des Jünglings. Auf diese Weise hatte sein Leben eine einzigartige Kontinuität; es kannte nicht die verschiedenen Übergänge, die sonst die einzelnen Zeitabschnitte zu bezeichnen pflegen. Als Johannes älter wurde, hatte er kein Spielzeug fortzulegen; denn er hatte gelernt, mit dem zu spielen, was die ernsthafte Beschäftigung seines Lebens werden sollte und dennoch dadurch keineswegs das Verlockende eingebüßt hatte. Ein Mädchen spielt so lange mit der Puppe, bis diese sich zuletzt in den Geliebten verwandelt; denn das ganze Leben der Frau ist Liebe. Eine ähnliche Kontinuität hatte sein Leben; denn sein ganzes Leben war Denken.«

Ein von der dänischen Staatskirche überwachtes Theologiestudium zu absolvieren und erfolgreich abzuschließen, fiel Kierkegaard nicht leicht. Schon früh war er von einem tiefen Widerwillen gegen das offizielle Christentum erfasst worden, in dem er freche Routine am Werk sah, Dienst nach Vorschrift, ein Sichfügen in die Gottesbotschaft, das mehr auf Bequemlichkeit und Absicherung aus war als auf ein wirkliches Annehmen der Bodenlosigkeit, in der sich das Leben jedes einzelnen Menschen entfaltet. Kierkegaard steigerte sich stetig; seine Kritik an den Gottesbeamten der Staatskirche begann mit harmlosen Unfreundlichkeiten und warf schließlich ein ganzes Kaleidoskop von Bosheiten aus, die wohl ein Ziel, aber kein Maß mehr kannten. In seiner Kampfschrift *Der Augenblick*, die Kierkegaard 1855, ein halbes Jahr vor seinem Tod, herausgab, strafte er seine liebsten Feinde ab, die ihn allerdings, ärgerlicherweise, gar nicht recht zur Kenntnis nahmen: »Hüte dich vor den Pfarrern! Zum Christsein gehört es, für die Lehre gelitten zu haben. Und glaube mir, so wahr ich Søren Kierkegaard heiße, Du kriegst keinen beamteten Pfarrer dazu, das zu sagen, und das ist nur natürlich, denn es hieße für ihn, sich selber umbringen; im gleichen Augenblick, wo gesagt würde, es werde sogar vom gewöhnlichen Christen verlangt, für die Lehre gelitten zu haben, im gleichen Augenblick wäre die ganze Maschinerie mit den 1000 Pfründen und Beamten durcheinandergebracht, wären all diese 1000 Pfründe bloßgestellt. Deshalb kriegst du keinen beamteten Pfarrer dazu, das zu sagen ...« Dem war an sich nichts hinzufügen, aber da eine Reaktion ausblieb, legte Kierkegaard nach: »Der Kannibale macht es kurz: Wild springt er auf, bemächtigt sich seines Feindes, schlägt ihn tot, isst ein wenig von ihm. Dann ist es vorbei. Er lebt dann wieder von seinen gewöhnlichen Nahrungsmitteln, bis wieder die Wildheit gegen seine Feinde über ihn kommt. Anders mit dem ›Pfarrer als Menschenfresser‹. Seine Menschenfresserei ist wohlbedacht, schlau angelegt, darauf berechnet, das ganze Leben mit nichts anderem zu bestreiten, und zwar so, dass dieser Lebensunterhalt einen Mann mit Familie dergestalt ernähren soll, dass es Jahr für Jahr mehr abwirft. Behaglich hat sich der Pfarrer auf seinem Landsitz eingerichtet, auch winkt die Aussicht auf Beförderung, seine Gattin ist die Behäbigkeit selber, und seine Kinder sind es nicht weniger. Und all das verdankt er: den Leiden der Herrlichen, dem Erlöser, dem Apostel, dem Wahrheitszeugen, davon lebt dieser Pfarrer, sie frisst er, mit ihnen füttert er in frohem Lebensgenuss sein Weib und seine Kinder. Er hat diese Herrlichen in der Pökeltonne.«

Zur Lauheit eines so beschriebenen Christentums passt der dazugehörige Zeitgeist, der sich in Selbstgefälligkeit ergeht: Die Menschen, meint Kierkegaard, zeigen sich fasziniert von ihrer eigenen Tüchtigkeit; überall herrscht *Verständigkeit* vor, die über Gott und die Welt nach den Maßstäben von Nutzen und Zweckmäßigkeit befindet. Die dazugehörige Leistungsbilanz, an welcher der Mensch geradezu besessen fortschreibt, mag eindrucksvoll sein, ist jedoch himmelweit entfernt von der Wahrheit: »Mit der wachsenden Verständigkeit nimmt eine gewisse Art von Menschenkenntnis zu, nämlich die Kenntnis, wie wir Menschen nun einmal sind oder wie wir es in diesen Zeiten sind, – ein naturwissenschaftlich-statistisches Wissen vom Zustand der menschlichen Sittlichkeit als Naturerzeugnis, erklärt aus der geographischen Lage, aus dem Klima, dem Wind, der Regenmenge, dem Wasserstand usw. Ob wir Menschen von Geschlecht zu Geschlecht entarten, kümmert diese Menschenkenntnis überhaupt nicht. Sie gibt bloß genau an, wie wir sind, – sie gibt den Kurs und Marktpreis an, – um aus Klüglichkeit imstande zu sein, sich vorzusehen und die Menschen auszunutzen, ihr Glück zu machen und Vorteile in dieser Welt zu erringen oder um ihre eigene Erbärmlichkeit und Mittelmäßigkeit verteidigen und beschönigen zu können oder um mit einer Art guten Gewissens wissenschaftlich beargwöhnen zu dürfen, wenn zuweilen etwas Besseres zum Vorschein kommen sollte. Aber danach, wie wir Menschen sein *sollten,* und nach der Gottesforderung und nach den Idealen wird immer weniger gefragt, je mehr die Verständigkeit zunimmt.«

Verständigkeit, überhöht gedacht und nicht hinterfragt, stößt an ihre Grenzen; dennoch oder gerade deswegen bleibt sie unverzichtbar. Näher sollten uns allerdings die Ahnungen stehen, die, feinen Tagträumen gleich, auf uns kommen und uns ein Glück spüren lassen, das fremdbestimmt ist und gerade deshalb so tief in uns hineinreicht: »Das still Erhebende, in die anfangende Abenddämmerung zu fahren und einen Stern zu sehen, bis das Dunkel mehr und mehr herabfällt und man immer neue sieht, bis die ganze Gesellschaft sichtbar wird … Wenn der reiche Mann mit Lichtern an seinem Wagen in die dunkle Nacht fährt, sieht er um ein kleines Stück besser als der Arme, der im Dunkeln fährt – aber er sieht auch nicht die Sterne, daran hindern ihn gerade seine Lichter. So mit aller weltlichen Verständigkeit, sie sieht gut in der Nähe, aber raubt die unendliche Aussicht.«

Ein origineller Mensch

Thoreau und das naturgemäße Leben

Mit dem Ruhm ist das so eine Sache. Macht er sich rar, bleibt die Hoffnung auf den Nachruhm, der sich jedoch, wie man aus Verstorbenenkreisen weiß, zugeknöpft zeigt und nachträgliche Beschwerden nicht mehr entgegennimmt. Der amerikanische Schriftsteller Henry David Thoreau, geboren am 12. Juli 1817 in Concord (Massachusetts), hatte mit dem Nachruhm keine Probleme; er kam geradezu verschwenderisch über ihn. Abzusehen war das zu Lebzeiten nicht, denn Thoreau, einer der führenden Köpfe der Bewegung des amerikanischen Transzendentalismus, die sich vom deutschen Idealismus, englischer Romantik, aber auch von der Antike inspirieren ließ, stand sich oft selbst im Weg. Seine Manieren waren, vorsichtig gesagt, nicht die besten; schon die Begrüßung durch andere empfand er als Belästigung, und wer ihm die Hand gab, hatte das Gefühl, nach einem »Ast zu greifen«, wie Thoreaus Mentor, der Philosoph Ralph Waldo Emerson, notierte. Dazu passte sein Äußeres, das der Dichter Nathaniel Hawthorne so beschrieb: »Er ist sündenhässlich, mit einer langen Nase und einem schiefen Mund, mit ungeschliffenen, etwas bäurischen Umgangsformen.« Thoreau verstand es dennoch, für sich einzunehmen; er hatte eine Ausstrahlung, die von innen her kam und keinen Fremdzuspruch brauchte. Hawthornes Fazit: »… ein gedankenreicher und origineller Mensch, mit einer gewissen kompromisslosen Starrheit in seinem Charakter, die an einen eisernen Schürhaken erinnert und interessant ist, aber bei näherem und häufigem Umgang ziemlich ermüdend wirkt.«

Thoreau versuchte sich zunächst als Lehrer, bekam jedoch Schwierigkeiten mit der Schulleitung, da er sich weigerte, an seinen Schülern »die unerlässliche körperliche Züchtigung auszuüben«, die damals noch zu den pädagogischen Grundüberzeugungen gehörte. Danach gab er kurze Gastspiele in verschiedenen Berufen, wobei er nicht aus Überzeugung handelte, sondern nur, um über die Runden zu kommen. Am besten erging es ihm noch bei Emerson, dem Cheftheoretiker der Transzendentalisten, der Thoreau als eine Art Hausmeister in Dienst nahm und ihm schließlich ein Existenzmanöver ermöglichte, das seinen Nachruhm begründete. Im Juli 1845 bezog Thoreau eine Hütte am Walden-See, wo er zwei Jahre lang lebte, vordergründig auf sich allein gestellt, aber doch mit genügend Kontakten ausgestattet, um nicht ganz zu verwildern. Die Zivilisation, der Thoreau insgesamt nicht so recht über den Weg traute, blieb in Reichweite: Der nächste Nachbar wohnte eine halbe Stunde entfernt, das Städtchen Concord konnte man bequem zu Fuß erreichen, ebenso die Eisenbahn, die man zwar nicht sah, aber hörte. Es war also kein Abschied von der bewohnten Welt, den Thoreau probte, sondern ein Selbstfindungsexperiment unter Anleitung der Natur. Das Buch, das Thoreau darüber schrieb, heißt *Walden oder Leben in den Wäldern*, verkaufte sich in den ersten fünf Jahren nach Erscheinen an die zweitausendmal und wurde nach dem Tod des Autors zur Programmschrift für Naturfreaks und Aussteigewillige. Warum dem so war, hätte sich Thoreau nicht auf Anhieb erschlossen: Es ging ihm um eine Rückbesinnung; grüne Leitlinien, die sich theoretisch beschweren ließen, wollte er aus seinem Aufenthalt in Walden, den er nach zwei Jahren kurzerhand für beendet erklärte, nicht entwickeln.

Die Natur, wie Thoreau sie sieht, verdient strikte Bewunderung: Sie »ist immerwährend schöpferisch und erfindet wie ein Handwerker in seiner Werkstatt neue Muster. Wenn die überhängende Fichte am Ufer durch die Kräfte der Sonne und des Windes, die an ihr zehren, ins Wasser stürzt, werden ihre Zweige weiß und glatt und nehmen phantastische Formen an.« Naturwissenschaftler fühlen sich davon nicht angesprochen, weiß Thoreau; sie sind eher am eigenen Erfolg interessiert, für den sie auch die Ausbeutung der Natur in Kauf nehmen: »Bücher über die Naturwissenschaften sind im Allgemeinen von irgendeinem Kanzlisten in Eile zusammengestoppelte Listen oder Bestandsaufnahmen von Gottes Eigentum … Der Wissenschaftler meint, es stünde mir nicht zu, irgendetwas anderes zu sehen als das, was er als Regenbogen definiert, aber mir ist es gleichgültig, ob meine Vision eine Vorstellung im Wachzustand ist oder die Erinnerung an einen Traum.«

Thoreau gab sich zudem als Freund der Indianer zu erkennen; auch das nahmen die Leser, die *Walden* für sich entdeckten, wohlwollend zur Kenntnis. Der weiße Mann hatte den Verdrängungskampf gegen die Ureinwohner gewonnen, was ihn reich machte, seine Weltsicht aber unvorteilhaft begradigte. »Der weiße Mann kommt bleich wie der Morgen mit seiner Gedankenlast, mit seiner wie im zusammengescharrten Feuer schlummernden Intelligenz, er weiß genau, was er weiß, er rät nicht, sondern berechnet, stark in der Gemeinschaft und der Obrigkeit gehorchend …« Dabei sieht er nur noch, was er sehen will; der Blick auf das Wesentliche ist ihm verstellt: »Er kann den ganzen wogenden Wald fällen, aber er kann mit dem Geist des Baumes, den er fällt, nicht Zwiesprache halten; er kann die Dichtung und die Mythologie nicht lesen, die sich in dem Maße zurückziehen, in dem er sich vorwärtsbewegt.«

Das zweite Buch, das zu Thoreaus Nachruhm beitrug, ist *Über die Pflicht zum Ungehorsam gegen den Staat* und war noch folgenreicher als *Walden*, da es ein nicht verhandelbares Misstrauensvotum gegen die Politik aussprach. Der Anlass für diese Streitschrift mutet eher belanglos an: Thoreau weigerte sich, eine Steuer für den Staat Massachusetts zu zahlen, der daraufhin humorlos reagierte und ihn ins Gefängnis steckte, wo er jedoch nur eine Nacht blieb, weil seine Schuld von einer auf Diskretion bedachten Gönnerin bezahlt wurde. Thoreau wollte sich allerdings von seiner Empörung nichts mehr abhandeln lassen und schwang sich schließlich zu einer These auf, die eingängig war, aber erkennbare Schwierigkeiten aufwies, dem Realitätsprinzip gerecht zu werden: »Wenn ein Mensch frei ist in seinen Gedanken, frei in seiner Phantasie und seiner Vorstellung, also in den Dingen, die nie für lange Zeit leblos bei ihm bleiben, dann können unkluge Herrscher oder Reformapostel ihm nie gefährlich in die Quere kommen.« Überhaupt war die Politik Thoreaus Sache nicht, er konnte mit ihr nicht viel anfangen, fand sie neuzeitlich überschätzt: »Politik ist zwar eine lebenswichtige Funktion der menschlichen Gesellschaft, sollte aber wie die entsprechenden Funktionen des menschlichen Körpers unbewusst betrieben werden. Sie ist … eine Art vegetativen Lebens. Manchmal erwache ich zu einem halben Bewusstsein, dass sie sich um mich herum abspielt, wie jemand des Verdauungsprozesses gewahr wird, wenn er krank ist.« Thoreaus Aufruf zum zivilen Ungehorsam, zu dem sich unter anderem Mahatma Gandhi, Martin Luther King und auch Bill Clinton bekannten, der 1998, nicht ohne Pomp, ein »Thoreau-Institut« in Concord eröffnete, ist von zeitloser Modernität; das Individuum, dem seine Sorge gilt, wird gerade heute von anonymen, freiheitsähnlichen Zwängen umgarnt und scheint gefährdeter denn je.

Henry David Thoreau starb am 6. Mai 1862 an Tuberkulose, was ein damaliger Nachrufschreiber irgendwie seltsam fand. »Eine Ironie des Schicksals«, notierte er, »dass der Mann, der ein naturgemäßes Leben führte, an Schwindsucht, der Geißel des zivilisierten Lebens, starb.« Von Thoreau kann man auch heute noch lernen: die Kunst begründeter Selbstfindung etwa, die bescheiden bleibt, weil sie sich in einem Höheren aufgehoben weiß. Ein europäischer Zeitgenosse Thoreaus hat Ähnliches gedacht: Der dänische Philosoph Kierkegaard schrieb dem Einzelnen, der anmaßungsgefährdet bleibt, ins Stammbuch: »Indem das Ich es selbst sein will, gründet es durchsichtig in der Macht, die es gesetzt hat.« Bei Kierkegaard ist diese Macht Gott; Thoreau denkt sie sich eher als Natur, von der wir aber noch immer vermuten dürfen, dass sie von Gott womöglich gar nicht so arg weit entfernt ist.

Ein Blick des Glücks
Nietzsche und der Zuspruch in eigener Sache

Das Sommersemester 1875 hielt für den jungen Professor Friedrich Nietzsche, der an der Universität Basel lehrte, eine Vielzahl an Verpflichtungen bereit, denen er sich, obwohl erst einunddreißig Jahre alt, zunehmend weniger gewachsen fühlte. Nietzsches Tag begann um fünf Uhr morgens: Seminare und Kollegstunden waren vorzubereiten, die sich in der Regel bis zwölf Uhr mittags hinzogen; danach standen Vorlesungen auf dem Programm, in denen er, beizeiten verletzlich geworden und ohnehin nicht sonderlich motiviert, Abstand hielt von der gewagten Theorie und nur noch vorsichtig mit dem Wort hantierte. Als eine gewisse Entlastung empfand er die Anwesenheit seiner Schwester Elisabeth, die ihm den Haushalt führte und für ihn kochte; allerdings war ihre Gegenwart nicht ganz unproblematisch: Elisabeth redete viel und hatte eine gluckenhafte Art, die Nietzsche oft genug lästig fiel. Am 26. Juni 1875 schrieb er an seinen Freund Carl von Gersdorff in Hohenheim: »Ich habe eine sehr schlimme Zeit hinter mir und vielleicht eine noch schlimmere vor mir. Mein Magen war gar nicht mehr zu bändigen, auch bei der lächerlich strengsten Diät; mehrtägige Kopfschmerzen der heftigsten Art, in wenigen Tagen wieder kommend, stundenlanges Erbrechen, ohne etwas gegessen zu haben, kurz, die Maschine schien in Stücke gehen zu wollen, und ich will es nicht leugnen, einige Male gewünscht zu haben, sie wäre es. Große Abmattung, mühsames Gehen auf der Straße, starke Empfindlichkeit gegen Licht; Immermann kurierte auf so etwas wie Magengeschwür, und ich erwartete immer Bluterbrechen...«

Es ließ sich kaum mehr verheimlichen: Nietzsche, dem angehenden Philosophen, waren die Torturen seines ungeliebten Philologen-Daseins an der Universität Basel auf Magen und Gemüt geschlagen. Sein Kollege, der bereits erwähnte Mediziner Immermann, hatte ein Magengeschwür diagnostiziert, das er mit Höllenstein-Lösungen und kräftigen Dosen Chinin zu kurieren gedachte. Die Behandlung aber brachte keine entscheidende Besserung, und so entschloss sich Nietzsche zu einem mehrwöchigen Kuraufenthalt. Man empfahl ihm das private Kurhotel Steinabad im südlichen Schwarzwald, das von dem renommierten Badearzt Dr. Wiel geleitet wurde, der sich auch als Diätkoch und Buchautor einen Namen gemacht hatte.

Am 16. Juli traf Nietzsche in Bonndorf ein, wo er den direkten Postanschluss verpasste, so dass er sich dafür entschied, zu Fuß nach Steinabad zu gehen, was eine »Wanderung von immerhin drei Stunden« bedeutete, die ihm »sehr wohl tat«, wie er zufrieden anmerkte. In einem ersten Lagebericht, den er Mutter und Schwester zukommen ließ, teilte er mit: »Seit gestern Nachmittag um 2 Uhr bin ich im Steinabade und habe eine Stunde später die Bekanntschaft des alten und weithin geschätzten Dr. Wiel gemacht. Heute Morgen war ich zum Zweck genauer Untersuchung in Bonndorf bei ihm, und so ist denn das Übel, an dem ich leide, also mit Namen zu nennen: chronischer Magenkatarrh mit bedeutender Erweiterung des Magens. Nun soll der Bursche wieder zahm und klein gemacht werden, wir haben sein bisheriges Terrain sorgfältig punktiert und hoffen, nach einiger Zeit zu sehen, dass er sich in bescheidenere Grenzen zurückgezogen hat. – Mein Speisezettel ist dieser. Jeden Morgen ein selbst gegebenes Klistier (Verzeihung, dass ich damit beginne, aber mit dieser Freude beginnt nun einmal der Tag! Inhalt: kaltes Wasser) ... 7 Uhr: ein Kaffeelöffel Karlsbader Sprudelsalz. 8 Uhr: Beefsteak 80 Gramm,

2 Zwiebäcke. 12 Uhr: Gebratenes Fleisch 80 Gramm (nichts weiter!). 4 Uhr: 2 rohe Eier und eine Tasse Milchkaffee. 8 Uhr: Gebratenes Fleisch 80 Gramm, mit Gelée. – Sowohl nach Mittag- als Nachtessen ein Glas Bordeaux. – Also: möglichst wenig Quantität, damit der Magen nicht ausgedehnt wird, aber alles in guter Qualität … Der Ort ist sehr hübsch gelegen; ein rechtes Schwarzwaldtal und vortreffliche Luft, das ist kein Zweifel. Der Aufenthalt ist viel erträglicher, als ich dachte. Es sind ca. 40 Menschen hier, aus aller Welt, Amerikaner, Berliner, Schweizer, Süddeutsche. Für mich gibt es nichts darunter, – meinte Dr. Weil …«

Steinabad, um 1870 erbaut, bestand aus einem Hotel mit Badebetrieb, einem Wirtschaftsgebäude und einer Bierhalle mit angeschlossener Kegelbahn. Als Unternehmen war es privatwirtschaftlich organisiert; man wollte Touristen in den südlichen Schwarzwald holen und zugleich Dauergäste anlocken, die sich von einer Badeund Diätkur Linderung ihrer tatsächlichen oder eingebildeten Leiden erhofften. In einer Zeitungsanzeige, mit der Steinabad für sich warb, hieß es: »Neu und komfortabel eingerichtete Schwimm- und Badeanstalt mit Fichtennadel-, Sol-, Schwefel- und anderen Heilbädern in gesunder Gegend, angelegte Spazierwege in herrlichen Waldungen, Badeeigentümer Vogt und Arzt Wiel, Bonndorf«.

Dr. Josef Wiel, der leitende Arzt von Steinabad, besaß eine gewisse Reputation; er war der Verfasser eines Kochbuchs mit wissenschaftlichem Anspruch und galt als Experte für kräftigende Diäten, bei denen er in der Regel Hackfleisch verabreichte, das ausschließlich auf Emaillegeschirr serviert werden sollte. Nietzsche fand seinen Arzt kauzig, aber er hatte Vertrauen zu ihm, da Wiel kompetent aufzutreten verstand und Ruhe ausstrahlte. Was er sagte, klang überzeugend, und Nietzsche war bereit, sich den therapeutischen Anordnungen und Empfehlungen zu fügen. Der erste Tag in Steinabad stimmte ihn hoffnungsvoll; in der zweiten Nacht allerdings fühlte er sich vom Gesang einiger Kegelbrüder gestört, die er, ganz gegen seine sonstigen, um Zurückhaltung bemühten Gewohnheiten, höchstpersönlich und lautstark um Ruhe ersuchte.

Am nächsten Morgen war ihm übel, und er hatte heftige Kopf-schmerzen; ein kräftiger Sommerregen zog über die Berge, und in den Tälern stiegen feine Nebel auf. Nietzsche ließ sich nicht entmutigen; er war Rückschläge gewöhnt, und er glaubte daran, dass man ihm in Steinabad helfen konnte. Am 19. Juli schrieb er an Gersdorff: »Hier, geliebter Freund, die ersten Nachrichten aus dem Steinabade. – Ein trefflicher sorgfältiger Arzt gefunden! So hoffe ich wenigstens. Der Ort selbst ist ein ordentliches waldreiches schönes Schwarz-waldtal; es erinnert an Flims, doch hat es vor ihm ebene und man-nigfache Waldspaziergänge voraus … Mein Leiden ist erkannt als ›chronischer Magenkatarrh mit bedeutender Erweiterung des Magens‹. Diese Erweiterung bringt überdies Blutstauungen mit sich, wobei die Ernährung des Kopfes mit Blut auch zu kurz kommt … Mein Befinden war bis jetzt schlecht … Es ist doch eine ernsthafte Sache, und wieder war es hohe Zeit, dass ich mich an einen wirk-lichen Spezialisten wendete. Die übermäßige Säurebildung des Magens hängt vom Gehirn und den Nerven ab, scheint es; indirekt aber doch wohl von der Erweiterung, insofern diese eben Blut-stauungen mit sich bringt … Ich treibe in aller Stille, um mich zu zerstreuen und etwas Nötiges zu lernen, ›Handelsbetriebslehre und Entwicklung des Welthandels‹. Sag's nicht weiter … Es regnet hier fast immer, aber ich gehe im Regen durch den Wald; er ist immer schön und ruhig …«

Der tägliche Gang in den Wäldern tat Nietzsche gut; es war still um ihn her, und er wurde nicht mehr behelligt. Die Baseler Pflichten schienen weit, und so durfte er sich wieder auf seine ureigensten Möglichkeiten besinnen, von denen er nicht glauben mochte, dass sie im täglichen Ränkespiel seiner Krankheit schon mit untergegan-gen waren. Die Gewissheit, eine Zukunft zu haben, kehrte zurück; ihr hatte er, in den Stunden körperlichen Elends, fast schon den Laufpass gegeben. Nun bot sie sich wieder an, und sie gab ihm zu verstehen, dass er noch jung war; er hatte das Leben, wie man so schön sagte, noch vor sich. Eine seltsame Heiterkeit befiel ihn, eine namenlose Zuversicht, der es genügte, einen Lebensentwurf zu haben, den man wie ein Gedankenspiel handhaben konnte. Ihm waren Aufgaben gestellt, die er anzunehmen gedachte; es bedurfte dabei keiner präzisen Vorgaben oder angestrengter Planungen, die sich an dem orientierten, was ohnehin anders werden musste, als es gedacht war. Er näherte sich einer Wahrheit, die zum Vorschein kommen musste; ihr arbeitete er zu, auch wenn seine Absichten durchkreuzt wurden.

Die Zeit des schönen Scheins, die Nietzsche vor sich sah, war wie ein Vorgriff auf die Helle des Mittags, in der die Gewissheit des Augenblicks zum Glück vollkommener Einsichtigkeit wird und, von reiner Gegenwart entbunden, die Konturen einer ganzen Welt auf-schimmern lässt. Dieses Glück, im Anflug begriffen und möglicher-weise kaum mehr als ein leeres Versprechen, ließ sich in den Wäl-dern von Steinabad nur erahnen; es war noch an den ganz gewöhnlichen Freuden interessiert, mit denen man gleichwohl aus der Reihe tanzen konnte, und es gab sich so bescheiden, wie es die Hoffnungen eines gerade kühner werdenden Rekonvaleszenten erlaubten. In einem zweiten Brief an Gersdorff, datiert vom 21. Juli 1875, notierte Nietzsche: »Ein schönes Schwimmbad ist seit gestern meine Freude; es ist unmittelbar am Garten des Hotels, ich benutze es allein, den andern Sterblichen ist's zu kalt. Frühmorgens um 6 bin ich bereits darin, und kurz darauf laufe ich 2 Stunden spazieren, alles vor dem Frühstück. Gestern schweifte ich in den unglaublich schö-nen Forsten und verborgenen Tälern herum, gegen Abend, drei Stunden lang, und spann im Gehen an allem Hoffnungsvollen der Zukunft herum, es war ein Blick des Glücks, den ich lange nicht erhascht hatte. Wozu ist man nun noch aufgespart? Ich habe einen schönen Korb voll Arbeit für die nächsten sieben Jahre vor mir, und eigentlich wird mir jedes Mal wohl zumute, wenn ich daran denke. Wir müssen unsere Jugend noch benützen und manches recht Gute noch lernen. Und allmählich wird's doch ein gemeinschaftliches Leben und Lernen … Nun beginnt nach den Ferien meine Häuslich-keit und ein so vernünftig ausgedachtes Leben und Wirken, dass ich noch zu etwas kommen kann. Ich bin jetzt sehr hinterher, die argen

Lücken unserer Erziehung … an mir selber nachträglich auszustop-
fen; und jeder Tag hat sein kleines Pensum … Wir müssen noch eine
gute Strecke Weges steigen, langsam, aber immer weiter, um einen
recht freien Ausblick über unsere alte Kultur zu haben; und durch
mehrere mühsame Wissenschaften muss man noch hindurch, vor
allem durch die eigentlich strengen. Aber dieses ruhige Vorrücken
ist unsere Art von Glück, und viel mehr will ich nicht …«

Nietzsches Glück glich einem bescheidenen Wohlbefinden, das
anfällig blieb, weil es rigiden Unterbrechungen ausgesetzt wurde, in
denen der Kranke litt wie bisher, obwohl er sich Mühe gab, die
Krankheit nicht mehr einfach nur hinzunehmen. Er versuchte,
Widerstand aufzubringen, was in Gedanken gelang, in der Praxis
aber auf Schwierigkeiten stieß, denn Magenkrämpfe und Übelkeit,
die ihm zusetzten, waren in der Regel so stark, dass sein vorsichtiger
Optimismus kaum dagegenzuhalten vermochte. Nietzsche oppo-
nierte gegen Dr. Wiels Fleischdiät, die für seine Begriffe zu üppig
und zu einseitig ausfiel; er ließ sich auf halbe Portion setzen, was
ihm, wie er fand, deutlich besser bekam. Am 25. Juli meldete er Mutter und Schwester in Naumburg: »Hier sind neue Nachrichten von
mir. Nach der letzten Untersuchung des Dr. Wiel hat das Übel der
Magenerweiterung schon abgenommen. Im Ganzen geht es mir
erträglicher als in den ersten Tagen, doch habe ich immer noch den
Magenkatarrh, was sich durch schlechten Geschmack im Munde,
besonders vormittags, und ein Gefühl von Ermattung zu erkennen
gibt. Mein Appetit fehlte mehrere Tage, so dass von meinem Speisezettel die Fleische zu Mittag und zu Abend gestrichen wurden. Ich
bin viel unterwegs, in den Wäldern, und unterhalte mich dabei ausgezeichnet, so dass ich noch keine langweilige Stunde hatte; ausden-
kend, überdenkend, hoffend, vertrauend, bald in der Vergangenheit
und noch viel mehr in der Zukunft, so lebe ich und erhole mich recht
dabei …«

Auf seinen Wanderungen dachte Nietzsche auch an Bayreuth, wo
am 1. August die Proben für den Festspielsommer 1876 beginnen
sollten. Der Gedanke, bei diesem strapaziösen Ereignis nicht dabei

sein zu können, stimmte ihn nur mäßig traurig; Wagners Musik, die er im Kopf hatte, begleitete ihn auf seinen Schwarzwaldexkursionen; alles andere, auch die Gegenwart des Meisters selbst und mehr noch das Gebaren seiner Bewunderer, die sich in Bayreuth gegenseitig auf die Füße traten, konnte er gut entbehren. Nietzsche pflegte das vorausschauende Denken, das er wie ein Spiel betrieb, dem, je nach Gemüts- und Wetterlage, die unterschiedlichsten Ergebnisse abgelockt werden konnten. Die Grundtendenz allerdings war positiv; es ging darum, sich eine Existenz auszumalen, der Glück beschieden war und die von einem Wissen umsorgt wurde, das sich von Jahr zu Jahr mehr auf das Wesentliche zuarbeitete. Tagträume und konkrete Pläne gingen dabei ineinander über; sie waren ebenso illusionär wie realistisch und konnten auf eine Berechtigung verweisen, die sich aus der heiteren Gelassenheit des Wanderers ergab, der sie so gern zu Rate zog. Nietzsche begriff, dass er in seinem noch jungen Leben keinen Grund hatte zu klagen; gewiss, die Krankheit quälte ihn, aber mit ihr konnte man auskommen. Von wirklichen Schicksalsschlägen war er verschont geblieben; ja, hatte man ihn nicht sogar zum »Glückskind« ausgerufen, als er im Februar 1869, noch nicht einmal fünfundzwanzigjährig, außerordentlicher Professor der Klassischen Philologie an der Universität Basel geworden war? Die Dienstgeschäfte in diesem Amt machten Mühe, das musste er zugeben; sie überforderten ihn sogar gelegentlich, aber wie viele begabte Männer hätten sich froh und glücklich gepriesen, Nietzsches Lehrgeschäft in Basel besorgen zu dürfen. Bescheidenheit also war angesagt, und eine Zufriedenheit, die sich, wenn erforderlich, selber zur Ordnung rief.

An seinen Freund Rohde, den es nach Bayreuth gezogen hatte, schrieb Nietzsche Anfang August: »Eben hatte ich ein längeres Gespräch mit Dr. Wiel, und gestern lag ich wieder mit heftigen Kopfschmerzen zu Bett und musste nachmittags und nachts mit heftigen Erbrechungen mich quälen. Das leicht erkennbare eine Übel, die Magenerweiterung, haben wir in den 2 Wochen der Kur schon mit recht glücklichem Erfolg bekämpft. Der Magen ist in sich gegangen.

Aber mit der nervösen Affektion desselben soll es eine langwierige Sache sein. Hier heißt es, in der Kurmethode streng sein und die Geduld nicht verlieren! Ich hatte einige recht gute Tage, frisches kühles Wetter, und zog in den Bergen und Wäldern umher, immer allein, aber ich kann gar nicht sagen, wie angenehm und freudig beseelt! Ich würde es gar nicht auszusprechen wagen, was für Hoffnungen und Wahrscheinlichkeiten und Pläne es sind, an deren genauester Vergegenwärtigung ich mich dabei letze! Dann war fast jeder Tag durch einen guten liebevollen Brief bezeichnet; immer denke ich mit Stolz und Rührung daran, dass ihr mir angehört, meine geliebten Freunde! Wenn man nur etwas Glück zu verschenken hätte! Sorge und Missmut quält mich am meisten da, wo ich sehe, dass man zu nichts nütze ist und die Dinge laufen lassen muss, so unbarmherzig sie auch sind! Und dann erscheint es mir bisweilen, als ob ich selbst etwas von einem Glückspilz wäre und den härtesten Angriffen der Leiden immer noch entgangen sei. Besonders an den Dummheiten und Bosheiten des Schicksals habe ich noch gar nicht recht laboriert und bin gar nicht würdig, mich unter der Schar der wirklich Unglücklichen sehen zu lassen. Also: ich wollte sagen, dass ich eigentlich etwas Glück zu verschenken hätte … Es ist Sonntag, und rings im Garten sitzen viele Bonndorfer und trinken Bier, die Luft weht ganz rein von den Wäldern her, und von Zeit zu Zeit ertönt eine scheußliche Blechmusik, die, mit einer Dosis von 2 Stunden Entfernung, vielleicht erträglicher ist und an das Waldhorn erinnern mag. Ich habe hier keinen Menschen und führe ein ganz vornehmes unabhängiges Leben … Überall Desperation! Und ich habe sie nicht! Und bin doch nicht in Bayreuth! … Liebster Freund, ich dirigiere mir auf meinen Spaziergängen oft genug ganze Teile der Musik, die ich auswendig weiß, und brumme dazu …«

Ein Porträt des angehenden Philosophen als Dirigent in den Wäldern: Nietzsches Zufriedenheit schloss die Selbstironie nicht aus, sondern forderte sie geradezu heraus, um dem schönen Schein, den er sich selbst herbeigedacht hatte, etwas von seiner allzu schwebenden Unwirklichkeit zu nehmen. Die Tagträume, die auch Konzepte waren, Ideen, handverlesene Visionen, erfuhren ihre fast tägliche Ausnüchterung an seiner Krankheit; um sie darüber hinaus realitätstauglich zu machen, bedurfte es der hinhaltenden Erprobung am Spott, der die eigene Person meinte, aber die Welt an sich sehr wohl miteinzubeziehen wusste. Das sonderbare Ambiente, das Steinabad auszeichnete, tat ein Übriges; Nietzsche fand es komisch, wenn auch gelegentlich deprimierend, von echten und eingebildeten Kranken umgeben zu sein. Die Gespräche, die er, ungewollt zumeist, belauschen durfte, kreisten um das Gebrechen; man war verführt von einer desolaten Körperlichkeit, die das ganze Leben zu einer einzigen Krankengeschichte machte. An die Stelle vernünftiger Überlegung trat die prätentiöse Anamnese, die von einem Dr. Wiel überwacht wurde, der sich im Glanz seines Emaillegeschirrs sonnte und den Geheimnissen des Daseins mit gestrengen Diätplänen beizukommen suchte.

Das alles konnte Nietzsche nicht anfechten; er gestattete sich Despektierlichkeiten, höflich-sarkastische Anflüge, an denen er Spaß hatte, aber er würdigte auch die kurärztlichen Bemühungen, mit denen sein Leiden therapiert und kuriert werden sollten. Man gab sich Mühe mit ihm, das war unschwer festzustellen; dazu kamen die Aufmerksamkeiten aus der Welt draußen; Briefe erreichten ihn, die Freunde erkundigten sich nach seinem Wohlergehen, und im Familienkreis wurde der Sorge Ausdruck verliehen, die seinem werten Befinden galt. Es schien fast so, als wollte man ein wenig von der Zuwendung nachreichen, die ihm früher vorenthalten worden war. Nietzsche zeigte sich gerührt. In einem Brief an seine Vertraute Marie Baumgartner in Lörrach schrieb er: »Sie glauben nicht, in welchem traulich-freudigem Licht der Winter vor meiner Seele aufsteigt, der in einigen Monaten kommen wird. Zum ersten Male fühle ich mich gleichsam geborgener; ich habe einen reichen Zuwachs an Liebe und ich bin dadurch geschützter und nicht mehr so leicht verletzlich und so preisgegeben, wie es bisher das Los des Baseler Exils mit sich brachte. Sie müssen nicht glauben, dass ich je in meinem Leben durch Liebe verwöhnt worden sei; ich glaube, Sie haben mir's auch angemerkt. Etwas Resigniertes trage ich von der frühesten Kindheit in dieser Beziehung mit mir herum. Aber es mag sein, dass ich es nie besser verdient habe. Jetzt nun habe ich es besser, das ist kein Zweifel! Ich erstaune mitunter mehr darüber, als dass ich mich freue, es ist mir so neu. Nun wächst jetzt in mir mancherlei auf, und von Monat zu Monat sehe ich einiges über meine Lebensaufgabe bestimmter, ohne noch den Mut gehabt zu haben, es irgendjemandem zu sagen. Ein ruhiger, aber ganz entscheidender Gang von Stufe zu Stufe – das ist es, was mir verbürgt, noch ziemlich weit zu kommen. Es kommt mir so vor, als ob ich ein geborner Bergsteiger sei. – Sehen Sie, wie stolz ich reden kann. – Meine Krankheit beunruhigt mich gar nicht mehr, sondern nötigt nur für die spätere Zeit zu bestimmten Weisen zu leben, in denen keine erhebliche Beschränkung liegt …«

Inzwischen war Elisabeth Nietzsche wieder in Basel eingetroffen; sie meldete sich bei ihrem Bruder zurück, der diese Nachricht mit Erleichterung aufnahm. Seine Schwester, so geschwätzig sie sein mochte, sorgte doch für geordnete Verhältnisse, die Nietzsche mehr denn je zu benötigen glaubte, wenn er seine in den Wäldern von Steinabad ausgeheckten Zukunftspläne wahrmachen wollte. Elisabeth, mit der er auf so vertrautem Fuße stand, dass gelegentlich sogar kleinere, seine Krankheit betreffende Peinlichkeiten benannt werden durften, konnte ihm einiges von den tagtäglich anfallenden Belästigungen abnehmen; sie war willig und würde sich auch auf die Zubereitung der Diät verstehen, die ihm Dr. Wiel, der unermüdliche Propagandist zünftiger Hackfleischkost, für die Zeit nach der Kur angeraten hatte. Nietzsche wollte den ärztlichen Ratschlägen so weit wie möglich folgen; er zog die Anschaffung eines Fleischwolfs in Erwägung und überlegte, ob er sich das teure Emaillegeschirr leisten konnte, das Wiel allen seinen Patienten und Kurgästen empfahl. Am 11. August 1875 erhielt Elisabeth Nietzsche einen Brief ihres Bruders, in dem es hieß: »Meine liebe getreue Elisabeth, so bist Du also in unserm Hause eingekehrt. Sei's zum Guten, für Dich und mich und für alle, die uns lieben! Mir fehlt es an Briefpapier, Du siehst es. Nimm

Ein Blick des Glücks

fürlieb, es wird viel fürlieb zu nehmen geben … Frau Baumann hatte mir ein Klistier – Pardon – auf meinem Wunsch geschickt. Ich sandte es zurück, weil ich es unbrauchbar fand. Frau Baumann schickte es mir darauf nochmals: es war inzwischen nicht brauchbarer geworden, es hat eben einen Konstruktionsfehler. Der Dr. Wiel und ich haben es zusammen untersucht, und mit gleichem Resultate. Ich war über die Verzögerung etwas ärgerlich; jetzt habe ich endlich ein neues anderswoher mir besorgt … Du siehst, ich bin noch hier und nicht in Bayreuth! Und habe Gründe, hier zu bleiben … Die Magenerweiterung ist ziemlich behoben, das ist die harmlose Seite der Sache. Aber das eigentliche Magenübel muss woanders stecken; Dr. Wiel meint jetzt selbst, wie Immermann, wohl in einer nervösen Affektion des Magens. Er meint, es sei etwas Langwieriges, und ich preise mich glücklich, jetzt an geordnete häusliche Verhältnisse denken zu können … Übrigens ist das Wetter herrlich, der Wald duftet, ich gehe sehr viel spazieren, unterhalte mich auf die beste und vornehmste Manier, nämlich mit mir … Dr. Wiel sagt, dass die Beefsteak-Maschinen bei jedem Klempner zu haben sind … Sodann sollen wir ja nur emailliertes Eisengeschirr für die Küche anschaffen …«

Nietzsche wurde langsam ein wenig ungeduldig. Er sah die Behandlung, die Dr. Wiel ihm angedeihen ließ, im Grunde als abgeschlossen an; die wesentlichen Diagnosen waren gestellt; der Rest durfte als eine diätetische Hausaufgabe gelten, der er sich zu stellen beabsichtigte. Der schöne Schein von Steinabad, den er in den Wäldern gesehen hatte, musste eingelöst werden; Nietzsche, mit guten Absichten und Plänen verproviantiert, stand bereit, sich beim Wort nehmen zu lassen. Natürlich wusste er, dass es Rückschläge geben würde; da er sich jedoch vorgenommen hatte, Geduld zu üben und eigene Widerstandsformen zu entwickeln, die sich am Notwendigen orientierten, ohne die große Vision, die wirkliche philosophische List außer Acht zu lassen, durfte er, wie er fand, zuversichtlich sein.

Die Dinge des Lebens hatten ihre eigene Zeit; das war seine feste Überzeugung geworden. Wer den richtigen Weg einschlagen wollte, stand in der Pflicht, nicht nur die normalen Wegmarkierungen im Blick zu behalten, sondern auch den Wink des Schicksals zu begreifen, von dem Nietzsche inzwischen glaubte, dass er ihn verstanden hatte. Als Professor nahm ihn ein ungeliebtes Amt in Beschlag, dem er ihm Rahmen seiner Möglichkeiten zu entsprechen versuchte; seine Krankheit, deren äußerer Anlass in einem wiederkehrenden Konflikt von Tortur und Neigung bestehen mochte, war daher kaum mehr als eine der denkbaren Antworten auf die Überbeanspruchung, der er sich ausgesetzt sah. Ihr konnte er Einhalt gebieten, indem er einen Gegenentwurf wagte, der auf ein neues und begründetes Verantwortungsbewusstsein setzte. Nietzsche hatte lange gewartet; jetzt wurden ihm, der sich der Urheberschaft bezichtigen durfte, Möglichkeiten aufgezeigt, wie seiner Existenz auf die Sprünge zu helfen war. Er schien entschlossen und vor allem selbstsicher genug, diese Möglichkeiten zu nutzen; an den Schriftsteller Carl Fuchs, der sich in einem Brief darüber beklagt hatte, dass die literarische Kritik seine Werke mit Missachtung strafte, schrieb Nietzsche: »Hier habe ich gelernt, wieder mutiger zu sein – die vorsichtigste Existenz in manchem Betracht kann ja immer noch die mutigste sein in Beziehung auf eine Hauptsache. Und so lebe ich nun einmal und werde leben, sehr vorsichtig und für die Hauptsache sehr mutig; und nicht einmal der Tod ist es, was mich am meisten schrecken könnte, sondern nur das kranke Leben, wo man die causa vitae verliert. – Hier bei meinem Herumschweifen in Bergen und Wäldern – immer allein und immer auf das beste unterhalten – dachte ich viel an Sie, an die eigentümlich schwer zu verstehende Leidensgeschichte Ihres bisherigen Lebens; ich fragte mich, woran es nur hängen möge, dass auf dem, was Sie gut und mit Aufopferung schaffen und tun, nicht das Wohlwollen und die Freude andrer ruhe, dass also alles recht-Vollbrachte Sie gleichsam rückwärts verwunde. Seien Sie nicht böse, wenn ich mich dabei an das Wort Liszts von den pressanten Freunden erinnerte; es kam mir so vor, als ob eine gewisse feurige Pressiertheit, ein Nicht-Warten-Wollen Ihnen manchen Erfolg geraubt hat. Man soll dem Schicksal nicht merken lassen, was man will; fünf Minuten später ist es dann von selber so gutwillig, ein Anerbieten zu machen. ›Bereit sein ist alles‹, heißt es, denke ich, bei Shakespeare. Vielleicht ist aber das, was ich hier ziemlich altklug sage, nichts als die Theorie aus einem ziemlich mit Glücksfällen besäeten Leben? Aber Sie können mir glauben, dass es ganz meiner innersten Gesinnung entspricht, eine Sache jahrelang zu hegen und mir nicht anmerken zu lassen, dann aber, wenn sie mir in den Griff kommt, sie hinzunehmen; – ich war ›bereit‹. Es kommt bei diesem ›Hegen‹ noch nicht eigentlich zum Wunsche … Es ist nur wie eine Vorstellung, konditional empfunden, ›es wäre für dich beglückend, wenn‹; – Sie glauben schwerlich, was für große und herrliche Vorstellungen dieser Art ich mit mir herumtrage, für welche ich plötzlich bereit sein werde …«

Nietzsches Lebensprogramm, abgesichert durch mutige Bekundungen, stand fest, obwohl es eher visionär denn konkret war; die Zukunft, der man zuarbeiten musste, würde Gelegenheiten erbringen, die Überlegungen von Steinabad einzulösen, was natürlich auch bedeutete, dass es noch immer Möglichkeiten genug gab für existentielle Überraschungen und neue Entwürfe.

Als sein Kuraufenthalt sich dem Ende zuneigte, befielen ihn auf einmal seltsame Anflüge touristischer Emsigkeit; er besichtigte die Rothaus-Brauerei, die ihm so gewaltig vorkam, dass er sie gleich zur »größten Brauerei Deutschlands« erklärte, und er »schenkte«, wie er dem Baseler Freund Overbeck mitteilte, der örtlichen »Schweinezucht und Käserei Aufmerksamkeit«. Am 12. August, drei Tage früher als geplant, trat Nietzsche die Rückkehr nach Basel an. Der schöne Schein, dem er im Schwarzwald nachgedacht hatte, verblasste vor einer kruden Alltäglichkeit, die ihn nur zu bald wieder in die Bredouille brachte; was blieb, war eine Erinnerung, eine Erkenntnismaxime, die als Programm den schlichten Wunsch umfasste, das Leiden am Leben anzunehmen und hart zu werden in der Verletzlichkeit. In einem seiner letzten Briefe aus Steinabad schrieb Nietzsche an Malwida von Meysenbug: »Ich mache … Entwürfe über Entwürfe und suche mein Leben in einen Zusammenhang zu bringen – ich tue nichts lieber, nichts angelegentlicher ... Daran habe ich einen förmlichen Barometer für meine Gesundheit. Unsereins ... leidet nie rein körperlich, sondern alles ist mit geistigen Krisen tief durchwachsen, so dass ich gar keinen Begriff habe, wie ich je aus Apotheken und Küchen allein wieder gesund werden könnte ... Das Geheimnis aller Genesung für uns ist, eine gewisse Härte der Haut wegen der großen innerlichen Verwundbarkeit und Leidensfähigkeit zu bekommen. Von außen her darf uns so leicht nichts mehr anwehen und zustoßen ...«

Im klaren Herzen einer Kristallkugel
Conrad und der Abgesandte der Zukunft

Wer an die Macht des Schicksals glaubt, muss kein Irrationalist sein und auch kein Verächter der menschlichen Freiheit, auf die wir Wert legen. Das Schicksal nämlich, in seinem feineren Deutungsmuster, ist kein grobes Geschehen, das über des Menschen Kopf hinwegrollt und beträchtlichen Schaden anrichtet, sondern eine sinnvoll geknüpfte Handlungsabfolge, die, wenn man so will, bestimmte, an der jeweiligen Person orientierte Interessen zu erkennen gibt. In ihrem Licht erweist sich als sinnvoll, was für sinnvoll gelten kann; es musste so kommen, sagt man dann, und glaubt eine Weisheit zu erkennen, die höher ist als alle Vernunft.

Der Schriftsteller Joseph Conrad, der britischer Staatsbürger war, aber eigentlich aus Polen stammte und Józef Teodor Nałęcz Konrad Korzeniowski hieß, verordnete sich eine solche Schicksalsgläubigkeit, und er verstand sich darauf, ihr gerade jene Ordnungsprinzipien zuzusprechen, die wie für ihn gemacht erschienen. Conrads eigentliche Liebe galt dem Meer und wurde bereits früh geweckt. Tatsächlich hatte sie aber kein reales Gegenüber, diese Liebe; im Binnenland Polen, das in der zweiten Hälfte des 19. Jahrhunderts zwischen den imperialistischen Großmächten Deutschland und Russland zerrieben zu werden drohte, galt sie jenen fabelhaften Weltmeeren, die der junge Conrad aus Büchern und von Bildern kannte. Ihr tragendes Motiv war eine Sehnsucht, die sich nicht am Wirklichen messen ließ, sondern nur hellwach und bereit sein musste für die Stunde der Wahrheit. In Joseph Conrads Lebensrückblick *Bericht über mich selbst*, der 1912 erschien, heißt es: »In einer Welt …, in der keine Erklärung unwandelbar gültig ist, sollte man, ehe das Urteil über Handlungen eines Menschen gefällt wird, das Unerklärliche einbeziehen … Unser Leben ist vergänglich, und allzuoft täuscht der Schein und täuschen all die Dinge, die unter das Urteil unserer unvollkommenen Sinne fallen. Unser Innerstes kann in seinen verborgenen Ratschlüssen treu und wahr bleiben. Selbst in einem losgelösten Dasein vermag die Treue zu einer bestimmten Tradition zu dauern und unanfechtbar den Weg zu verfolgen, den eine innewohnende Macht vorgegeben hat.«

Joseph Conrad wird am 3. Dezember 1857 unweit von Kiew in der heutigen Ukraine geboren. Der Vater Apollo Korzeniowski ist ein polnischer Patriot und betätigt sich als Schriftsteller; er übersetzt Shakespeare, Dickens und Victor Hugo ins Polnische, wobei ihm sein Sohn, der früh lesen lernt, assistiert, indem er ganze Textpassagen so vorliest, wie er sie versteht, was den Vater, der mit geschlossenen Augen auf Klang und Nachklang achtet, zu einer Korrektur des Hörens bringt, an der sich gelegentlich auch Józefs Mutter Ewa Korzeniowska beteiligt, die ihm als schöne junge Frau mit leisem Lachen in Erinnerung bleibt. Das Familienleben, das liebevoll gewesen ist, verlangt Solidarität: Apollo Korzeniowski nämlich, dessen wirtschaftliche Unternehmungen Verluste einbringen, wird 1861 wegen konspirativer Aktivitäten verhaftet und ins weißrussische Wologda verbannt, das in einem gefürchteten Sumpfgebiet liegt. Dort erkrankt seine Frau schwer. Obwohl man sie zur Genesung in die Ukraine zurückschickt, erholt sie sich nicht mehr und stirbt, gerade mal 32 Jahre alt, im April 1865. Vier Jahre später folgt ihr Apollo nach; seine Beerdigung in Krakau ist ein nationales Ereignis: »Was ich gesehen habe, war das öffentliche Leichenbegängnis, waren die geräumigen Straßen, war die zum Verstummen gebrachte Menge; ich verstand sehr wohl, dass es sich um eine Kundgebung des Geistes der

Nation handelte, der diese würdige Gelegenheit ergriffen hatte. Die Masse barhäuptiger Arbeiter, die jungen Leute von der Universität, die Frauen an den Fenstern, die Schulknaben auf der Straße, sie alle können nichts Näheres über« meinen Vater »gewusst haben; sie kannten nur den Ruhm seiner Treue zu dem Gefühl, das in ihrer aller Herzen herrschte.«

Nach dem Tod des Vaters kommt Joseph Conrad zu seinem Onkel Tadeusz, den er liebt und bewundert. Tadeusz Bobrowski ist Patriot wie sein Bruder, allerdings gemäßigter in seinen politischen Ansichten; er hält wenig von revolutionären Umtrieben und glaubt eher an ethische Prinzipien und an die Selbstreinigungskräfte der Gesellschaft, die aus ihren wohlverstandenen Traditionen erwachsen. Joseph ist für ihn wie ein eigener Sohn, für den man, versteht sich, nur das Beste will. Das Beste aber, das die Erwachsenen für ihre Kinder wollen, sieht oft anders aus als deren eigene Wunschträume. Als Joseph Conrad mit 15 Jahren erstmals den Wunsch äußert, zur See zu fahren, ist Onkel Tadeusz entsetzt; er versucht es mit Gegenargumenten, verweist auf die Gefahren, das Unstete und Unsolide der christlichen Seefahrt und erinnert daran, dass es allenfalls Piraten, aber keinem ehrbaren Menschen je gelungen sei, durch das Befahren der Weltmeere zu Ansehen und Wohlstand zu gelangen. Ein Seemann, meint er, ist keine gute Partie; weder für sich selbst noch für eine liebende Frau, die an Land zurückbleiben muss und dort, notwendigerweise, auf dumme Gedanken kommt. Joseph Conrad zeigt sich von diesen Überlegungen nur wenig beeindruckt; an seiner Liebe zum Meer, das ihm zuletzt noch durch Victor Hugos Roman *Die Arbeiter des Meeres*, den sein Vater ins Polnische übertragen hatte, nahegebracht worden war, lässt er nicht rütteln. Da greift Onkel Tadeusz, in bester Absicht, zu einer List; er schickt Joseph mit seinem Hauslehrer Adam Pulman auf eine ausgedehnte Europareise, die über Wien, München, den Bodensee und die Schweiz bis nach Venedig und Triest führen soll. Der Lehrer hat den Auftrag, auf seinen Schüler einzuwirken und ihn von den »romantischen Hirngespinsten«, wie der Onkel den Seefahrertraum seines Neffen nennt, abzubringen. Tatsächlich wird durch die Reise eine Entscheidung bewirkt, die jedoch anders und vor allem verzwickter ausfällt, als es die Beteiligten vermuten. »Man schrieb das wundervolle Jahr 1873, wundervoll, weil es das letzte Jahr war, in welchem ich wundervolle Ferien erlebte ... In diesen Ferien hatten wir ... den Vierwaldstätter-See-Dampfer in Flüelen verlassen und befanden uns am Abend des zweiten Tages, als die Dämmerung unsere verhaltenen Schritte einzuholen begann ... In der Schattigkeit des tiefen Tals und weit von den menschlichen Wohnungen entfernt, beschäftigten sich unsere Gedanken nicht mit der Ethik der Lebensführung, sondern dem weitaus simpleren menschlichen Problem eines Nachtlagers und eines Abendessens. Wir überlegten schon, ob wir, da sich nichts zu finden schien, umkehren sollten, als wir hinter einer Wegbiegung ein Gebäude erblickten, das im Zwielicht einen recht gespenstischen Eindruck machte.«

Das zwielichtige Gebäude ist, wie sich herausstellt, ein ehemaliges Hotel, in dem vorwiegend Ingenieure verkehren, die am Bau des Gotthardtunnels mitwirken, der damals gerade als ehrgeiziges Großprojekt begonnen worden war. Sie führen, ihrem unterirdischen Gewerbe gemäß, eine schattenhafte Existenz; man sieht sie nicht, vernimmt jedoch ihre konspirativen Stimmen. Erst am nächsten Morgen lassen sie sich blicken; Joseph Conrad ist fasziniert: »An einem der Fenster, die sämtlich ohne Gardinen waren, stand ein langer, hagerer Mann mit langem schwarzem Bart und einer Glatze, die von einem Büschel grauer Haare über jedem Ohr flankiert wurde. Er unterbrach seine Zeitungslektüre, und sein Blick verriet, wie sehr ihn unsere Erscheinung verblüffte ... In diesem Moment betraten mehrere Männer den Raum, keiner sah aus wie ein Tourist, ich sah keine Frau. Die Männer erweckten den Anschein, als seien sie gut bekannt miteinander, doch kann ich nicht behaupten, dass sie sehr gesprächig waren ... Der Herr mit Glatze ließ sich gewichtig am oberen Ende des Tisches nieder. Alle benahmen sich wie im Familienkreis ... So kam ich in den Genuss, einer in englischer Sprache geführten Unterhaltung zu lauschen, wenn man es bei Menschen, die nicht viele Worte für die Belange des Lebens erübrigen, überhaupt Unterhaltung nennen konnte. Es war meine erste Berührung mit der britischen Welt …«

Hauslehrer Pulman und sein Schüler wandern weiter. Auf dem Furkapass, am Rande der Straße, machen sie Rast; eine Wandergruppe nähert sich, und vorneweg marschiert, in bemerkenswerter Aufmachung, wiederum ein Engländer, der nicht der schwarzbärtige Mann aus dem Hotel ist, aber dessen Anverwandter, besser noch: dessen legitimer Nachfolger sein könnte, dem es obliegt, ein besonderes Bild abzugeben, das Eindruck macht und wohl bedacht sein will: »Mit langen Schritten bewegte er sich in östliche Richtung (neben ihm ging mürrisch ein Schweizer Führer) und hatte die Miene eines begeisterten und unerschrockenen Wanderers. Er trug Kniehosen und in den Schnürstiefeln nicht die üblichen langen, sondern nur kurze Socken – die Gründe dafür werden hygienischer oder sittlicher, auf jeden Fall aber nur eingeredeter Natur gewesen sein –, so dass sich die Waden allen Blicken und auch der rauen Luft dieser Höhen darboten und dem Betrachter durch ihre marmorne Glätte und den milchigen Farbton weichen Elfenbeins blendeten. Er führte eine kleine Karawane an. Aus seinem strahlenden glattrasierten und glühenden Gesicht mit dem kurzen weißen Backenbart und seinen kindlich begierigen und triumphierenden Augen sprach eine leidenschaftliche Begeisterung für die Menschheit und die Bergwelt. Dem Mann und dem Knaben, die, den ärmlichen Rucksack zu ihren Füßen, wie staubige Landstreicher am Wegrand saßen, warf er im Vorübergehen einen wohlwollenden, beinah mitleidigen Blick zu und entblößte einen freundschaftlichen Spalt breit seine großen gesunden, schimmernden Zähne. Seine weißen Waden glänzten unbekümmert …«

Der Engländer stapft vorüber, aber sein Bild bleibt in Erinnerung und nimmt dort bestimmende Konturen an. Ein fünfzehnjähriger Junge sieht sich, auf Umwegen allerdings, die er erst später durchschaut, zu einer Entscheidung fürs Leben veranlasst. Sie fällt, als er jenem Mann nachschaut, dessen Anblick ihn ergriffen hat und der nun, bergwütig und sonnenfroh, hinter der Passhöhe verschwindet. In seinem Lebensrückblick schreibt Conrad: »Einem Engländer wie diesem begegnet man nicht zweimal im Leben. Konnte es sein, dass er in der mystischen Ordnung irdischer Dinge wie ein Abgesandter meiner Zukunft ausgeschickt war, um vor den Gipfeln des Berner Oberlands, die stumme und feierliche Zeugen abgaben, in einem kritischen Augenblick hoch oben auf dem Alpenpass auf eine Entscheidung Einfluss zu nehmen? Sein Blick und sein Lächeln, der unverdrossene und komische Eifer in seiner vorwärtsstrebenden Erscheinung ermöglichten es mir, mich zusammenzuraffen ...«

Eine geheime Magie scheint von diesem Augenblick ausgegangen zu sein, der sich auch der Hauslehrer nicht entziehen kann. Ihm wird klar, dass er getan hat, was er tun konnte; an guten Begründungen, warum es keinen Sinn ergibt, zur See zu fahren, fehlt es nicht, aber der Weg, den sein Schüler gehen muss, ist nicht mit guten Argumenten gepflastert; er führt in unwegsames Gelände, in dem man sich jeden Tag neu entdecken und beweisen muss. Die eigentliche Entscheidung ist eine Wiederholungstat; aus den Wechselfällen des Lebens entsteht sie, ein ums andere Mal, neu, geht in wechselnde Ansprüche und Antworten ein und erweist sich, da es keine endgültigen Beglaubigungen gibt, als unverzichtbar für jede Welt- und Selbsterfahrung.

Der siebzehnjährige Joseph Conrad wird Seemann. Er beginnt als Schiffsjunge, wird dann Steward, arbeitet sich zum Steuermann und Offizier empor; eine Karriere, die keineswegs reibungslos und nicht ohne herbe Rückschläge verläuft. Reichtümer sind an Bord nicht zu verdienen, und der Umgang mit Geld ist ohnehin nicht seine Stärke. Onkel Tadeusz hilft mit finanziellen Zuwendungen; er drängt darauf, dass sein Neffe das Kapitänspatent anstrebt und sich um die britische Staatsbürgerschaft bemühen soll. England ist ein solides Land, meint Tadeusz Bobrowski; es hat Tradition, bietet Rechtssicherheit, und seine Sprache ist die Sprache der Welt. Dazu passt ein weiterer

unspektakulärer Wink des Schicksals: Im Mittelmeer wird Joseph
Conrad eines Schiffes ansichtig, das ihm, vor weit gespanntem Himmel, ein Zeichen setzt: »Ich sah sie plötzlich hoch am Mast im Fahrt-
wind wehen. Die Red Ensign, die englische Flagge! Der breite rote
Streifen leuchtete in der durchsichtigen fahlen Luft, die die braune
und graue Masse dieses südlichen Landes, die schimmernden Inseln,
das mattblaue, gläserne Wasser unter dem matten gläsernen Himmel überzog, wurde kleiner und war bald so winzig wie der rote
Funke, den die Widerspiegelung eines mächtigen Feuers im klaren
Herzen einer Kristallkugel entzündet. Die englische rote Flagge – ein
Stück Kattun, symbolisch, schützend und warm, das über allen Meeren weht und so viele Jahre lang das einzige Dach über meinem Kopf
sein sollte.«

Am 19. August wird Józef Nałęcz Teodor Konrad Korzeniowski
britischer Staatsbürger; drei Monate ist er britischer Kapitän. Insgesamt fährt er zwanzig Jahre zur See, die sich, im Blick zurück, als
Lehr- und Herrenjahre einer Schriftstellerexistenz lesen lassen, für
die schließlich der Name Joseph Conrad steht. Auch die Berufung
zum Schriftsteller vollzieht sich auf untergründigem Gelände; lange
ist der angehende Autor, der seine Ideen schon im Kopf hat, literarisch untätig, was auch der beruflichen Belastung geschuldet sein
mag, die ihm an Bord zugemutet wird. An seinem ersten Roman
Almayers Wahn, der 1894 erscheint, schreibt er fünf Jahre; das Manuskript, in dem jede Zeile hart erkämpft werden will, begleitet ihn
auf seinen Reisen. Eines Tages jedoch, der wiederum ein magischer
Tag ist und in London spielt, gewinnt das Schreiben des Joseph Conrad Kraft und Gehalt; es macht sich frei, wird selbständig, sein Weg
ist das Ziel: »Es war ein Herbsttag und die Luft wie ein Opal, ein
verschleierter, leicht dunstiger Tag und doch leuchtend mit feurigen Flecken, die das Sonnenlicht auf Dächer und Fenster jenseits
des Platzes legte, dessen Bäume, der Blätter schon beraubt, aussahen, als seien sie mit einer Feder auf Seidenpapier gemalt. Es war
einer jener Tage in London, die einen geheimnisvollen Charme und
eine betörende Weichheit ausstrahlen. In Bessborough Gardens, so

nah der Themse, war diese opalartige Atmosphäre durchaus keine Seltenheit. Es gibt eigentlich keinen Grund, warum sie mir ausgerechnet von diesem Tag besonders deutlich in Erinnerung geblieben ist ...«

Der Grund wird indes einsehbar, wenn die Zeit der Einsicht kommt; dann meint man das übergeordnete Ganze zu erkennen, das planvolle Spiel, das keine Regeln braucht, wohl aber nachweisliche Resultate: »Nachträglich ... scheint es mir einleuchtend wie das Mittagslicht, dass die Würfel in dem Augenblick gefallen waren, als ich in der Unschuld meines Herzens und in unglaublicher Naivität die erste Manuskriptseite von *Almayers Wahn* beschrieben hatte. Es waren so etwa zweihundert Worte, und zweihundert Worte auf jeder Seite ist während der fünfzehn Jahre meines Schriftstellerlebens immer mein Maß geblieben.«

In diesem seinem zweiten, dem Schriftstellerleben, hat der ehemalige Seefahrer Joseph Conrad noch viel zustande gebracht; seine englische Werkausgabe beläuft sich auf 22 Bände. Übermütig oder gar großspurig ist er deswegen nicht geworden, im Gegenteil; das Meer, auf dem er lange genug unterwegs war, lehrte ihn, die Schönheit zu sehen, die Angst und die Verlorenheit, und es brachte ihm eine Bescheidenheit bei, aus der sich manches Gute ableiten ließ, ein solides Selbstbewusstsein beispielsweise, Werktreue, Redlichkeit und die Anerkenntnis einer einzigartigen, alles übersteigenden Schöpfung: »Mir will es scheinen, als habe sie« (die Schöpfung) »einfach den Sinn, ein Schauspiel zu bieten, ein Schauspiel, dem man mit Ehrfurcht, Liebe, Anbetung oder Hass beiwohnen, das man aber ohne Verzweiflung über sich ergehen lassen sollte. Das Geschaute mag köstlich oder schmerzlich sein, den sittlichen Wert trägt es in sich selbst. Alles weitere ist unsere Sache – das Lachen, die Tränen, das Mitleid, die Entrüstung, die Gelassenheit eines gefestigten Herzens, die hemmungslose Wissbegierde eines scharfen Verstandes ... Auf jede Regung des mit Leben erfüllten Weltalls, das sich in unserem Bewusstsein widerspiegelt, zu achten mag unsere Bestimmung auf Erden sein. Eine Bestimmung, bei der das Schicksal einzig unser

Gewissen auf den Plan ruft, dieses Gewissen, dem eine Stimme gegeben ist, damit es wahres Zeugnis ablege von dem sichtbaren Wunder, den quälenden Ängsten, der grenzenlosen Leidenschaft, der unendlichen Klarheit, dem erhabenen Gesetz und dem ewigen Geheimnis des großen Schauspiels.«

Alles scheint anders, als es ist

Tschechow und die Ähnlichkeit mit Menschen

Dass Dichter ihre Welt in sich selbst suchen müssen, ist eine weitverbreitete Annahme. Dort ist sie reichhaltig, persönlich, ereignisschwer, dort hat sie Glanz und Düsternis, und dort wird sie, nicht zuletzt, in Literatur umgesetzt, was indes einen Umsatz ergibt, der als Gewinn- und Verlustrechnung nicht immer aufgeht. Die Welt, im Weltinnenraum der Dichter gespiegelt, erhält ein anderes Gewicht; es im Nachhinein, das heißt: lesend und verstehend, abzutragen, kann zweifelhaften Genuss und Anstrengung bedeuten. Manchmal nämlich hat sich ein Autor zu viel vorgenommen, sein Leser überhebt sich bei der Lektüre, ihm brummt der Kopf. Ein Dichter indes kann die Welt, die er beschreibt, auch unberührt lassen; statt als Literaturkoch, der aus wechselnden Zutaten bemerkenswerte Eigenkreationen zaubert, betätigt er sich als Wiedergabekünstler, als Berichterstatter eines Geschehens, das ihm darstellenswert erscheint und für das er, vorübergehend, in Verantwortung tritt.

Der russische Schriftsteller Anton Tschechow bevorzugte diese zweite Variante des Schreibens, die dem Autor Zurückhaltung empfiehlt und stattdessen die Gegebenheiten für sich sprechen lässt. Um die eigene Person machte er gern einen Bogen; sie war für ihn nicht der Rede wert. Ein Lebenslauf, den der damals 32-jährige Tschechow 1892 verfasste, fällt bereits entsprechend wortkarg aus: »Geboren wurde ich 1860 in Taganrog. 1879 beendete ich das Gymnasium in Taganrog. 1884 beendete ich das Studium an der Medizinischen Fakultät der Universität Moskau. 1888 bekam ich den Puschkin-Preis. 1890 unternahm ich eine Reise nach Sachalin durch Sibirien und zurück übers Meer. 1891 unternahm ich eine Tournee durch Europa, wo ich sehr guten Wein getrunken und Austern gegessen habe ... Zu schreiben begann ich 1879 ... Ich habe auch im dramatischen Fach gesündigt, wenn auch mit Maßen ... In die Mysterien der Liebe eingeweiht wurde ich, als ich 13 Jahre alt war. Mit meinen Kollegen, Medizinern wie Literaten, pflege ich ausgezeichnete Beziehungen. Junggeselle.«

Damit ist alles gesagt, was Tschechow, mit Blick auf die eigene Person, die ihm dennoch wertvoll war, für mitteilenswert hält. Sein Ich bleibt bedeckt, er nennt es sein »Departement«, in dem er die dezente Selbstverwaltung probt. Für andere ist sein Departement uninteressant, glaubt er; das Ich, das sich auch bei intensivstem Grübeln nie ganz begreifen und durchschauen kann, hat genug mit sich selbst zu tun. Es ist vermintes Gelände, auf das man seine Schritte vorsichtig setzen muss, will man sich nicht unnötig in Gefahr begeben. Dass Tschechow lieber die Welt in den Blick nimmt als sich selbst, hat nicht nur mit persönlicher Disposition, sondern auch mit Herkunft und Erfahrung zu tun. Seine Kindheit findet praktisch nicht statt, seine Jugend ist hart, entbehrungsreich, freudlos; dennoch entwickelt er eine Art sonniges Gemüt. Er ist witzig, versteht sich darauf, auch der unwürdigsten Situation noch etwas Komisches abzugewinnen. Dabei hat er im Grunde nichts zu lachen: Zu Hause herrscht der Vater, ein unablässig frömmelnder, ehemaliger Leibeigener, der seine Frau und die sechs Kinder verprügelt, vor den Reichen und Mächtigen aber buckelt und kriecht. In Taganrog betreibt er einen Kramladen, der weniger als das Nötigste abwirft; die Familie lebt in bitterster Armut, was Tschechow sein Leben lang prägen wird. Einem Schriftsteller, der ihn um Rat fragt, empfiehlt er: »Schreiben Sie doch mal eine Erzählung darüber, wie ein junger Mensch, Sohn eines Leibeigenen, seinerzeit Ladenschwengel, Kirchensänger, Gymnasiast und Student, erzogen zur Ehrfurcht vor Ranghöheren, zum Küssen von Popenhänden, zur Verbeugung vor fremden Gedanken, zur Dankbarkeit für jedes Stückchen Brot, oft verprügelt, ohne Galoschen zum Unterricht gegangen …, der ohne Notwendigkeit geheuchelt hat vor Gott und den Menschen, nur aus dem Bewusstsein seiner Minderwertigkeit – schreiben Sie, wie dieser junge Mensch tropfenweise den Sklaven aus sich herauspresst und wie er eines schönen Morgens aufwacht und spürt, in seinen Adern fließt kein Sklavenblut mehr, sondern echtes, menschliches …«

Tschechow hätte diese Erzählung selbst schreiben können, aber das wäre ihm zu nah am Departement seines Ich gewesen. Er wählt, mit zeitlichem Abstand und beträchtlichem Wiedererkennungswert, die literarische Verfremdung, um die Qualen der Kindheit in prägnante Bilder zu fassen, die mehr sind als Erinnerungsstückwerk. In seinem 1895 erschienenen Kurzroman *Drei Jahre* heißt es: »Ich entsinne mich: Mein Vater begann mich zu unterrichten oder, einfacher gesagt, zu prügeln, da war ich noch keine fünf Jahre. Er züchtigte mich mit Ruten, zog mich an den Ohren, schlug mich auf den Kopf, und jeden Morgen, wenn ich aufwachte, dachte ich zuallererst: Wird man mich heute prügeln? Zu spielen und ausgelassen zu sein war mir verboten; wir mussten zur Frühmesse und zum Mittagsgottesdienst gehen, den Popen und Mönchen die Hände küssen, zu Hause Lobgesänge lesen … Wenn ich an einer Kirche vorbeigehe, fällt mir meine Kindheit ein und mir wird unheimlich zumute.«

Es ist erstaunlich, wie Tschechow seine unheimliche Kindheit gemeistert hat. Er lässt sich kaum je unterkriegen, wappnet sich mit scharfsichtigem Frohsinn, aus dem heraus er die Leute ins Visier nimmt und gleichzeitig in Deckung bleibt. In der Familie ist er der ruhende Pol; sogar der jähzornige Vater kapituliert auf Dauer vor der als Gutmütigkeit getarnten Charakterstärke seines drittältesten Sohnes. Anton Tschechow schließt die Schule ab und beginnt ein Medizinstudium in Moskau. Da sein Witz und seine Wortfertigkeit inzwischen bekannt geworden sind, schreibt er, und zwar in schnellem Ausstoß, pointierte Kurzgeschichten und Humoresken. Die

Honorare, die er dafür einstreicht, sind karg, aber die Menge macht's: Tschechow wird zum Ernährer der Familie, die schon vor ihm nach Moskau gezogen ist. Der Vater hat nämlich in Taganrog mit seinem Kramladen, trotz illegalen, gut gehenden Wodkaausschanks, Pleite gemacht und gibt sich nun zusehends kleinlauter; auch seine Wutanfälle lassen, krankheits- und altersbedingt, nach. Im Mai 1884 wird Tschechow zum Doktor der Medizin promoviert, und obwohl er dieses Ereignis allenfalls scherzhaft kommentieren möchte, ist er doch stolz darauf. Die Medizin bedeutet ihm viel; von ihr hat er gelernt und lernt er weiterhin, auch für die Literatur. So ist es für ihn selbstverständlich, dass er zwei Haupterwerbszweigen nachgeht, die sich, wie er glaubt, trefflich ergänzen: »Die Medizin ist meine gesetzliche Ehefrau, die Literatur meine Geliebte. Wenn mir die eine auf die Nerven fällt, nächtige ich bei der andern. Das ist meinetwegen unanständig, aber dafür nicht langweilig. Und darum verlieren auch beide nicht durch meinen Treuebruch. Hätte ich nicht meine Medizin, so würde ich in meinen Mußestunden meine überflüssigen Gedanken wohl kaum der Literatur widmen ...«

Die eigentliche Wende in Tschechows Leben tritt ein, als er im März 1886 einen Brief des damals berühmten Schriftstellers Dimitri Grigorowitsch erhält, der zur literarischen Hochkultur zählt, während Tschechow, mit Hang zum Understatement, sich bestenfalls für einen wendigen Witzblatt-Autor hält. Grigorowitsch aber sieht das ganz anders; er glaubt an Tschechows Fähigkeiten und legt ihm nahe, endlich etwas Vernünftiges daraus zu machen: »Sie haben ein echtes Talent –, ein Talent, das Sie hoch über den Kreis von Schriftstellern der neuen Generation hinaushebt ... Wenn ich von Ihrem Talent spreche, so aus persönlicher Überzeugung. Ich bin über fünfundsechzig Jahre alt, aber ich empfinde nach wie vor eine derartige Liebe zur Literatur und überwache ihre Fortschritte mit solchem Eifer, dass ich mich überaus freue, wenn ich etwas Neues und Begeisterndes entdecke. Ich kann, wie Sie sehen, nicht an mich halten und reiche Ihnen beide Hände ... Hören Sie jedoch auf mit dem Schnellschreiben. Ich kenne Ihre finanzielle Situation nicht. Wenn sie nicht rosig ist, so hungern Sie lieber, so wie wir seinerzeit gehungert haben, und heben Sie Ihre Eindrücke für eine gereifte, vollendete Arbeit auf, die nicht in einem Zug, sondern in den glückseligen Stunden der Inspiration geschrieben wurde. Ein solches Werk wird hundertmal höher eingeschätzt werden als hundert wunderschöne Erzählungen, die da und dort verstreut in Zeitungen erscheinen …«

Tschechow ist begeistert von diesem Brief. Zum ersten Mal fühlt er sich in einer Weise anerkannt, die ihm Mut macht, auch das an sich Undenkbare zu denken. Das Undenkbare – das ist der Wunsch, zu einem Schriftsteller zu werden, der über den Tag hinaus schreibt, der keine Gebrauchsware, kein billiges Belustigungsgut mehr verfertigt, sondern mit seinen Beschreibungskünsten an die Tiefen der menschlichen Existenz reicht, von der er, bislang, keine günstige Meinung hegt. So sehr hat es ihm die Ermutigung angetan, dass er seinen nüchternen Realitätssinn für einen Moment vergisst und sich zu einem überschwänglichen Antwortschreiben hinreißen lässt: »Ihr Brief, mein guter, heißgeliebter Freudenkünder, hat mich getroffen wie der Blitz. Ich hätte beinahe angefangen zu weinen, wurde ganz aufgeregt und spüre jetzt, dass er eine tiefe Spur in meiner Seele hinterlassen hat … Sie wissen, mit welchen Augen normale Menschen auf die Auserwählten sehen, wie Sie es sind; dann können Sie ermessen, was Ihr Brief für mein Selbstgefühl bedeutet. Er ist mehr als jedes Diplom, für einen angehenden Schriftsteller ist er ein Honorar auf die Gegenwart und Zukunft … Ich habe nicht die Kraft zu beurteilen, ob ich diese hohe Belohnung verdient habe oder nicht … Bisher habe ich mich gegenüber meiner literarischen Arbeit überaus leichtsinnig, sorglos, unbesonnen verhalten. Ich erinnere mich an keine einzige Erzählung, an der ich länger als vierundzwanzig Stunden gearbeitet hätte … Wie Reporter ihre Berichte über Feuersbrünste schreiben, schrieb ich meine Erzählungen: mechanisch, halb bewusst, ohne an den Leser zu denken oder an mich selbst.«

Damit soll nun Schluss sein. Tschechow, von einem verehrten Kollegen ermuntert, den heute kaum einer noch kennt, ist entschlossen, ein ernsthafter, mit Bedacht arbeitender Literat zu werden. Das aber ist leichter gesagt als getan. Seine bisherige Betätigung als Humorist und Künstler der kleinen, Effekt haschenden Form war er nicht freiwillig, sondern aus wirtschaftlichen Erwägungen eingegangen. Er hat eine Familie zu unterhalten, die, auch wohl weil sie übermäßige Eigenanstrengungen scheut, seine Versorgungsleistungen nicht mehr missen möchte. Seiner Verantwortung kann und will er sich nicht entziehen; es muss einen Weg geben, seiner Literatur zu größerer Ernsthaftigkeit, zu gediegener Werkdauer zu verhelfen, ohne die aktuellen Zahlungsverpflichtungen zu vernachlässigen. Auch als Arzt verdient er nicht viel; da er am liebsten die Ärmsten der Armen behandelt, verbietet es ihm sein Anstand, Rechnungen auszustellen. Er selbst ist vor Krankheit nicht gefeit, im Gegenteil: Obwohl er die Diagnose verdrängt, ahnt er längst, dass er Schwindsucht hat; gegen sie gibt es nur tapfere Gegenwehr, aber noch kein Allheilmittel. Tschechow hat zeit seines Lebens mit der Tuberkulose zu kämpfen, und er weiß, dass er am Ende unterliegen wird. Wenn man sich nach seinem Befinden erkundigt, antwortet er betont munter; das Thema ist ihm, mit Blick auf sein abgeschottetes Ich, suspekt. Allmählich werfen seine literarischen Arbeiten jedoch einen Mehrwert ab; er kann daran gehen, für sich und die Seinen eine günstigere Rechnung aufzumachen.

Die äußere Anerkennung nimmt kontinuierlich zu; im Herbst 1888 erhält er den angesehenen Puschkin-Preis, was er gewohnt bescheiden kommentiert: »Der Preis ist für mich natürlich ein Glück, und wenn ich sagen würde, dass er mich nicht in Aufregung versetzte, so würde ich lügen. Ich fühle mich, als hätte ich ein Studium abgeschlossen ... Gestern und heute laufe ich von einer Ecke in die andre, wie ein Verliebter, arbeite nicht und denke nur nach. Natürlich, das steht außer jedem Zweifel, habe ich den Preis nicht mir zu verdanken. Es gibt junge Schriftsteller, die besser und nützlicher sind als ich ...«

Tschechow gehört nun zu den angesehensten Schriftstellern Russlands. Man sieht in ihm nicht mehr den literarisch versierten

Witzbold, der das Menschliche, Allzumenschliche zu ansehnlichen Miniaturen verwebt, sondern erkennt auch seine sonstigen Qualitäten. Dabei ist nicht zu verkennen, dass die Botschaft, die der Autor Tschechow vermittelt, eigentlich enttäuschend genannt werden muss; sie besagt nämlich, dass es keine Wahrheit gibt, die ganz zweifelsfrei wäre. Der Mensch ist für sich selbst verantwortlich, sein Wissen, auch wenn es von höherer Warte aus abgesegnet erscheint, verhilft ihm weder zu dauerhafter Würde noch zu einer respektablen Lebensstellung auf Erden. Gerade das aber, der Umgang mit einem brandbeschleunigten und zugleich brüchigen Wissen, ist unter Umständen nur die russische Variante einer speziellen Intellektuellenkrankheit, die man als aufgeklärten Überdruss, als Langeweile um jeden Preis bezeichnen könnte. In einer Erläuterung zu seinem Theaterstück »Iwanow«, das im Januar 1889 uraufgeführt wird, hat Tschechow den russischen Empfindsamkeitskünstler so charakterisiert: »Seine Vergangenheit ist wunderschön, wie die der meisten russischen Intellektuellen … Die Gegenwart ist immer schlechter als die Vergangenheit. Warum? Weil die russische Erregbarkeit eine spezifische Eigenschaft besitzt: sie wird rasch abgelöst durch Ermüdbarkeit … Er spürt die physische Ermüdung und Langeweile, versteht aber nicht, was mit ihm vorgeht … Er sucht die Ursachen außerhalb und findet sie nicht; er beginnt, sie in seinem Innern zu suchen und findet einzig und allein ein unbestimmtes Schuldgefühl … Leute wie Iwanow lösen keine Fragen, sondern brechen unter ihrer Last zusammen. Sie sind verwirrt, breiten die Arme aus, werden nervös, beklagen sich, begehen Dummheiten und verlieren schließlich, indem sie ihren schwachen, schlaffen Nerven freien Lauf lassen, den Boden unter den Füßen und treten ein in die Reihen der ›Gebrochenen‹ und ›Unverstandenen‹.«

Den Gebrochenen und Unverstandenen, die sich, selbstgefällig geworden, schließlich zum beredten Schweigemarsch des europäischen Nihilismus formieren, hat sich Tschechow, auf Distanz, durchaus zugehörig gefühlt. Sein eigenes Arbeitsethos verbietet es ihm allerdings, sich mit einzureihen; er klagt nicht, er lässt lieber klagen; der Schriftsteller, wie er ihn sieht, sollte sich nicht als Diskussionsleiter, sondern als Schriftführer der gerade angesetzten Debatte begreifen. Allerdings hat die Krankheit, um die es geht, eine Ursache, die in der Seele des Menschen liegt, weniger in seinem Intellekt. Ihre zeitlose Zustandsbeschreibung liest sich so: »Wir haben weder Nah- noch Fernziele, unser Herz ist wie leergefegt. Wir haben keine Politik, an eine Revolution glauben wir nicht, wir haben keinen Gott, wir haben keine Angst vor Gespenstern ..., nicht einmal Angst vor dem Tod oder dem Erblinden ... Ob dies eine Krankheit ist oder nicht – es geht nicht um die Bezeichnung, sondern um das Eingeständnis unserer Lage ... Für unsereinen ist diese Zeit brüchig, sauer, langweilig ... Uns fehlt das ›Etwas‹...«

Anton Tschechow stirbt am 2. Juli 1904 im sehr deutschen Kurort Badenweiler. Der Kampf gegen die Tuberkulose, der längst ein ungleicher Kampf geworden war, geht mit zwei Herzanfällen zu Ende; das Departement seines Ich wird endgültig geschlossen. »Ich bin nur der Verwalter, nicht der Herr meines Lebens gewesen«, hat er zuvor noch gesagt, und das gilt für jeden für uns, auch wenn wir uns gern herrschaftliche Attitüden zulegen. Tschechow ist ein wunderbarer, sparsam wirtschaftender Sprachkomponist gewesen, der nicht nur das eine, oft variierte Lied von der Lethargie des denkenden Menschen schrieb, sondern auch die Wehmütigkeit nachzeichnete, wie sie über der Steppe, über russischem Land, ja: überm Seelenland liegt und sich noch immer verbreitet: »Kaum ist die Sonne untergegangen und die Erde in Finsternis gehüllt, da ist die Schwermut des Tages vergessen und verziehen, und die Steppe atmet leicht, aus voller Brust. Wohl weil das Gras im Dunkeln sein eigenes Alter nicht gewahrt, stimmt es ein heiteres und frisches Zirpen an, wie niemals am Tage ... In der Dämmerung ist alles zu sehen, nur die Farben und Umrisse der Gegenstände sind schwer zu unterscheiden. Alles scheint anders, als es ist. Man fährt und sieht plötzlich vorn am Wege eine Silhouette stehen, die an einen Mönch erinnert, er bewegt sich nicht, hält etwas in der Hand und scheint zu warten ... Die Gestalt nähert sich, wächst, schon hat sie die Kalesche erreicht und man sieht, es ist kein Mensch, sondern ein einzelner Strauch oder ein großer Stein. Solche unbeweglich wartenden Gestalten stehen auf den Hügeln, verstecken sich hinter den Hünengräbern oder schauen aus dem Gestrüpp hervor, und alle haben sie Ähnlichkeit mit Menschen und erwecken Misstrauen.«

Die Anschauung von der Geisteswelt
Steiner und das Seelenwesen

In manchen feuilletonistisch verbrämten Nachrufen, die von Verstorbenen handeln, mit denen man im Leben nicht so ganz viel anzufangen wusste, wird erwähnt, dass der Dahingegangene ein Fremder geblieben sei; man meint damit eine gewisse Unangepasstheit, aber auch eine Rätselhaftigkeit, die insgesamt über einer Existenz gelegen haben mag, von der zu vermuten bleibt, dass sie für die Mitmenschen vielleicht ebenso wenig zu durchschauen war wie für den Betroffenen selbst. Ein Fremder im Leben gewesen zu sein, muss nicht unbedingt als schlechtes Resümee gelten; es lässt sich darin noch einiges von jener Verwunderung, jenem hartnäckigen Nachfragen finden, das man mit der Philosophie in Verbindung bringt, die ja insgesamt wohl nicht auf den Weg gebracht worden wäre, wenn sie sich bruchlos ins Leben gefügt und mit dem handgreiflich Gegebenen begnügt hätte. Das Fremdsein muss im Übrigen nicht mit schmerzhafter Einsamkeit einhergehen; der Fremde darf die Dinge, die ihn bewegen, auch mit sich selbst, als Frage- und Antwortspiel, das ihn von innen her treibt, ausmachen und sich ansonsten in die Normalität einfügen, deren einziger Vorzug es ist, eine Realität zu begründen, um die man nicht herumkommt.

Eine solche, früh sich aufbauende und vorwiegend im Innern wirksame Fremdheit, die durchaus mit äußerer Geselligkeit zu verbinden war, meinte auch der Philosoph Rudolf Steiner bei sich zu spüren, der 1861 im kleinen, damals ungarischen, heute kroatischen Kraljevec als Sohn eines österreichischen Bahntelegraphisten geboren wurde. Der Vater, der eigentlich Jäger und Förster sein wollte, verrichtete seinen Dienst gewissenhaft, aber mit spürbarer Unlust, die notgedrungen auf das Familienleben abfärbte, und das an einem Ort, in dem es Neuankömmlinge nicht eben leicht hatten, sich einzurichten. Die Mutter Franziska Steiner, eine schweigsame, doch herzensgute Person mit einer untergründigen Vorliebe für okkulte Phänomene, tat wenig, um die Isolation, in der sich die Familie befand, zu durchbrechen. Eine Besserung der als bedrückend empfundenen Verhältnisse trat ein, als die Eisenbahngesellschaft den Telegraphen Johann Steiner zum Stationsvorsteher beförderte und ins niederösterreichische Pottschach im idyllischen Schwarztal versetzte. Hier schien die Welt freundlicher zu sein – offener, geeignet auch für eine Gewöhnung, aus der Heimatgefühl entsteht.

Franziska Steiner brachte zwei weitere Kinder zur Welt: ein Mädchen und einen Jungen, der aufgrund einer Behinderung Anlass zu Kummer bot. Der älteste Sohn hat die Zeit in Pottschach später als Geschenk gewürdigt, das ihm die eigentliche Kindheit bescherte: In seinem Lebensrückblick verbanden sich die noch verfügbaren, als angenehm gewürdigten Erinnerungen mit dem Bild einer Landschaft, die den Hintergrund bildete für eine auf Widerruf bereitgestellte Geborgenheit, mit der sich, wiederkehrend, auch die Fremdheit noch einzulassen hatte: »Eine wundervolle Landschaft umschloss meine Kindheit. Der Ausblick ging auf die Berge, die Niederösterreich mit Steiermark verbinden. Der Schneeberg, Wechsel, die Raxalpe, der Semmering. Der Schneeberg fing mit seinem nach oben hin kahlen Gestein die Sonnenstrahlen auf, und was diese verkündeten, wenn sie vom Berge nach dem kleinen Bahnhof strahlten, das war an schönen Sommertagen der erste Morgengruß. Der graue Rücken des Wechsel bildete dazu einen ernst stimmenden Kontrast. Das Grün, das von überall her in dieser Landschaft freundlich lächelte, ließ die Berge gleichsam aus sich hervorsteigen. Man hatte in der Ferne des Umkreises die Majestät der Gipfel, und in der unmittelbaren Umgebung die Anmut der Natur.«

Waren die Landschaft auch anmutig und die Menschen heiter, so ließ sich die Fremdheit, die Steiner zu spüren meinte, doch nicht bannen. Sie hatte etwas Grundsätzliches für sich – eine nach innen gewendete, individuelle Prägung, die in dem Maße bestimmter werden musste, wie sie in der Außenwelt nur ein Schattendasein führte. Als die Familie des Bahnbediensteten Johann Steiner im Jahre 1869 erneut versetzt wurde und nach Neudörfl ins Burgenland zog, kam dieser Ortswechsel einem bezeichnenden Rückschritt gleich: Die noch aus Kraljevec bekannten Isolationsmechanismen machten sich bemerkbar; man lebte für sich, unbeachtet und beargwöhnt zugleich. Bis zum elften Lebensjahr besuchte Rudolf Steiner die örtliche Dorfschule, in der ihm der übliche Lehrstoff eingetrichtert werden sollte, was zumeist ein junger Hilfslehrer besorgte, der oft genug den vielbeschäftigten Schulmeister vertreten musste. Der Unterricht des Hilfslehrers zeitigte allerdings unerwartete Nebenwirkungen, die darauf hinausliefen, dass die Fremdheit, mit der Steiner umzugehen hatte, sich mit einem Mal von ihrer verführerischen Seite darbot: Sie kam aus dem Wissen selbst, wuchs zu einer abstrakten Vergegenwärtigung des persönlichen Begreifens auf, das die Entdeckung einer eigenen Ich-Befindlichkeit mit den Erkenntnis-Objekten zusammenbrachte, die am Anfang jedes Lernens erst vorgestellt und veranschaulicht werden müssen. Das Fach, das dem Jungen eine solche Herausforderung abverlangte, war die Geometrie: »Der Hilfslehrer (konnte) mit etwas in mein Leben eingreifen, das für mich richtungsgebend geworden ist. Bald nach meinem Eintreten in die Neudörfler Schule entdeckte ich in seinem Zimmer ein Geometriebuch. Ich stand so gut mit diesem Lehrer, dass ich das Buch ohne Weiteres eine Weile zu meiner Benutzung haben konnte. Mit Enthusiasmus machte ich mich darüber her. Wochenlang war meine Seele ganz erfüllt von der Kongruenz, der Ähnlichkeit von Dreiecken, Vierecken, Vielecken; ich zergrübelte mein Denken mit der Frage, wo sich eigentlich die Parallelen schneiden; der pythagoräische Lehrsatz bezauberte mich. – Dass man seelisch in der Ausbildung rein innerlich angeschauter Formen leben könne, ohne Eindrücke der äußeren Sinne, das gereichte mir zur höchsten Befriedigung. Ich fand darin Trost für die Stimmung, die sich mir durch die unbeantworteten Fragen ergeben hatte. Rein im Geiste etwas erfassen zu können, das brachte mir ein inneres Glück ...«

Dem jungen Steiner stand eine Erkenntnis bevor, die ihn nicht mehr verlassen sollte und die zur eigentlichen Essenz dessen wurde, was seine Fremdheit im Leben ausmachte: Es gab, glaubte er beizeiten zu wissen, einen ganz eigenen Bereich geistiger Gewissheiten, der, unabhängig von Sinnesdaten, Fakten und Meinungen, aus sich selbst heraus bestand. Der Ort, an dem dieser Ort seine Heimat hatte, war die menschliche Seele, die Steiner nicht als untergründigen Bewusstseinsschacht oder postmortale Rechengröße begriff, sondern als realen Schauplatz für eine fortschreitende geistige Entwicklung, welche vom Ich ihren Ausgang nahm und hinausgriff in die Welt der objektiven Gegebenheiten. Mochten die Formen auch unterschiedlich sein, in denen Geist sich zu erkennen gab, so gehörten sie doch zu einer einheitlichen, natürlich wie künstlich geprägten Welt, deren Gesetzmäßigkeit sich dem Auffassungsvermögen des Denkens erschloss: »In meinem Verhältnisse zur Geometrie muss ich das erste Aufkeimen einer Anschauung sehen, die sich allmählich bei mir entwickelt hat. Sie lebte schon mehr oder weniger unbewusst in mir während der Kindheit und nahm um das zwanzigste Lebensjahr herum eine bestimmte, vollbewusste Gestalt an. Ich sagte mir: die Gegenstände und Vorgänge, welche die Sinne wahrnehmen, sind im Raume. Aber ebenso wie dieser Raum außer dem Menschen ist, so befindet sich im Innern eine Art Seelenraum, der der Schauplatz geistiger Wesenheiten und Vorgänge ist. In diesen Gedanken konnte ich nicht etwas sehen wie Bilder, die sich der Mensch von den Dingen macht, sondern Offenbarungen einer geistigen Welt auf diesem Seelen-Schauplatz. Als das Wissen, das scheinbar von dem Menschen selbst erzeugt wird, das aber trotzdem eine von ihm ganz unabhängige Bedeutung hat, erschien mir die Geometrie. – Ich sagte mir als Kind natürlich nicht deutlich, aber ich fühlte, so wie Geometrie muss man das Wissen von der geistigen Welt in sich tragen. Denn die Wirklichkeit der geistigen Welt war mir so gewiss wie die der sinnlichen ... Ich wollte mir sagen können, das Erlebnis von der geistigen Welt ist ebensowenig eine Täuschung wie das von der Sinnenwelt. Bei der Geometrie sagte ich mir, hier darf man etwas wissen, was nur die Seele selbst durch ihre eigene Kraft erlebt; in diesem Gefühle fand ich die Rechtfertigung, von der geistigen Welt, die ich erlebte, ebenso zu sprechen wie von der sinnlichen. Und ich sprach so davon. Ich hatte zwei Vorstellungen, die zwar unbestimmt waren, die aber schon vor meinem achten Lebensjahr in meinem Seelenleben eine große Rolle spielten. Ich unterschied Dinge und Wesenheiten, ›die man sieht‹ und solche, ›die man nicht sieht‹.«

Steiners Schlüsselerlebnis, die Offenbarung des geistigen Lebens durch ein Geometriebuch, gab ihm die nötigen Hinweise zur Aufdeckung jener Fremdheit, die er auch dann noch spürte, wenn er sich unter Freunden und guten Bekannten bewegte. Es wurde ihm klar, dass er anders fühlte und dachte: Die Eigenständigkeit seelischer Vorgänge in Verbindung mit einem nicht einklagbaren Realitätsbezug des Geistesgeschehens musste als schwerverdauliches Weltanschauungsmodell gelten, das nicht jedermanns Sache sein konnte. Steiner lernte mit diesem Sachverhalt umzugehen; er, der als Knabe noch mit dem Ruf zu kämpfen hatte, ein braver Einzelgänger zu sein, entwickelte sich in späteren Jahren zu einem kommunikations- und diskussionsfreudigen jungen Mann, der gerade im Gespräch mit Andersdenkenden wichtige Anregungen für seine eigene Philosophie gewann, in die er frühzeitig auch die Möglichkeiten okkulter Erfahrungen mit einbrachte.

Ein weiteres Kindheitserlebnis war es, das ihn zu der Vermutung führte, es könne, zwischen Himmel und Erde und vor allem im hellwachen Gespür des Seelenempfindens, Dinge geben, die sich der normalen Berechenbarkeit entzogen: »Die Schwester meiner Mutter war auf tragische Art gestorben. Der Ort, an dem sie lebte, war ziemlich weit von dem unsrigen entfernt. Meine Eltern hatten keine Nachricht. Ich sah, sitzend im Wartesaal des Bahnhofs, im Bilde das ganze Ereignis. Ich machte einige Andeutungen in Gegenwart meines Vaters und meiner Mutter. Sie sagten nur: ›Du bis a dummer Bua.‹ Nach einigen Tagen sah ich, wie mein Vater nachdenklich wurde durch einen erhaltenen Brief, wie er dann, ohne mein Beisein nach einigen Tagen mit meiner Mutter sprach und diese dann tagelang weinte. Von dem tragischen Ereignisse erfuhr ich erst nach Jahren.«

Steiners Überzeugung, dass die Geisteswelt eine über das individuelle Wissen hinausreichende Eigenständigkeit besitzt, die Raum lässt für das (zunächst noch) Unerklärliche, begleitete ihn durch die Schulzeit, in der er lernte, was zu lernen war. Im Oktober 1879, nach Ablegung einer ordentlichen Matura, immatrikulierte er sich als Student der Mathematik, Physik und Biologie an der Technischen Universität Wien. Die Entscheidung, es mit den eher handfesten Wissenschaften zu halten, resultierte aus der Erwartung, in der nüchternen Weltsicht der Naturwissenschaft eine probate Ergänzung für sein eigenes Denken zu finden, das nach wie vor Schwierigkeiten hatte, sich mit dem vorherrschenden Erkenntnismodell schlichter Rezeptivität anzufreunden. Der Weg des Wissens, wie er mehrheitlich gesehen wurde, war eine breit ausgelegte Straße, auf der die erfolgsverwöhnten Suchtrupps der Wissenschaften mit strammem Schritt ans Ziel gelangten; für tiefer gehende Zweifel schien es keinen Anlass mehr zu geben. Steiner konnte sich des Eindrucks nicht erwehren, dass dieses Erkenntnismodell deutlich zu kurz griff: Zwar hatte es eine Art Legitimation durch die praktische Anwendbarkeit für sich, aber es fiel zugleich hinter einen bereits erreichten Bewusstseinsstand zurück, dem es gelungen war – in der Philosophie des deutschen Idealismus beispielsweise –, einem funktionierenden Zusammenwirken von Subjekt- und Objektbestimmungen im Wissen selbst auf die Spur zu kommen: »Die physische Außenwelt stellte sich damals als Bewegungsvorgänge der Materie dar. Die Empfindungen der Sinne erschienen nur wie subjektive Erlebnisse ... Da draußen im Raum spielen sich die Bewegungsvorgänge der Materie ab; treffen diese Vorgänge auf den menschlichen Wärmesinn, so erlebt der Mensch die Empfindungen der Wärme. Es sind außer dem Menschen Wellenvorgänge des Äthers; treffen diese auf den Sehnerv, so entsteht im Menschen die Licht- und Farbenempfindung. Diese Anschauung trat mir überall entgegen. Sie machte meinem Denken unsägliche Schwierigkeiten. Sie trieb allen Geist aus der objektiven Außenwelt hinaus. Mir stand die Idee vor der Seele, dass, wenn die Betrachtung der Naturerscheinungen auf dergleichen Annahmen führe, man mit einer Anschauung vom Geiste an diese Annahmen nicht herankommen könne. Ich sah, wie verführerisch für die damals an der Naturwissenschaft heranerzogene Denkrichtung diese Ausnahmen sind … Aber eben dies ergab schwere Seelenkämpfe. Immer wieder musste die leicht zu erdenkende Kritik dieser Denkungsart innerlich niedergerungen werden, um die Zeit abzuwarten, in der weitere Erkenntnisquellen und Erkenntniswege eine größere Sicherheit geben würden.«

Die Sicherheit kam, als Steiner sich intensiver mit der Philosophie des deutschen Idealismus beschäftigte. Zwar hatte er bereits zu Schulzeiten Kants *Kritik der reinen Vernunft* gelesen – eine »beeindruckende Lektüre«, wie er bekannte, die ihm jedoch keine unmittelbare Nutzanwendung zukommen ließ. Nun beschäftigte er sich mit Fichte, Hegel und Schelling, die, auf jeweils unterschiedliche Weise, den kantschen Erkenntnissatz verschärft und erweitert hatten. Besonders Fichte war es, der Steiner zunächst beeindruckte. Die Radikalisierung des im Ich zentrierten Identitätsgedankens erschien ihm wie ein längst fälliger Gewaltmarsch auf den Höhen des Wissens, der, allerdings, aus Gründen, die in der beim Wort genommenen Subjektivität selbst lagen, noch vor dem Ziel abgebrochen werden musste. Auch Hegel, der wenig später das Denken zur Weltmacht erklärte und der Realität überstülpte, vermochte nicht zu überzeugen. Einen entscheidenden Hinweis für sich selbst fand Steiner erst beim Studium von Schellings (1795 erschienenen) *Briefen über Dogmatismus und Kritizismus*, die ihn in vorläufige Begeisterung versetzten, so dass er sich, gleich nach der Lektüre, einem Freund mitteilen musste: »Es war die Nacht vom 10. auf den 11. Januar [1881], in der ich keinen Augenblick schlief. Ich hatte mich bis ½1 Uhr mitternachts mit einzelnen philosophischen Problemen beschäftigt, und da warf ich mich endlich auf mein Lager; mein Bestreben war voriges Jahr, zu erforschen, ob es denn wahr wäre, was Schelling sagt: ›Uns allen wohnt ein geheimes, wunderbares Vermögen bei, uns aus dem Wechsel der Zeit in unser innerstes, von allem was außen hinzukam entkleidetes Selbst zurückzuziehen und da unter der Form der Unwandelbarkeit das Ewige in uns anzuschauen.‹ Ich glaubte und glaube nun noch, jenes innerste Vermögen ganz klar in mir entdeckt zu haben – und geahnt habe ich es ja schon längst –; die ganze idealistische Philosophie steht nun in einer wesentlich modifizierten Gestalt vor mir; was ist eine schlaflose Nacht gegen einen solchen Fund!«

Steiner sah sich von einer Philosophie inspiriert, der er gleichwohl nicht als Nachahmer dienen wollte. Ohne dass er es eigentlich wahrhaben mochte, ging es ihm bei allen seinen Studien um die Bestätigung der in ihm herangereiften Weltanschauung, für die er schließlich Belege gefunden zu haben glaubte, um sie als gesichert ausgeben zu können. Weitere Lektüre-Erlebnisse waren hinzugekommen, allen voran Goethe, aber auch Schiller, dessen Ästhetik es ihm besonders angetan hatte; in ihr sah Steiner eine Synthese von Sinnlichkeit und zweckfreier Geistesanschauung am Werk, die maßgebend werden konnte für eine Wertebestimmung jenseits geschmäcklerischer Urteilsfindungen. Was ihn vom Denken des deutschen Idealismus prinzipiell unterschied, war die Bedeutung, die er dem Seelen- und Geistesleben im Hinblick auf dessen Wirksamkeitsbereich einräumte, den er zur gesamten Natur hin öffnete. Dabei durfte er sich wiederum an einem Schelling-Diktum orientieren, das da besagte, die Natur schlage im Menschen ihre Augen auf und finde zu sich selbst. Die anthropozentrische Anmaßung dieses an sich poetischen Gedankens wollte Steiner entschärft wissen; er setzte stattdessen auf ein gleichrangiges Zusammenwirken von

Körper, Seele und Geist, das in seinen vorgestellten Erkenntnismöglichkeiten Abstufungen vorsah, die sich aus der Gewichtung des jeweiligen Objekts auf Seiten eines vom Subjekt abgelösten Wissens ergaben.

Steiners Philosophie, obwohl von ihrem Urheber in Gänze noch nicht schriftlich fixiert, stand in ihren wesentlichen Konturen fest; was ihr an zusätzlichen Materialien beigebracht werden konnte, sollte nun mehr aus dem Leben kommen als aus dem Kanon der Wissenschaften – das Leben selbst öffnete sich dem Denken in einer Weise, die den Schluss nahelegte, dass es eine Innigkeit des geistig-seelischen Erlebens gab, welche sinnliche Wahrnehmung, Erkenntnis und das Verstehen von natürlichen Gesetzmäßigkeiten in einem umfasste: »Geht man immer weiter in dem Gedanken-Erleben, so findet man, dass diesem Erleben die geistige Wirklichkeit entgegenkommt. Man nimmt den Seelenweg zu dem Geiste hin. Aber man gelangt auf diesem inneren Seelenwege zu einer geistigen Wirklichkeit, die man auch im Innern der Natur wiederfindet. Man erringt eine tiefere Naturerkenntnis, indem man sich der Natur dann gegenüberstellt, wenn man im lebendigen Gedanken die Wirklichkeit des Geistes geschaut hat. Mir wurde immer klarer, wie durch das Hinwegschreiten über die gewöhnlichen abstrakten Gedanken zu denjenigen geistigen Schauungen, die aber doch die Besonnenheit und Helligkeit des Gedankens sich bewahren, der Mensch sich in eine Wirklichkeit einlebt, von der ihn das gewöhnliche Bewusstsein entfernt … Die geistige Schauung nimmt den Geist wahr wie die Sinne der Natur; aber sie steht mit dem Denken der geistigen Wahrnehmung nicht ferne wie das gewöhnliche Bewusstsein mit seinem Denken der Sinneswahrnehmung, sondern sie denkt, indem sie das Geistige erlebt, und sie erlebt, indem sie die erwachte Geistigkeit im Menschen zum Denken bringt. – Eine geistige Schauung stellte sich mir vor die Seele hin, die nicht auf einem dunklen mystischen Gefühle beruhte. Sie verlief vielmehr in einer geistigen Betätigung, die an Durchsichtigkeit dem mathematischen Denken sich voll vergleichen ließ. Ich näherte mich der Seelenverfassung, in der ich glauben konnte, ich dürfe die Anschauung von der Geisteswelt, die ich in mir trug, auch vor dem Forum des naturwissenschaftlichen Denkens für gerechtfertigt halten. – Ich stand, als diese Erlebnisse durch meine Seele zogen, in meinem zweiundzwanzigsten Lebensjahre.«

Steiner, ein denkwürdig gefestigter junger Mann, unterzog sich in der Folgezeit verschiedenen Tätigkeiten, die zum einen mit dazu beitrugen, seinen Horizont zu erweitern, zum anderen den simplen Zweck erfüllten, ihm den Lebensunterhalt zu sichern, für den er durchweg mit nur spärlichen Mitteln ausgestattet war. So erhielt er den Auftrag, Goethes morphologische Schriften zu edieren, amtierte danach als Hauslehrer bei einer wohlhabenden Wiener Familie, deren Sorgenkind, einen scheinbar verhaltensgestörten und geistig zurückgebliebenen Sohn, er so aufopferungsvoll und einfühlsam unterrichtete, dass dem Jungen später ein noch halbwegs normaler Werdegang ermöglicht werden konnte. 1890 wurde er Mitarbeiter am Goethe-und-Schiller-Archiv in Weimar, wo er sich wiederum mit Goethe zu befassen hatte, der ohnehin längst zu seiner geistigen Leitfigur avanciert war, die er gelegentlich mit Interpretationen bedachte, von denen vermutet werden durfte, dass sie mehr der eigenen Weltanschauung entsprangen als den mutmaßlichen Intentionen des Dichterfürsten. In Weimar nahm er Kontakt mit Elisabeth Förster-Nietzsche auf, der berüchtigten Schwester des Philosophen, die ihren Bruder, geschäftstüchtig und sicher nicht ohne Liebe, wie ein Ausstellungsstück verwahrte, auf das nur Auserwählten gelegentlich ein erschauernder Blick gegönnt wurde. Zu diesen gehörte auch Steiner; ihm gewährte sie Einlass in Nietzsches Zimmer, wo den Besucher alsbald jenes Gefühl menschenübersteigender Tragik befiel, das Elisabeth Förster besonders gern strapazierte, wenn es um Einfärbung der Nachrichten ging, die aus dem Schattenreich ihres genialen Pfleglings noch nach außen dringen sollten: »Da lag der Umnachtete mit der wunderbar schönen Stirne, Künstler- und Denkerstirne zugleich, auf einem Ruhesofa. Es waren die ersten Nachmittagsstunden. Diese Augen, die im Erloschensein noch durchseelt wirkten, nahmen nur noch ein Bild der Umgebung auf, das keinen Zugang zur Seele mehr hatte. Man stand da, und Nietzsche wusste nichts davon. Und doch hätte man von dem durchgeistigten Antlitz noch glauben können, dass es der Ausdruck einer Seele wäre, die den ganzen Vormittag Gedanken in sich gebildet hatte, und die nun eine Weile ruhen wollte. Eine innere Erschütterung, die meine Seele ergriff, durfte meinen, dass sie sich in Verständnis für den Genius verwandle, dessen Blick auf mich gerichtet war, mich aber nicht traf. Die Passivität dieses lange Zeit verharrenden Blickes löste das Verständnis des eigenen Blickes aus, der die Seelenkraft des Auges wirken lassen durfte, ohne dass ihm begegnet wurde.«

Im Sommer 1897 zog Steiner nach Berlin. Er übernahm die Redaktion des *Magazins für Literatur* und gab Kurse an der Arbeiterbildungsschule. Eine beeindruckende, für manche geradezu beängstigende Aktivität zeichnete ihn aus: Steiner warf eine Schrift nach der anderen auf den Markt – es schien so, als wollte er alle Bereiche des Lebens mit kundigen Kommentaren bedenken, die letztlich jedoch keine andere Funktion erfüllten, als seine eigene Weltanschauung im Spiegel konträrer Meinungen zu sehen und, über den Umweg unterschiedlicher Darstellungsweisen, bestätigt zu wissen. Steiner wurde Mitglied der Theosophischen Gesellschaft, deren elitäre Geheimniskrämerei ihm jedoch von Anfang an Schwierigkeiten bereitete. Das opake Denken, das in Theosophenkreisen propagiert wurde, hatte allerdings bemerkenswerten Zulauf; die Zeit um die Jahrhundertwende war ohnehin fruchtbar für Endzeittheoretiker, Geschichtspessimisten und Mystagogen aller Schattierungen. So konnte Steiner, der in den Zirkeln der Rauner und Murmler eher als nüchterner Rationalist galt, Vortragstourneen durch Deutschland, die Schweiz, Österreich und Holland absolvieren, die ihm fast immer volle Säle bescherten. Anfang Februar 1913 wurde die Anthroposophische Gesellschaft gegründet. Ihren Mitgliedern, die sich vorwiegend aus Personenkreisen rekrutierten, denen die Theosophische Gesellschaft mit einem Ausschlussverfahren drohte, gab Steiner, Buch um Buch, eine Philosophie an die Hand, die ein Verständnis der Welt,

bezogen auf ihre zeitliche und vereinigende Vergegenwärtigungs-
struktur im Menschen, erlaubte. Dabei wurde auch die Sehnsucht
nach einem Geistigen bedient, das sich nicht in bloßer Einmaligkeit
beschränkt, sondern in einem Lebenskreislauf steht, der sich der
Ewigkeit auf dem Weg über Wiedergeburt und dem dazugehörigen
Ereignisgeschehen nähert: »In einem Leben erscheint der menschliche Geist als Wiederholung seiner selbst mit den Früchten seiner
vorigen Erlebnisse in vorhergehenden Lebensläufen ... Dies aber
kann die Veranlassung dazu geben, das Leben daraufhin anzusehen,
wie Schicksalsvorgänge in das Leben eintreten. Etwas stößt dem
Menschen zu. Er ist wohl zunächst geneigt, ein solch Zustoßendes
wie ein zufällig in sein Leben Eintretendes zu betrachten. Allein er
kann gewahr werden, wie er selbst das Ergebnis solcher Zufälle ist.
Wer sich in seinem vierzigsten Lebensjahre betrachtet und mit der
Frage nach seinem Seelenwesen nicht bei einer wesenlos abstrakten
Ich-Vorstellung stehenbleiben will, der darf sich sagen: Ich bin ja gar
nichts anderes, als was ich geworden bin, was mir bis heute schick-
salsmäßig zugestoßen ist ...«

Mit der Gründung der Anthroposophischen Gesellschaft kam
noch mehr Arbeit auf Steiner zu. Er, der sich beizeiten unentbehrlich gemacht hatte, wurde nun zum Spiritus Rector einer Bewegung,
die kühn genug war, eigene Denkansätze für nahezu alle Lebensbe-
reiche zu entwickeln. Steiner lieferte, zumeist in Aufsatz- und Vor-
tragsform, die dazugehörigen Verständigungsschriften; er betätigte
sich als Dichter, Musiktheoretiker, Choreograph, Pädagoge, Bild-
hauer, Mediziner, Landmann und Architekt. Als nach Ende des Ersten Weltkriegs die Zentrale der Gesellschaft in die Schweiz verlegt
wurde, wirkte er maßgeblich am Bau des sogenannten Goethe-
anums mit, einer eigenen anthroposophischen Tagungs- und Veran-
staltungsstätte, deren eigenwillige Architektur zum großen Teil auf
steinerschen Entwürfen beruhte. Die Aktivitäten der Anthroposo-
phen, im Besonderen die geistvolle Umtriebigkeit ihres Chefideolo-
gen, mussten sich schon bald Spott gefallen lassen, der bis auf den
heutigen Tag nicht verstummt ist. Dabei können sich die erzielten

Leistungen durchaus sehen lassen; dies gilt nicht zuletzt für die anthroposophischen Erziehungsinstitute, die Waldorfschulen, denen in Zeiten umfassender Bildungs- und Sozialdesillusionierung größerer Zulauf als je zuvor beschert wird. Anders als manche seiner Nachfolger hat Steiner von weltanschaulicher Nötigung nichts gehalten; dies gilt besonders für junge und ganz junge Menschen, deren freie Entwicklung das höchste Gebot der Erziehung zu bleiben hat: »Die Waldorfschule soll keine Weltanschauungsschule sein, in der wir die Kinder möglichst mit anthroposophischen Dogmen vollstopfen … Wir wollen, was auf anthroposophischem Gebiet gewonnen werden kann, in wirkliche Unterrichtspraxis umsetzen … Wir müssen lebendiges Interesse haben für alles, was heute in der Zeit vor sich geht, sonst sind wir für diese Schule schlechte Lehrer. Wir dürfen uns nicht nur einsetzen für unsere besonderen Aufgaben.«

Rudolf Steiner starb am 30. März 1925 in seinem Atelier im Goetheanum in Dornach. Sein Tod hatte mit einer zunehmenden Erschöpfung zu tun, die ihn in den letzten Lebensjahren befiel; zu groß war das Arbeitspensum gewesen, das er sich tagein, tagaus zumutete. Seinen Kritikern, die ihn als philosophischen Anverwandlungskünstler diffamierten, der sich aus einer Vielzahl von Denksystemen scheinbar ungeniert bediente, konnte er entgegenhalten, dass sich seine Weltanschauung früh entwickelt hatte und in ihrem Kern gleich geblieben war; die Veränderungen, denen er Ausdruck verlieh, hatten mit dem vom Menschen ausgehenden Erkenntnisprozess zu tun, der aus dem Leben selbst erwächst: Das Geheimnis des Daseins nämlich kann entschlüsselt werden – von dem, der es trägt: »Die ganze Welt, außer dem Menschen, ist ein Rätsel, das eigentliche Welträtsel; und der Mensch selbst ist die Lösung. Was er sagt, kann aber stets nur so viel an Inhalt über die Lösung geben, als er selbst über sich als Mensch erkannt hat … Erkenntnis wurde mir dasjenige, was nicht allein zum Menschen, sondern zu dem Sein und Werden in der Welt gehört. Wie Wurzel und Stamm eines Baumes nichts Vollendetes sind, wenn sie nicht in die Blüte sich hineinleben, so sind Sein und Werden der Welt nichts wahrhaft Bestehendes, wenn sie nicht zum Inhalt der Erkenntnis weiterleben. Auf diese Einsicht blickend, wiederholte ich bei jeder Gelegenheit, bei der es angebracht war: der Mensch ist nicht das Wesen, das für sich den Inhalt der Erkenntnis schafft, sondern er gibt mit seiner Seele den Schauplatz her, auf dem die Welt ihr Dasein und Werden zum Teil erst erlebt. Gäbe es nicht Erkenntnis, die Welt bliebe unvollendet.«

Ein kleines Quantum reiner Zeit
Proust und die Zeichen des Glücks

Von einem Schriftsteller, einem begabten zumal, erwartet man viel: Er soll genau beobachten, beschreiben, zuhören können, er soll mit der Sprache mindestens so pfleglich umgehen wie mit einer Geliebten, und an den üblichen Vordergründigkeiten, der Fassadenwelt von Menschen, Dingen und Geschehnissen, soll er sich besser nicht verhaken, denn man traut ihm mehr zu. Gerade der Umgangston nämlich, den er seiner Realität gegenüber anschlägt, kann verräterisch wirken, da aus ihm herauszulesen ist, ob er sich lieber an der Oberfläche bewegt oder die tieferen Gewässer ansteuert. Während die Erwartungshaltung im Hinblick auf Sprachbegabung und erhöhte Sensibilitätswerte eines Schriftstellers sich am Gewohnten bemisst und somit, womöglich, nah am bewährten Klischee steht, lässt sich aus seinem Vermögen, hinter die Erscheinungen zu schauen, eine Art Gütesiegel abziehen, das seinem ganzen Werk aufgeklebt werden kann. So sind aus den Schriftstellern, die sich den zweiten, den durchdringenden Blick zu eigen machten und die Welt, sei sie nun inwendig oder von fern her gespiegelt, in ergreifenden Sprachbildern festgehalten haben, veritable Dichter geworden; an sie erinnert man sich, weil sie der gewöhnlichen Vergänglichkeit das Ungewöhnliche eines zeitenthobenen Kunstwerks entgegenstellten.

Ein Dichter, der diesen hohen Anspruch geradezu mustergültig und fast schon legendenhaft in große Literatur umsetzte, war Marcel Proust. Sein mehrbändiges Hauptwerk *Auf der Suche nach der verlorenen Zeit* ist zur Programmschrift geworden, zum geflügelten Wort, das literarische Erträge im Gefolge hat, die noch immer einzusehen sind und vom Leser am eigenen Erleben überdacht und ergänzt werden können. Ein größerer Erfolg lässt sich für ein literarisches Werk nicht denken; die Nachwelt urteilt zudem oft gnädiger als die Umwelt. Das musste auch Proust erfahren: Er wusste bereits als Junge, dass er Schriftsteller werden wollte; schon die einfache Wahrnehmung, die für andere ein bloßes Wirklichkeitssignal blieb, bedeutete ihm, dass das Gesehene nicht nur gesehen, sondern auch bedacht und beschrieben werden wollte: »So nun, völlig außerhalb von jeder literarischen Absicht und ohne einen Gedanken daran, fühlte ich meine Aufmerksamkeit gefangen von einem Dach, einem Sonnenreflex auf einem Stein, dem Geruch eines Weges, und zwar gewährten sie mir dabei ein spezielles Vergnügen, das wohl daher kam, dass sie aussahen, als hielten sie hinter dem, was ich sah, noch etwas verborgen, das sie mich zu suchen aufforderten, und das ich trotz aller Bemühungen nicht zu entdecken vermochte. Da ich genau fühlte, dass es in ihnen war, blieb ich unbeweglich stehen, um sie anzuschauen, um den Versuch zu machen, mit meinem Denken über das Bild oder über den Duft noch hinauszugelangen. Wenn ich dann meinen Großvater einholen und meinen Weg fortsetzen musste, suchte ich, sie wiederzufinden, indem ich meine Augen schloss; ich konzentrierte mich völlig darauf, genau die Linie des Daches, den exakten Farbton des Steines wiederzufinden, die, ohne dass ich begreifen konnte, warum, mir mit etwas angefüllt schienen und bereit, sich zu öffnen, um mir auszuliefern, wovon sie selbst nur die Hülle waren.«

Mit geschlossenen Augen sehen, um besser zu sehen und zum Kern der Dinge vorzustoßen, die allesamt eine Ansichtsseite haben, welche ihr Wesen verbirgt: Dieser Erkenntnisschulung unterzieht sich der junge Proust mit einer Leidenschaft, die seine Altersgenossen eher in die üblichen Zerstreuungen investieren. Trotzdem oder gerade deswegen hat er daran seinen Spaß; seine Erkundung der Welt, das ahnt er früh, ist eine Wahrheitssuche, die keinen Anfang und kein Ende kennt.

Marcel Proust wird am 10. Juli 1871 in Paris geboren. Der Vater ist Professor für Hygiene und als Generalinspekteur der Sanitätsdienste ein anerkannter und wohl auch gefürchteter Fachmann; die literarischen Ambitionen seines Sohnes, der seiner Meinung nach lieber Jurist oder Bankier werden soll, verfolgt er, seiner Profession gemäß, mit gesundem Misstrauen. Den vollkommenen Gegenpart zum strengen und ernüchternden Vater verkörpert die Mutter: Jeanne Proust wird als zartes, hochempfindsames Geschöpf geschildert, in deren Liebe sich der kleine Marcel so dauerhaft einhaust, dass er davon auch als Erwachsener nicht lassen mag. Er ist ein kränkelndes Kind; mit acht Jahren erleidet er erste heftige Asthmaanfälle, die ihn ein Leben lang begleiten; seine Krankheit macht er gern zum Thema, was allerdings mehr Nachteile als Vorteile hat. In einem Brief schreibt er: »Die Worte ›Ich war so krank‹, ›Ich bin immer noch leidend‹ sind von mir so oft ausgesprochen worden und drücken nur noch einen beinahe gewohnten Zustand aus, der zwar quälend ist, ohne jedoch eine gelegentliche briefliche Beziehung zu anderen auszuschließen; ich hege daher starke Befürchtungen, dass sie farblos und ohne jede Kraft der Entschuldigung und Absolution an Ihre allzu sehr daran gewöhnten (ich will nicht sagen: ungläubigen) Ohren dringen. Und dennoch ist es so; ich war furchtbar krank, fast ständig ans Bett gefesselt …«

Tatsächlich gewöhnt sich Proust an die Krankheit, so wie sich auch die anderen daran gewöhnen, die seine Klagen nicht recht ernst nehmen. Der zarte Junge aus wohlhabendem Elternhaus wird geschont und erlebt eine behütete Kindheit, deren Hüterin vor allem die Mutter ist; der Vater geht mit freudloser Miene seinen Amtsgeschäften nach. In Paris besucht Proust das renommierte Lycée Condorcet; er interessiert sich für Literatur und, mehr noch, für Philosophie. Auch die Sprache der Naturwissenschaften, die damals beginnen, ihren bis heute immer höher aufgetürmten Erkenntnisanspruch zu errichten, färbt auf ihn ab, was allerdings ein eher unmerklicher Prozess ist, der sich erst später, in den Beschreibungskünsten seines Hauptwerks, zu erkennen gibt. Die Ferien verbringen die Prousts meist in Illiers in der Nähe von Chartres, wo die Familie seines Vaters ihre Wurzeln hat. Beauce und Perche heißen die historischen Landschaften, die hier ineinander übergehen und sich, auf anmutige Hügel verteilt, zu einem Ensemble von Wäldern und Wiesen, von Städtchen und beschaulichen Herrensitzen formieren, das Proust später zur literarischen Landschaft von Combray erhebt, einer künstlichen, nicht erkünstelten Region, die sich dem Blick anschmiegt und tiefere Spuren hinterlässt als das Original, dem sie nachempfunden wurde. Hier findet sich auch die Zeichengebung, die Herausforderung, die den jungen Proust zum Schreiben bringt. Eines ihrer stärksten, vor allem aber standfestesten Motive sind die Kirchtürme von Martinville; sie stehen am Horizont seiner Wahrheits- und Wesenssuche, an ihnen erprobt der angehende Dichter, in behutsamen Annäherungen, die Möglichkeiten seiner Sprache: »An einer Wegbiegung hatte ich auf einmal jenes besondere Lustgefühl, das keinem anderen glich, beim Anblick der beiden Kirchtürme von Martinville, auf denen der Widerschein der sinkenden Sonne lag und die infolge der Wagenbewegung und der Windung der Straße den Platz zu wechseln schienen; es kam dann noch der von Vieuxvicq hinzu, der von den beiden anderen durch einen Hügel und ein Tal getrennt, etwas höher in der Ferne liegt und ihnen dennoch ganz nah benachbart schien. Beim Feststellen und Einprägen der Form ihrer Spitze, der Verschiebung ihrer Linien, der Oberflächen, auf denen die Sonne lag, fühlte ich, dass ich noch nicht am Ende meiner Eindrücke war, dass etwas sich noch hinter dieser Bewegung, dieser Helligkeit befand, etwas, das sie zu enthalten und zugleich zu verbergen schienen.«

Marcel Proust gehört dem begüterten Bildungsbürgertum an, er hat eine Vorliebe für die Welt der Salons und des müden, vornehmen Adels, der sich mehr mit der Vergangenheit als mit der Zukunft beschäftigt, von der ohnehin zu befürchten steht, dass sie kälter, härter, gedankenloser wird, als es eine erwartungsfroh gestimmte Gegenwart vermuten lässt. Seine Herkunft hat indes den Vorteil, dass er sich kaum je Geldsorgen machen muss und auch bei der Berufswahl Gelassenheit an den Tag legen kann. Er studiert an der Sorbonne, dient ein Jahr als Freiwilliger in der Infanterie, wird Assistent an der Mazarin-Bibliothek in Paris; er veröffentlicht Aufsätze und kleinere Prosastücke, all das ohne Leistungsdruck und begleitet von seiner Krankheit, die er, auch weil sie ihm viel Zeit zum Nachdenken lässt, zu seiner eigentlichen Lebensgefährtin erklärt. Als er 25 Jahre alt ist, veröffentlicht er sein erstes Buch, *Tage der Freuden*, das, beschwert durch eine opulente Ausstattung, zu einem beachtlichen Misserfolg wird. Proust lässt sich jedoch nicht beirren, seine Kunst steht in ihrer wesentlichen Wachstums- und Reifephase. Wie man sich das Porträt des Dichters als junger Mann vorzustellen hat, zeigt die Beschreibung eines Freundes: »Er hatte große schwarze Augen, die voller Glanz waren, einen Blick von ungewöhnlicher Sanftmut, eine noch sanftere, etwas atemlose Stimme. Er kleidete sich sehr wählerisch, trug breite Aufschläge aus Seide, eine Rose oder Orchidee im Knopfloch seines Gehrocks, einen Zylinder mit flachem Rand, den man bei Besuchen neben dem Fauteuil ablegte. Mit zunehmender Krankheit und ermutigt durch das Gefühl hinreichender Vertrautheit, das ihm erlaubte, sich nach Belieben anzuziehen, erschien er in den Salons und sogar des Abends nur noch in seinem Pelzmantel, den er im Sommer wie im Winter anbehielt, weil ihn beständig fror.«

1903 stirbt Prousts Vater, zwei Jahre später die Mutter. Sie, die immer an ihren Sohn geglaubt hat, kann nicht mehr miterleben, was sich nun doch noch abzuzeichnen beginnt: der literarische Erfolg ihres Sohnes, der so ungewöhnlich ist wie sein gesamtes, auf Nachtrag und Anverwandlung beruhendes Werk. Von 1909 an schreibt er an seinem Opus magnum, und er entwickelt dafür, notgedrungen, eine Existenzform, die seinem nicht gerade volkstümlichen Erkenntnisinteresse entspricht: Abgeschirmt von der Außenwelt haust er in einem mit Kork tapezierten Zimmer, in das keine Geräusche und keine profanen Neuigkeiten dringen sollen; die Fenster bleiben geschlossen, aber über »die Arbeit des Bewusstseins«, so nennt er sein ausschwärmend feststellendes Schreiben, gewinnen sie Durchlässigkeit zu einer Zeit hin, die nicht mehr ihr gewöhnliches Abschnurren zu erkennen gibt, sondern das Beharrende in Formgebung und Bedeutungsgehalt. Noch immer steht ihm die Szenerie mit den Kirchtürmen von Martinville vor Augen, und je mehr die Ansichten, die sie bieten, nachgezeichnet werden können, scheint eine andere Wirklichkeit in ihnen auf: »Die Kirchtürme wirkten so fern, und es sah aus, als ob wir uns ihnen nur wenig näherten, so dass ich ganz erstaunt war, als wir gleich darauf vor der Kirche von Martinville hielten. Ich wusste nicht, weshalb es mich glücklich gemacht hatte, sie am Horizont zu erblicken, und der Zwang nach dem Grunde zu forschen, lastete quälend auf mir; ich hatte Lust, die Erinnerung an die sich verschiebenden Linien in meinem Kopf aufzubewahren ... Bald darauf war es, als ob die Umrisslinien und besonnten Flächen wie eine Schale sich öffneten und etwas, was mir in ihnen verborgen geblieben war, nunmehr erkennen ließen; es kam mir ein Gedanke, der einen Augenblick zuvor noch nicht in meinem Bewusstsein war und der sich in meinem Hirn zu Worten gestaltete ...«

Die Erkenntnis, die Proust im Verlauf seiner nahezu unermüdlichen Bewusstseinsarbeit zuwächst, ist, dass die Dinge anders sind, als sie scheinen. Setzt man sie in Wissen um, so unterliegen sie der gewöhnlichen Schnelllebigkeit, dem Zugriff der Zeit und den jäh wechselnden Aufmerksamkeitskonzentraten. Das Bewusstsein wird zum Strom, der keinen wesentlichen Halt gewährt. Bei genauerem Hinsehen indes sind Inseln im Strom auszumachen, Orte der Wahrheit und Gewissheit, die scheinbar unberührt bleiben von Verwitterung, Verfall und Vergänglichkeit. Es sind Orte einer Erinnerung, die sich selbst einsichtig wird. Prousts eigentliche Entdeckung ist eine besondere Form der Erinnerung, die sich dort auftut, wo das willkürliche, das intellektuelle Gedächtnis nichts mehr aus sich herauszuholen vermag. Das andere, das unwillkürliche, das poetische Gedächtnis entfaltet sich, wenn ein gegenwärtiger Sinneseindruck mit einer Erinnerung verschmilzt, die anscheinend nur darauf wartet, aufgerufen zu werden und sich in ganzer Fülle zu zeigen. Dieser Vorgang kommt einer Zeugung gleich: Ein neues Wesen im Wissen entsteht, das der Zeit enthoben wird und glückhafte Hellsichtigkeit gewährt. Das berühmteste Beispiel, das Proust für sein kunstvolles Erinnern angibt, benennt einen profanen Vorgang: Der Erzähler kostet ein Stück Madeleine, einen kleinen Kuchen, den er zuvor in Tee getränkt hat: »In der Sekunde nun, als dieser mit dem Kuchengeschmack gemischte Schluck Tee meinen Gaumen berührte, zuckte ich zusammen und war wie gebannt durch etwas Ungewöhnliches, das sich in mir vollzog. Ein unerhörtes Glücksgefühl, das ganz für sich allein bestand und dessen Grund mir unbekannt blieb, hatte mich durchströmt. Mit einem Schlage waren mir die Wechselfälle des Lebens gleichgültig, seine Katastrophen zu harmlosen Missgeschicken, seine Kürze zu einem bloßen Trug unserer Sinne geworden, es vollzog sich damit in mir, was sonst die Liebe vermag, gleichzeitig aber fühlte ich mich von einer köstlichen Substanz erfüllt: oder diese Substanz war vielmehr nicht in mir, sondern ich war sie selbst. Ich hatte aufgehört, mich mittelmäßig, zufallsbedingt, sterblich zu fühlen. Woher strömte diese mächtige Freude mir zu? Ich fühlte, dass sie mit dem Geschmack des Tees und des Kuchens in Verbindung stand, aber darüber hinausging und von ganz anderer Wesensart war. Woher kam sie mir? Was bedeutete sie? Wo konnte ich sie fassen?«

Die Beantwortung dieser Fragen bedeutet, auch die Zeit wiedergefunden zu haben, nach der Proust zuvor so lange schon und so sorgfältig gesucht hat. Es zeigt sich nämlich, dass die Zeit angehalten werden kann, wenn sie sich der unwillkürlichen Erinnerung ergibt; dann leuchtet das Vergangene wieder auf, klarer als je zuvor, und das Gegenwärtige spricht ihm Gewissheit zu. Es sind die illuminierten Ideen des Geschehenen, die das Bewusstsein in unwiderruflichen Momenten herrisch besetzt halten; in ihrer Schönheit dulden sie keinen Widerspruch, sondern sind ein reines Geschenk. Proust setzt, wenn man so will, eine Grundüberzeugung der platonischen Philosophie in Poesie um; sie besagt, dass es bleibende Urbilder gibt, auf die sich unsere Erkenntnisse in wehmütiger Wiedererinnerung richten. Aus ihr, aus der Wiedererinnerung, fällt für uns »ein kleines Quantum reiner Zeit« ab, das sich, einmal beim Wort genommen, auch als Anweisung zum Glück lesen lässt, als Versprechen, als Heimkehr in ein beträchtlich geläutertes Ich: »Dieses Wesen nährt sich einzig von der Essenz der Dinge und findet in ihr allein seinen Bestand und seine Beseligung ... Sobald ein bereits gehörtes Geräusch, ein schon vormals eingeatmeter Duft von neuem wahrgenommen wird, und zwar als ein gleichzeitig Gegenwärtiges und Vergangenes, ein Wirkliches, das gleichwohl nicht dem Augenblick angehört, ein Ideelles, das deswegen dennoch nichts Abstraktes bleibt, wird auf der Stelle die ständig vorhandene, aber gewöhnlich verborgene Wesenssubstanz aller Dinge frei, und unser wahres Ich, das manchmal seit langem tot schien, aber es noch nicht völlig war, erwacht und gewinnt neues Leben ... Eine aus der Ordnung der Zeit herausgehobene Minute hat in uns, damit er sie erlebe, den von der Ordnung der Zeit freigewordenen Menschen wieder neu erschaffen. Man kann aber wohl verstehen, dass dieser nun Vertrauen zu seiner Freude fasst, selbst wenn der einfache Geschmack einer Madeleine nicht logischerweise die Gründe für diese Freude zu enthalten scheint, verstehen auch, dass das Wort Tod keinen Sinn für ihn hat; was könnte er, der Zeit enthoben, für die Zukunft fürchten?«

Zusammen mit seiner Krankheit verbarrikadiert sich Marcel Proust vor der Welt, der er keineswegs unversöhnlich gegenübersteht, warum auch; er hat ja ihre wahre Schönheit gesehen. Proust stirbt am 18. November 1922 51-jährig. Für die Zukunft muss er tatsächlich nichts fürchten, der Tod ist ein Wort ohne Sinn: »Man kann nur sagen, dass alles in unserem Leben sich so vollzieht, als träten wir bereits mit der Last in einem früheren Dasein übernommener Verpflichtungen in das derzeitige ein ... Alle diese Verpflichtungen, die im gegenwärtigen Dasein nicht hinlänglich begründet sind,

scheinen einer anderen, auf Güte, auf Gewissenhaftigkeit, auf Opfer-
bereitschaft basierenden Welt anzugehören, einer Welt, die vollkommen anders als unsere hiesige ist, aus der wir aber gekommen
sind, um auf dieser Erde geboren zu werden, bevor wir vielleicht in
jene zurückkehren, um wieder unter der Herrschaft jener unbekannten Gesetze weiterzuleben, denen wir gehorchen, weil wir ihr
Gebot in uns trugen, ohne zu wissen, wer es dort eingeschrieben
hat – Gesetze, denen alle vertiefte Arbeit des Geistes uns näher
bringt und die unsichtbar – vielleicht nicht einmal das! – einzig den
Narren bleiben.«

Die Stimmen, die da kommen sollen

Rilke und das Glück eines Sommers

Manchmal, wir wissen es längst, muss man zu seinem Glück gezwungen werden. Auch zum Glück der Erkenntnis, zum Glück der Literatur, die ihre Zumutungen hat. Im Sommer 1906 wurde dem Dichter Rainer Maria Rilke eine solche zuteil, die ihn umso passender traf, als er damals, eigentlich, noch kein Dichter war, der seine wahren Möglichkeiten bereits ausgeschöpft hätte. Die Zumutung, die ihm widerfährt, ist ein profaner Rausschmiss: Er, der sich zuvor erstmals in einer halbwegs geregelten Arbeit versucht hat und als Privatsekretär des Bildhauers Auguste Rodin amtierte, den er bewunderte, wird von seinem Chef, der in jenen Tagen unter anhaltend schlechter Laune leidet, vor die Tür gesetzt; Rilke soll Eigenmächtigkeiten und Amtsanmaßungen begangen haben. Er ist sich keiner Schuld bewusst, wagt Widerworte, versucht sich zu erklären, was Rodin nur noch ungnädiger werden und den Dichter sich schließlich »fortgejagt wie ein diebischer Diener« sehen lässt. Er ist zornig und erleichtert zugleich; am Abend nach seiner Entlassung schreibt er an seine Frau Clara Westhoff: »Wie das kam, darüber ist nicht viel zu sagen, und was zu sagen ist, mag ich nicht schreiben. Es musste wohl kommen, und es kam so von selbst. Ich trug ja alles, auch diese letzte Zeit, in stiller, in mich gekehrter Geduld, und ich hätt's wohl noch einen Monat oder zwei so getragen … Und nun kommt das Ende so rasch ... Ich will nun sein ... und mich über mich selbst besinnen und ein wenig mit dem, was in mir ist, allein bleiben ... Sei nicht bange um das Kommende, Wege sind da, und wir werden sie sicher finden ...«

Rilke, damals 31 Jahre alt, ist als Schriftsteller kein Unbekannter mehr; er hat Gedichtbände veröffentlicht, darunter *Das Buch der Bilder* und *Das Stunden-Buch*. Ein schmales, expressionistisch angehauchtes Prosabändchen mit dem aufgeregten Titel *Die Weise von Leben und Tod des Cornets Christoph Rilke*, das erstmals 1904 erscheint und mehrere revidierte Fassungen erfährt, wird schließlich, zu seinen Lebzeiten noch und somit erfreulicherweise, ein überraschender Verkaufserfolg. Das, was er indes sein will, ein Dichter, der vom eigenen, an sich ja sehr wertvollen Ich absieht, um nur noch Resonanzboden zu sein für die Stimmen der Welt, kann Rilke noch immer nicht ganz sein; allenfalls erahnt er seine wahren Möglichkeiten – erarbeitet, erfühlt, erlitten sind sie noch nicht.

Er mietet sich in einem kleinen Hotel in der Rue Cassette ein; dort lebt er zurückgezogen, der Lärm der Metropole brandet an ihm vorbei. Er sieht sich auf sich selbst zurückgeworfen, was er als Chance für einen Neuanfang begreift. Dabei dient ihm Paris als beständige Herausforderung: Die Stadt, ein Ensemble tosender Vielfalt und gewagter Anonymitäten, will nicht nur erlebt, sondern auch beschrieben sein. Rilke, der damals schon ein begnadeter und fleißiger Briefschreiber war, hat dafür Vorarbeiten geleistet; in seinem ersten Pariser Sommer 1903 hatte er seiner Freundin Lou Andreas-Salomé diese Impressionen übermittelt: »Es war die Zeit, da die Bäume in der Stadt welk sind ohne Herbst, da die glühenden Gassen, ausgedehnt von der Wärme, nicht enden wollen und man durch Gerüche geht wie durch viele traurige Zimmer. Da ging ich an den langen Hospitälern hin, deren Tore weit offenstanden mit einer Gebärde ungeduldiger und gieriger Barmherzigkeit. Als ich zum ersten Mal am Hotel Dieu vorüberkam, fuhr gerade eine offene Droschke ein, in der ein Mensch lag, schwankend bei jeder Bewegung, wie eine zerbrochene Marionette, schief und mit einem schweren Geschwür auf dem langen, grauen, hängenden Halse. Und was für Menschen bin ich seither begegnet, fast an jedem Tage … Sie waren Vorübergehende unter Vorübergehenden, alleingelassen und ungestört in ihrem Schicksal.«

Alleingelassen in seinem Schicksal darf sich auch Rilke vorkommen, als er von altbekannten finanziellen Sorgen aufgestört wird. Bislang hat man sein Künstlertum immer wieder mit dezenten Zuwendungen bedacht; allerlei Gönner und Förderer waren auf den Plan getreten, die es sich angelegen sein ließen, dem Dichter, der von profanen Unterhaltssorgen weitgehend frei gehalten werden sollte, das Lebensnotwendige, ja mehr als das, zukommen zu lassen. Ihn selbst störte das nicht: Die reine, die ungeschmälerte Dichterexistenz, von der ja durchaus etwas abfällt für die gewöhnliche Gesellschaft, bedarf einer tragfähigen Grundlage und der Absicherung; dass der Dichter dafür nicht selber sorgen konnte, verstand sich, wie er meinte, von selbst.

Als er gerade damit beginnen will, seine Sorgen auch danach zu befragen, wo und wie er den Winter zubringen wird, erreicht ihn die gewünschte Einladung: Alice Faehndrich, eine Schwester der Gräfin Schwerin, bittet ihn auf die Insel Capri; dort könne er, unter einem noch immer wolkenlosen Himmel und in angenehmer, weil herabgestimmter Wärme, den ganzen Winter über ungestört arbeiten. Rilke lässt sich das nicht zweimal sagen; am 4. Dezember trifft er in Capri ein. Er soll im sogenannten Rosenhäusl wohnen, einem separaten Studio im weitläufigen Garten der Faehndrich'schen Villa Discopoli. Nun kann er die in Paris begonnenen literarischen Erkundungsgänge fortsetzen; er verschwendet, vorerst, keinen Gedanken mehr an seine Finanzlage und richtet sich lieber in seinen Zukunftserwartungen ein, die ihm wie eine Art Offenbarung erscheinen, deren Nutzanwendung sich an seinen, an des Dichters besten Absichten, bemisst. An seine Frau schreibt er: »Mir geht es so: Ich bin geradezu leidenschaftlich, keine von diesen Stimmen zu versäumen, die da kommen sollen. Ich will sie jede hören, ich will mein Herz herausnehmen und es mitten in die absprechenden und tadelnden

Worte hineinhalten, so dass es nicht nur auf einer Seite und von fern von ihnen berührt werde. Aber ich will zugleich meinen gewagten, so oft unverantwortlichen Posten nicht eher aufgeben und mit einem erklärbareren, resignierenden Platz vertauschen, bevor nicht die letzte, die äußerste, endgültige Stimme zu mir gesprochen hat; denn nur an dieser Stelle bin ich ihnen allen zugänglich und offen, nur an dieser Stelle findet mich alles, was mir an Schicksal, Zuruf oder Macht begegnen will; nur von hier aus kann ich eines Tages gehorchen, so unbedingt gehorchen, wie ich jetzt unbedingt widerstrebe ...«

Auf Capri läuft Rilke zu großer Form auf. Den Stimmen, die da kommen sollen, lauscht er, wobei er, Privileg des Dichters, auch dann etwas hört, wenn an sich gar nichts zu hören ist. Er unternimmt lange Spaziergänge; ein kleiner, unscheinbarer, auf den ersten Blick fast ein wenig hässlicher Mann, der allerdings aus so ungewöhnlich großen, leuchtenden Augen schaut, dass man an Hässlichkeit nicht zu denken wagt. Von seinem Lauschangriff auf die verborgenen Schönheiten der Welt fertigt er lange und ausschweifende Gedächtnisprotokolle an. Sie sind als bescheidene Kunstwerke gedacht, als unverzichtbare Übung darin, aus der Beschreibung des einen erfüllten Augenblicks Ansichten für die dem Menschen mögliche Ewigkeit zu gewinnen: »Die Nacht war eine helle, ferne, die über viel mehr als nur über der Erde zu ruhen schien; man fühlte, dass sie über Meeren lag und weit drüber hinaus über dem Raum, über sich selbst, über Sternen, die ihren Sternen entgegensahen aus unendlicher Tiefe. Das alles war in ihr gespiegelt und von ihr über die Erde gehalten ...; wie ein beständiges Überfließen von Himmeln ... Die erste Nacht nach dem vollen Monde, und er stand ganz hoch im Himmel ... Wie blendeten die beschienenen Mauerränder, wie war das Laub der Oliven ganz aus Nacht gemacht, wie ausgeschnitten aus Himmeln, älteren, nicht mehr benutzten Nachthimmeln. Und die Berghänge sahen so mondhaft verfallen aus und ragten aus den Häusern empor wie Unbewältigtes.«

Am 31. Mai 1907 kehrt Rilke, über Neapel und Rom, nach Paris zurück. Er fühlt sich wie ein Spätheimkehrer, der, obwohl noch jung an Jahren, im Grunde keine Zeit mehr zu verlieren hat. Einen Arbeitsplan hat er für sich entworfen, und dieser Arbeitsplan ist, lässt man einmal die Zukunft außer Acht, die es nicht mag, allzugenau ausgemalt zu werden, auch eine Art Lebensplan. Er sieht einen Erfahrungsgewinn vor, der sich in poetische Erkenntnis- und Detailtreue umsetzen lässt: Der Dichter soll nehmen, was kommt, wobei er nicht müde, nicht schläfrig, schon gar nicht versessen auf sein nicht hintergehbares Ich sein darf, sondern sich so intensiv in die Möglichkeiten der Sprache einzuhausen hat, als gälte es dort, geschützt und gefährdet durch Worte der besseren Art, dauerhaft Wohnrecht zu finden. Rilke, man kann es auch nüchterner sagen, trainiert in der Sprache, die er dazu bringt, auf Expansionskurs zu gehen; er wird zu seinem eigenen Übungsleiter. Zusätzlich zum Schriftverkehr, den er um sich herum entfaltet, verordnet er Lesen um jeden Preis; er wird zum Dauergast in der Bibliothèque Nationale, studiert dort Lexika, Wörterbücher, Reisebeschreibungen, historische Miszellen, Entlegenes und Vergessenes aus versunknen Tagen. Manchmal brummt ihm der Kopf, wenn er aus dem Bücherdämmer wieder auftaucht in den Dunst der Stadt; aus den gewichtigen Stimmen, die er erwartet hat, sind bereits Einflüsterungen geworden, die alle im Dienste der Sache, seiner Sache stehen. Diese nicht unangestrengte, nervöse, wenngleich sehr genügsame Zeit des Lesens und Arbeitens hat Rilke, auch wohl weil er wusste, was er ihr schulden mochte, später freigiebig verklärt; in seinem 1910 erschienenen Roman *Die Aufzeichnungen des Malte Laurids Brigge* klingt sie an als Desiderat einer kundig gemachten Behaglichkeit: »O was für ein glückliches Schicksal, in der stillen Stube eines ererbten Hauses zu sitzen unter lauter ruhigen, sesshaften Dingen und draußen im leichten, lichtgrünen Garten die ersten Meisen zu hören, die sich versuchen, und in der Ferne die Dorfuhr. Zu sitzen und auf einen warmen Streifen Mittagssonne zu sehen und … ein Dichter zu sein. Und zu denken, dass ich auch so ein Dichter geworden wäre, wenn ich irgendwo hätte wohnen dürfen, irgendwo auf der Welt, in einem von den vielen verschlossenen Landhäusern, um die sich niemand bekümmert. Ich hätte ein einziges Zimmer gebraucht (das lichte Zimmer im Giebel). Da hätte ich drinnen gelebt mit meinen alten Dingen, den Familienbildern, den Büchern. Und einen Lehnstuhl hätte ich gehabt und Blumen und Hunde und einen starken Stock für die steinigen Wege. Und nichts sonst. Nur ein Buch in gelbliches, elfenbeinfarbiges Leder gebunden mit einem alten blumigen Muster als Vorsatz: dahinein hätte ich geschrieben. Ich hätte viel geschrieben, denn ich hätte viele Gedanken gehabt und Erinnerungen von vielen …«

Das Trainingsprogramm, das sich der Dichter Rainer Maria Rilke verordnet, macht den Sommer 1907 zu einer Arbeitsveranstaltung, auf der ein denkwürdiger Glanz ruht. Eigentlich hat dieser Sommer ja schon immer begonnen; er ist, von weit her kommend, im Jahr zuvor in Paris eingeläutet worden, als ein schlechtgelaunter Rodin seinen Sekretär vor die Tür setzte, und er hat sich auf Capri, alle Farben und Stimmungen wie neu ausmalend, sogar noch im dortigen Winter stark gemacht. Nun besteht er, der Sommer, noch immer und lässt es zu, dass, aus der Arbeit heraus, Zeugnis über ihn abgelegt wird. Rilke, ein wirklichkeitsfreundlicher Wanderer zwischen Wesens- und Wissenswelt, dem die Augen schmerzen, wenn er seinen in der Bibliothek abgerichteten Blick wieder der Tageshelle aussetzt, glaubt zu verstehen, was die Existenz des Menschen zusammenhält: ein unendliches Geflecht von Beziehungen und Möglichkeiten, in sich ruhend und zugleich in ständiger Erneuerung begriffen, die keinen wirklichen Anfang und kein Ende kennt. Eine höhere Ordnung glaubt er zu erkennen, einen ideellen Bestand an Glaubwürdigem, der sich an den Losungen des Realen bemisst, ohne mit diesen je deckungsgleich zu werden. Das Leben, zur Sprache überredet, wird dem Dichter zum Wagnis, das, möglicherweise, immer gleich ist, aber herausfordernd die Masken des Neuen annimmt; gelingt dieses Wagnis, was indes nie ganz zweifelsfrei zu belegen ist, hat man keine Abbilder mehr vor Augen, sondern ein Werk der Kunst, das sich erst über seine Entsprechungen und die Gefährdung im Künstler zu dem macht, was es ist. Rilke schreibt: »Kunstdinge sind ja immer

Ergebnisse des In-Gefahr-gewesen-Seins, des in einer Erfahrung Bis-ans-Ende-gegangen-Seins … Je weiter man geht, desto eigener, desto persönlicher, desto einziger wird ein Erlebnis, und das Kunstding endlich ist die notwendige, ununterbrückbare, möglichst endgültige Aussprache dieser Einzigkeit … Darin liegt die ungeheure Hilfe des Kunstdings für das Leben dessen, der es machen muss –: dass es eine Zusammenfassung ist: der Knoten im Rosenkranz, bei dem sein Leben ein Gebet spricht, der immer wiederkehrende, für ihn selbst gegebene Beweis seiner Einheit und Wahrhaftigkeit, der doch nur ihm selber sich zukehrt und nach außen anonym wirkt, namenlos, als Notwendigkeit nur, als Wirklichkeit, als Dasein …«

Kunstdinge zu schaffen und ein Künstler zu sein: Vom gewöhnlichen Leben ist das nicht so weit weg, wie manche glauben möchten. Der Künstler, im Besonderen der Dichter, schwebt nicht über der sogenannten Normalität, sondern er bleibt ihr, gerade um den Preis kurioser Verstrickungen und wiederkehrender Befreiungsversuche, untadelig verbunden. Im Grunde geht es – für jeden, für den Künstler wie für den Alltagsbürger – um Lebensbejahung; sie ist es, aus der die ästhetische, ja aus der jegliche Produktivität zu schöpfen hat. Die lebensabgewandte, die dunkle Seite unserer Existenz steht dem entgegen; sie schweigt nicht, sie macht sich bemerkbar und will ausgehalten werden. All das hat seine Zeit und seine Ordnung, weiß Rilke nun, und er gibt sich als Einverständiger: »Ach, wir rechnen die Jahre und machen Abschnitte da und dort und hören auf und fangen an und zögern zwischen beidem. Aber wie sehr ist, was uns begegnet, aus einem Stück; in welcher Verwandtschaft steht eines zum anderen, hat sich geboren und wächst heran und wird erzogen zu sich selbst, und wir haben im Grunde nur da zu sein, aber schlicht, aber inständig, wie die Erde da ist, den Jahreszeiten zustimmend, hell und dunkel und ganz im Raum, nicht verlangend in anderem auszuruhen als in dem Netz von Einflüssen und Kräften, in dem die Sterne sich sicher fühlen.«

Rilkes Arbeit dient nicht nur der Selbstbefeuerung; sie hat auch ein vorzeigbares Resultat anzubieten. Am 14. Juli 1907 schließt er das Manuskript seiner *Neuen Gedichte* ab; er ist erschöpft und erleichtert. Die Hochstimmung allerdings, die ihn begleitet hat, bröckelt ab; er fühlt sich wie einer, der einen Verlust erlitten hat, von dem keine Anzeige zu machen ist. Die gleiche Gegenstandswelt, der er eben noch die Fähnchen positiver Besitznahme aufgesteckt hat, kommt ihm nun hinfällig und alt werdend vor. An seine Frau schreibt er: »Man hat wohl nicht umsonst so einen Zimmersommer durchgemacht ... Lieber Gott: Was hab ich voriges Jahr gewirtschaftet ... Jetzt, da es hier schon mit dem Winter droht. Schon fangen die Dunstmorgen und Abende an, wo die Sonne nur noch wie die Stelle ist, wo früher die Sonne war ... Mich macht das traurig. Es bringt trostlose Erinnerungen herauf, man weiß nicht, warum; als ginge des Stadtsommers Musik mit einer Dissonanz aus, mit einem Aufstand aller Noten; vielleicht nur, weil man das alles schon einmal so tief in sich hineingesehen und gedeutet und mit sich verbunden hat.«

Der Sommer ist zu Ende, die Sorgen sind wieder da, aber Rilke hat gelernt, was er, unter der Gunst der Umstände, zu leisten vermag. Er weiß, dass seine Möglichkeiten noch nicht ausgeschöpft sind, auch wenn im Moment die Erschöpfung überwiegt. An seinem Erwartungshorizont patrouilliert ein Werkschutz, den der Dichter Rilke selbst angelernt hat; der Privatmann Rilke bleibt davon nahezu unberührt. Bürgerliches Glück, ein Familienbetrieb, der auf Nähe und Zusammengehörigkeit aus ist, kommt für ihn nicht in Frage. Mit Frau und Kind versteht er sich am besten aus der Ferne; da sind sie ihm wert und teuer und stören nicht mehr als unbedingt nötig. Rilkes Ideal ist eine Existenz, die Spuren hinterlässt und sich zugleich rigoros verflüchtigt; leben will er »so leicht wie ohne Namen«. Dass dies leichter gesagt als getan ist, wird ihm, auch in der Folgezeit, ein ums andere Mal vorgeführt. Er hat daraus ein Wissen bezogen, das kein besseres Wissen war, weil es zwar das seiner selbst sichere Genügen kannte, sich aber, letztlich, doch lieber nur im Großen und Ganzen bescheiden mochte: »Manchmal gehe ich an kleinen Läden vorbei, in der Rue de Seine etwa; Händler mit Altsachen oder kleine

Buchantiquare oder Kupferstichverkäufer mit ganz, ganz vollen Schaufenstern; nie tritt jemand bei ihnen ein, sie machen offenbar keine Geschäfte; aber man sieht hinein, und sie sitzen und lesen, sorgen sich nicht um morgen, ängstigen sich nicht um ein Gelingen, haben einen Hund, der vor ihnen sitzt, oder eine Katze, die die Stille um sie noch größer macht, indem sie die Bücherreihen entlang streicht, als wischte sie die Namen von den Rücken … Ich wünschte mir manchmal, so ein volles Schaufenster zu kaufen und mich mit einem Hund dahinterzusetzen für zwanzig Jahre. Am Abend wäre Licht in der Hinterstube, vorn alles ganz dunkel …; von der Straße aus gesehen, nimmt sich das wie ein Abendmahl aus …, so groß und feierlich durch den dunklen Raum … Wie ich das meine: ohne Beklagung. Es ist ja auch gut so und soll noch besser werden.«

Rainer Maria Rilke ist, wie kaum ein anderer, ganz Dichter gewesen. Seine Berufung, die er, zum Spott mancher Kollegen, mit mal seherischem, mal überverständigem Ausschließlichkeitsanspruch auszufüllen weiß, wird ihm zur sehr gehobenen Existenzform, in der er aufgeht und andere, wenn's denn sein muss, und es muss leider oft sein, für den Lebensunterhalt zuständig sind. Etwas anderes zu machen, als zu dichten, ist Rilke, auch in den Phasen der Not, nicht in den Sinn gekommen. Als Dichter gibt er sich ohne zeitliches und seelisches Limit, seine Freunde und Förderer belohnt er nicht nur mit Gelegenheits- und Widmungsversen, sondern, und das wird immer auffälliger, mit zunehmender Meisterschaft. Kein Dichter hat mit so bescheidenem lyrischen Budget begonnen und ist dann, durch eigenes Zutun, zu kaum glaublicher Fertigkeit aufgestiegen. Rilke war, auch das bleibt festzuhalten, ein unnachgiebiger Arbeiter des Worts; vom Handwerker wird er zum Kunsthandwerker, um schließlich nur noch Künstler zu sein. Diesem Ziel, das nicht immer ein ausgesprochenes Ziel ist, sondern sich ergibt wie das angemessene Wort, ordnet er alles unter. Umgekehrt dient ihm alles zur allmählichen Verfertigung der Kunstreife im Kopf und im Schreiben. Seine Reisen, die ihn durch halb Europa führen, liefern ihm ungeordnetes poetisches Anschauungsmaterial; er macht sich bereit, es nach höheren Gesichtspunkten zu ordnen. Seine endgültige Meisterschaft erreicht er mit den *Sonetten an Orpheus* und den *Duineser Elegien*, die 1922, vier Jahre vor seinem Tod, vollendet werden. Vollendet ist damit auch der Dichter Rainer Maria Rilke, der zuletzt weniger er selbst, sondern die Stimme eines anderen, einer höheren Allmacht und Anwesenheit, wird. Bereits der Anfang der Ersten Elegie lässt einen Tonfall anklingen, der zuvor unerhört war: »Wer, wenn ich schrie, hörte mich denn aus der Engel/ Ordnungen? und gesetzt selbst, es nähme/ einer mich plötzlich ans Herz: ich verginge von seinem/ stärkeren Dasein. Denn das Schöne ist nichts/ als des Schrecklichen Anfang, den wir noch gerade ertragen,/ und wir bewundern es so, weil es gelassen verschmäht,/ uns zu zerstören. Ein jeder Engel ist schrecklich./ Und so verhalt ich mich denn und verschlucke den Lockruf/ dunkelen Schluchzens./ Ach, wen vermögen wir denn zu brauchen? Engel nicht, Menschen nicht,/ und die findigen Tiere merken es schon,/ dass wir nicht sehr verlässlich zu Hause sind in der gedeuteten Welt …«

Nein, zu Hause sind wir nicht in der gedeuteten Welt, und von der noch ungedeuteten bleibt womöglich nicht viel übrig. Der Mensch hat dem Rechnung zu tragen; er ist ein Wanderer zwischen den Welten, seine unbehauste Heimat ist das Sichtbare und das Unsichtbare, das ein Jenseitiges im Diesseits ergibt, eine Ordnung außerhalb der Bannkreise zeitlicher Fügung: »Wir, diese Hiesigen und Heutigen, sind nicht einen Augenblick in der Zeitwelt befriedigt, noch in sie gebunden; wir gehen immerfort über und über zu den Früheren, zu unserer Herkunft und zu denen, die scheinbar nach uns kommen. In jener *größesten*, ›*offenen*‹ *Welt sind* alle, man kann nicht sagen ›gleichzeitig‹, denn eben der Fortfall der Zeit bedingt, dass sie alle *sind*. Die Vergänglichkeit stürzt überall in ein tiefes Sein.« Daraus folgt, so Rilke, dass es »unsere Aufgabe ist«, »diese vorläufige, hinfällige Erde uns so tief, so leidend und leidenschaftlich einzuprägen, dass ihr Wesen in uns ›unsichtbar‹ wieder aufersteht. *Wir sind die Bienen des Unsichtbaren* …« Wenn der Mensch das verinnerlicht hat, wird er, noch zu Lebzeiten, nicht bienen- und *engelgleich*: Für ihn sind »alle vergangenen Türme und Paläste existent, *weil* längst unsichtbar, und die noch bestehenden Türme und Brücken unseres Daseins *schon* unsichtbar, obwohl noch (für uns) körperhaft dauernd …«

Trotz dieser großen Perspektive war Rilkes eigenes Ende auf Erden nicht sehr feierlich; Krankheit und Tod lassen sich nicht auf eine ungenaue Bevorzugung ein. Sein Körper spielte nicht mehr mit, wollte nicht mehr »körperhaft dauern«; dabei war er doch immer ein vorzüglicher Freund gewesen. Mit ihm, schreibt Rilke am 17. Mai 1926, ein halbes Jahr vor seinem Tod, wehmütig, habe er »in einer so vollkommenen Übereinstimmung« gelebt, »dass ich ihn oft für ein Kind meiner Seele hätte halten können: leicht und unbrauchbar wie er war und mitnehmbar bis ins Geistigste hinein, wie oft aufgehoben, mit Gewicht begabt nur noch aus Courtoisie und sichtbar nur noch, um das Unsichtbare nicht zu erschrecken! So innig *mein;* Freund, wirklich mein Träger, der Hälter meines Herzens, fähig aller meiner Freuden, keine herabsetzend, jede mir eigenthümlicher aneignend; sie mir schenkend genau im Durchschnittspunkt meiner Sinne … *Was* verdank ich *ihm,* der mich, auf Grund meiner Wesenheit, bestärkt hat im Entzücken an einer Frucht, am Wind, am Hingehen übers Gras. Ihm, durch den ich verwandt bin mit dem Undurchdringlichen, in das ich nicht einbrechen kann, und mit dem Strömenden, das abfließt von mir. Und noch durch sein Schwersein, sternkundig. Also: ein Kummer, dieses Zerwürfnis mit ihm, und ein zu neuer Kummer, um darin schon versöhnlich zu sein. Und der Arzt *kann* nicht verstehen, was mich in diesen Hemmungen, die ja, ob sie gleich durch den ganzen Körper ihre Filialen haben, erträglich sind, so wesentlich, so central betrübt …«

Das Spiel kommt zu Würden

Thomas Mann und die Zeitentiefe der Welt

Der Dichter Thomas Mann, der sich in der deutschen Literatur im Stile eines Großmeisters bewegte, für den, wollte man einen Vergleichbaren nennen, allenfalls noch Goethe in Frage kam, machte sich am liebsten über bedeutende Themen Gedanken; es konnte daher nicht ausbleiben, dass er sich auch gern mit sich selbst beschäftigte. Was die Anfänge angeht, die ihn zum nimmermüden Schriftsteller mit bewundernswerter Arbeitsdisziplin werden ließen, so bot er da eine Geschichte an, die sich bereits in früher Kindheit zu entwickeln begann: »Nach meinem Werden als Künstler, der Geschichte meines Künstlertums gefragt, frage ich mich nach seiner Wurzel, seinen frühesten Keimen und Regungen, und ich finde sie in meinen *Kindheitsspielen*. Das mag Sie wundern und Ihnen zweifelhaft scheinen. Das Spiel des Kindes, werden Sie sagen, ist etwas Allgemeines; jedes Kind spielt, und das braucht kein Vorspiel des Künstlertums und keine Vorbereitung darauf bedeuten. Natürlich nicht. In den meisten Fällen wird das Infantil-Spielerische durch den organischen Reifeprozess überwunden. Ein gewisser lichtloser Ernst gewinnt die Oberhand, und der Mensch wird dann zum ausgewachsenen Philister. In anderen einzelnen Fällen aber bewahrt das reifende Leben das Infantile – nicht in der pathologischen Form, die eigentlicher Infantilismus wäre, als geistiges Zurückbleiben auf einer primitiven Stufe – sondern das bewahrte Kindliche, der Spieltrieb verbindet sich mit geistiger Reife, ja mit den höchsten Antrieben des Menschen, dem Streben zum Wahren und Guten, dem Drang nach Vollkommenheit, und wird zu dem, was man mit dem Namen der Kunst und des Künstlertums ehrt. Kurz, das Infantile, das Spiel kommt zu *Würden,* – und doch steht es dem Künstler nicht sonderlich an, sich allzu bürgerlich-würdevoll oder hieratisch-feierlich zu verhalten, denn auf dem Grunde seines Wesens liegt das Kindische, Primitive und Spielerische, das, was man eigentlich ›Talent‹ nennt, und ohne das er mit noch so viel Geist und Moral kein Künstler wäre.«

Kinderspiele verlangen Phantasie, und das umso mehr, wenn das Kind dabei, in Ermangelung von Mitspielern, auf sich selbst gestellt bleibt. Thomas Mann hat sich zumeist mit sich selbst abgegeben; er lernt es beizeiten, sich seine eigene Welt einzurichten und mit phantastischem Personal auszustatten, das aus den Büchern herbeizitiert wird. Allerdings sind keine Indianer darunter; zu ihnen hat der Knabe Thomas keinen rechten Zugang. Er bedient sich lieber in der griechischen Mythologie; sein Schaukelpferd heißt Achill, er selbst ist Hermes der Götterbote und Helios der Sonnengott, und in der Gestalt eines zu klein geratenen Zeus steigt er höchstpersönlich auf den Kinderzimmertisch, um als oberster Dienstherr von Himmel und Erde historische Reden an sein Volk zu halten. »Das war ein *sichtbares* Spiel, dessen andere gewahr wurden. Aber es gab unsichtbare, zu denen man des Apparates überhaupt nicht bedurfte, sondern bei denen ich mir mit stiller Genugtuung der unabhängigen Kraft meiner Phantasie bewusst sein mochte, die nichts mir rauben konnte … Ich erwachte zum Beispiel eines Morgens mit dem Entschluss, heute ein achtzehnjähriger Prinz namens Karl zu sein. Ich kleidete mich in eine gewisse liebenswürdige Hoheit, hielt angeregte Zwiesprache mit einem Gouverneur oder Adjutanten, den ich mir einbildungsweise beigab, und ging umher, stolz und glücklich in dem Geheimnis meiner Würde. Man konnte Unterricht haben, spazieren geführt werden oder sich Märchen vorlesen lassen, ohne dass dieses Spiel einen Augenblick unterbrochen zu werden brauchte, und das war das Praktische daran.«

Das Geheimnis der Würde: Im Kinderspiel nimmt es wechselnde Gestalt an, zeigt, dass es einer Entwicklung unterworfen ist, die den Stillstand nur in Ausnahmefällen, dann aber hell und leuchtend in der Bannkraft des erfüllten Augenblicks kennt. Die Phantasie, die sicher auch achtlos mit jeglicher Würde umgehen kann, beweist sich als Würdenträgerin; das Geheimnis indes, das sie immer wieder neu aufbereitet, gilt für den Menschen schlechthin, dem, mag er auch noch so beeindruckende Erkenntnisse von sich selbst gewinnen, sein inneres Sperrgebiet und persönliches Restrisiko bleibt. Für das Kinderspiel ist das Rätselhafte noch, mehr oder weniger, unerheblich, es folgt eigenem Regelwerk, das jederzeit abgewählt werden kann. Thomas Mann nutzt es für die eigenen Zwecke; im Kinderspiel gelingt ihm die zwanglose Einübung in eine später sehr bewusst und dezidiert eingesetzte Dichtkunst, aus der sich ein repräsentativer, mit Vorführeffekten garnierter Lebensstil ableiten ließ.

Wichtigstes, weil anregendstes und vielseitigstes Spiel war das Puppentheater, das sich auch bei anderen Dichtern großer Beliebtheit erfreute: »Es ist merkwürdig, welche Rolle das Puppentheater im Leben angehender Dichter, und zwar durchaus nicht gerade dramatischer Dichter, spielt: man denke an die Bekenntnisse und Erinnerungen Goethe's im ›Wilhelm Meister‹ und Gottfried Kellers im ›Grünen Heinrich‹. Ich liebte dieses Spiel so sehr, dass mir der Gedanke, ihm jemals entwachsen zu können, unmöglich schien. Ich freute mich darauf, wenn ich die Stimme gewechselt haben würde, meinen Bass in den Dienst der sonderbaren Musikdramen zu stellen, die ich bei verschlossenen Türen zur Aufführung brachte, und ich war empört, wenn mein Bruder mir vorhielt, wie lächerlich es sein würde, wenn ich als Bass singender Mann noch vor dem Puppentheater sitzen wollte. Und doch, sitze ich in einem gewissen Sinne nicht noch heute davor? Zwischen Kinderspiel und Kunstausübung ist in meiner Erinnerung kein Bruch, keine scharfe Grenze.«

Thomas Mann wird am 6. Juni 1875 als zweiter Sohn des Kaufmanns und Senators Thomas Johann Heinrich Mann und der »außerordentlich schönen«, aus Brasilien stammenden Julia da Silva-Bruhns in Lübeck geboren. Nach dem Tod des Vaters im Jahre 1891 muss die elterliche Firma aufgelöst werden, da der Senator, wie das Testament enthüllt, seinen Söhnen nicht zutraut, unternehmerisch tätig zu sein. Die Firmenschließung ist mit finanziellem Zugewinn verbunden; der Familie Mann geht es, zumindest was ihre ökonomische Existenzgrundlage betrifft, ein Leben lang gut. Zu seinem älteren Bruder Heinrich, der sich noch vor ihm für eine Künstlerlaufbahn entscheidet, baut Thomas ein besonderes Spannungs- und Konkurrenzverhältnis auf: Zunächst ist Heinrich deutlich erfolgreicher, dann holt der Jüngere, der in der zehnten Klasse das Gymnasium verlässt und keinen ordentlichen Studienabschluss zuwege bringt, merklich auf und avanciert mit seinem Erstlingsroman *Buddenbrooks*, der 1901 in zwei Bänden erscheint und ihm 1929 den Literaturnobelpreis einbringt, zum berühmten Autor.

Thomas Manns literarische Selbstfindung, die von den Kinderspielen auf den Weg gebracht wurde, findet 1897 in Italien, genauer: »in Palestrina in den Sabinerbergen«, statt. Er schreibt die Erzählung »Der kleine Herr Friedemann«, die ein Thema behandelt, das Mann in der Folgezeit nicht mehr losgelassen hat: »Diese melancholische Geschichte des kleinen Buckligen stellt auch insofern einen Markstein in meiner persönlichen Geschichte dar, als sie zum erstenmal ein Grundmotiv anschlägt, das im Gesamtwerk die gleiche Rolle spielt wie die Leitmotive im Einzelwerk. Die Hauptgestalt ist ein von der Natur stiefmütterlich behandelter Mensch, der sich auf eine klug-sanfte, friedlich-philosophische Art mit seinem Schicksal abzufinden weiß und sein Leben ganz auf Ruhe, Kontemplation und Frieden abgestimmt hat. Die Erscheinung einer merkwürdig schönen und dabei kalten und grausamen Frau bedeutet den Einbruch der Leidenschaft in dieses behütete Leben, die den ganzen Bau umstürzt und den stillen Helden selbst vernichtet.«

Keine Existenz fügt sich auf Dauer ganz der Ordnung, die ihr auf-

erlegt wird; eine Überzeugung, die Thomas Mann schon als junger
Mann gewinnt. Es ist keine beruhigende, eher eine zwiespältige
Überzeugung; man kann sich an ihr literarisch abarbeiten, kann ein
Erzählwerk darauf gründen, das den Eindruck erweckt, als sei es aus
sicherer Distanz geschrieben, obwohl eine solche Distanz, wahr-
heitlich, nicht gegeben ist; sie wird nur vorgetäuscht, so wie jede
Lebensordnung nur vorgetäuscht wird, wenn man übersieht, das sie
auf einer willkürlichen Übereinkunft beruht und, notwendigerweise, gefährdet bleibt. Thomas Mann hat diese Gefährdung am
eigenen Leibe gespürt; er weiß um eine heikle Veranlagung in sich
und begegnet ihr mit künstlerischer Wertedisziplin. Die Familie hilft
ihm dabei, mehr noch ein bis ins Kuriose durchreglementiertes
Berufs- und Verfahrensethos, aus dem er schließlich ein gewaltiges
Lebenswerk bezieht, in welchem sein Autor präsent ist und doch
nicht mehr von sich preisgibt als ein versierter Fremdenführer, der
davon ausgehen darf, unentbehrlich zu sein. Die Gefährdung, die
den Menschen begleitet, erweist sich als unverzichtbar; öde und fahl
würde sein Leben, schlaubergerhaft abschnurren im Versorgungs-
trakt, würden ihm nicht gelegentlich der Boden entzogen und bisherige Überzeugungen in Frage gestellt. In Thomas Manns vierbändi-
gem Roman *Joseph und seine Brüder* findet sich das dazugehörige, weit
ausholende Bekenntnis: »Wie geringfügig ist, verglichen mit der Zeitentiefe der Welt, der Vergangenheitsdurchblick unseres eigenen
Lebens! Und doch verliert sich unser auf das Einzelpersönliche und
Intime eingestellte Auge ebenso träumerisch-schwimmend in seinen Frühen und Fernen wie das großartiger gerichtete in denen des
Menschheitslebens – gerührt von der Wahrnehmung einer *Einheit*,
die sich in diesem wiederholt. So wenig wie der Mensch selbst vermögen wir bis zum Beginn unserer Tage, zu unserer Geburt, oder gar
noch weiter zurückzudringen: sie liegt im Dunkel vorm ersten Morgengrauen des Bewusstseins und der Erinnerung – im *kleinen* Durch-
blick sowie im *großen*. Aber beim Beginn unseres geistigen Handelns
gleich, da wir in das Kulturleben eintraten, wie einst die Menschheit
es tat, unseren ersten zarten Beitrag dazu formend und spendend,

stoßen wir auf eine Anteilnahme und Vorliebe, die uns jene Einheit –
und dass es *immer dasselbe* ist – zu heiterem Staunen empfinden und
erkennen lässt: es ist die Idee der *Heimsuchung*, des Einbruchs trunken zerstörender und vernichtender Mächte in ein gefasstes …
Leben. Das Lied vom errungenen, scheinbar gesicherten Frieden
und des den treuen Kunstbau lachend hinfegenden Lebens; von
Meisterschaft und Überwältigung, vom Kommen des fremden Gottes war im Anfang, wie es in der Mitte war. Und in einer Lebensspäte,
die sich im menschheitlich Frühen sympathisch ergeht, finden wir
uns zum Zeichen der Einheit abermals zu jener alten Teilnahme
angehalten.«

Thomas Mann entscheidet sich früh, ganz der Schriftsteller zu
sein, der er schon immer sein wollte. Sein Vorbild, zu dem er häufig
zurücklugt, ist Goethe, der nicht nur Schriftsteller, sondern Groß-
schriftsteller war, ferner ein in sich ruhendes Gesamtkunstwerk und
unanfechtbare moralische Instanz. Das dazugehörige Leben entfaltet sich, nachdem die Stürme der Jugend gelegt wurden, gravitätisch
und mit rechthaberischer Bedachtsamkeit. Ein solches Leben, dem
innere Notwendigkeit keineswegs abzusprechen ist, kann von seiner
äußeren Darstellungs- und Repräsentationsform kaum noch unterschieden werden; es hat den literarischen Geist zu Gast und lässt ihn
nicht mehr gehen.

Thomas Mann wird, nach Goethe, *der* deutsche Dichter schlechthin; er könnte Einzigartigkeit für sich beanspruchen, belässt es
jedoch meist bei launigen Andeutungen. Seine Literatenexistenz ist
breit angelegt; sie dient der Person, steht aber, heißt es, vor allem für
die jeweilige Sache ein. Mit Frau und fünf Kindern kommt er, nimmt
man andere Schicksale zum Vergleich, merkwürdig unangetastet
und ungeschmälert durch politisch brisante Zeiten. 1936 wird er
tschechischer Staatsbürger, 1938 geht er in die USA. Auch dort ist er
gefragt; er bewohnt wiederum ein repräsentatives Anwesen, muss
nicht in eine schäbige Exilantenwohnung ziehen, und der literarische Geist macht gleich wieder Quartier bei ihm. Wahrscheinlich
hätte Goethe, wäre er in seinem Leben gezwungen gewesen, nach

Amerika zu gehen, also ein leibhaftiger »Ausgewanderter« zu sein und nicht nur darüber zu schreiben, ähnlich gewohnt.

Seinen Lebensstil behält Mann bei, egal wo er sich niederlässt; Spott und Kritik, die sich an seinem Gehabe entzünden, konnte er ignorieren. 1944 wird er amerikanischer Staatsbürger. Nach Kriegsende braucht er seine Zeit, bis er Deutschland wieder einen Besuch abstatten mag; zu tief sind die seelischen Wunden, die ihm, dem äußerlich Unantastbaren, in seiner Heimat geschlagen wurden. Er lässt sich in der Schweiz nieder; das letzte große Haus, das er sich auf Erden zulegt, ist wiederum geräumig und ansehnlich und steht in Kilchberg bei Zürich. Als er dort einzieht, hat er längst ein monumentales Lebenswerk zustande gebracht, das nicht nur von schier unglaublichem Fleiß, sondern auch von der Gelassenheit eines Künstlers zeugt, der sich beizeiten davon überzeugt hat, dass sich das große Erzählen auch aus kleinen, fast minderbemittelten Absichten ergeben kann, um dann geradezu herrisch, nach eigenem Gesetz und ohne Rücksicht auf das Kräftemaß des Ausführenden seinen Gang zu nehmen: »Nicht immer sind es die größten Werke, die mit den größten Absichten geschrieben werden. Im Gegenteil halte ich es für die Regel, dass die großen Werke das Ergebnis bescheidener Absichten waren. Der Ehrgeiz darf nicht am Anfang stehen, nicht *vor* dem Werk. Er muss mit dem Werk heranwachsen und diesem mehr angehören als dem Ich des Künstlers. Es ist nichts falscher als der abstrakte und vorsachliche Ehrgeiz an sich und unabhängig vom Werke, der bleiche Ehrgeiz des Ich.« Das Werk bricht sich selber Bahn und findet seine Entsprechung in der »eigentümlich ahnende(n) Seelenverfassung des werdenden Autors, aller werdenden Autoren: dieses geheime Wissen um das Vorhandensein von Kräften, die wohl ihre Zeit brauchen mögen, aber unerschütterlich vorhanden sind«.

Wollte man spöttisch sein, so wie es viele waren, die sich an Thomas Mann rieben, der eine Größe hatte, die, aufgrund seiner Außendarstellung, erreichbar schien, bei jeder Annäherung aber zusätzliches Volumen bekam, könnte man sagen, dass er sich zum

Vollzugsbeamten seiner selbst machte; er verstand sich auf das Wundersame, auf den Funkenflug der Gedanken, das Tiefe ebenso wie auf den scheinbar oberflächlichen Literaturdienst nach Vorschrift. Und: Er konnte warten. »Ich ›erlebe‹ keine Sensationen; im Gegenteil möchte ich sagen: mein Verhältnis zu den Eindrücken des Lebens ist wesentlich passiv, ein unbewusstes Aufnehmen, irgendwie sickern die optischen und akustischen Wahrnehmungen in mich ein, bildet sich in mir ein Fundus menschlicher Züge und Besonderheiten, aus dem ich, wenn die produktive Gelegenheit kommt, schöpfen kann.« Aus dem Fundus menschlicher Züge und Besonderheiten zog Thomas Mann eine Betrachtungsweise ab, die ihn, mit geschärftem Daseinsblick, Einheit und Heimsuchung gerade dort ausfindig machen ließ, wo sich, in der Summe des Lebens, eigentlich nur noch schiere Notwendigkeit zu erkennen gab: »Das Leben, auch das Künstler- und Schriftstellerleben, ist kein Plan, der ausgeführt wird, es ist die Entwicklung eines Vorgegebenen, die sich vollzieht, und wie es mit einem gehen wird, darauf kann man in der Jugend nur ein dunkles Vertrauen haben; wie es mit uns gegangen ist, das kann man im Alter nur nachdenklich überschauen.«

Gerade der Altersrückblick, von dem man gerne annimmt, er sei gleichsam automatisch mit jener Altersweisheit getränkt, der traditionell unsere Hochachtung gilt, beseitigt liebgewordene Illusionen; zu ihnen gehört auch die Wertschätzung der Individualität. Da jeder Mensch einzigartig ist, verliert sich seine Einzigartigkeit an der der anderen; das individuelle Sein wird abgeschliffen: »Alles Leben ist Wiederkehr und Wiederholung, und der sogenannte ›Charakter‹ des Individuums eine mythische Rolle, die in der Illusion origineller Einmaligkeit gespielt wird, gleichsam nach eigenster Erfindung und auf eigene Hand, mit einer Sicherheit, die der Spieler aber nicht aus seiner vermeintlichen Erst- und Einmaligkeit schöpft, sondern im Gegenteil aus dem tieferen Bewusstsein, dass etwas schon Gewesenes, Erwiesenes und Gültiges mit ihm wieder am Lichte ist und Gegenwart wird. Wie wir uns bei bestimmten Anlässen bewegen und benehmen, in welche Formen wir unsere Gefühle und Gedanken kleiden – das ist nicht erstmalige Improvisation, sondern – mehr oder weniger dunkle – Erinnerung, Rückbeugung in die unendliche Abfolge von Vergangenheiten, in die Zeitkulissen, die dem grübelnden Blick immer weiter zurückweichen, ohne dass er ihnen jemals ›auf den Grund zu kommen‹ vermöchte.«

Dem Blick zurück, dem grübelnden zumal, bleibt die Zeit auffällig und als Bedachtsamkeitspol gegeben. Der Zeit sind wir unterworfen, auch wenn wir uns in ihr festen Stand zu sichern suchen, der sich am Fraglosen, am Hochglanz freigestellter Momente orientiert. In Gedanken kann sich der Mensch der Zeit entheben, das ist leichter, als man meint; er wird allerdings, aus seinen Besinnungsoasen im Kopf, unfreundlich-schmerzlich in die zeitliche Dürre zurückversetzt, wenn er sich klarmachen muss, dass er altert. Der Alterungsprozess ist, bisher jedenfalls, jene Maske der Zeit, die sich nicht absetzen oder austauschen lässt; er bildet unsere zweite Haut auf der ersten. Darüber kann man klagen oder verrückt werden; es hilft nichts, und es ist auch nicht schlimm, denn Vergänglichkeit will nicht schrecken, sie will angenommen sein: Thomas Mann setzt sie sich als notwendige Herausforderung vor, die er für gewinnbringend hält. »Zeit muss man haben«, lässt er seinen Goethe im Roman sagen. »Zeit ist Gnade, unheroisch und gütig, wenn man sie nur ehrt und sie emsig erfüllt; sie besorgt es im Stillen, sie bringt die dämonische Intervention ...« Und in einer Selbstauskunft fügt er hinzu: »Vergänglichkeit ist ... die Seele des Seins, ist das, was allem Leben Wert, Würde und Interesse verleiht, denn sie schafft Zeit, – und Zeit ist, wenigstens potentiell, die höchste, nutzbarste Gabe, in ihrem Wesen verwandt, ja identisch mit allem Schöpferischen und Tätigen, aller Regsamkeit, allem Wollen und Streben, aller Vervollkommnung, allem Fortschritt zum Höheren und Besseren. Wo nicht Vergänglichkeit ist, nicht Anfang und Ende, Geburt und Tod, da ist keine Zeit, – und Zeitlosigkeit ist das stehende Nichts, so gut und schlecht wie dieses, das absolut Uninteressante.«

Das Nichts aber kann auch, einer bedeutenden Gedankenfigur des deutschen Idealismus zufolge, als sein unbestimmtes und dennoch tragfähiges Gegenteil gedacht werden, als das Sein nämlich, was zum Beispiel dem »stehende(n) Nichts« Thomas Manns zur Schwere verhelfen, seine Zeitlosigkeit anreichern würde, so dass wir, einmal mehr, den erfüllten Augenblick vor uns hätten; in ihm wäre die »Zeitlosigkeit« nicht mehr »das absolut Uninteressante«, sondern das absolut Interessante. Ohne Zeitlichkeit, die mal lockt und mal droht und sogar ihre eigene Demontage variantenreich durchzuspielen weiß, verliert sich die künstlerische Produktivität an langer Weile und verbrämter Belanglosigkeit; es ist demnach eine Kunst, vergänglich zu sein – und das Beste daraus zu machen: »Zu den wesentlichsten Eigenschaften, welche den Menschen von der übrigen Natur unterscheiden, gehört das Wissen von der Vergänglichkeit, von Anfang und Ende und also von der Gabe der Zeit, – diesem so subjektiven, so eigentümlich variablen, nach seiner Nutzbarkeit so ganz dem Sittlichen unterworfenen Element, dass sehr wenig davon sehr viel sein kann. Es gibt ferne Himmelskörper, deren Materie von so unglaublicher Dichtigkeit ist, dass ein Kubikzoll davon bei uns zwanzig Zentner wiegen würde. So ist es mit der Zeit schöpferischer Menschen; sie ist von anderer Struktur, anderer Dichtigkeit, anderer Ergiebigkeit als die locker gewobene und leicht verrinnende der Mehrzahl … Die Beseeltheit des Seins von Vergänglichkeit gelangt im Menschen zu ihrer Vollendung.«

Auch das ist in seinen Grundzügen von Goethe her gedacht; er nämlich, Goethe, holte die Welt ein, vereinnahmte sie, hielt sie besetzt vor dem Prägegrund abstreichender Vergänglichkeit; nur so, im Licht, das gegeben wird und empfangen, war ihm Selbstfindung und Selbstbestätigung möglich. Am Abglanz haben wir das Leben, wusste Goethe und wollte bis zuletzt nicht nachgeben und nicht unterliegen. Thomas Mann hat es ihm gleichgetan, er bleibt mit seinem Vorbild auf so vertrautem Fuße, dass er an seiner Seite noch einmal das Spiel zu Würden gebracht hat: Er macht sich den literarischen Spaß, Goethes *Lotte in Weimar* zu begleiten, eine alte Dame, die, da sie merkwürdig klug geworden ist und mit dem Vergänglichen keine Probleme mehr hat, eine Devise verkünden darf, die ihr wohl gleich von beiden Herren, vom Geheimen Rat Goethe und seinem Mann, eingeflüstert worden sein könnte: »Der Erinnerung zu leben, ist eine Sache des Alters und des Feierabends nach vollbrachtem Tagwerk. In der Jugend damit zu beginnen, das ist der Tod.« Und wahrscheinlich hätte Goethe in Amerika ähnlich wie sein Nachfolger Thomas Mann gedacht, der 1938, als er erstmals ins »überhelle« Kalifornien kam, seinem Tagebuch mitteilte: »Es ist ja wie immer. Ein Tisch ist da, ein Sessel mit Lampe zum Lesen, eine Bücherreihe auf der Konsole, – und ich bin allein. Was verschlägt es, dass ich ›weit weg‹ bin? Weit weg wovon? Etwa von mir? Unser Zentrum ist in uns. Ich habe die Flüchtigkeit äußerer Sesshaftigkeit erfahren. Wo wir sind, sind wir ›bei uns‹. Was ist Heimatlosigkeit? In den Arbeiten, die ich mit mir führe, ist meine Heimat. Vertieft in sie, erfahre ich alle Traulichkeit des Zuhauseseins. Sie sind Sprache, deutsche Sprache und Gedankenform, persönlich entwickeltes Überlieferungsgut meines Landes und Volkes. Wo ich bin, ist Deutschland.«

Mehr Sehnsucht als Erfüllung

Hesse und die Stufen des Lebens

Er ist einer der weltweit erfolgreichsten deutschen Schriftsteller, seine Werke werden in den USA gelesen, in El Salvador, Usbekistan, Neuseeland und China. Zudem hat er, meist unfreiwillig, ganze Generationen mit bekennender Literatur versorgt, allen voran die Hippies der sechziger und siebziger Jahre, die sich speziell um seinen Roman *Der Steppenwolf* (1927) scharten, der wiederum einer (damals) erfolgreichen Rockband zu ihrem Namen und einem Song verhalf, in dem sich das Lebensgefühl der Aussteiger widerspiegelte (»Born to be wild«). Die hiesigen, eher zahmen Hesse-Puristen hielten das für ein Missverständnis, aber das war es nicht: Ihr Dichter nämlich verstand sich durchaus aufs Aussteigen, er probte die Selbstfindung, die unzählige Varianten kennt und doch an kein Ziel kommt, das über jeden Zweifel erhaben wäre. Vom »unfruchtbar einsamen Virtuosentum des Künstlers« hielt Hesse wenig: Zwar lobte er den »Eigensinn«, wusste aber auch um die Notwendigkeit, »das persönliche Leben und Tun einem überpersönlichen Ganzen, einer Idee, einer Gemeinschaft einzuordnen«.

Hermann Hesse stammt aus kleinbürgerlichen Verhältnissen; die Eltern sind fromm und wollen den Sohn zum Theologen ausbilden lassen. Der aber möchte seine Kindheit zunächst gar nicht verlassen: Die Heimatstadt Calw, die er in seinen Werken später Gerbersau nennt, erklärt er kurzerhand zur »schönsten Stadt zwischen Neapel, Wien und Singapore«. Dort kennt er sich so gut aus, dass es auch für später noch reicht: »Ich wusste Bescheid in unsrer Vaterstadt, in den Hühnerhöfen und in den Wäldern, in den Obstgärten und in den Werkstätten der Handwerker, ich kannte die Bäume, Vögel und Schmetterlinge, konnte Lieder singen und durch die Zähne pfeifen, und sonst noch manches, was fürs Leben von Wert ist …«

Es ist ein Stück zeitlose Heimat, das Hesse für sich gewinnt; in der Erinnerung bleibt sie ihm greifbar, auch wenn die zugehörigen Bilder mit dem Alter etwas Staub ansetzen und Mühe haben, sich gegen jüngere Eindrücke zu behaupten. Nach einem Wiedersehen mit seiner Geburtsstadt, da ist er immerhin schon 41 Jahre alt, schreibt er: »Wenn ich jetzt wieder eine Viertelstunde auf der Brückenbrüstung sitze, über die ich als Knabe tausendmal meine Angelschnur hinabhängen hatte, dann fühle ich tief und mit einer wunderlichen Ergriffenheit, wie schön und merkwürdig dies Erlebnis für mich war: einmal eine Heimat gehabt zu haben! Einmal an einem kleinen Ort der Erde alle Häuser und ihre Fenster und alle Leute dahinter gekannt zu haben! Einmal an einen bestimmten Ort dieser Erde gebunden gewesen zu sein, wie der Baum mit Wurzeln und Leben an seinen Ort gebunden ist.« Dieses Gefühl hält an und lässt sich im Alter, sofern man gesund geblieben ist, noch einmal vertiefen, ja nun erst richtig wertschätzen; Zeit und Raum spielen keine Rolle mehr, die Entfernungen schrumpfen auf wehmütiges Gedankenformat: »Je mehr das Alter mich einspinnt, je unwahrscheinlicher es wird, dass ich die Heimat der Kinder- und Jünglingsjahre noch einmal wiedersehe, desto fester bewahren die Bilder, die ich von Calw und von Schwaben in mir trage, ihre Gültigkeit und Frische. Wenn ich als Dichter vom Wald oder vom Fluss, oder vom Wiesental, vom Kastanienschatten oder Tannenduft spreche, so ist es der Wald von Calw, ist es die Calwer Nagold, sind es die Tannenwälder und die Kastanien von Calw, die gemeint sind, und auch Marktplatz, Brücke und Kapelle, Bischofstraße und Ledergasse, Brühl und Hirsauer Wiesenweg sind überall in meinen Büchern, auch in denen, die nicht ausdrücklich sich schwäbisch geben, wiederzuerkennen, denn alle diese Bilder und hundert andre haben einst dem Knaben als Urbilder Hilfe geleistet, und nicht irgendeinem Begriff von ›Vaterland‹, sondern eben diesen Bildern bin ich zeitlebens treu und dankbar geblieben, sie haben mich und mein Weltbild formen helfen, und sie leuchten mir heute noch inniger und schöner als je in der Jugendzeit.«

Schon früh fasst der Knabe Hesse einen für ihn naheliegenden Plan: »Von meinem dreizehnten Jahr an war mir … klar, dass ich entweder ein Dichter oder gar nichts werden wolle.« Dabei kommt ihm eine Anregung zugute, die sich, wie andere unauffällige Inspirationen auch, eher beiläufig einstellt, dafür aber umso nachhaltiger wird: »In unserem Schullesebuch, das wir als zwölfjährige Lateinschüler hatten, standen die üblichen Gedichte und Geschichten, die Anekdoten von Friedrich dem Großen und Eberhard im Barte, und alles las ich gern, aber mitten zwischen diesen Sachen stand etwas anderes, etwas Wunderbares, ganz und gar Verzaubertes, das Schönste, was mir je im Leben begegnet war. Es war ein Gedicht von Hölderlin, das Fragment *Die Nacht*. Oh, diese wenigen Verse, wie oft habe ich sie damals gelesen, und wie wunderbar und heimlich Glut und auch Bangigkeit weckend war dies Gefühl: das ist Dichtung! Das ist ein Dichter!« Es sind nur vier Zeilen, die Hesse den Kopf verdrehen und eine Ahnung vom großen Geheimnis anklingen lassen, in das jedes Leben eingesponnen bleibt: »… die Nacht kommt,/ Voll mit Sternen und wohl wenig bekümmert uns,/ Glänzt die Erstaunende dort, die Fremdlingin unter den Menschen/ Über Gebirgshöhn traurig und prächtig herauf.« Als der Zauber sich gelegt hat und doch nicht vorbei ist, schreibt Hesse: »Nie mehr, so viel und begeistert ich auch als Jüngling las, haben Dichterworte mich so völlig bezaubert, wie diese damals den Knaben.«

Im Herbst 1891 wird Hesse ins Klosterseminar Maulbronn gegeben, wo es ihm anfangs ganz gut gefällt; sein anfänglicher Elan lässt jedoch nach. Er reißt aus, irrt »23 Stunden in Württemberg, Baden und Hessen herum«, schläft »auf freiem Feld bei 7 Grad minus«, bis ihn Landjäger aufgreifen und zurückbringen. Die Lehrer gehen vergleichsweise milde mit ihm um, er bekommt »wegen unerlaubten Entweichens aus der Anstalt« nur acht Stunden Karzer. Danach fühlt er sich »so müde, kraft- und willenlos ... Meine Füße sind immer eiskalt, während es ganz innen im Kopf brennt ... Ich möchte hingehn wie das Abendrot«. Es lässt sich nicht verbergen: Hesse geht es schlecht, er hat Depressionen. Die nächste Zeit gleicht einer Irrfahrt: Er verlässt Maulbronn, wird der Obhut eines Gebetsheilers in Bad Boll übergeben, was ihm aber nicht bekommt. Wenig später sieht er sich in eine unglückliche Liebe verstrickt, die ihn so belastet, dass er einen Selbstmordversuch unternimmt. Auch in der Nervenheilanstalt Stetten, der er ab Mai 1892 übergeben wird, kann man ihm nicht helfen. Zwei weitere Schulversuche folgen, die ebenso abgebrochen werden wie eine Buchhändlerlehre in Esslingen. Danach aber, als alles schon aussichtslos erscheint, ist er über den Berg. Im Frühsommer 1894 wird er Praktikant einer Werkstatt für Turmuhren in Calw. Diese Arbeit macht ihm Spaß, er findet langsam wieder zu sich selbst, wozu auch die Lesewut beiträgt, die in ihm angestaut ist; wann immer es seine Zeit erlaubt, liest er, was ihm an Büchern in die Hände fällt. Im Mai 1895 erklärt Hesse seine Krise, die er später in seinem zweiten Roman *Unterm Rad* beschreibt, für beendet: »Die böse Zeit voll Zorn und Hass und Selbstmordgedanken liegt hinter mir, immerhin hat sie mein dichterisches Ich ausgebildet; die tollste Sturm- und Drangzeit ist glücklich überwunden.«

Von 1895 bis 1903 betätigt er sich als Buchhändler in Tübingen und Basel. Er veröffentlicht Gedichte und Kurzprosa. 1904 erscheint sein erster Roman *Peter Camenzind* und macht ihn bekannt. Die Botschaft dieses Buches ist jugendbewegt und altersweise zugleich; im Rückblick schreibt Hesse: »Ich hatte ... den Wunsch, in einer größeren Dichtung den heutigen Menschen das großzügige, stumme Leben der Natur nahe zu bringen und lieb zu machen. Ich wollte sie lehren, auf den Herzschlag der Erde zu hören, am Leben des Ganzen teilzunehmen und im Drang ihrer kleinen Geschicke nicht zu vergessen, dass wir nicht Götter und von uns selbst geschaffen, sondern Kinder und Teile der Erde und des kosmischen Ganzen sind.« Das könnten viele Leute wohl heute noch unterschreiben, und tatsächlich hat sich Hesse schon früh einem zeitlosen Verständigungsprogramm von Mensch und Natur verpflichtet, dem literarische Moden nicht viel anhaben können. Es sieht den Dichter als Mahner, der mit den Mitteln der Poesie in Erinnerung ruft, was in geschäftiger Gegenwart vergessen zu werden droht: »Ich wollte daran erinnern, dass gleich den Liedern der Dichter und gleich den Träumen unsrer Nächte auch Ströme, Meere, ziehende Wolken und Stürme Symbole und Träger der Sehnsucht sind, welche zwischen Himmel und Erde ihre Flügel ausspannt und deren Ziel die zweifellose Gewissheit vom Bürgerrecht und von der Unsterblichkeit alles Lebenden ist.« Der junge Hesse begibt sich auf die Suche nach einer Wahrheit, an die der Mensch sich halten kann, auch wenn es unmenschlich zugeht und seine persönlichen Hoffnungen ein ums andere Mal enttäuscht werden. Diese Wahrheitssuche kommt im Leben jedoch nicht an ein Ende, weiß der alte Hesse, und ist damit nicht viel schlauer als in jungen Jahren. Dennoch kann man hinzulernen, kann aus Erfahrung sogar einigermaßen glücklich werden, was sich auch in einer Art Botschaft zusammenfassen lässt: »Ich wollte … die Menschen lehren, in der brüderlichen Liebe zur Natur Quellen der Freude und Ströme des Lebens zu finden; ich wollte die Kunst des Schauens, des Wanderns und Genießens, die Lust am Gegenwärtigen predigen. Gebirge, Meere und grüne Inseln wollte ich in einer verlockend mächtigen Sprache zu euch reden lassen und wollte euch zwingen, zu sehen, was für ein maßlos vielfältiges, treibendes Leben außerhalb eurer Häuser und Städte täglich blüht und überquillt … Ich wollte euch erzählen, welche goldene Kette unvergesslicher Genüsse ich Einsamer und Schwerlebiger in dieser Welt gefunden hatte, und wollte, dass ihr, die ihr vielleicht glücklicher und froher seid als ich, mit noch größeren Freuden diese Welt entdecket.« Dass er in seinem Erstlingsroman *Peter Camenzind* bereits die Motive versammelt, die sich auch seinen späteren Arbeiten wiederfinden, hat Hesse selbst bestätigt: »Ich glaube, hier haben wir den Anfang des roten Fadens gefunden, der durch mein ganzes Werk geht. Ich bin zwar nicht bei der etwas kauzigen Eremitenhaltung Camenzinds geblieben, ich habe mich im Laufe meiner Entwicklung den Problemen der Zeit nicht entzogen und nie … im elfenbeinernen Turme gelebt, aber das erste und brennendste meiner Probleme war nie der Staat, die Gesellschaft oder die Kirche, sondern der einzelne Mensch, die Persönlichkeit, das einmalige, nicht normierte Individuum.«

Obwohl der literarische Erfolg in seinem Ausmaß überraschend kommt, hat Hesse ihn doch insgeheim erwartet; er kann nun ganz und gar Schriftsteller sein. Er heiratet die Fotografin Maria Bernoulli, zieht nach Gaienhofen am Bodensee. Obwohl er ein »Gefühl von Sesshaftigkeit« hat und dem »hübschen Traum« anhängt, »mir … etwas wie Heimat schaffen … zu können«, ist eine merkwürdige Unruhe in ihm: »Ich hatte mir als junger Mensch das Mannesalter ganz anders vorgestellt. Nun ist es auch wieder ein Warten, Fragen und Unruhigsein, mehr Sehnsucht als Erfüllung. Die Lindenblüten duften, und Wanderburschen, Sammelweiber, Kinder und Liebespaare scheinen alle einem Gesetz zu gehorchen und wohl zu wissen, was sie zu tun haben. Nur ich weiß nicht, was ich zu tun habe …«

Hesse reist nach Italien (1904) und Indien (1911), dessen Geisteswelt ihn beeindruckt. Dennoch bleibt er ein Einzelgänger mit Familienanschluss; er hat drei Kinder, ist dreimal verheiratet, reißt sich aber immer wieder los, wenn er Einengung spürt: »In meinem Leben haben stets Perioden einer hochgespannten Sublimierung, einer auf Vergeistigung zielenden Askese abgewechselt mit Zeiten der Hingabe an das naiv Sinnliche, ans Kindliche, Törichte, auch ans Verrückte und Gefährliche. Jeder Mensch hat das in sich.« Auch seine Bücher erzählen gern von den Vorzügen und Gefährdungen des Einzelgängers: »Beinahe alle Prosadichtungen, die ich geschrieben habe, sind Seelenbiographien, in allen handelt es sich nicht um Geschichten, Verwicklungen und Spannungen, sondern sie sind im Grunde Monologe, in denen eine einzige Person – wie Peter Camenzind,

Knulp, Demian, Siddharta, Harry Haller [*Der Steppenwolf*] – in ihren Beziehungen zur Welt und zum eigenen Ich betrachtet wird.« Was Hesse über seinen Romanhelden Peter Camenzind sagt, der ihn in die Erfolgsspur brachte, gilt, mit Abstrichen, auch für ihn selbst: »Er strebt von der Welt und Gesellschaft zur Natur zurück, er wiederholt im kleinen die halb tapfere, halb sentimentale Revolte Rousseaus, er wird auf diesem Wege zum Dichter.« Zu Beginn des Ersten Weltkriegs meldet sich Hesse als Freiwilliger; man will ihn aber nicht haben, denn er ist schwer kurzsichtig. Der Dichter Hesse wird immer pazifistischer; er betätigt sich in der Kriegsgefangenenfürsorge und nervt seine Landsleute mit mahnenden Texten, die ihm mehrheitlich heftige Beschimpfungen einbringen. Hesse fühlt sich als »der Ausgestoßene«, was auch ein gleichnamiges Gedicht jener Zeit zum Ausdruck bringt: »Jahre ohne Segen,/ Sturm auf allen Wegen,/ Nirgend Heimatland,/ Irrweg nur und Fehle!/ Schwer auf meiner Seele/ Lastet Gottes Hand.«

Im Mai 1919 zieht Hesse nach Montagnola im Tessin, ein »kleines, verschlafenes Dorf inmitten von Rebbergen und Kastanienwäldern«, das zu seiner eigentlichen Heimat wird. Der Sommer, der auf den Mai folgt, ist ein heißer, rauschhafter Sommer, der ihm neuen Lebensmut gibt: »… ich bin nicht gestorben. Also nochmals dreht sich Erde und Sonne für mich, … und noch lange spiegelt sich Blau und Wolke, See und Wald in meinem lebendigen Blick, nochmals gehört mir die Welt, nochmals spielt sie auf meinem Herzen ihre vielstimmige Zaubermusik.« Die Bildermacht dieses Sommers, den er später die »vollste, üppigste, fleißigste und glühendste« Zeit seines Lebens nennt, gibt er an einen Romanhelden weiter, den Maler Klingsor, der davon gar nicht genug bekommen kann: »Die heißen Tage, so lang sie waren, loderten weg wie brennende Fahnen, den kurzen schwülen Mondnächten folgten kurze schwüle Regennächte, wie Träume schnell und mit Bildern überfüllt fieberten die glänzenden Wochen dahin … Unter ihm sank tief und schwindelnd der alte Terrassengarten hinab, ein tief durchschattetes Gewühl dichter Baumwipfel … Über der Baumschwärze schimmerten blassspiegelnd die großen blechernen Blätter der Sommermagnolien, riesige schneeweiße Blüten dazwischen halbgeschlossen, groß wie Menschenköpfe, bleich wie Mond und Elfenbein, von denen durchdringend und beschwingt ein inniger Zitronengeruch herüberkam.« Hesse hat inzwischen selbst angefangen zu malen: »Die glühenden Tage wanderte ich durch die Dörfer und Kastanienwälder, saß auf dem Klappstühlchen und versuchte, mit Wasserfarben etwas von dem flutenden Zauber aufzubewahren, die warmen Nächte saß ich bis zu später Stunde, bei offenen Türen und Fenstern in Klingsors Schlösschen und versuchte, etwas erfahrener und besonnener, als ich es mit dem Pinsel konnte, mit Worten das Lied dieses unerhörten Sommers zu singen.«

1923 erhält Hesse die Schweizer Staatsbürgerschaft. Zwischen den beiden Weltkriegen nutzt er seine wachsende Berühmtheit, um politisch Einfluss zu nehmen; er tut dies auf seine persönliche Art, indem er unzählige Briefe an junge Deutsche schreibt, denen er ins Gewissen redet. Das an sich ist schon eine Fleißleistung; hinzu kommen die Bücher, die er veröffentlicht, unter anderem *Demian* (1919), den Indien-Roman *Siddharta* (1922), *Sinclairs Notizbuch* (1923), *Kurgast* (1925), *Der Steppenwolf* (1927), *Betrachtungen, Krisis* (1928), *Narziß und Goldmund* (1930).

1942, mitten im Krieg, beendet Hesse seinen Roman *Das Glasperlenspiel*, vielleicht sein reichhaltigstes Werk, das »den Widerstand des Geistes gegen die barbarischen Mächte zum Ausdruck bringen« will und sich, erstaunlich genug, denn der Kampf gegen ebendiese barbarischen Mächte ist ja noch nicht gewonnen, zu einer »Heiterkeit« bekennt, »die ja nichts anderes ist als Tapferkeit, als ein heiteres, lächelndes Schreiten und Tanzen mitten durch die Schrecken und Flammen der Welt …«. Hesses anspruchsvoll gedachte Heiterkeit findet ihre Beglaubigung nicht in der Tagespolitik, auch nicht im persönlichen Krisenmanagement einer einzelnen Existenz, sondern in der Ideenvorgabe des Allgemeinmenschlichen: »Diese Heiterkeit ist weder Tändelei noch Selbstgefälligkeit, sie ist höchste Erkenntnis und Liebe, ist Bejahen aller Wirklichkeit, Wachsein am Rand aller

Tiefen und Abgründe, sie ist eine Tugend der Heiligen und der Ritter, sie ist unstörbar und nimmt mit dem Alter und der Todesnähe nur immer zu. Sie ist das Geheimnis des Schönen und die eigentliche Substanz jeder Kunst … Auch wenn ganze Völker und Sprachen die Tiefe der Welt zu ergründen suchen, in Mythen, Kosmogonien, Religionen, ist das Letzte und Höchste, was sie erreichen können, diese Heiterkeit.«

In einen solchen Gemütszustand kann man sich jedoch, wenn überhaupt, nur im Alter versenken, und gerade dann bleibt ein Ende abzusehen. Hesse hat die von ihm so ehrfürchtig beschworene Heiterkeit denn auch weniger realistisch als idealistisch gesehen, sie dient ihm als Resonanzboden für einen Erkenntnisgang, der sich seiner Sache nie sicher sein kann und deswegen immer schon über sich hinausweist. »Mein Leben …«, lässt er den Magister Ludi Josef Knecht im Roman *Das Glasperlenspiel* sagen, »sollte ein Transzendieren sein, ein Fortschreiten von Stufe zu Stufe, es sollte ein Raum um den andern durchschritten und zurückgelassen werden, so wie eine Musik Thema um Thema, Tempo um Tempo erledigt, abspielt, vollendet und hinter sich lässt, nie müde, nie schlafend, stets wach, stets vollkommen gegenwärtig.« Eine Gewissheit, in der wir uns einhausen könnten, um auf Dauer behütet und abgesichert zu sein, ist für uns nicht vorgesehen: »Es gibt die Wahrheit, mein Lieber! Aber die ›Lehre‹, die du begehrst, die absolute, vollkommene und allein weise machende, die gibt es nicht. Du sollst dich auch gar nicht nach einer vollkommenen Lehre sehnen, Freund, sondern nach Vervollkommnung deiner selbst. Die Gottheit ist in dir, nicht in den Begriffen und Büchern. Die Wahrheit wird gelebt, nicht doziert.« Dazu passt, dass Hesse, den seine zahlreichen Verehrer auch als Lebensberater in Anspruch nehmen wollen, es ablehnt, Patentrezepte auszugeben; er ist ein Wahrheitssucher, kein Wahrheitsverkünder: »Ich kann Ihnen keine Fragen beantworten, ich kann meine eigenen Fragen nicht beantworten. Ich stehe ebenso ratlos und ebenso bedrückt vor der Grausamkeit des Lebens wie Sie. Dennoch habe ich den Glauben, dass die Sinnlosigkeit überwindbar sei, indem ich immer wieder meinem Leben doch einen Sinn setze. Ich glaube, dass ich für die Sinnhaftigkeit oder Sinnlosigkeit des Lebens nicht verantwortlich bin, dass ich aber dafür verantwortlich bin, was ich selber mit meinem eigenen, einmaligen Leben anfange.«

Nach dem Krieg wird Hesse mit hohen Ehren bedacht: Er erhält im gleichen Jahr den Goethe-Preis und den Nobelpreis für Literatur (1946). Seinen Ruhm, der ja zuvor schon nicht gering war, hat das noch einmal befördert, bis hin zur fortgesetzten Belästigung: Am Eingang zu seinem Haus bringt er ein Schild an: »Bitte keine Besuche!«; genützt hat es nicht viel. Und auch, dass er auf poetische Weise um Schonung ersucht, vermag die zur Verehrung entschlossenen Zeitgenossen nicht zu beeindrucken: »*Worte des Meng Hsiä (alt chinesisch)*. – Wenn Einer alt geworden ist und das Seine getan hat, steht ihm zu, sich in der Stille mit dem Tode zu befreunden. Nicht bedarf er der Menschen. Er kennt sie, er hat ihrer genug gesehen. Wessen er bedarf, ist Stille. Nicht schicklich ist es, einen Solchen aufzusuchen, ihn anzureden, ihn mit Schwatzen zu quälen. An der Pforte seiner Behausung ziemt es sich vorbeizugehen, als wäre sie Niemandes Wohnung.«

Größere Prosaschriften veröffentlicht Hesse zuletzt nicht mehr, seine Sehkraft lässt nach, er erkrankt an Leukämie. Was er noch schreibt, sind vor allem Gedichte, die vom Bleibenden sprechen, von ehrwürdigen Gewissheiten, Hoffnungen, von der Antwort des Lebens auf den Tod. In seinem bekanntesten Gedicht »*Stufen*«, das altgediente Hesse-Fans Wort für Wort und mit leuchtendem Blick hersagen können, heißt es: »… Wir sollen heiter Raum um Raum durchschreiten,/ An keinem wie an einer Heimat hängen,/ Der Weltgeist will nicht fesseln uns und engen,/ Er will uns Stuf' um Stufe heben, weiten./ Kaum sind wir heimisch einem Lebenskreise/ Und traulich eingewohnt, so droht Erschlaffen;/ Nur wer bereit zu Aufbruch ist und Reise,/ Mag lähmender Gewöhnung sich entraffen./ – Es wird vielleicht auch noch die Todesstunde/ Uns neuen Räumen jung entgegen senden,/ Des Lebens Ruf an uns wird niemals enden…/ Wohlan denn, Herz, nimm Abschied und gesunde!«

Hesse war der Dichter »des gegenbürgerlichen Mutes« (Alfred Wolkenstein); er besaß ein »erlesenes Gefühl für das Angemessene, für Zurückhaltung, für Harmonie und … den inneren Zusammenhang der Dinge« (André Gide). Seine Leser wissen das noch immer zu schätzen; sie mögen einen Autor, der es ehrlich mit ihnen meint und dafür in Kauf nahm, von selbstgefälligen Kritikern abgestraft zu werden.

Als ein Schweben

Kafka und das nicht gelebte Leben

Um den gewöhnlichen Erkenntnisvorgang, auch um den sogenannten gesunden Menschenverstand, mit dessen Hilfe wir ganz ordentlich durch das uns zugemutete Geschehen finden, machen wir uns nicht mehr Gedanken als unbedingt nötig, was durchaus nützlich ist, denn die alltägliche Orientierung, das Wechselspiel von Frage und Antwort, von Tun und Lassen bedeutet Arbeit genug; man muss sie nicht unbedingt hinterfragen, es sei denn, man ist ein Philosoph, dem gerade das Nichtstaunenswerte besonders staunenswert vorkommt. Nun gibt es aber weit mehr Philosophen, als man meint; die einfache Nachdenklichkeit ist kein Privileg für hochkomplizierte Charaktere, womit sich bereits andeutet, dass im Grunde genommen alles, was ist, zum Gegenstand von Neugier und Bedenken werden kann. Die üblichen Antworten, auch die üblichen Verdächtigen genügen dann nicht; man will mehr, eigentlich sogar: alles wissen. Der Dichter Franz Kafka war ein solcher Mensch, der kein Genügen finden konnte: nicht an sich selbst, nicht an der Welt, aber, was schwerer wog, auch nicht an den normalen Erkenntnisvorgängen, die eine Realität voraussetzen und ein Wissen, das sich an ebendieser Realität bedient und abarbeitet. Kafka musste schon früh erleben, dass er in das gewöhnliche Wirklichkeitsverständnis nicht hineinzufinden vermochte; aus den Antworten, die er erhielt, gewann er, anders als seine Mitmenschen, keine einsehbaren Gewissheiten, sondern bestenfalls neue Fragen. In einer seiner frühen Erzählungen, *Beschreibung eines Kampfes*, hat er erstmalig anzudeuten versucht, wie sich ihm das Gegebene gerade dann zu entziehen beginnt, wenn scheinbar alles in Ordnung ist: »Ich hoffe von Ihnen zu erfahren, wie es sich mit den Dingen eigentlich verhält, die um mich wie ein Schneefall versinken, während vor andern schon ein kleines Schnapsglas auf dem Tisch fest wie ein Denkmal steht ... Sie glauben nicht daran, dass es andern Leuten so geht? Wirklich nicht? Ach, hören Sie doch! Als ich, ein kleines Kind, nach einem kurzen Mittagsschlaf die Augen öffnete, hörte ich, meines Lebens noch nicht ganz sicher, meine Mutter in natürlichem Ton vom Balkon hinunterfragen: ›Was machen Sie, meine Liebe? Ist das aber eine Hitze!‹ Eine Frau antwortete aus dem Garten: ›Ich jause so im Grünen.‹ Sie sagten es ohne Nachdruck und nicht besonders deutlich, als hätte jene Frau die Frage, meine Mutter die Antwort erwartet ...«

Das kleine Kind, das seines Lebens nicht ganz sicher ist, hat Kafka für sich nie zurücklassen können. Er selbst ist, je älter er wurde und dabei in geordneten Berufsverhältnisse pflichtbewusst einen ihm übertragenen Dienst erfüllte, immer unsicherer geworden; ihm versanken »die Dinge« tatsächlich »wie ein Schneefall«, während den anderen, der erdrückenden Mehrheit, zu der er, bevorzugt, seinen gefühlsgroben Vater zu rechnen hatte, »schon ein kleines Schnapsglas auf dem Tisch fest wie ein Denkmal« stand. Für Kafka indes stand gar nichts fest; allenfalls dass er sich selbst nicht entfliehen konnte – was keine tröstliche Aussicht war: »Mein Weg ist gar nicht gut und ich muss – soviel Übersicht habe ich – wie ein Hund zugrunde gehn. Auch ich würde mir gern ausweichen, aber da das nicht möglich ist, freue ich mich nur noch darüber, dass ich kein Mitleid mit mir habe und so egoistisch also endlich geworden bin.«

Zur Hinnahme seiner selbst sieht sich Kafka veranlasst, als er zu begreifen beginnt, dass ihm kein gewöhnlicher Umgang mit der Wirklichkeit und ihren Menschen vergönnt sein sollte. Die kleine Episode aus der *Beschreibung eines Kampfes* ist ihm tatsächlich widerfahren; auch in einem Brief an den Freund Max Brod wird sie erwähnt, und Kafka merkt dazu an, dass er »über die Festigkeit« staune, »mit der die Menschen das Leben zu tragen wissen«.

Er selbst ist zu diesem Zeitpunkt etwa zwanzig Jahre alt und ein folgsamer junger Mann, der sich den elterlichen Karrierewünschen keineswegs entzieht, auch wenn er weiß, dass es ihm nicht vergönnt sein wird, eine Ordnung der Dinge herzustellen, an der er selbst seine Beruhigung findet. Gelingen kann ihm dies nur im schwebenden Leichtsinn des Traums, der sich an keine Zeiten und an keine Dienstvorschriften halten muss. In einer Tagebuchaufzeichnung heißt es: »Ich saß einmal vor vielen Jahren, gewiss traurig genug, auf der Lehne des Laurenziberges. Ich prüfte die Wünsche, die ich für das Leben hatte. Als wichtigster oder als reizvollster ergab sich der Wunsch, eine Ansicht des Lebens zu gewinnen (und – das war allerdings notwendig verbunden – schriftlich die anderen von ihr überzeugen zu können), in der das Leben zwar sein natürliches schweres Steigen und Fallen bewahre, aber gleichzeitig mit nicht minderer Deutlichkeit als ein Nichts, als ein Traum, als ein Schweben erkannt werde. Vielleicht ein schöner Wunsch, wenn ich ihn richtig gewünscht hätte. Etwa als Wunsch, einen Tisch mit peinlich ordentlicher Handwerksmäßigkeit zusammenzuhämmern und dabei gleichzeitig nichts zu tun, und zwar nicht so, dass man sagen könnte: ›Ihm ist Hämmern ein Nichts‹, sondern ›Ihm ist das Hämmern ein wirkliches Hämmern und gleichzeitig auch ein Nichts‹, wodurch ja das Hämmern noch kühner, noch entschlossener, noch wirklicher und, wenn du willst, noch irrsinniger geworden wäre. Aber er konnte gar nicht so wünschen, denn sein Wunsch war kein Wunsch, es war nur eine Verteidigung, eine Verbürgerlichung des Nichts, ein Hauch von Munterkeit, den er dem Nichts geben wollte, in das er zwar damals kaum die ersten bewussten Schritte tat, das er aber schon als sein Element fühlte. Es war damals eine Art Abschied, den er von der Scheinwelt der Jugend nahm, sie hatte ihn übrigens niemals unmittelbar getäuscht, sondern nur durch die Reden aller Autoritäten ringsherum täuschen lassen …«

Kafka erkennt, dass er sich weder für die Fassadengänge der Realität noch für die Nichtigkeit einer an träumerischen Kapazitäten ausgerichteten Scheinexistenz zu entscheiden hat; die Wahrheit, die ihm zugemutet wird, liegt in einer Literatur, deren Ansprüche beträchtlich, fast maßlos sind, obwohl ihre Strenge sich vor allem gegen den Urheber richtet. Er muss Schriftsteller sein, und das ohne Wenn und Aber. Als sich ihm diese Gewissheit stellt, der er mit keinen Ausflüchten mehr kommen kann, hat er, paradox genug, die Integration in sein Berufsleben vollzogen. Nach dem Studium der Rechte, der Promotion, einem Praktikum in einer Prager Rechtsanwaltskanzlei arbeitet er seit dem August 1908 in der »Arbeiter-Unfall-Versicherungs-Anstalt für das Königreich Böhmen«, der er, bis zu seiner vorzeitigen Pensionierung im Sommer 1922, schweren Herzens die Treue hält. Kafka ist ein überaus verlässlicher Angestellter gewesen, der 1910 zum Beamten ernannt und behördenintern regelmäßig befördert wird. Anfangs versucht er noch, spielerisch mit dem Konflikt zwischen beruflicher Pflicht und unnachgiebiger literarischer Neigung umzugehen. In der Erzählung »Hochzeitsvorbereitungen auf dem Lande«, die zwischen 1907 und 1909 entsteht, heißt es: »Man arbeitet so übertrieben im Amt, dass man sogar zu müde ist, um seine Ferien gut zu genießen. Aber durch alle Arbeit erlangt man noch keinen Anspruch darauf, von allen mit Liebe behandelt zu werden, vielmehr ist man allein, gänzlich fremd und nur Gegenstand der Neugierde … Alle, die mich quälen wollen und die jetzt den ganzen Raum um mich besetzt haben, werden ganz allmählich durch den gütigen Ablauf dieser Tage zurückgedrängt, ohne dass ich ihnen auch nur im geringsten helfen müsste. Und ich kann, wie es sich natürlich ergeben wird, schwach und still sein und alles mit mir ausführen lassen, und doch muss alles gut werden, nur durch die verfließenden Tage …«

Auch sie sind es, die Kafka Angst machen: die verfließenden Tage. Sie füllen sein Amt aus, aber an ihm selbst, der die knappe, von hohen Zweifeln besetzte Zeit zum Schreiben nimmt wie ein Ertrinkender den Strohhalm, streichen die Tage vorbei; sie berühren ihn wohl, aber sie gehören nicht der geheimen Welt an, die er durch die Literatur für sich öffnet. Diese Welt ist kein wüstes Land, das in unzugängliches Privateigentum überführt wurde, sondern ein zerlegtes, entfremdetes Dasein, wie es sich erst dem zweiten, dem durchdringenden Blick darbietet, der an Ausschmückung, an Überwucherung und funktioneller Verfügbarkeit nicht mehr interessiert sein darf. Kafkas Welt gleicht einem von nervöser Stille besetzten Glashaus, in dem auch das Steinewerfen nicht mehr lohnt; der Einzelne, der hier umhertappt, erfährt alles, was ihm vorgeführt wird, gedämpft und verschärft zugleich. Die weltabgewandte Seite des Menschen ist verwundbar, und einem Dichter wie Kafka, der sich kein dickes Fell zulegen konnte, muss sie noch viel verwundbarer vorkommen; für ihn gibt es keine Schonzeit, kein Schutzreservat, was allerdings, jenseits herkömmlicher Zufriedenheitserwartungen, auch etwas Gutes für sich hat: »Wenn man so ein Leben überblickt, das sich ohne Lücke wieder und wieder höher türmt, so hoch, dass man es kaum mit seinen Fernrohren erreicht, da kann das Gewissen nicht zur Ruhe kommen. Aber es tut gut, wenn das Gewissen breite Wunden bekommt, denn dadurch wird es empfindlicher für jeden Biss. Ich glaube, man sollte überhaupt nur Bücher lesen, die einen beißen und stechen. Wenn das Buch, das wir lesen, uns nicht mit einem Faustschlag auf den Schädel weckt, wozu lesen wir dann das Buch? Damit es uns glücklich macht? Mein Gott, glücklich wären wir eben auch, wenn wir keine Bücher hätten, und solche Bücher, die uns glücklich machen, könnten wir zur Not selber schreiben. Wir brauchen aber die Bücher, die auf uns wirken wie ein Unglück, das uns sehr schmerzt, wie der Tod eines, den wir lieber hatten als uns, wie wenn wir in Wälder verstoßen würden, von allen Menschen weg, wie ein Selbstmord, ein Buch muss die Axt sein für das gefrorene Meer in uns.«

Tatsächlich schrieb sich Kafka die Bücher, die er brauchte, »zur Not« selbst, und es war seine eigene Not, die er dabei bediente, nicht die der anderen. Was er zu sagen hatte, machte er durch das Schreiben möglich; dass er dadurch seinen Lesern zugänglicher wurde, lässt sich nicht unbedingt sagen. Die Ängste, die er beschrieb, das mal absurde, mal verzweifelte Ungenügen an der Benennung einer Welt, die ihr Auseinanderfallen in subjektive und objektive Momente niemals verleugnen kann, auch wenn das gewöhnliches Standesbewusstsein Einheitlichkeit und Übereinstimmen suggeriert, entwirft das Bild bleibender Unvertrautheit, die nicht im Privaten aufgeht, sondern der Existenzordnung als solcher die Sicherheit abgräbt. Von Kafka selbst erfährt man damit nicht mal das Nötigste; der Autor bleibt der Geheimnisträger, der er zeit seines Lebens war, ein meist liebenswürdiger Mensch, der sich noch im Offenen bedeckt halten konnte. Ein Mitschüler Kafkas erinnert sich: »Er war immer rein und ordentlich, unauffällig und solid, aber niemals elegant gekleidet ... Wir hatten ihn alle sehr gern und schätzten ihn, aber niemals konnten wir mit ihm ganz intim werden, immer umgab ihn irgendwie eine gläserne Wand. Mit seinem stillen, liebenswürdigen Lächeln öffnete er sich die Welt, aber er verschloss sich vor ihr ... Was mir im Gedächtnis haften geblieben ist, ist das Bild eines schlanken, hochgewachsenen, jungenhaften Menschen, der so still aussah, der gut war und liebenswürdig, der freimütig jedes Andere anerkannte und doch immer irgendwie entfernt und fremd blieb.«

Kafka hat das Befremdliche registriert, ohne es zur Belastungsprobe für andere werden zu lassen; im gesellschaftlichen Binnenverkehr ist er hilfsbereit und zuvorkommend. Auch sein Arbeitgeber, die Versicherungsanstalt, kann mit ihm nur zufrieden sein; er erfüllt die ihm übertragenen Aufgaben nach bestem Wissen und Gewissen. Sein eigentliches Leben, das quer zu den Übereinkünften steht, denen er in den Bürozeiten zuarbeitet, beginnt erst in der Nacht. Dann beginnt er zu schreiben, was ihm nie, nicht einmal ansatzweise, leichtfällt; der Schriftsteller, wie Kafka ihn sieht, führt einen aussichtslosen, aber überlebensnotwendigen Kampf, der gelegentlich unerhörte Wahrheiten aufblitzen lässt, ansonsten jedoch eine Veranstaltung von geringem Unterhaltungswert bleibt. Kafka schreibt um sein Leben, und er wird dafür mit lebenslanger Erschütterung bedacht, von der die anderen kaum etwas mitbekommen;

seine unauffällige Teilnahme an der Normalität gewährt ihm eine Art Schutzhaft, aus der er, letzten Endes, nicht mehr entlassen werden will. Sein Leben verträgt keine Alternativen; es ist eine fortwährende Zerreißprobe, die das erträgliche Maß überschreitet. In einem Brief an seinen Freund Brod heißt es: »Als ich heute in der schlaflosen Nacht alles immer wieder hin- und hergehn ließ zwischen den schmerzenden Schläfen, wurde mir wieder … bewusst, auf was für einem schwachen oder gar nicht vorhandenen Boden ich lebe, über einem Dunkel, aus dem die dunkle Gewalt nach ihrem Willen herkommt und, ohne sich an mein Stottern zu kehren, mein Leben zerstört. Das Schreiben erhält mich, aber ist es nicht richtiger zu sagen, dass es diese Art Leben erhält? Damit meine ich natürlich nicht, dass mein Leben besser ist, wenn ich nicht schreibe. Vielmehr ist es dann viel schlimmer und ganz unerträglich und muss mit dem Irrsinn enden … Aber wie ist es mit dem Schriftstellersein selbst? Das Schreiben ist ein süßer wunderbarer Lohn, aber wofür? In der Nacht war es mir mit der Deutlichkeit kindlichen Anschauungsunterrichts klar, dass es der Teufelsdienst ist. Dieses Hinabgehen zu den dunklen Mächten, diese Entfesselung von Natur aus gebundener Geister, fragwürdige Umarmungen und was alles noch unten vor sich gehen mag, von dem man oben nichts mehr weiß, wenn man im Sonnenlicht Geschichten schreibt. Vielleicht gibt es auch anderes Schreiben, ich kenne nur dieses …«

Ein Schriftsteller wie Kafka rührt an Mächte, an die er besser nicht rühren sollte; er schaut in Seelenabgründe, die dem »naiven Menschen« nützlicherweise verborgen bleiben. Zur Strafe dafür wird er in einer Weise süchtig, die an schmerzliche Hellsichtigkeit gemahnt; er ahnt mehr, als dass er sieht, aber von diesen Ahnungen, die ihm fürchterlich begründet erscheinen, mag er nicht lassen. Der Schriftsteller wird die Geister, die er rief, nicht mehr los; damit muss er leben, damit will er auch leben, denn er weiß, dass er für die Wonnen des Alltäglichen nicht taugt. Stattdessen gerät er in eine produktive Besessenheit, die ihre eigenen Ängste kultiviert: »Was der naive Mensch sich manchmal wünscht: ›Ich wollte sterben und sehn, wie

man mich beweint‹, das verwirklicht ein solcher Schriftsteller fortwährend, er stirbt (oder er lebt nicht) und beweint sich fortwährend.
Daher kommt eine schreckliche Todesangst, die sich nicht als Todesangst äußern muss, sondern auch auftreten kann als Angst vor Veränderung.«

Die Angst vor Veränderung ist Kafka nur allzu bekannt, sie
begleitet ihn durch die verfließenden Tage und Nächte. Er ist gegen
sie angegangen, tapfer, aber nicht sehr erfolgreich. Bis auf wenige
Ausnahmen hat er fast immer in Prag gelebt, obwohl er die Stadt
verflucht. Auch sein Junggesellendasein will er verändern und es
gegen ein Glück eintauschen, wie es ihm andere, mehr schlecht als
recht, vorspielen. Zweimal hat er sich verlobt und wieder entlobt;
für die Liebe, für Frau und Kind, für ein harmonisches Familienleben ist einer wie er nicht geschaffen, meint er, so dass ihm anscheinend nichts anderes übrig bleibt, als seinen Ängsten zu vertrauen
und sich im vorauseilenden Gehorsam zum Unglücklichsein anzuhalten, noch bevor er Gelegenheit bekommt, wirklich glücklich zu
sein. Das muss auch die dreizehn Jahre jüngere Milena Jesenská-
Pollak erfahren, die Kafka im Frühjahr 1920 auf einer seiner seltenen
Reisen in Meran kennenlernt. Die Liebe, die beiden widerfährt,
hätte für ihn, wenn er entscheidungsfreudiger gewesen wäre, zur
großen Liebe werden können; er entzieht sich ihr auf bewährte
Weise. Dennoch ist gerade Milena bemerkenswert einfühlsam
gewesen; sie schreibt über ihren Freund Kafka: »Er ist ohne die
geringste Zuflucht, ohne Obdach. Darum ist er allem ausgesetzt,
wovor wir geschützt sind. Er ist wie ein Nackter unter Angekleide-
ten ... Es ist solch ein determiniertes Sein an und für sich, von allen
Zutaten entledigt, die ihm helfen könnten, das Leben zu verzeich-
nen – in Schönheit oder in Elend, einerlei. Und seine Askese ist
durchaus unheroisch ... Das ist ein Mensch, der durch seine
schreckliche Hellsichtigkeit, Reinheit und Unfähigkeit zum Kom-
promiss zur Askese gezwungen ist ... Ich weiß, dass er sich nicht
gegen das Leben wehrt, sondern gegen diese Art von Leben da
wehrt er sich.«

Kafkas Inspiration musste von Anfang an ohne Erleuchtung und den Glanz der Gewissheit auskommen; sie wird im Negativen festgemacht, in der fehlenden Deckungsgleichheit zwischen Begriff und Gegenstand, zwischen innerer und äußerer Wahrheit. Der einzige Ort, an dem der Schriftsteller die Übereinstimmung entzweiter Momente herbeizwingen kann, ist der Schreibtisch; ihn erklärt Kafka zu seinem Refugium: »Das Dasein eines Schriftstellers ist … vom Schreibtisch abhängig, er darf sich eigentlich, wenn er dem Irrsinn entgehen will, niemals vom Schreibtisch entfernen, mit den Zähnen muss er sich festhalten.«

Kafka hat seinen Schreibtisch verteidigt, auch wenn weit und breit keine Angreifer in Sicht waren. Dabei ist ihm manches entgangen, was anderen, den leichter Gestimmten, erwähnenswert erschien; er hat allerdings auch sehr viel mehr gesehen als sie, ohne dass er dafür die Welt draußen abklappern musste. Letzten Endes ändert allerdings ein kleines Stück Heimat nichts daran, dass der Mensch, ist er denn in etwa so wie Kafka geraten, im Großen und Ganzen gar keine Heimat finden kann; für ihn ist kein Ort, nirgends. »Er fühlt sich auf dieser Erde gefangen, ihm ist eng, die Trauer, die Schwäche, die Krankheiten, die Wahnvorstellungen der Gefangenen brechen bei ihm aus, kein Trost kann ihn trösten, weil es eben nur Trost ist, zarter kopfschmerzender Trost gegenüber der großen Tatsache des Gefangenseins. Fragt man ihn aber, was er eigentlich haben will, kann er nicht antworten, denn er hat – das ist einer seiner stärksten Beweise – keine Vorstellung von Freiheit.«

Mühe, Dunkel, krachendes Eis
Bloch und das Noch-Nicht-Bewusste

Der Philosoph Ernst Bloch, 1885 in Ludwigshafen geboren, kam zur Philosophie, weil er sich für die Welt interessierte. Der Schüler Bloch, von dem es in einem Zeugnis hieß, er trage »ein anmaßendes, unbescheidenes, selbstgefälliges Wesen zur Schau, das mit dem tiefen Stand seiner Kenntnisse durchaus nicht im Einklang steht«, versorgte sich mit dem Wissensstoff, den das Leben bot. Was er in sich aufnahm, war die spannungsgeladene Atmosphäre von Ludwigshafen, einer vergleichsweise hässlichen Arbeiterstadt, deren raue Eigenheiten mit dem eher vornehmen Ambiente von Mannheim kontrastierten, das auf der anderen Rheinseite lag und eine andere Welt zu eröffnen schien. In einer 1959 erschienenen autobiographischen Skizze mit dem für ihn typischen Titel *Über Eigenes selber* schrieb Bloch: »All das gesteigert, wohl auch übersteigert aufgenommen, wie es zu Jugend und Lautverstärkung passt. Hier die reine Fabrikstadt Ludwigshafen, hässlich, geschichtslos, gegründet durch Chemie, doch voll haariger Burschen, Schiffer, Kneipen wie bei Jack London. Und überm Rhein dann das alte vornehme Theater Mannheims, die barocke Sternwarte, die Schlossbibliothek, diese Oase, philosophiehaltig. Die Bibliothek eröffnete den ganzen spekulativen Farbenbogen von Spinoza bis Hegel; einen jungen Menschen, wie hundert Jahre vorher geboren, nahm er auf. Dann in großer Stille der

Schwetzinger Schlossgarten mit Apollotempel und Moschee, als lauter Mozart scheinend, auch auf arabisch. Rheinaufwärts der Speyrer, rheinabwärts der Wormser Dom, nah am Neckar Heidelberg. Auch dieses Ensemble von Fabrik und bunter Aura also mochte wohl die Suche nach einer Philosophie nahelegen, einer zwischen Verstand und Aura unzerstückelten.«

In den Jahren 1905 und 1906 studierte Bloch in München; die Stadt gefiel ihm: Der Lebemann Bloch brauchte das Leben, um seine Gedanken, die das Ungewöhnliche im Normalen suchten, bei Laune zu halten. Sein Hang zum besseren Wissen, den er schon in Schultagen kultiviert hatte und mit Charme vorzubringen wusste, ließ ihn auch an der Universität nicht im Stich. In dieser Zeit des Aufbruchs und selbstbewussten Suchens hatte er sein philosophisches Schlüsselerlebnis, das ihm, ohne Vorwarnung, ein Licht aufgehen ließ und zu jener Einsicht verhalf, die noch der alte Bloch, in treuem Gedenken, als seinen »einzigen und ersten originalen Gedanken« bezeichnete: »Zweiundzwanzigjährig kam der Blitz: die Entdeckung des Noch-Nicht-Bewussten, die Verwandtschaft seiner Inhalte mit dem ebenso Latenten in der Welt. Besonders in der schöpferischen Arbeit wird eine eindrucksvolle Grenze überschritten, die ich als die Übergangsstelle zum noch nicht Bewussten bezeichne. *Mühe, Dunkel, krachendes Eis*, Meeresstille und glückliche Fahrt liegen um diese Stelle. An ihr hebt sich, bei gelingendem Durchbruch, *das Land, wo noch niemand war*, ja das selber noch niemals war. Das den Menschen braucht, Wanderer, Kompass, Tiefe im Land zugleich. Ein entscheidender Tenor war mit dieser damaligen Aufzeichnung notiert, samt Begriff von Heimat, die sich erst bildet.« Die Idee des Noch-Nicht-Bewussten war für den zukunftswilligen Bloch ein Schlüssel zur Welt, die sich ihm als zweifach aufgefaltetes Dasein anbot: Als Welt hatte die große umgreifende Realität zu gelten, in der das bekannte Regelwerk und die noch undurchschauten Gesetzmäßigkeiten galten. Welt aber war auch jenes zumeist bruchstückhafte Wissen-von-Sich, das in jedem einzelnen Ich stattfand und zu einer Identität wurde, die oftmals undurchschaut blieb und dem Menschen das altehrwürdige

Problem hinterließ, mit sich selber ins Reine zu kommen. Bloch begriff, dass die Zeit, in jedem erfüllten Augenblick, schon alles in sich versammelt hat, was zur Zukunft werden soll: »Die echte Zukunft – das ist die Entwicklung, die auf uns wartet, die von uns mitbefördert werden muss; die es notwendig macht, aus dem Dunkel des erlebten Augenblicks herauszukommen, die uns dazu ermuntert, uns zu erforschen, und die bewirkt, dass die in und vor uns liegenden Dinge herausgebracht werden … Das heißt, der gerade gelebte Augenblick ist völlig dunkel; ich kann ihn erst später und wahrscheinlich nur auf verfälschte Weise wahrnehmen … Oder aber ich warte ihn, male mir etwas aus, was noch nicht da ist. Bezieht sich dieses Ausmalen auf die echte Zukunft, so entsteht aus diesem Ausgemalten, das dem Vorhergeträumten, den Wunschbildern adäquat sein kann, utopisches Denken bzw. ein Denken aus dem Utopischen … Diese Philosophie ist nicht der Ansicht, es gehe darum, quasi mit unserem beschränkten Untertanenverstand etwas hervorzubringen, das selbst schon völlig herausgebracht ist und empirisch als reflektierter Begriff erscheint. Nein. Sie geht vielmehr von der Grundthese aus, dass die Welt selber eine Frage ist, und dass der Affekt, den wir ihr gegenüber empfinden, sowohl philosophisch wie wissenschaftlich, der des Staunens ist. – Das Staunen ist die Mutter des Fragens überhaupt.«

Im Vergleich zu Freuds berühmt-berüchtigtem Unbewussten, das eher einem heimtückisch bergenden Schatzkästlein glich und von Bloch auch als das »Nicht-mehr-Bewusste« bezeichnet wurde, erwies sich das Noch-Nicht-Bewusste als ein dynamisches Erklärungsmodell für den Ereignischarakter von Welt und Bewusstsein. Der Philosophie war damit eine Kategorie an die Hand gegeben, Geschichte auf ihre uneingelösten Versprechen hin zu befragen und der Zukunft ein Bild einzugeben, das aus dem Sehnsuchtspotential und Verschwiegenheitsarsenal der Gegenwart stammte. Blochs Schlüsselerlebnis, die Entdeckung des Noch-Nicht-Bewussten, setzte in ihm eine enorme Arbeitswut frei. Es kam ihm vor, als müsste er der Welt von nun an als enthusiasmierter Souffleur begegnen, der das längst

Vergessene einzuflüstern hatte, um daraus Merkverse für die Tagträume des Zukünftigen zu machen. Das Ganze zählte, der Blick auf ein noch unwirkliches Glück, aber auch liebevolle Versenkung ins Detail: »Neuer Ton geht anfangs nur wenigen ein, selten anders. Solcher Anfang kann lange dauern, doch einmal hört er auf ... So notwendig ein Blick ist, der sich aufs Verreisen versteht und aufs Nebenbei, das oft instanzenreiche, so sehr ist das im Grunde Einheitliche, ja Einfache seiner Sache dem Philosophen unerlässlich. Ein Punkt gehört dazu, worin sich, einmal gespürt, das ganze Wesen konzentriert ...«

Die Weltanschauung, die Blochs Philosophie die nötige Würze gab, war der Marxismus. Von ihm mochte er nicht lassen – vielleicht weil er es sich erlauben konnte, ihn im Sinne der hochfahrenden Philosophie, die er sich zurechtgelegt hatte, zu verbiegen. Wenig Glück war dem Philosophen Bloch indes beschieden, wenn er sich auf das Feld der Tages- und Jahrhundertpolitik herabließ; seine Nibelungentreue zum Marxismus brachte ihn zu finsteren Fehlurteilen. Im Laufe der Zeit jedoch und begünstigt von radikal veränderten Umständen schlug die blochsche Marxismus-Orthodoxie in ihr Gegenteil um. Als der Philosoph in den fünfziger und sechziger Jahren wiederholt mit den offiziellen Philosophie-Verwaltern der DDR zusammenstieß, war es ein leichtes, Bloch zum antiautoritären Querdenker zu erklären. Dies tat man, aus naheliegenden Gründen, vorzugsweise im Westen, wo es in gewissen Kreisen durchaus als schick galt, sozialistische Eigenbrötler mit an den gut gedeckten Tisch des Hauses zu bitten. Nach dem Bau der Berliner Mauer blieb Bloch in der Bundesrepublik, in der er schon bald zum geliebten und gefürchteten Freigeist avancierte, den die Studenten und Feuilletons schätzten und die amtierende Philosophie mit säuerlichem Desinteresse abzustrafen suchte. Je älter der Philosoph Bloch wurde, desto jugendlicher wirkte seine Philosophie. Zur Zeit der Studentenunruhen lief der unruhige alte Mann Bloch zu großer Form auf: Alles Kleinkarierte hatte er abgestreift; nun gelang es ihm, ein ums andere Mal, von der Idee des Sozialismus im Stile eines großen Poeten zu berichten, der sich seine Kinderträume bewahrt hat und deswegen unkundig ist in der Kunst, vor jeder Zeit klein beizugeben. Bloch hielt, in jugendhaftem Trotz und wider schlechteres Wissen, an der Überzeugung fest, dass die Kraft des utopischen Denkens die Welt verändern könnte. Seinem philosophischen Schlüsselerlebnis, der Entdeckung des Noch-Nicht-Bewussten, hat Bloch vor allem mit der Niederschrift seines Hauptwerks *Das Prinzip Hoffnung* entsprochen, einem wahrhaft weitreichenden Gedankenepos, das aus der Wunderwelt der Desiderate und Traumprojektionen wie ein wort- und bilderstarker Abenteuerroman berichtet. Das Schicksal, das dieses hell leuchtende Werk nahm, ist nicht ohne Komik: Den Titel des Buches, das kaum einer je zu Ende gelesen hat – was damit zusammenhängen könnte, dass es immerhin einen Umfang von mehr als 1600 Seiten zu bieten hat –, kennt heute jeder, auch wenn den wenigsten bewusst sein dürfte, dass sich ein philosophisches Opus magnum dahinter verbirgt. »Das Prinzip Hoffnung« ist zur Allerweltsfloskel verkommen, die der halbwegs Sprachkundige verwendet, um auf die Unabgeschlossenheit aller irdischen Bemühungen zu verweisen, denen der unbelehrbare Glaube gilt, dass es einen guten Tages vielleicht doch besser kommen könnte. Blochs öffentliche Auftritte wurden zu Lebzeiten des Philosophen schon zur Legende. Wo er, der große alte Mann mit dem markanten Gesicht, der Späherbrille und dem eindrucksvollen Schopf, auftrat, war etwas los. Wie Bloch auf der Rednertribüne wirkte, hat der Journalist Heinz Brandt beschrieben: »Wie er da stand, schlohweißen Hauptes, mit beschwörendem Seherblick, die Arme zum Himmel gereckt, Zornesfalten über der Nase, steil zur zerfurchten breiten Stirn aufsteigend, so dass sich die vertikalen und horizontalen Linien michelangelesk überschnitten, glich er einem alttestamentarischen Propheten, der, mit Jehova hadernd, den Untergang seines Jerusalems abzuwenden unternimmt.« Der Eindruck des Ungewöhnlichen verstärkte sich, wenn man Bloch gegenübersaß: »Sehr selten sah und sieht man dies«, notierte der Schriftsteller Jean Améry, »ein Antlitz von derart ungeheurer, fast quälender geistiger Angestrengtheit. Lippen, die tief herabgezogen sind, nicht von Spott, noch weniger von Verachtung; von gestrafftestem geistigen Kraftaufwand ganz allein. Längsfalten, wie vom Schnitzmesser gekerbt. Durchdringend blickende Augen hinter beängstigend dicken Brillen eines schwer Kurzsichtigen. Dazu eine ganz seltsame Stirn, höhnisches Dementi des Wort- und Bildklischees von der ›Hohen Denkerstirn‹. Ernst Blochs Stirn ist auffallend niedrig, ein mäßig gebogenes Halbrund, gebildet vom Ansatz des dichten, harten weißen Haares. Das ganze Gesicht stellt beunruhigende Anforderungen, vor denen zu bestehen keiner sich so geschwind zutraut.«

Ein Philosoph wie Bloch fehlt uns in dieser Zeit. Mag sein, dass er, wie wir auch, mit der denkwürdigen Rasanz der Entwicklung einerseits und postmoderner Gleichgültigkeit andererseits seine Schwierigkeiten hätte. Umso mehr würde er an seine Überzeugungen erinnern, die auszusprechen anderen heute sichtlich schwerfällt. Blochs »Prinzip Hoffnung«, das auf der Erinnerungsarbeit gründet, die sich nach der Entdeckung des Noch-Nicht-Bewussten, dem blochschen Schlüsselerlebnis, ergab, steht noch immer zur ungefälligen Lektüre an. Das »Prinzip Hoffnung« hütet – im Gewesenen sowohl als auch im Gegenwärtigen und in der Zeit, die da kommt – das uns übereignete Glücksversprechen; am Horizont der Hoffnung hält sich, letztlich, jene alles benennende *Heimat* bereit, die Rückhalt gibt und Geborgenheit, weil in ihr der Mensch, nach langem Weg, zu sich selber findet: »Das Morgen im Heute lebt, es wird immer nach ihm gefragt. Die Gesichter, die sich in die utopische Richtung wandten, waren zwar zu jeder Zeit verschieden, genauso wie das, was sie darin im einzelnen, von Fall zu Fall, zu sehen meinten. Dagegen die *Richtung* ist hier überall verwandt, ja in ihrem noch verdeckten Ziel die gleiche; sie erscheint als das einzig Unveränderliche in der Geschichte. Glück, Freiheit, Nicht-Entfremdung, Goldenes Zeitalter, Land, wo Milch und Honig fließt, das Ewig-Weibliche, Trompetensignal im Fidelio und das Christförmige des Auferstehungstages danach: es sind so viele und verschiedenwertige Zeugen und Bilder, doch alle um das her aufgestellt, was für sich selber spricht, indem es noch schweigt.«

Die Erklärungen haben ein Ende

Wittgenstein und die Grenzen der Sprache

Als am 26. April 1889 der Knabe Ludwig Josef Johann Wittgenstein als jüngstes von acht Geschwistern in Wien das Licht der Welt erblickte, war seine Umgebung ihm durchaus wohlgesonnen. Im Hause der Wittgensteins mangelte es an nichts: Der Vater, Karl Wittgenstein, amtierte als Zentraldirektor der Prager Eisenindustrie und hatte damit eine Stellung inne, die sich durchaus mit der des legendären Alfred Krupp in Deutschland vergleichen ließe. Wittgenstein senior war einer der fortschrittlichen Großindustriellen der damaligen Zeit: Er förderte die schönen Künste, hatte Umgang mit Intellektuellen, Musikern und Dichtern; er bemühte sich um fortschrittliche Produktionsmethoden und war doch ein loyaler, ja im Prinzip unnachgiebiger Anhänger der maroden österreichisch-ungarischen Doppelmonarchie. Karl Wittgensteins Aufstieg zu einem führenden Industriemagnaten Österreichs hätte wohl auch in einem Drehbuch festgehalten werden können: 1864 hatte er sich auf dem Gymnasium den Zorn der Lehrerschaft wegen eines unbotmäßigen Aufsatzes zugezogen. Er musste das Gymnasium verlassen und brannte von zu Hause durch. Mit falschem Pass gelangte er nach Amerika; dort schlug er sich als Kellner, Musiker, Parkwächter und Barkeeper durch. Nebenbei gab er Unterricht in Griechisch und Mathematik und versuchte sich als Musiklehrer für Geige und Horn. 1867 kehrte er nach Wien zurück; er begann mit dem Maschinenbaustudium, das er jedoch nicht abschloss.

Was Karl Wittgenstein aus Amerika mitbrachte, war ein realistisch geschärfter Blick für das Machbare und die präzise Einschätzung veränderter Gegebenheiten. Für die andere Seite des Lebens, die den unproduktiven Künsten gehörte, hatte er ein merkwürdiges Faible. Seinen Kindern war er gleichwohl ein gestrenger Vater, der Sorge dafür trug, dass vor allem das gelernt wurde, was er für richtig hielt. Zukunftsweisend waren für ihn nur der Beruf des Technikers und der Kaufmannsstand. Ludwigs Mutter, Leopoldine Wittgenstein, eine stille und sanfte Frau, trat stets hinter ihrem Mann zurück und ließ ihn gewähren. Die Einflüsse, die von diesem familiären Hintergrund ausgingen, sind für Ludwig Wittgensteins Entwicklung sehr viel prägender gewesen, als er selbst es wahrhaben wollte. Dies gilt auch für seine Hinwendung zur Philosophie und ein damit in Zusammenhang stehendes Schlüsselerlebnis, von dem noch zu reden sein wird.

Das Wien der damaligen Zeit war eine Hochburg der Melancholie. Schwermütige Gedanken beherrschten die Diskussion: Existentielle Traurigkeit, der nachzuhängen die einfachen Leute weder Zeit noch Muße hatten, machte sich im Besonderen in den vermögenden Ständen breit; es hatte wohl etwas mit schwarzer Lust zu tun, wenn man, im gemachten Nest sitzend, subtile Reflexionen auf die Ausweglosigkeit aller irdischen Bemühungen verschwenden durfte. Auch die Familie Wittgenstein war nicht frei von dieser Schwermut, für die der Vater selbst anfällig blieb: Drei von fünf Söhnen begingen Selbstmord, und Ludwig Wittgenstein hatte zeit seines Lebens mit wiederkehrenden Depressionen zu kämpfen. Für die Wittgenstein-Kinder war es schwer, den hochgesteckten Anforderungen des Vaters zu entsprechen. Ludwig als Jüngster hatte es da noch verhältnismäßig leicht: Er erfreute den Vater durch ein offensichtliches technisches Talent, das er an den Tag legte. Ansonsten aber fiel er nicht weiter auf: Seine Geschwister, insbesondere Ludwigs Bruder Paul, der ein berühmter Konzertpianist wurde, den selbst der Verlust eines Arms nicht aus der Karrierebahn werfen konnte, schienen begabter zu sein. Nachdem Ludwig zunächst von Hauslehrern unterrichtet worden war, besuchte er ab 1903 die Staatsoberrealschule in Linz, die kurz zuvor ein gleichaltriger Schüler namens Adolf Hitler wieder verlassen hatte. Ludwig Wittgenstein zeichnete sich durch eher mäßige Schulleistungen aus. Bei seinen Mitschülern galt er als seltsamer Vogel, der seine Unsicherheit durch manieriertes Gehabe zu überdecken suchte: Im Gegensatz zu seinen Klassenkameraden sprach er ein fast affektiert wirkendes Hochdeutsch, und er legte, zur Erheiterung aller, Wert darauf, mit »Sie« angeredet zu werden. Karl Wittgenstein, der bereits zwei Söhne durch Selbstmord verloren hatte, machte sich Sorgen um seinen Jüngsten. Er holte Ludwig nach Wien zurück, dem es in vertrauter Umgebung besser ging. Er las viel: Kleist, Goethe, Mörike, Lessing beeindruckten ihn, und er zeigte sich angetan von der grimmigen Weltsicht, die der Philosoph Schopenhauer verbreitete. Am 14. Juli 1906 beendete Wittgenstein die siebte Klasse der Realschule mit der Matura; die Zensuren, die man seinen schulischen Leistungen erteilte, waren wenig berauschend. Im Oktober des gleichen Jahres schrieb er sich an der Technischen Hochschule Berlin-Charlottenburg ein. Noch immer befasste er sich am liebsten mit technischen Problemen. In Berlin jedoch, so weiß Wittgensteins Schwester Hermine in ihren *Familienerinnerungen* zu erzählen, machte sich zum ersten Mal auch sein Interesse für die Philosophie nachhaltig bemerkbar: »Zu dieser Zeit oder etwas später ergriff ihn plötzlich die Philosophie, d. h. das Nachdenken über philosophische Probleme, so stark und völlig gegen seinen Willen, dass er schwer unter der doppelten und widerstreitenden inneren Berufung litt und sich wie zerspalten vorkam. Es war eine von den Wandlungen, deren er noch mehrere in seinem Leben durchmachen sollte, über ihn gekommen und durchschüttelte sein ganzes Wesen ... Ludwig befand sich in diesen Tagen fortwährend in einer unbeschreiblichen, fast krankhaften Aufregung.«

Philosophie, das wurde Wittgenstein schnell bewusst, war ein todernstes Frage- und Antwortspiel, bei dem die gleichen Fragen, in einer Art hellsichtiger und über Bedarf klugen Blödsinnigkeit, immer wieder neu gestellt wurden, um sich dafür die gleichen Antworten einzuholen, auf die man letztlich kaum etwas geben durfte, weil sie auch durch den scheinbaren Fortschritt des Wissens nicht wirklich verbleibende Sicherheit boten. Eine solche Gewissheit wurde Wittgenstein durch ein Erlebnis im Jahre 1910 zuteil, als er, gerade einundzwanzig Jahre alt geworden, der Aufführung des Theaterstücks »Die Kreuzelschreiber« von Ludwig Anzengruber beiwohnte. Im Mittelpunkt dieses Stücks steht der »Steinklopferhanns«, unehelicher Sohn einer Dienstmagd, der sich aufgrund einer Eingebung zum bäuerlichen Querdenker und Dorfphilosophen mausert. Nach einer schweren Krankheit, während der er, verlassen von allen, allein auf sich gestellt bleibt, wird ihm auf einmal klar, dass er in Sicherheit ist: Ihm kann, zwischen Himmel und Erde, nichts mehr passieren. Auf diesen Zusammenhang ist Wittgensteins Biograph Brian McGuiness eingegangen, der den Steinklopferhanns allerdings nicht beim Namen nennt, sondern nur als »Figur« bezeichnet, die »eine Offenbarung« erfahren hat: »Wittgensteins religiöses Erwachen steht zweifellos in Zusammenhang mit der Szene, in der eine Figur die ›extraige Offenbarung‹ oder ›Eingebung‹ beschreibt, die sie gehabt hat. Dieser Mensch hat bisher in schrecklichem Elend gelebt; eines Tages wirft er sich, als die Sonne scheint, ins Gras und denkt, er werde sterben. Als er abends aufwacht, wird ihm ›inwendig so wohl, als wär's hell Sonnenlicht von vorhin in mein' Körper verblieb'n …, und da kommt's über mich, wie wann eins zu eim'm andern red't: Es kann dir nix g'schehn! Selbst die größt' Marter zählt nimmer, wenn's vorbei ist! Ob d'jetzt gleich sechs Schuh tief da unterm Rasen liegest oder ob d'das vor dir noch viel tausendmal siehst – es kann dir nix g'schehn! – Du g'hörst zu dem all'n, und dös alles g'hört zu dir! Es kann dir nix g'schehn!‹«

Wittgenstein machte diese Gewissheit zu seiner eigenen. Sie wurde nicht nur zum Leitmotiv seiner religiösen Überlegungen, sondern bot ihm auch eine unprogrammatische Absicherung für den Gang seines philosophischen Fragens, das die Grenzen des Sagbaren vor dem Hintergrund allgemeiner Sprachfähigkeit neu zu bestimmen suchte. Ein solcher Grenzgang im Vorfeld jeder kommunikativen Identitätsfindung enthielt von Natur aus alle Möglichkeiten des Scheiterns. Wittgenstein war dies mehr als bewusst, und so erinnerte er sich der Eingebung, die ihm zuteilgeworden war, als eines unnachgiebigen und, wie er selbst sagte, »wortlosen Glaubens«, der, ungeachtet aller Realitätsverluste, über die vom Leben selbst angerichteten Debakel hinausweisen musste. Die äußeren Umstände konnten ihn nun nicht mehr treffen, auch wenn er als Person in den Wirren der Zeit mit auf der Strecke bleiben sollte. Wittgenstein hatte sich seinen Grund zurechtgelegt, dem er die Gewissheit verdankte, »absolut geborgen« zu sein, und so durfte er sein philosophisches Arbeitsprogramm, das die Möglichkeiten einer Erkenntnisbegründung von den Rändern des Mitteilbaren her ins Licht setzte, wie eine existentielle Kraftanstrengung inszenieren, die, im wahrsten Sinne des Wortes, ohne Rücksicht auf Verluste vorgehen musste. Rückblickend notierte er über die Bedeutung seines Schlüsselerlebnisses: »Es trieb mich, gegen die Grenzen der Sprache anzurennen, wie es, glaube ich, alle Menschen getrieben hat, die jemals über Ethik oder Religion zu schreiben oder zu sprechen versucht haben. Dieses Anrennen gegen die Grenzen unseres Käfigs ist völlig und vollkommen hoffnungslos.«

Im Jahre 1911 immatrikulierte sich Wittgenstein an der Universität Cambridge, die damals das europäische Zentrum für philosophische und naturwissenschaftliche Grundlagenforschung war. Als Star von Cambridge galt der Philosoph Bertrand Russell, ein scharfsinniger und witziger Kopf, der sich zeit seines Lebens gern mit selbsternannten Autoritäten anlegte. Der unbekannte Student aus Wien zeigte keinerlei Respekt vor dem Meister und verfolgte ihn mit bohrenden Fragen. In einem Brief an seine damalige Freundin Lady Ottoline berichtete Russell: »Mein deutscher Freund entpuppt sich als Plagegeist. Er begleitete mich nach meiner Vorlesung nach Hause und argumentierte bis zum Nachtessen, hartnäckig und abwegig, aber ich glaube, nicht dumm … Er meint, dass man nichts Empirisches wissen könne. Ich forderte ihn auf zuzugeben, dass sich in dem Zimmer kein Rhinozeros befinde, aber er weigerte sich.« Wittgenstein, obwohl noch ohne Amt und Würden, wurde zu einem gleichberechtigten Gesprächspartner Russells, der, nach anfänglicher Amüsiertheit, zu der Erkenntnis gelangte, dass es sich bei seinem Studenten um ein besonderes Talent, ja um ein Genie handeln müsse: »Er war vielleicht das vollendetste Beispiel eines Genies der traditionellen Auffassung nach, das mir je begegnet ist: leidenschaftlich, tief, intensiv und beherrschend. Er hatte eine gewisse Reinheit, die ich nie wieder in diesem Maße gesehen habe, außer bei G. E. Moore … Er besuchte mich jeden Abend um Mitternacht und lief wie ein wildes Tier drei Stunden lang in erregter Stille in meinem Zimmer hin und her. Einmal sagte ich zu ihm: ›Denken Sie über die Logik nach oder über Ihre Sünden?‹ – ›Beides‹, antwortete er und lief weiter. Ich mochte nicht vorschlagen, dass es Zeit sei, ins Bett zu gehen, denn es schien ihm und mir möglich, dass er Selbstmord begehen würde, wenn er mich verließe.«

Wittgensteins Einstieg in die Philosophie vollzog sich mit genialischer Wucht. Der seltsame Student wurde recht schnell, auch durch sein Äußeres, die markig-hagere Gestalt und die betont unkonventionelle Kleidung, zu einer bekannten Figur. Die Umgangsformen, die an der Universität herrschten, waren, abgesehen von den üblichen Schrulligkeiten, von bemerkenswerter Liberalität: Begabten Studenten standen viele Türen offen. Nur so erscheint es verständlich, dass Wittgenstein mit den in Cambridge residierenden Größen der Philosophenzunft schon bald auf mehr oder weniger vertrautem Fuße stand. Am 29. November 1912 hielt er vor dem angesehenen örtlichen »Moral Science Club« seinen ersten Vortrag über das Thema »Was ist Philosophie?«.

Zwei Monate später erreichte ihn die Nachricht vom Tod seines Vaters. Karl Wittgenstein war am 20. Januar 1913 gestorben und hatte seinen Kindern ein großes Vermögen hinterlassen, das hauptsächlich aus amerikanischen Wertpapieren bestand. Ludwig Wittgenstein konnte nun über ein Einkommen von mehr als 300 000 Goldkronen im Jahr verfügen. Ein solcher Reichtum erschien ihm allerdings mehr als Belastung denn als willkommene Wohltat. So wandte er sich, auch dies nicht ganz untypisch für seine Einstellung, in einem formlosen Brief an den Herausgeber der renommierten Kulturzeitschrift *Der Brenner*: »Verzeihen Sie, dass ich Sie mit einer großen Bitte belästige. Ich möchte Ihnen eine Summe von 100 000 Kronen überweisen und Sie bitten, dieselbe an unbemittelte österreichische Künstler nach Ihrem Gutdünken zu verteilen.« Diesem wahrhaft unkonventionell vorgetragenen Ansinnen wurde entsprochen. Der Dichter Georg Trakl, ohnehin nervenkrank, geriet, als er die Mitteilung erhielt, dass man ihm 20 000 Goldkronen zu vermachen gedenke, so in Panik, dass er die Flucht ergriff und untertauchte. Sonst aber tat die Spende Wittgensteins Gutes; in den Genuss größerer Geldsummen kamen unter anderem Theodor Haecker, Else Lasker-Schüler, Oskar Kokoschka und Rainer Maria Rilke, der sich in einem »dem unbekannten Freund draußen« gewidmeten Gedicht bedankte, von dessen »schwindelhaftem Ton« Wittgenstein, dem eine Abschrift der Verse zugestellt worden war, »unangenehm berührt« war.

Bei Ausbruch des Ersten Weltkriegs meldete Wittgenstein sich als Freiwilliger und wurde zum 2. Festungs-Artillerieregiment nach Krakau abkommandiert. Er absolvierte seinen Waffendienst nicht etwa als weltfremder oder verschüchterter Intellektueller; in allen Zeugnissen aus der damaligen Zeit ist von »Pflichtbewusstsein« und beträchtlichem »technischem Geschick« die Rede. Wittgenstein, so schien es, war ein »Patriot«. Er stellte der österreichischen Armee sogar eine Million Kronen für die Entwicklung eines Mörsers zur Verfügung. In den radikalen Pazifisten, zu denen auch sein Lehrer Russell gehörte, sah er Traumtänzer, die sich über ihre eigene Unehrlichkeit nicht im Klaren waren. Ein Freund Wittgensteins berichtete: »Ich habe in dieser Hinsicht wiederholt sehr abfällige Urteile über … Russell von ihm gehört. Als dieser in den zwanziger Jahren einen ›Weltbund für Frieden und Freiheit‹ oder dergleichen gründen … wollte, hat ihn Wittgenstein so beschimpft, dass Russell sagte: ›Na ja,

Sie würden wohl eher einen Weltbund für Krieg und Knechtschaft gründen‹, was Wittgenstein leidenschaftlich bejahte: ›Eher noch, eher noch‹.«

Im Juni 1916 brachte Wittgenstein, nach der Lektüre von Tolstois *Kurzer Darlegung des Evangeliums*, Gedanken zu Papier, die sich an die Eingebung seines Schlüsselerlebnisses anschließen und, unabhängig von den grundsätzlichen Überlegungen zu Sprache und Logik, so etwas wie ein philosophisches Glaubensbekenntnis darstellen: »Gott und den Zweck des Lebens? – Ich weiß, dass diese Welt ist. Dass ich in ihr stehe, wie mein Auge in seinem Gesichtsfeld. Dass etwas an ihr problematisch ist, was wir ihren Sinn nennen. Dass dieser Sinn nicht in ihr liegt, sondern außer ihr. Dass das Leben die Welt ist. Dass mein Wille die Welt durchdringt. Dass mein Wille gut oder böse ist. Dass alles Gut und Böse mit dem Sinn der Welt irgendwie zusammenhängt. Den Sinn des Lebens, d. i. den Sinn der Welt, können wir Gott nennen. Und das Gleichnis von Gott als einem Vater daran knüpfen. Das Gebet ist der Gedanke an den Sinn des Lebens. Ich kann die Geschehnisse der Welt nicht nach meinem Willen lenken, sondern bin vollkommen machtlos. Nur so kann ich mich unabhängig von der Welt machen – und sie also doch in gewissem Sinne beherrschen –, indem ich auf einen Einfluss auf die Geschehnisse verzichte.«

In seinem letzten Fronturlaub, den er auf dem Anwesen seines Onkels Paul verbrachte, schrieb Wittgenstein die *Logisch-Philosophische Abhandlung* nieder, die ihn, unter dem Titel der englischen Übersetzung *Tractatus logico-philosophicus*, schließlich berühmt machen sollte. Er bot das Manuskript dem Karl-Kraus-Verleger Jahoda an, der jedoch ablehnte. Die Antwort erhielt Wittgenstein erst wenige Tage vor Kriegsende. Am 3. November 1917 war er bei Trient in italienische Kriegsgefangenschaft geraten. Die erzwungene Ruhe, der er sich im Gefangenenlager am Fuße des Monte Cassino ausgesetzt sah, ließ altbekannte Depressionen in ihm hochkommen. Er fühlte sich leer und ausgebrannt. War dieser Krieg das Leid wert gewesen, das er heraufbeschworen hatte? Hinzu kamen persönliche Gründe für

Trauer und Wut: Zwei Tage bevor Wittgenstein Jahodas Ablehnungsbescheid erreichte, hatte er erfahren, dass sich sein Bruder Kurt an der Front erschossen hatte – der dritte Selbstmord unter Karl Wittgensteins Söhnen.

Der *Tractatus* erschien 1921 in einer ersten fehlerhaften Fassung, von der Wittgenstein sich wütend distanzierte. Ein Jahr später brachte der angesehene Londoner Verlag Routledge & Kegan Paul das Werk in einer zweisprachigen Fassung heraus. Nur zögerlich setzte die Rezeption ein; Begeisterungsstürme löste Wittgensteins Abhandlung nicht aus. Das mochte an der strengen Konstruktion des Ganzen liegen; mit einer Unklarheit der Aussagen des *Tractatus* konnte das anfängliche Unverständnis, dem Wittgenstein sich ausgesetzt sah, allerdings kaum zu tun haben, denn philosophische Eindeutigkeit, ja: Unmissverständlichkeit war es gerade, die sein Werk intendierte. Das »klar Sagbare« in der Philosophie sollte ein für alle Mal festgehalten werden: »Der Angelpunkt ... ist die Theorie dessen, was durch Aussagen, d. h. durch die Sprache, ausgedrückt werden kann (und, was das Gleiche besagt, was *gedacht* werden kann) – und dessen, was durch Aussagen nicht ausgedrückt, sondern nur gezeigt werden kann; das, glaube ich, ist das Kardinalproblem der Philosophie.«

Der *Tractatus* verordnete der Philosophie ein radikales, sprachlogisch begründetes Diätprogramm, das im Besonderen jenen Philosophen, die sich an die Völlereien der alten Metaphysik gewöhnt hatten, gar nicht schmecken wollte. Für die traditionellen Themen des abendländischen Denkens war, bei strenger Anwendung der wittgensteinschen Beschränkungstherapie, nur noch wenig an wirklich Mittelbarem übrig: »Die Welt ist alles, was der Fall ist. – Was der Fall ist, die Tatsache, ist das Bestehen von Sachverhalten. Der Sachverhalt ist eine Verbindung von Gegenständen (Sachen, Dingen). – Der Gegenstand ist einfach; die Konfiguration ist das Wechselnde, Unbeständige. Die Konfiguration der Gegenstände bildet den Sachverhalt. – Wir machen uns Bilder der Tatsachen. – Den Gegenständen entsprechen im Bilde die Elemente des Bildes. – Das

Bild hat mit dem Abgebildeten die logische Form der Abbildung gemein. – Was das Bild darstellt, ist sein Sinn; das logische Bild der Tatsache ist der Gedanke. – Im Satz drückt sich der Gedanke sinnlich wahrnehmbar aus. – Die im Satz angewandten einfachen Zeichen heißen Namen; der Name bedeutet den Gegenstand. Der Gegenstand ist seine Bedeutung. – Nur der Satz hat Sinn; nur im Zusammenhang des Satzes hat ein Name Bedeutung. – Der Gedanke ist der sinnvolle Satz.«

Am Ende blieb dieser auf Schonkost gesetzten Philosophie nur der sehnsüchtige Blick auf das (noch) Machbare: »Alles, was überhaupt gedacht werden kann, kann klar gedacht werden. Alles, was sich aussprechen lässt, lässt sich klar aussprechen ... Es zeigt sich zwar in allem Sagbaren auch Unsagbares, aber was gezeigt werden kann, kann nicht gesagt werden ... Worüber man nicht sprechen kann, darüber muss man schweigen.« Wittgenstein war nach der Veröffentlichung seines *Tractatus* zunächst der Meinung, die »Probleme« der Erkenntnisbegründung »gelöst« und eine dauerhafte Schadensbegrenzung im Geltungsbereich des Wissens erzielt zu haben. Dieser Optimismus hielt jedoch nicht lange an, und ihm dämmerte schon bald, dass mit seinem Werk das letzte Wort der Philosophie, jener zähen alten Dame, die womöglich alle ihre Kinder überlebt, noch nicht gesprochen war.

Nach dem Wiedereintritt in das »Zivilleben« versuchte Wittgenstein einen radikalen Neubeginn: Er verzichtete auf sein Vermögen und ließ es, sehr zur Verwirrung der Betroffenen, unter den Familienmitgliedern verteilen. Von September 1920 bis Mai 1926 amtierte er, mit eher mäßigem Erfolg, als Volksschullehrer in der österreichischen Provinz. Er kehrte nach Wien zurück und wirkte dort als Architekt am Bau einer dreistöckigen Villa mit, die seine Schwester Hermine in Auftrag gegeben hatte und später als »hausgewordene Logik« bezeichnete. Anfang 1929 kehrte er nach Cambridge zurück. Er erhielt ein Forschungsstipendium und stürzte sich in die Arbeit. Der *Tractatus* war mittlerweile ein gleichermaßen bekanntes wie umstrittenes Buch – und Wittgenstein ein Philosoph, der sich anschickte, zur Berühmtheit zu werden. Noch immer glaubte er zu wissen, dass ihm nichts passieren konnte; er vertraute der Gewissheit, die sich ihm in seinem Schlüsselerlebnis zu erkennen gegeben hatte. Fast unbemerkt von allen Beobachtern arbeitete er an einer Weiterentwicklung seiner Philosophie. Nicht mehr die reduktionistische Zustandsbeschreibung des *Tractatus* stand nun im Mittelpunkt seines Interesses, sondern der tatsächliche Gebrauch von Sprache und die dazugehörigen Anwendungsmöglichkeiten.

In den *Philosophischen Untersuchungen*, dem eigentlichen Hauptwerk seiner Spätphilosophie, widmete Wittgenstein sich dem Reichtum der natürlichen Sprachen, die ja, wie er wusste, viel mehr zu leisten imstande waren, als es das asketische Methodenverständnis der Naturwissenschaften zulassen wollte. Das neue Zauberwort der wittgensteinschen Spätphilosophie hieß »Sprachspiel«: »Führe dir die Mannigfaltigkeit der Sprachspiele vor Augen … Befehlen und nach Befehlen handeln – Beschreiben eines Gegenstandes – Eine Geschichte erfinden und lesen – Theater spielen – Rätsel raten – Einen Witz machen; erzählen – Aus einer Sprache in eine andere übersetzen – Bitten, Danken, Fluchen, Grüßen, Beten.« Aus den Sprachspielen ergibt sich, was eine Sprache zu sagen hat: »Die Bedeutung eines Wortes ist sein Gebrauch in der Sprache … Das Wort *Sprachspiel* soll hervorheben, dass das Sprechen der Sprache ein Teil ist einer Tätigkeit – oder einer Lebensform. – Und eine Sprache vorstellen heißt, sich eine Lebensform vorstellen … Das Sprachspiel hat seinen Ursprung nicht in der Überlegung. Die Überlegung ist ein Teil des Sprachspiels. Und der Begriff ist daher im Sprachspiel zu Hause. Du musst bedenken, dass das Sprachspiel sozusagen etwas Unvorhersehbares ist. Ich meine: Es ist nicht begründet. Nicht vernünftig (oder unvernünftig). Es steht da – wie unser Leben.«

Die Bedeutung von Wittgensteins Spätphilosophie besteht darin, dass sie einen Ansatz bietet, aus dem Reichtum der Normalsprache die Vielfältigkeit menschlicher Lebensformen abzuleiten und zugleich einem tiefer gehenden Verständnis zuzuführen. Der Philosoph wird zum methodisch geschulten Registrator der vertrackten

Alltäglichkeit, deren Oberflächenstruktur er durchschaut, um zu ihrer wahren Befindlichkeit vorzudringen.

1938 nahm Wittgenstein die britische Staatsbürgerschaft an; 1939 erhielt er die ehrenvolle Berufung als Nachfolger Moores auf dessen Lehrstuhl in Cambridge. Wittgenstein war nun Philosophieprofessor, was ihm »absurd« erschien und »als eine Art Lebendig-Begrabensein« vorkam. Während des Zweiten Weltkriegs übernahm er freiwillige Hilfsdienste in einem Londoner Hospital. 1947 gab er seine Professur und die damit verbundenen Ämter auf. Sein Gesundheitszustand verschlechterte sich. Er suchte die Einsamkeit; ein Jahr lang lebte er in Irland, »weitab«, wie er bekundete, »von jeder Zivilisation«. Als die Ärzte im Sommer 1949 feststellten, dass er Krebs hatte, schien er fast erleichtert: »Ich war keineswegs erschrocken, als ich erfuhr, dass ich Krebs habe, aber ich war's, als ich erfuhr, dass man dagegen etwas unternehmen könne, denn ich hatte nicht den Wunsch, weiterzuleben ...«

Wittgenstein wusste, dass seine Lebensuhr abgelaufen war. Dass der Tod auf ihn wartete, fand er nur gerecht – warum sollte es ihm besser gehen als anderen. Die Einsicht, dass ihm letztlich nichts geschehen konnte, hatte ihn durch sein Leben begleitet, und im Sterben schließlich erfuhr sie ihre eigentliche Bewährung. Obwohl es ihm miserabel ging, arbeitete Wittgenstein bis zwei Tage vor seinem Tod an Aufzeichnungen, die postum unter dem Titel *Über Gewißheit* veröffentlicht wurden. Er starb am 29. April 1951. Seine letzten Worte sollen gewesen sein: »Sagen Sie ihnen, dass ich ein wundervolles Leben gehabt habe!« Auf die verbliebenen Freunde musste dieser Gruß wie ein letzter kläglicher Scherz wirken angesichts des Endes, das er sich oft genug herbeigewünscht hatte. Wittgenstein hat der Philosophie jene Bescheidenheit anempfohlen, die ihn selbst zeit seines Lebens auszeichnete. Er wusste – und daran dürfen wir uns gern erinnern: »Zweifel kann nur bestehen, wo eine Frage besteht, und diese nur, wo etwas gesagt werden kann. Wir fühlen, dass selbst, wenn alle möglichen wissenschaftlichen Fragen beantwortet sind, unsere Lebensprobleme noch gar nicht berührt sind.«

So will es der Träumer

Benjamin und der Alltag der Utopie

Ein Erlebnis, das besondere Hellsichtigkeit verlieh, hatte der Philosoph und Schriftsteller Walter Benjamin, als er im Jahr 1929 mit der Berliner Stadtbahn fuhr. Benjamin war guter Dinge: Zwar plagten ihn die üblichen Geldsorgen und Existenzängste, aber zugleich meinte er eine lauernde, merkwürdig geschärfte Aufmerksamkeit in sich zu spüren, die darauf aus war, an einem mit Bedacht gewählten Objekt ihre Erprobung zu finden. Draußen, vor den Fenstern der Bahn, glitten Stadtlandschaften vorbei, die in ihrer hintergründigen Ordnung ein Gefüge von Bildern aufscheinen ließen, das der Neuentdeckung harrte. Man musste, so Benjamins Vermutung an diesem Tage, nur einen anderen, von der lauernden Aufmerksamkeit präparierten Blick anwenden, musste der Vordergründigkeit die Suche nach jenem Hintergründigen und Unterschwelligen entgegenstellen, das, einmal bewusst gemacht, dem Erkennen zu seiner Wahrheit verhilft, die erst dann aufzuscheinen beginnt, wenn der Blick sich in seinem erwählten Gegenstand verhakt hat und das wartende Bewusstsein mit seinen Überlegungen beginnt.

Das Objekt, an dem sich schließlich die Aufmerksamkeit des Philosophen verfing, war ein schlichtes Werbeplakat, das eine Erinnerung auslöste, die sich als aufblitzender Vorgriff auf das noch zu Bestimmende präsentierte. In einer der unzähligen Notizen seines monumentalen, unabgeschlossen gebliebenen *Passagen-Werks*, das Benjamin mehr als dreizehn Jahre lang beschäftigt hielt, heißt es dazu: »Vor vielen Jahren sah ich in einem Stadtbahnzug ein Plakat, das, wenn es auf der Welt mit rechten Dingen zuginge, seine Bewunderer, Historiker, Exegeten und Kopisten so gut wie nur irgend eine große Dichtung oder ein großes Gemälde gefunden hätte. Und in der Tat war es beides zugleich. Wie es aber bei sehr tiefen, unerwarteten Eindrücken bisweilen gehen kann: der Chock war so heftig, der Eindruck, wenn ich so sagen darf, schlug so gewaltig in mir auf, dass er den Boden des Bewusstseins durchbrach und jahrelang unauffindbar irgendwo in der Dunkelheit lag. Ich wusste nur, dass es sich um ›Bullrichsalz‹ handelte und dass die Originalniederlage dieses Gewürzes ein kleiner Keller in der Flottwellstraße war, an dem ich jahrelang mit der Versuchung vorbeifuhr, hier auszusteigen und nach dem Plakate zu fragen. Da gelangte ich eines verschossenen Sonntagnachmittags in jenes nördliche (?) Moabit ... Vorzeichen deuteten diesmal schon unterwegs darauf hin, dass es ein bedeutungsvoller Nachmittag werden müsse...«

Benjamin näherte sich einer Art Offenbarung, die sich mitten in der alltäglichen Gegenstandswelt ereignen sollte; in der Erinnerung geriet ihm die Hinführung an das Objekt seiner Neugier noch ein wenig wundersamer und verklausulierter, als sie sich in Wirklichkeit wohl zutrug. Abgesehen davon, dass es sich bei ›Bullrich-Salz‹ nicht um ein Gewürz handelte, sondern um ein bewährtes Magen-Sedativum, stimmte die Komposition des Ganzen: Ein Ereignis bereitete sich vor, dem die Konturen seines Vollzugs schon eingezeichnet worden waren. Die Episode, von der Erinnerung konserviert, konnte zum Abschluss gebracht werden; aus einem Bild formte sich des Rätsels Lösung, das über das Abgebildete hinaus rätselhaft blieb und neue Erkundungen einzuleiten hatte: »Mit meinen beiden schönen Begleiterinnen (stand ich) vor einer positiven Destille, deren Auslagebuffet durch ein Arrangement von Schildern belebt war. Eines davon war ›Bullrich-Salz‹. Es enthielt nichts als das Wort, aber um diese Schriftzeichen bildete sich plötzlich, mühelos, jene Wüstenlandschaft des ersten Plakats. Ich hatte es wieder. So sah es aus: Im Vordergrund der Wüste bewegte ein Frachtwagen sich vorwärts, den Pferde zogen. Er hatte Säcke geladen, auf denen ›Bullrich-Salz‹ stand. Einer dieser Säcke hatte ein Loch, aus dem Salz schon eine Strecke weit auf die Erde gerieselt war. Im Hintergrund der Wüstenlandschaft trugen zwei Pfosten ein großes Schild mit den Worten ›Ist das Beste‹. Was aber tat die Salzspur auf dem Fahrwege durch die Wüste? Sie bildete Buchstaben, und die formten ein Wort, das Wort: ›Bullrich-Salz‹. War die prästabilierte Harmonie eines Leibniz nicht Kinderei gegen diese messerscharf eingespielte Prädestination in der Wüste? Und lag nicht in diesem Plakat ein Gleichnis für Dinge, die in diesem Erdenleben noch keiner erfahren hat? Ein Gleichnis für den Alltag der Utopie?«

Aus einem an sich unscheinbaren Bild also ließ sich eine Projektion hervorzaubern – eine Heimholung des noch nicht Dagewesenen, das den Erwartungshorizont eines jeden Menschen bestimmt, der sich einen Blick bewahrt hat für das Verborgene im Realen. Benjamin hatte sich einen solchen Blick nicht nur bewahrt, sondern er besaß eigentlich gar keinen anderen: Das bloße Registrieren von Gegenständlichkeiten war seine Sache nicht; er suchte das Wesen in der Erscheinung, und wo sich weder Wesen noch Erscheinung im Bild auflösen ließen, entwickelte er ein Drittes: das Ansinnen des noch nicht Gegebenen, den Nachweis einer erspürbaren, den Menschen wie den Dingen zukommenden Eigenständigkeit, die über bloße Begriffsexistenz hinausgeht. Eine solche, mehr im Unsichtbaren als im Sichtbaren wirkende dezente Kraft nannte Benjamin Aura: Sie ist zeitungebunden und darf als eine Art überindividuelles Charisma verstanden werden; als eine Einzigartigkeit, die, wenn sie denn überhaupt vorhanden ist, erahnt werden muss – was nicht jedermanns Sache sein kann, da das Original »im Zeitalter der Reproduzierbarkeit« einem Verdrängungswettbewerb zugeführt wird, in dem die Einmaligkeit schließlich so nostalgisch anmutet, dass sie kaum mehr zählt: »Was ist eigentlich Aura? Ein sonderbares Gespinst aus Raum und Zeit: einmalige Erscheinung einer Ferne, so nah sie sein mag. An einem Sommernachmittag ruhend einem Gebirgszug am Horizont oder einem Zweig folgen, der seinen Schatten auf den Ruhenden wirft – das heißt die Aura dieser Berge, dieses Zweiges atmen. An der Hand dieser Definition ist es ein Leichtes, die besondere gesellschaftliche Bedingtheit des gegenwärtigen Verfalls der Aura einzusehen. Er beruht auf zwei Umständen, welche beide mit der zunehmenden Ausbreitung und Intensität der Massenbewegung auf das engste zusammenhängen. Die Dinge sich ›näherzubringen‹ ist nämlich ein genau so leidenschaftliches Anliegen der gegenwärtigen Massen, wie es ihre Tendenz einer Überwindung des Einmaligen jeder Gegebenheit durch deren Reproduzierbarkeit darstellt. Tagtäglich macht sich unabweisbar das Bedürfnis geltend, des Gegenstands aus nächster Nähe im Bild, vielmehr im Abbild, in der Reproduktion habhaft zu werden. Und unverkennbar unterscheidet sich die Reproduktion, wie illustrierte Zeitung und Wochenschau sie in Bereitschaft halten, vom Bilde. Einmaligkeit und Dauer sind in diesem so eng verschränkt, wie Flüchtigkeit und Wiederholbarkeit in jenem. Die Entschälung des Gegenstandes aus seiner Hülle, die Zertrümmerung der Aura, ist die Signatur einer Wahrnehmung, deren ›Sinn für das Gleichartige in der Welt‹ ... so gewachsen ist, dass sie es mittels der Reproduktion auch dem Einmaligen abgewinnt.«

Benjamin, ein hochbelesener Philosoph und Literat, der sich in seiner Ungeschütztheit mit Zitaten verbarrikadierte, denen er gleichwohl ganz eigenständige Notierungen zu entlocken wusste, besaß die Fähigkeit, das Unausgesprochene mit Hilfe von Andeutungen zum Sprechen zu bringen. Er selbst fungierte als Zuhörer und Späher: Aus dem Gehörten errichtete er das Unerhörte; das Gesehene hellte er, mit deutendem Blick in die Untergründigkeit, auf, so dass sich neue Zusammenhänge ergaben. Benjamins Schlüsselerlebnis, die Ausdeutung eines Bildes, das, seiner Bestimmung harrend, für den erneuten Aufruf in einer ihm gemäßen Umgebung bereitstand, ließ sich in einem Erkenntnisprozess wiederverwenden, der die herkömmliche Trennung zwischen Realem und Träumerischem, zwischen äußerem Anspruch und innerer Einsichtnahme nicht mehr gelten lassen mochte. Das Wissen selbst sorgte für seine Enthebung, indem es zum Stillstand kam; es probte die Versunkenheit, in der die Entfernungen schrumpfen und das Nahe mit einem Mal zeitlos wird: »Ob sich nicht das Gefallen an der Bilderwelt aus einem düsteren Trotz gegen das Wissen nährt? Ich sehe in die Landschaft hinaus: Da liegt ein Meer in seiner Bucht spiegelglatt; Wälder ziehen als unbewegliche stumme Masse an der Kuppe des Berges herauf; droben verfallene Schlossruinen, wie sie schon vor Jahrhunderten gestanden haben; der Himmel strahlt wolkenlos, in ewiger Bläue. So will es der Träumer! ... Er muss vergessen, um sich den Bildern zu überlassen. An ihnen hat er Ruhe, Ewigkeit. Jede Vogelschwinge, die ihn streift, jeder Windstoß, der ihn durchschauert, jede Nähe, die ihn trifft, straft ihn Lügen. Aber jede Ferne baut seinen Traum wieder auf, an jede Wolkenwand steht er gelehnt, an jedem erleuchteten Fenster erglimmt er von neuem ...«

Walter Benjamin gehörte zu jenen Menschen, die im Alltagsbetrieb für gewöhnlich als Pechvögel auftreten. Sein Leben, bezogen auf die Maßstäbe bürgerlichen Statusdenkens, glich einer Abfolge kleiner und mittlerer Pannen: Gelingen wollte ihm nur selten etwas, und wenn, hatte dies mit seinem Schreiben zu tun, nicht mit dem Verweis auf äußere Karriereleistungen. Geboren am 15. Juli 1892 in Berlin als Sohn eines wohlhabenden jüdischen Kaufmanns, kam Benjamin zwar in den Genuss einer behüteten Kindheit und der dazugehörigen privilegierten Schulausbildung; danach aber begannen die Schwierigkeiten. Schon sein Studium der Philosophie und Literaturwissenschaft an den Universitäten Berlin, Freiburg, München und Bern, das er 1919 mit einer Dissertation über den »Begriff der Kunstkritik in der deutschen Romantik« und der Promotion abschloss, verlief alles andere als gradlinig. Benjamin war, wie die Ärztin Charlotte Wolff einmal vermerkte, »ein ewiger Student des Ungewöhnlichen und der halben Töne«; er verstand sich als Reisender in Sachen Wahrheit und studierte um des möglichen Erkenntnisgewinns wegen – die Zwänge, einen Beruf ergreifen zu müssen, missachtete er souverän. So wurde die Existenz als Privatgelehrter und freier Schriftsteller, die er später zu führen hatte, bereits während seiner Studienzeit vorbereitet. Dass sein Leben keine Erfolgsgeschichte sein würde, war Benjamin schon früh klar geworden; er tröstete sich mit der Gewissheit, dass der Erfolg selbst nur ein Zufallsprodukt sein konnte, nicht aber das Resultat konzentrierter Eigenleistungen: »Es ist ein eingewurzeltes Vorurteil, dass es der Wille sei, der zum Erfolg der Schlüssel ist. Ja, läge der Erfolg nur in der Linie des Einzeldaseins, wäre er nicht auch der Ausdruck dafür, wie dieses Dasein in das Weltgefüge eingreift. Ein Ausdruck freilich, voller Vorbehalte … Daher ist der Erfolg der tiefste Ausdruck für die Kontingenzen dieser Welt. Der Erfolg ist die Marotte des Weltgeschehens. Somit hat er am wenigsten zu schaffen mit dem Willen, der ihm nachjagt. Überhaupt sind es nicht die Gründe, die ihn herbeiführen, an denen seine wahre Natur sich dartut, sondern die Figuren der Menschen, die er bestimmt. Es sind seine Lieblinge, an denen er sich zu erkennen gibt. Seine Schoßkinder – und seine Stiefkinder.« Benjamin blieb ein Stiefkind des Erfolgs. Seine Versuche, eine akademische Laufbahn einzuschlagen, schlugen fehl, was er selbst vergleichsweise gelassen hinnahm; sein Vater allerdings, Kaufmann und Aktionär, dem die Wirtschaftskrise der Weimarer Republik zusetzte, drohte mit Einstellung der finanziellen Zuwendungen, die schließlich auch versiegten. Benjamin war danach auf sich allein gestellt. Vollends in Ärmlichkeit, die episodenhaft sogar zu einer denkwürdigen Erbärmlichkeit wurde, geriet er 1930 nach der Scheidung von seiner Frau Dora Pollak, der er ihre Mitgift in Höhe von 40 000 Mark zurückzahlen musste. Ihm blieb nichts anderes übrig, als sein Erbteil zu beleihen, um den finanziellen Verpflichtungen nachkommen zu können. Einkünfte erzielte er nur durch seine essayistischen Arbeiten und Bücher, die man in Fachkreisen lobte, so dass ihr Autor gelegentlich sogar als »führender Literaturkritiker Deutschlands« gerühmt wurde, was jedoch keinen Einfluss auf die durchweg bescheidenen Honorare hatte, die er erzielte. Im März 1933 ging er ins Exil nach Paris. Das Dasein, das er fristete, eine Existenz am Existenzminimum, sollte sich nicht mehr entscheidend ändern. Benjamin blieb im Leben ein unsicherer Kantonist, der dazu verdonnert schien, im entscheidenden Augenblick zu spät kommen zu müssen. In seiner Chronik *Berliner Kindheit um neunzehnhundert* hat er diesen Sachverhalt ironisch gewürdigt: »Ich wusste … gleich, woran ich war, als ich in meinem ›Deutschen Kinderbuch‹ von Georg Scherer auf die Stelle stieß: ›Will ich in mein Keller gehen/ Will mein Weinlein zapfen;/ Steht ein bucklicht Männlein da,/ Tät mir'n Krug wegschnappen.‹ Ich kannte jene Sippe, die auf Schaden und Schabernack versessen war, und dass sie sich im Keller zu Hause fühlte, war nicht verwunderlich … Von ihrem Schlage war der Bucklige. Doch kam er nicht näher. Erst heute weiß ich, wie er geheißen hat. Meine Mutter verriet mir's, ohne es zu wissen. ›Ungeschickt lässt grüßen‹, sagte sie mir immer, wenn ich etwas zerbrochen hatte oder hingefallen war. Und nun verstehe ich, wovon sie sprach. Sie sprach vom bucklichten Männlein, welches mich angesehen hatte. Wer diese Männlein ansieht, gibt nicht acht. Nicht auf sich selbst und auf das Männlein auch nicht. Er steht verstört vor einem Scherbenhaufen: ›Will ich in mein Küchel gehen,/ Will mein Süpplein kochen;/ Steht ein bucklicht Männlein da,/ hat mein Töpflein brochen.‹ – Wo es erschien, da hatte ich das Nachsehen. Ein Nachsehen, dem die Dinge sich entzogen … Das Männlein kam mir überall zuvor. Zuvorkommend stellte sich's in den Weg … Allein, ich habe es nie gesehen. Es sah immer nur mich. Und desto schärfer, je weniger ich von mir selber sah.«

Walter Benjamin, Philosoph, Kritiker, Literaturwissenschaftler, dazu Schriftsteller und Bücherliebhaber, gehörte zu jenen Menschen, welche die Wahrheit nicht in großer Münze ausgeben können. Etwas Geheimnisvolles haftete seinen Denkbemühungen an; in seinen Schriften, darunter ein berühmter Essay über *Goethes Wahlverwandtschaften*, der Prosaband *Einbahnstraße* und das bereits erwähnte gewaltige Torso des *Passagen-Werks*, finden sich verbrämte Sophismen, umständliche Diskurse, weitschweifige Erörterungen, aber auch, und dies vor allem, Reflexionen, Aphorismen, Denkbilder von besonderer Eindringlichkeit. Dem Essayisten Benjamin stand zudem an gelungenen Tagen der Poet Benjamin zur Seite; ein begabter, dennoch scheuer und als Privatperson weitgehend unbekannter Mann, der sich auf die Kunst verstand, mit anderen Augen zu sehen. Bei Gelegenheit konnte Benjamin sogar konkret und prophetisch werden – was er, seinerzeit, über die Stimmungslage des kleinen Mannes schrieb, der sich, in trauriger Selbstüberschätzung, für wichtiger hält, als es seiner tatsächlichen Lage entspricht, hat auch heute noch Gültigkeit: »Da ist diese sonderbare Paradoxie: Die Leute haben nur noch das engherzige Privatinteresse im Sinn, wenn sie handeln; zugleich aber werden sie in ihrem Verhalten mehr denn je bestimmt durch die Instinkte der Masse ... Unabwendbar drängt sich heute in jede gesellige Unterhaltung das Thema der Lebensverhältnisse, des Geldes. Aus den Dingen verschwindet die Wärme. Die Gegenstände des täglichen Gebrauchs stoßen den Menschen sacht, aber beharrlich von sich ab ... Der Entfaltung jeder menschlichen Regung ... ist der Widerstand der Umwelt angesagt ... Wohnungsnot wird zum elementaren Sinnbild europäischer Freiheit, dazu die Freizügigkeit, vollkommen zu vernichten ... Ist einmal die Gesellschaft unter Not und Gier soweit entartet, dass sie die Gaben der Natur nur noch raubend empfangen kann, so wird ihre Erde dramatisch verarmen.«

Der Nihilismus, der heute die Weltpolitik bestimmt, eine Ideologie ungebremsten Erfolgsdenkens, verdankt sich dem schmählichen Zusammenbruch kommunistischer Systeme, die der Idee des Sozialismus auf lange Sicht irreparablen Schaden zugefügt haben. Das schlechte Vergangene ist abgesunken, das ganz Andere, Neue – noch nicht in Sicht. Geschichte, zum sich überstürzenden Globalereignis geworden, scheint nun zwangsweise pausieren zu müssen. Eine seltsame Perspektivlosigkeit beherrscht die Versuche öffentlicher Verständigung; man müht sich, eine lästig gewordene Vergangenheit abzuschütteln, um trüber Gegenwart ihre Grauzonen zu nehmen und eine fragwürdige Zukunft weniger fragwürdig erscheinen zu lassen. In dieser Situation massenhafter Indolenz kommt der Philosophie Benjamins eine wiederauflebende Aktualität zu; sie könnte deutlich machen, wie die zwanghafte Beruhigung der Geschichte einen Schock auslöst, der erst dann heilsam wird, wenn sich die Konturen eines glückhaft veränderten Lebens abzeichnen und der Fortschritt, ein Ruinenbaumeister des Notwendigen, wieder bildhafte Einsicht erhält in das ihm übereignete Geschehen: »Zum Denken gehört nicht nur die Bewegung der Gedanken, sondern ebenso ihre Stillstehung. Wo das Denken in einer von Spannungen gesättigten Konstellation plötzlich einhält, da erteilt es derselben einen Chock, durch den es sich als Monade kristallisiert. … In dieser Struktur erkennt es das Zeichen einer messianischen Stillstehung des Geschehens, anders gesagt, einer revolutionären Chance im Kampf für die unterdrückte Vergangenheit … Der Ertrag seines Verfahrens besteht darin, dass im Werk das Lebenswerk, im Lebenswerk die Epoche und in der Epoche der gesamte Geschichtsverlauf aufbewahrt ist und aufgehoben.«

Die gewissen Möglichkeiten

Brecht und der Gebrauchswert der Literatur

»Wahrheit besteht nicht in Beweisen, sie besteht im Zurückführen
auf die letzte Einfachheit«, befand der französische Schriftsteller
Antoine de Saint-Exupéry und sprach damit eine Erkenntnis aus, die
auch sein deutscher Kollege Bertolt Brecht befolgte. Der nämlich war
ein Meister der Einfachheit; wie kaum ein anderer verstand er sich
darauf, komplizierte Zusammenhänge in einer schlagenden Einsicht
zusammenzufassen. Bei empfindlichen Nachfolgern löste das Missvergnügen aus: Peter Handke etwa zeigte sich von Brechts »chinoi-
sen Teekannen-Sprüchen« genervt und fand es wichtiger, »sich über
sich selber klar zu werden«.

Bertolt Brecht, der 1898 eigentlich als Eugen Berthold Friedrich B.
zur Welt kam, stammt aus bürgerlichem Milieu. Der Vater steigt
vom kaufmännischen Angestellten zum Direktor einer Augsburger
Papierfabrik auf. Wenn man in begüterten Verhältnissen aufwächst,
wird man nicht automatisch zum Konservativen, im Gegenteil: Man
findet Zeit und Muße, kritisch zu sein, sich der eigenen Privilegien
auf privilegierte Weise ein wenig zu schämen. Im Rückblick hat
Brecht seine Jugend so zusammengefasst: »Ich bin aufgewachsen als
Sohn/ Wohlhabender Leute. Meine Eltern haben mir/ Einen Kragen
umgebunden und mich erzogen/ In den Gewohnheiten des Bedient-
werdens/ Und unterrichtet in der Kunst des Befehlens. Aber/ Als ich

erwachsen war und um mich sah,/ Gefielen mir die Leute meiner Klasse nicht,/ Nicht das Befehlen und nicht das Bedientwerden./ Und ich verließ meine Klasse und gesellte mich/ Zu den geringen Leuten.«

Brechts Jugend verläuft weitgehend sorgenfrei, aber doch nicht so ganz: Er entdeckt eine Krankheit an sich, die ihm Sorgen macht. Schon in jungen Jahren wird bei ihm eine Herzneurose diagnostiziert, die sich in schmerzhaften Krämpfen und Panikattacken äußert. Bertolt Brecht, gerade mal zwölf Jahre alt, bekommt einige Kuraufenthalte verordnet, die jedoch keine nennenswerte Besserung bringen. Als sich abzeichnet, dass er mit der Krankheit leben muss, macht er sie zu seiner inspirativen Vertrauten, zumal ihm auffällt, dass man als Kranker, der, wie er selbst meint, »ständig vom Tode bedroht ist«, auf andere interessanter wirkt. Über Krankheiten lässt sich nun mal gut reden, was nicht nur für alte Leute gilt. »Habe wieder Herzschmerzen«, vermeldet Brechts Tagebuch, das er mit fünfzehn beginnt, »heute stark, so stark, dass ich zu Mama ging. Es war schrecklich.« Fachleute, die sich mit Brechts Beschwerden im Nachhinein beschäftigt haben, fanden dafür, wen wundert's, vor allem psychosomatische Ursachen, unter anderem eine möglicherweise etwas zu innige Beziehung zu seiner Mutter, die den Knaben Bertolt tröstet und stärkt, auch als der kein Muttersöhnchen mehr sein will, sondern sich als junger Mann mit ausgeprägtem Selbstbewusstsein präsentiert. Brecht tritt als Kämpfer auf, er nutzt die vertraut gewordene Krankheit für seine Zwecke und legt dabei ein Gehabe an den Tag, das nachträgliche Kritik geradezu herausfordert: »Potenzphantasien« werden ihm bescheinigt, »demonstrative Großmannssucht« und »künstlerisch verbrämter Egoismus«. Das muss Brecht jedoch nicht kümmern, er sieht sich auf dem richtigen Weg. »Jetzt werde ich gesünder«, notiert er. »Der Sturm geht immer noch, aber ich lasse mich nimmer unterkriegen. Ich kommandiere mein Herz. Ich verhänge den Belagerungszustand über mein Herz.« Von sich selbst hat er eine durchweg gute Meinung: »Ich bin schon etwas verdorben, wild und hart und herrschsüchtig«, konstatiert er wohlig erschauernd. »Wenn ein Mann richtig lebt, lebt er wie im Sturm, den Kopf in den Wolken, mit wankenden Knien, im Finstern, stark und schwach, oftmals besiegt und nie unterworfen.« Da hat er dann wohl etwas zu dick aufgetragen, denn kurz darauf wird ihm eine schmerzhafte Besinnungspause verordnet; sein Herz rebelliert: »Heute Nacht habe ich einen Herzkrampf bekommen, dass ich staunte«, vermeldet das Tagebuch, »diesmal leistete der Teufel erstklassige Arbeit.«

Wenn man zu wissen meint, wie ein Mann lebt, muss man sich auch den Frauen zuwenden, ist Brechts Überzeugung; er fängt damit früh an und hört erst auf, als es nicht mehr geht. Bei den Frauen kommt er gut an; seine Lässigkeit wirkt, und auch dass er die Welt erklären kann, ohne sie verstanden zu haben, erweist sich als vorteilhaft. Allerdings sind Frauen mit Vorsicht zu genießen: Sie leiden unter »Vermehrungssucht«, was insofern ungünstig ist, da »die stärksten Männer«, Brecht kennt sich da aus, »Angst vor kleinen Kindern haben«. Man sollte also lieber nicht allzu viel Nähe aufkommen lassen und die Beziehungsfäden in der Hand behalten: »Wer selbst weggeht, kann nicht verlassen werden.«

Nachdem Brecht die Schule absolviert hat (»mein 9-jähriges Eingewecktsein an einem Augsburger Realgymnasium«), schreibt er sich an der Universität München ein und beginnt ein Medizinstudium. Das letzte Kriegsjahr, als man nur noch »die Siebzehnjährigen und die Greise einziehen« konnte, macht er als Sanitäter mit. 1918 schreibt er sein erstes Stück *Baal*, ein Jahr später *Trommeln in der Nacht*, für das er den Kleist-Preis erhält. »Bertolt Brecht hat das dichterische Antlitz Deutschlands verändert«, schreibt ein begeisterter Kritiker.

Im Frühjahr 1920 stirbt Brechts Mutter an Krebs. Die Unwiderruflichkeit ihres Todes macht ihm zu schaffen, er hätte ihr noch viel zu sagen gehabt: »Jetzt ist meine Mutter gestorben, gestern, auf den Abend, am 1. Mai! Man kann sie mit den Fingernägeln nicht mehr auskratzen … Aber das Wichtige haben wir nicht gesagt, sondern gespart am Notwendigen.« Das Gespräch, das er mit der Mutter führte, kann er mit dem Vater nicht fortsetzen, denn der betrachtet die literarischen Umtriebe seines Sohnes eher argwöhnisch: »Er möchte wissen, was ich schon für die Allgemeinheit getan hätte, noch rein gar nichts ... Er wolle jetzt einmal eine ernste Arbeit bei mir sehen. Das, was ich mit meiner Literatur getan hätte, halte er persönlich für rein gar nichts. Das müsse sich erst noch beweisen.« Brecht ist desillusioniert, aber nicht lange; er kennt seinen Wert, weiß, dass er einiges zu erwarten hat. Auf sich selbst lässt er nichts kommen, schließlich ist er, wie leider jeder andere Mensch auch, einzigartig: »Wiewohl ich erst 22 Jahre zähle, aufgewachsen in der kleinen Stadt Augsburg am Lech, trage ich den Wunsch, die Welt vollkommen überliefert zu bekommen. Ich wünsche alle Dinge mir ausgehändigt, sowie die Gewalt über die Tiere, und ich begründe meine Forderung damit, dass *ich* nur *einmal* vorhanden bin.« Wenn man selbst einzigartig ist, die Welt aber unendlich vielfältig, scheint es angebracht, sich flexibel zu zeigen und seine Sicht der Dinge den wechselnden Gegebenheiten anzupassen. Für Brecht ist ein solches Verhalten nicht opportunistisch, es dient vielmehr seinem produktiven Selbstschutz: »Ein Mann mit einer Theorie ist verloren. Er muss mehrere haben, vier, viele! Er muss sie sich in die Taschen stopfen wie Zeitungen, immer die neuesten, es lebt sich gut zwischen ihnen, man haust angenehm zwischen den Theorien.«

1924 zieht Brecht nach Berlin, wo er sich, nach anfänglichem Fremdeln, bestens einlebt; in seinem Selbstporträt »Vom armen B. B.« heißt es: »In der Asphaltstadt bin ich daheim. Von allem Anfang/ Versehen mit jedem Sterbesakrament:/ Mit Zeitungen. Und Tabak. Und Branntwein./ ... In meine leeren Schaukelstühle vormittags/ Setze ich mir mitunter ein paar Frauen/ Und ich betrachte sie sorglos und sage ihnen:/ In mir habt ihr einen, auf den könnt ihr nicht bauen.«

Brecht setzte sich die Frauen bekanntlich nicht nur in Schaukelstühle: Mit 26 hat er bereits drei Kinder von drei verschiedenen Frauen; »lasst sie wachsen, die kleinen Brechts«, ist seine Devise. 1926 erfährt er eine entscheidende Umdeutung seines Weltbildes: Er liest Marx, der ihm die Widersprüche der bürgerlichen Gesellschaft, an denen er sich zuvor noch als Individualist gerieben hat, objektivistisch erklärt. Der Kapitalismus, lernt er von Marx, ist zum Absterben verurteilt, er weiß es nur noch nicht so recht. Damit das Absterben etwas schneller geht, müssen auch die Schriftsteller mit anpacken; sie haben sich vom mal angestrengten, mal lustvollen Betrachten ihrer kleinen Selbstbefindlichkeit zu verabschieden. Kunst und Literatur stehen unter der Vorgabe, dass die Welt zum eindeutig Besseren verändert werden kann: »Über literarische Formen muss man die Realität befragen, nicht die Ästhetik«. Realität aber ist frag- und kritikwürdig; wer »realistisch« schreibt, steht in der Pflicht, »die Wahrheit herauszugraben unter dem Schutt des Selbstverständlichen, das Einzelne auffällig zu verknüpfen mit dem Allgemeinen, im großen Prozess das Besondere festzuhalten«. Allerdings sollte der Schriftsteller nicht zu viel von seinen Analysekünsten erwarten: »Die Schriftsteller! Sie rächen sich am Leben durch ein Buch. Das Leben rächt sich dadurch, dass es anders ist.« Damit meint Brecht weniger sich selbst, sondern Dichterkollegen wie Rilke, Werfel und George, »diese stillen, feinen, verträumten Menschen, empfindsamer Teil einer verbrauchten Bourgeoisie, mit der ich nichts zu tun haben will«. Besonders unsympathisch findet er Thomas Mann, den für einen »Hersteller künstlicher, eitler und unnützer Bücher« hält, der »im Schweiße unseres Angesichts lauter Dinge (erfindet), über die er ironisch lächeln kann«. Thomas Mann indes ist ein gefeierter Autor, was Brecht anhaltend ärgert und schließlich zu dem Stoßseufzer veranlasst, dass er sich sogar vorstellen könne, »Geldopfer« zu bringen, »um das Herauskommen gewisser Bücher zu unterbinden«.

1928 hat auch Brecht Erfolg; seine *Dreigroschenoper,* die den Kapitalismus als Spielwiese für Gangster und Geldleute vorführt, ist ein Lehrstück mit beträchtlichem Unterhaltungswert und kommt beim Publikum besser an als bei der Kritik, die, wie so oft, eher geschmäcklerisch urteilt. Die Moral des Stücks ist, dass es, eigentlich, keine Moral mehr gibt; die Geschäfte gehen vor. Zum Erfolg des Stücks trägt die Musik des Komponisten Kurt Weill bei, mit dem Brecht

noch öfter zusammenarbeitet. Plagiatsvorwürfe, die sein Lieblings-
feind, der Theaterkritiker Alfred Kerr, nicht ganz unberechtigt,
erhebt, können ihn nicht erschüttern, er erklärt, dass er nun mal eine
»grundsätzliche Laxheit in Fragen geistigen Eigentums« habe, damit
müsse man sich abfinden. Überhaupt sei »der romantische Gedanke
individueller Schöpfung heute ein Irrtum«: »Die moderne Arbeits-
teilung hat auf vielen wichtigen Gebieten das Schöpferische umge-
formt. Der Schöpfungsakt ist ein kollektiver Schöpfungsprozess
geworden, ein Kontinuum dialektischer Art, so dass die isolierte
ursprüngliche Erfindung an Bedeutung verloren hat.« Die sensiblen
Dichter sind Auslaufmodelle: Literatur »muss ... etwas sein, was
man ... auf den Gebrauchswert untersucht«. Das gilt auch fürs Theater, das Brecht zu einer Art kommunikativen Anstalt erklärt:
Gewohnte Sichtweisen sollen aufgebrochen, das Publikum mitein-
bezogen werden; Wirklichkeit, künstlich verfremdet (»V-Effekt«),
wird zum Spielraum für die Erprobung des Neuen. Vor einem ergebenen Sichergeben ins Gegebene ist abzuraten: »Selbst die kleinste
Handlung, scheinbar einfach/ Betrachtet mit Misstrauen! Untersucht, ob es nötig ist/ Besonders das Übliche!/ Wir bitten ausdrücklich, findet/ Das immerfort Vorkommende nicht natürlich!«

Brechts Arbeitsweise ist denn auch kollektiv geprägt, er bedient
sich der Zuträger, die für ihn arbeiten, hat aber das letzte Wort. Sein
Schriftstellerkollege Arnolt Bronnen berichtet: Er »spazierte, behaglich an seiner Zigarre schmauchend, durchs Zimmer, hörte sich
dabei Argumente und Gegenargumente von Dutzenden von Leuten
an, witzelte, zwinkerte und blieb doch unbeirrbar auf seiner Linie. Er
ritt seinen Gedanken weiter, bis er ihn, großartig formuliert, gleich
vor einem Miniaturpublikum einem seiner stets anwesenden dienst-
baren Geister diktierte. Sein Hirn schien mir ein tintenfischähn-
liches Saugorgan, sich ständig mit Polypenarmen Material zuwa-
chelnd«.

Die Machtübernahme der Nazis bedeutet für Brecht keine Überraschung, er hat sie befürchtet und kommen sehen. Er emigriert;
über Prag, Wien und Paris gelangt er nach Dänemark, wo er mit

seiner Familie, die er inzwischen hat, bei Svendborg auf Fünen einen kleinen Bauernhof bewohnt. Die feindliche Welt ist fern; Brecht gerät in eine Idylle wider Willen, die ihn wehmütig stimmt: »Ein Ruder liegt auf dem Dach. Ein mittlerer Wind/ Wird das Stroh nicht wegtragen./ Im Hof für die Schaukel der Kinder sind/ Pfähle eingeschlagen./ Die Post kommt zweimal hin/ Wo die Briefe willkommen wären./ Den Sund herunter kommen die Fähren./ Das Haus hat vier Türen, daraus zu fliehen.« Von 1933 bis 1938 schreibt er wichtige Stücke (»Das Leben des Galilei«; »Mutter Courage«; »Der gute Mensch von Sezuan«), Essays (»Weite und Vielfalt der realistischen Schreibweise«); in seinen *Svendborger Gedichten* wird die pointierte Verknappung noch einmal gesteigert: »Auf der Mauer stand mit Kreide:/ Sie wollen den Krieg./ Der es geschrieben hat/ Ist schon gefallen«. Brecht hält Kontakt zu den Antifaschisten, die untereinander zerstritten sind; aus der Distanz ruft er zum bewaffneten Widerstand auf: »Die Kultur, lange, allzu lange nur mit geistigen Waffen verteidigt, angegriffen mit materiellen Waffen, selber nicht nur eine geistige, sondern auch und besonders sogar eine materielle, muss mit materiellen Waffen verteidigt werden.« Dem Kritiker Karl Kraus, der den Niedergang der Sprache in verwilderten Zeiten beklagt, hält er entgegen: »Dem, der gewürgt wird/ Bleibt das Wort im Halse stecken«. Dennoch: »Was sind das für Zeiten, wo/ Ein Gespräch über Bäume fast ein Verbrechen ist/ Weil es ein Schweigen über so viele Untaten einschließt.« Seiner zunehmenden Verzweiflung versucht er mit bewährtem Sarkasmus zu begegnen; über den Salonwagen des Führers schreibt er: »Der Dienstzug/ ist ein Meisterstück der Wagenbaukunst. Die Zuggäste/ Haben eigene Appartements. Durch breite Fenster/ Sehen sie die deutschen Bauern auf den Feldern schuften./ Sollten sie in Schweiß geraten bei diesem Anblick/ Können sie in gekachelten Kabinetten/ Expressbäder nehmen.«

Über Schweden und Finnland reist Brecht nach Moskau; der Kommunismus dort hat ein menschenverachtendes Gesicht. Unter dem Eindruck der stalinschen Schauprozesse notiert er: »literatur und kunst scheinen beschissen, die politische theorie auf den hund, es

gibt so etwas wie einen beamtenmäßig propagierten dünnen blut-
losen proletarischen humanismus«.

Im Sommer 1941 lässt er sich in der Filmmetropole Hollywood
nieder. Er versucht sich als Drehbuchautor, aber es geht ihm nicht
besser als dem Kollegen Heinrich Mann; seine Vorschläge werden
fast alle verworfen. Trotz finanzieller Einschränkungen führt er ein
Leben, das auf bewährte Konstanten setzt; der Filmregisseur Joseph
Losey schreibt: »Er aß wenig, trank wenig und fickte viel«. 1948 kehrt
Brecht über Zürich nach Deutschland zurück. Er entscheidet sich für
die DDR, wohnt in Ostberlin. Dort hat er seine eigene Bühne, das
großzügig subventionierte Theater am Schiffbauerdamm. Brecht ist
nun das, was er schon immer sein wollte: eine Berühmtheit mit
Ecken und Kanten. Er kann es sich erlauben, der verordneten Ein-
heitsmeinung im Arbeiter- und Bauernstaat ein Loblied des Zweifels
entgegenzusetzen: »Da sind die Unbedenklichen, die niemals zweifeln./ Ihre Verdauung ist glänzend, ihre Urteile unfehlbar./ Sie glauben nicht den Fakten, sie glauben nur sich. Im Notfall/ müssen die
Fakten dran glauben. Ihre Geduld mit sich selber/ Ist unbegrenzt.
Auf Argumente/ Hören sie mit dem Ohr eines Spitzels«. Und auch
für argwöhnische Kulturfunktionäre hat er nicht viel übrig: »Trotz
eifrigen Nachdenkens/ Konnten sie sich nicht bestimmter Fehler
erinnern,/ Jedoch/ Bestanden sie heftig darauf/ Fehler gemacht zu
haben – wie es der Brauch ist.«

Brecht mag vieles bezweifeln, den Sieg des Sozialismus bezweifelt
er nicht; für ihn ist der Kapitalismus »abbruchreif, faul und ohne
Idee«. 1953, als die DDR im Aufstand vom 17. Juni selbst abbruchreif
erscheint, schreibt er ein Gedicht (»Die Lösung«), das auch deswegen
berühmt geworden ist, weil es auf fast alle Regierungsverhältnisse
passt: »Nach dem Aufstand des 17. Juni/ Ließ der Sekretär des Schrift-
stellerverbandes/ In der Stalinallee Flugblätter verteilen/ Auf denen
zu lesen war, dass das Volk/ Das Vertrauen der Regierung verscherzt
habe/ Und es nur durch verdoppelte Arbeit/ Zurückerobern könne.
Wäre es da/ Nicht einfacher, die Regierung/ Löste das Volk auf und/
Wählte ein anderes?«

Als es drei Jahre später ans Sterben geht, zeigt sich Brecht ausgesprochen gelassen; der Tod kann ihm nichts anhaben, denn er nimmt eine Person zu sich, die davon nichts mehr mitbekommt: »Als ich im weißen Zimmer der Charité/ Aufwachte gegen Morgen zu/ Und die Amsel hörte, wusste ich/ Es besser. Schon seit geraumer Zeit/ Hatte ich keine Todesfurcht mehr: Da ja nichts/ Mir fehlen kann, vorausgesetzt/ Ich selber fehle. Jetzt/ Gelang es mir, mich zu freuen …« Und auch für die Hinterbliebenen hatte Brecht noch ein gutes Schlusswort parat: »Schreiben Sie, dass ich unbequem war und es auch nach meinem Tod zu bleiben gedenke. Es gibt auch dann noch gewisse Möglichkeiten«.

Ein Grab an seiner Seite
Fromm und die Marketing-Orientierung des Menschen

Dass die Philosophie mit dem Staunen zu tun hat, ja oft sogar mit dem Staunen anhebt, ist eine bekannte Tatsache. Gestaunt werden darf über alles: über das Leben an sich, dem in der Regel ein tödliches Ende beschieden ist; über das Wunder der sich selbst bewusst werdenden Existenz, von der aus man zu begreifen sucht, wie denn wohl Endlichkeit und Unendlichkeit, Subjekt und Objekt zusammengehen können. Aus dem Staunen wird schließlich ein Fragen, das sich entweder an das übergreifende Allgemeine halten kann, wie es beispielsweise Leibniz tat, als er wissen wollte, warum überhaupt etwas sei und nicht vielmehr nichts, oder das von einer konkreten Begebenheit seinen Ausgang nimmt, die als solche bemerkenswert genug erscheint, um einen sich fortsetzenden Nachdenklichkeitsprozess in Gang zu setzen. Letzteres widerfuhr in jungen Jahren dem späteren Psychoanalytiker und Philosophen Erich Fromm, der als Heranwachsender mit einem Vorfall konfrontiert wurde, dessen Unbegreiflichkeit ihm nicht mehr aus dem Kopf wollte. Im einleitenden autobiographischen Kapitel seines Buches *Jenseits der Illusionen* heißt es dazu: »Warum ich ein so großes Interesse für die Frage entwickelte, warum die Menschen sich gerade so und nicht anders verhalten, dafür mag der Hinweis hilfreich sein, dass ich das einzige Kind eines ängstlichen und launischen Vaters und einer zu Depressionen neigenden Mutter bin. Ich begann mich für die merkwürdigen und geheimnisvollen Ursachen menschlicher Reaktionen zu interessieren. Ganz lebhaft entsinne ich mich noch an eine Begebenheit – ich war damals etwa 12 Jahre alt –, die mein Denken weit mehr beschäftigte als alles, was ich zuvor erlebt hatte … Folgendes war geschehen: Ich kannte eine junge Frau, etwa 25-jährig, eine Freundin meiner Familie. Sie war schön und attraktiv, und außerdem war sie Malerin – die erste Malerin, der ich begegnet war. Ich entsinne mich, gehört zu haben, dass sie verlobt gewesen war, aber nach einiger Zeit die Verlobung wieder gelöst hatte; auch erinnere ich mich, dass sie fast stets in Begleitung ihres verwitweten Vaters war. Soweit ich mich erinnern kann, war ihr Vater ein alter, uninteressanter Mann von wenig anziehendem Äußeren. (Das fand ich wenigstens damals, aber vielleicht war mein Urteil auch etwas von Eifersucht getrübt.) Eines Tages hörte ich die erschütternde Nachricht, dass der Vater gestorben sei und sie unmittelbar darauf sich das Leben genommen und ein Testament hinterlassen habe, in dem sie erklärte, sie wolle zusammen mit ihrem Vater begraben werden. Ich hatte damals noch nie etwas vom Ödipuskomplex oder von inzestuöser Fixierung zwischen Tochter und Vater gehört. Ich hatte mich zu der jungen Frau stark hingezogen gefühlt und den wenig anziehenden Vater verabscheut. Und ich hatte zuvor noch niemanden gekannt, der sich das Leben genommen hatte. Der Gedanke durchfuhr mich: ›Wie ist so etwas möglich? Wie ist es möglich, dass eine junge, schöne Frau so in ihren Vater verliebt ist, dass sie ein Grab an seiner Seite den Freuden des Lebens und des Malens vorzieht?‹ Ich wusste natürlich keine Antwort auf diese Fragen, aber das ›Wie ist so etwas möglich?‹ blieb haften …«

Das »einzige Kind eines ängstlichen und launischen Vaters und einer zu Depressionen neigenden Mutter«, als welches sich Fromm beschrieb, lernte früh begreifen, dass das Schwerverständliche in der Welt mit jenem geheimnisvollen Seelenleben in Verbindung steht, von dem jeder einzelne Mensch geprägt ist. Wollte man mehr wissen, als eine vordergründige Bestandsaufnahme bestimmter

Erlebnisse nahelegte, musste man versuchen, an ihre untergründigen Motive heranzukommen, die sich allerdings nicht in freier Verfügbarkeit anboten, sondern der Interpretation bedurften. Was zu sagen war, ergab sich nur aus tiefer gehenden Verständnisbemühungen; die Betroffenen nämlich konnten oder wollten nicht reden, so dass der Fragende selbst darauf angewiesen blieb, für seine Antworten zu sorgen.

Der junge Fromm fühlte sich zunächst alleingelassen mit dem, was ihn bewegte: Die Frau, für die er geschwärmt hatte, lebte nicht mehr; über die Motive ihres Freitods durften die Hinterbliebenen rätseln. Von seinen Eltern, die im orthodoxen Judentum zu Hause waren und wenig Interesse für das Seelenbefinden anderer Leute zeigten, hatte er keine Hilfe zu erwarten: Ihre Absichten beschränkten sich darauf, dem Sohn eine ordentliche, an der traditionellen jüdischen Gesetzestreue orientierte Erziehung angedeihen zu lassen. Während Fromm noch über zwischenmenschliche Probleme nachdachte, für die ihm keine Lösung angeboten wurden, brachen andere, ungleich belastendere Geschehnisse über ihn herein, die neue Fragen heraufbeschworen: »Vielleicht hätten mich … diese persönlichen Erlebnisse nicht so tief und nachhaltig berührt ohne das Ereignis, das meine Entwicklung mehr als alles andere bestimmte: der Erste Weltkrieg. Als dieser Krieg im Sommer 1914 ausbrach, war ich ein Junge von vierzehn Jahren, den die Aufregungen des Krieges, die Siegesfeiern, die Tragödie des Todes einzelner Soldaten, die ich persönlich kannte, mehr als alles andere beeindruckten. Das Problem des Krieges als solches interessierte mich nicht. Seine sinnlose Unmenschlichkeit war mir nicht aufgegangen. Aber bald änderte sich das alles, wozu auch einige Erlebnisse mit meinen Lehrern beitrugen. Mein Lateinlehrer, der in den beiden Jahren vor dem Krieg in seinen Unterrichtsstunden die Devise: ›Si vis pacem para bellum‹ (Willst du den Frieden, so halte dich kriegsbereit – Vegetius Renatus) als seinen Wahlspruch verkündet hatte, war begeistert, als der Krieg ausbrach. Ich merkte jetzt, dass seine angebliche Sorge um die Erhaltung des Friedens nicht echt gewesen sein konnte. Wie war es möglich, dass ein Mann, dem die Erhaltung des Friedens so am Herzen zu liegen schien, jetzt über den Krieg frohlockte? Von da an fiel es mir schwer zu glauben, dass Aufrüstung dem Frieden diene, selbst wenn Menschen dafür eintreten, die mehr guten Willen haben und aufrichtiger sind als mein ehemaliger Lateinlehrer.«

Was Fromm vorgeführt bekam, war der Ausbruch nationalistischer Wahnvorstellungen, von denen er annehmen musste, dass die kollektive Begeisterung, auf die sie stießen, nicht möglich sein konnte ohne eine vorangegangene, im Verborgenen wirkende Beeinflussung, die sich an jene Instinkte wandte, an denen eine vernünftige Argumentation ohnehin abprallen würde. Dass sich auch ehedem vernünftige Zeitgenossen von der Kriegseuphorie anstecken ließen, kam dem Jungen besonders bedenklich vor; sein Verdacht, dass es um die altehrwürdige Vernunft im zivilisierten Abendland vielleicht doch nicht zum Allerbesten stand, erhärtete sich zusehends. Ausnahmen schienen nur die Regel zu bestätigen, waren jedoch manchmal durchaus einer Erwähnung wert; so erinnerte sich Fromm später an einen Lehrer, der dem militärischen Schwadronieren, das auch in Schülerkreisen längst um sich gegriffen hatte, eine Pointe entgegensetzte, die zumindest einigen seiner Zöglinge zu denken gab: »Bestürzt war ich auch über den hysterischen Hass gegen die Engländer, der damals ganz Deutschland erfüllte. Plötzlich waren es elende, bösartige und skrupellose Söldner, die unsere unschuldigen und allzu vertrauensseligen deutschen Helden zu vernichten trachteten. Inmitten dieser nationalen Hysterie ist mir ein entscheidendes Ereignis in Erinnerung geblieben. Wir hatten in unserem Englischunterricht die Aufgabe bekommen, die englische Nationalhymne auswendig zu lernen. Diese Aufgabe war uns vor den Sommerferien gestellt worden, als noch Frieden herrschte. Als dann der Unterricht wieder begann, sagten wir Jungen zu unserem Lehrer – teils aus Ungezogenheit und teils weil wir vom ›Hass gegen England‹ angesteckt waren –, wir weigerten uns, die Nationalhymne unseres schlimmsten Feindes auswendig zu lernen. Ich sehe ihn noch vor der Klasse stehen, wie er mit einem ironischen Lächeln über unseren Protest ruhig sagte: ›Macht euch nichts vor; bis jetzt hat England noch nie einen Krieg verloren.‹ Hier sprach die Stimme der Vernunft und des Wirklichkeitssinns inmitten des aberwitzigen Hasses – und es war die Stimme eines verehrten und bewunderten Lehrers! Dieser eine Satz und die ruhige, vernünftige Art, in der er geäußert wurde, war für mich eine Erleuchtung. Er durchbrach die verrückte Hasswelle und die nationale Selbstvergötterung, und ich begann nachzudenken und mich zu fragen: ›Wie ist so etwas möglich?‹«

Ähnlich wie bei dem Kollegen Adorno, den er übrigens nicht sonderlich mochte, waren es zwei Schlüsselerlebnisse, die Erich Fromm auf den Weg zur Philosophie brachten. Beide Erlebnisse, der Selbstmord einer von ihm verehrten jungen Frau und der Ausbruch eines wahnsinnig anmutenden Krieges, lösten Fragen in ihm aus, auf die er eine Antwort suchte. Dabei dämmerte ihm schon früh, dass die Antworten nicht bereitlagen, sondern erarbeitet werden mussten. Die Probleme des Menschen, glaubte Fromm zu wissen, lagen im Menschen selbst; eine Gesellschaftsveränderung, die Umwälzung bestehender Herrschaftsstrukturen allein würde nicht ausreichen, um ein neues Denken herbeizuführen. Der Mensch, dieses nach wie vor rätselhafte »Bewusstseinstier«, musste aus seiner eigentlichen Mitte heraus, von seiner Seelen- und Geistesstruktur her, behandelt werden, was zunächst nichts anderes bedeutete, als dass ein neues Denken nur auf der Grundlage radikalen Umdenkens ermöglicht werden konnte. Fromm selbst, den eine geradezu schwärmerisch ausbrechende Wissbegier, eine Neugier auf alles, was Leben war, kennzeichnete, ging den eigenen Bemühungen mit gutem Beispiel voran: Nach dem Abitur, das er 1918 in Frankfurt ablegte, studierte er Jura, Soziologie, Psychologie und Philosophie in Heidelberg; daneben unterzog er sich, sehr zur Freude der Eltern, eines intensiven Talmud-Unterrichts. 1922 promovierte er bei Alfred Weber mit einer Dissertation über »Das jüdische Gesetz«. Die Herkunft aus dem traditionellen Judentum und die dazugehörige Erziehung prägten Fromms Lebenseinstellung; eine Beeinflussung, zu der er sich bekannte und die auch dann noch anhielt, als der weltweit bekannte Psychoanalytiker und Philosoph mit der jüdischen Orthodoxie längst gebrochen hatte: »Mein Lebensgefühl … war nicht das eines modernen Menschen, sondern das des vormodernen Menschen. Das wurde auch dadurch gefördert, dass ich Talmud studiert, dass ich reichlich die Bibel gelesen und viele Geschichten von meinen Vorfahren gehört habe, die alle in einer Welt gelebt haben, die vor dem Bürgertum existierte. Ich erinnere mich … an eine Geschichte, die mir einfällt: Ich hatte einen Urgroßvater, der ein großer Talmudist war. Er war aber nicht irgendwo Rabbiner, sondern er hatte einen kleinen Laden in Bayern, und er verdiente sehr wenig Geld. Eines Tages bekam er ein Angebot, dass er, wenn er etwas reisen würde, etwas mehr verdienen könnte. Er hatte natürlich viele Kinder, und das machte das Leben nicht leichter. Da hat ihm seine Frau gesagt: Nun, würdest du nicht vielleicht doch daran denken, die Gelegenheit zu nutzen, du wärest ja nur drei Tage im Monat fort, und wir würden etwas mehr Geld haben. Da sagte er: Meinst du, ich sollte das tun und mehr als drei Tage im Monat versäumen zu studieren? Sie sagte: Um Gottes Willen nicht, was denkst du! Und es kam nicht in Frage. So hat er den ganzen Tag in seinem Laden gesessen und den Talmud studiert; wenn ein Kunde gekommen ist, ist er etwas ärgerlich aufgefahren und hat gesagt: Gibt es denn keinen anderen Laden? Das war die Welt, die für mich real war. Die moderne Welt fand ich merkwürdig … Bis heute.«

Die Geschichten aus einer vormodernen Welt begleiteten Fromm ein Leben lang. Dass er selbst sich auf die Moderne, im Besonderen auf ihre Wissenschaft vom Menschen einließ, hatte mit seiner Neugier zu tun, die sich mit dem jeweilig letzten Stand der Dinge keineswegs begnügen wollte und gerade das Erinnern an die Vorzüge vergangener Tage nutzte, um ein neues, die vormoderne Gewissheiten miteinbeziehendes Methodenbewusstsein zu entwickeln. Nach einer zusätzlichen psychoanalytischen Ausbildung eröffnete Fromm 1930 – zu einer Zeit, als er sich selbst noch als Anhänger der Lehren Freuds begriff – in Berlin seine erste therapeutische Praxis.

Obwohl ihm die Arbeit mit den Patienten Freude machte und er aus der Analyse anderer ohnehin auch Erkenntnisgewinn für die eigene Person bezog, stellten sich bald erste Zweifel ein, die weniger auf die edlen Absichten des psychologischen Interesses am Menschen zielten, als bestimmten Prämissen der freudschen Weltanschauung galten: »Ich bin erzogen worden als strikter Freudianer im Berliner Institut und habe zunächst einmal auch Freuds Theorien über Sexualität et cetera geglaubt. Ich bin in dieser Beziehung ein guter Student gewesen, der zunächst einmal annahm, seine Lehrer haben recht, bis er selbst die Materie besser kannte. Ich habe nicht angefangen zu protestieren, bevor ich etwas wusste ... Dann aber fing ich nach einigen Jahren an zu zweifeln. Ich sah vor allen Dingen mehr und mehr, dass ich das, was ich finden sollte, im Material des Patienten nicht fand, sondern nur hineininterpretierte. Und ich sah noch etwas: dass ich den Patienten, seine wirklichen Probleme, mit der Freudschen Theorie nicht eigentlich berührte ... Es lief doch darauf hinaus, immer wieder auf den Ödipus-Komplex zu sprechen zu kommen, auf die Kastrationsangst, auf all das, was mit der Sexualität zusammenhängt, und mit Ängsten, die darauf bezogen sind. Ich beobachtete, dass das den Menschen, den ich vor mir hatte, häufig gar nicht betraf. Und es geschah etwas, was mir sehr unangenehm auffiel: ich wurde gelangweilt ... Ich fragte mich: Warum bist du eigentlich so müde, warum bist du gelangweilt? Mit der Zeit fand ich heraus, dass es einfach daher rührte, dass ich nicht an das Leben herankam, und im Grunde genommen Abstraktionen behandelte, wenngleich in Form von relativ primitiven Erlebnissen, die da in der Kindheit angeblich geschehen waren.«

1933 emigrierte Fromm in die USA. Er arbeitete an dem nach New York verlegten Frankfurter Institut für Sozialforschung, mit dem er sich allerdings bald überwarf. Sachliche Differenzen waren der Anlass für die Trennung, aber auch persönliche Animositäten, die in der ohnehin angespannten Atmosphäre eines isolierten Wissenschaftsbetriebes besonders gepflegt werden konnten. Horkheimer und Adorno, den beiden Leitwölfen des Instituts, war zudem nicht entgangen, dass sich Fromms Gedankengänge von der offiziell vertretenen Sozialphilosophie immer mehr entfernten. Ihm wurde der Vorwurf gemacht, Gesellschaftsanalyse nur noch als bloßes Psychologisieren betreiben zu wollen – eine Kritik, die Fromm absurd vorkam, da er zum freudschen Wissenschaftsverständnis längst auf Distanz gegangen war und mittlerweile eine Form der Psychoanalyse praktizierte, der er die wesentlichen marxistischen Kategorien, allerdings in sehr freier Interpretation, einverleibt hatte, was die selbsternannten Wächter der reinen Lehre natürlich beunruhigen musste: »Mich lockte vor allem seine (Marx', O.A.B.) Philosophie und seine Vision des Sozialismus, die in säkularer Form die Idee von der Selbstwerdung des Menschen ausdrückt, von seiner vollen Humanisierung, von jenem Menschen, für den nicht das Haben, nicht das Tote, nicht das Aufgehäufte, sondern die lebendige Selbstäußerung das Ziel ist. Angefangen mit den philosophischen Schriften von 1844 hat Marx das gezeigt. Und tatsächlich: Wenn Sie diese philosophischen Schriften lesen und nicht wissen, dass Marx der Verfasser ist, und nicht ein guter Marx-Kenner sind, dann werden Sie kaum den Autor erraten. Nicht deshalb, weil der Text etwa atypisch für Marx ist, sondern weil einerseits die Stalinisten und auf der anderen Seite auch die meisten Sozialisten das Marx-Bild so verfälscht haben – als ob Marx eben ausschließlich eine ökonomische Veränderung im Auge gehabt hätte. In Wirklichkeit war die ökonomische Veränderung nur Mittel zu einem Zweck: Es ging Marx entscheidend um die Befreiung des Menschen im Sinne des Humanismus ...«

Fromm besaß den Mut, ausgefahrene Denkwege zu verlassen und eigene Ansätze zu entwickeln, die er genauso locker zu handhaben verstand wie seine Studienergebnisse. Wissen war für ihn ein offener Prozess, der weniger durch immense Gelehrsamkeit strukturiert werden sollte als durch die Neugier auf das nach wie vor rätselhafte Treiben der Menschen, deren Unzulänglichkeit auch aus einem Bodensatz der beeindruckendsten soziologischen Untersuchungen noch immer hervorschimmerte. 1940 nahm Fromm die amerikanische Staatsbürgerschaft an; 1949 übersiedelte er nach

Mexico City. Er lehrte Psychoanalyse an der Autonomen Universität und begann mit Ausbildungskursen, die schon bald eine gewisse Berühmtheit erlangten. Fromms Studenten hatten schnell herausgefunden, dass ihr Lehrer im Gegensatz zu anderen Therapeuten kein dogmatisches Heilungskonzept besaß, nach dem sich die Patienten auszurichten hatten, sondern dass er eine freie Analyse bevorzugte, die Überraschungen für möglich hielt und Revisionen der einmal erzielten Ergebnisse durchaus erlaubte. Eine der ansatzweise neuen Bestimmungen, die Fromm in seinen Arbeiten entwickelte, war der Nachweis des sogenannten »Marketing-Charakters« beim Menschen – eine Persönlichkeitsprägung, die sich aus dem Konsumverhalten der Gesellschaft und ihrer nach kapitalistischen Kriterien organisierten Umgangsformen ergibt. Die angebliche Bedeutung eines Menschen, wirksam auch in dessen eigener Selbsteinschätzung, resultiert aus seinem Durchsetzungsvermögen am Markt: Statussymbole treten an die Stelle von Persönlichkeitswerten; ein imageträchtiges Beziehungsgeflecht reguliert den Gewinn und Erhalt von Machtmitteln, die als unverzichtbar angesehen werden, um das Vorwärtskommen in einer immer unerbittlicher werdenden Leistungsgesellschaft zu ermöglichen: »Bei der Marketing-Orientierung ... steht der Mensch seinen eigenen Kräften als einer ihm fremden Ware gegenüber. Er ist nicht mit ihnen eins, vielmehr treten sie ihm gegenüber in einer Rolle auf; denn es kommt nicht mehr auf seine Selbstverwirklichung durch ihren Gebrauch an, sondern auf seinen Erfolg bei ihrem Verkauf. Beides, die Kräfte und das, was sie hervorbringen, sind nichts Eigenes mehr, sondern etwas, das andere beurteilen und gebrauchen können. Daher wird das Identitätsgefühl ebenso schwankend wie die Selbstachtung; es wird durch die Summe der Rollen bestimmt, die ein Mensch spielen kann: ›Ich bin so, wie ihr mich wünscht.‹«

War die Marketing-Orientierung noch weitgehend vom marxistischen Denkmodell bestimmt und somit in ihren Argumentationsmustern zumindest teilweise bekannt, so handelte es sich bei dem Begriff der »Nekrophilie«, den Fromm herausarbeitete, um einen originären psychoanalytischen Terminus, der zusätzlichen Erkenntnisgewinn für die Versuche differenzierter Charakteranalyse versprach. Zwar hatte Freud zuvor schon dem Lebenstrieb beim Menschen einen gleichberechtigten Todestrieb an die Seite gestellt, von dem er annahm, dass er zur seelischen Grundausstattung gehört; die frommsche Nekrophilie jedoch bestimmte sich – im Gegensatz zur »Biophilie«, der natürlichen Freude an allem Lebendigen – als folgenschwere Anomalie, deren Auswirkungen darüber entscheiden können, ob die Möglichkeiten einer Existenz produktiv und sinnvoll genutzt werden oder zum bloßen seelischen Ballast degenerieren: »Die Nekrophilie im charakterologischen Sinne kann man definieren als das leidenschaftliche Angezogenwerden von allem, was tot, vermodert, verwest oder krank ist; sie ist die Leidenschaft, das, was lebendig ist, in etwas Lebloses umzuwandeln; zu zerstören um der Zerstörung willen; das ausschließliche Interesse an allem, was rein mechanisch ist. Es ist die Leidenschaft, lebendige Zusammenhänge mit Gewalt entzweizureißen ... Nekrophilie als ein psychopathologisches Phänomen ... ist Folge ungelebten Lebens, der Unfähigkeit, eine bestimmte Stufe jenseits des Narzissmus und der Gleichgültigkeit zu erreichen ... Die Nekrophilie wächst in dem Maße, wie die Entwicklung der Biophilie am Wachstum gehindert wird. Der Mensch ist biologisch mit der Fähigkeit zur Biophilie ausgestattet, psychologisch aber hat er als Alternativlösung die Möglichkeit, nekrophil zu werden.«

In seiner zweiten Lebenshälfte avancierte Fromm, ohne es darauf abgesehen zu haben, zum Erfolgsschriftsteller. Ein breites Lesepublikum, das fast jedes seiner Bücher erwartungsvoll entgegennahm, schien nur auf ihn gewartet zu haben, und es wusste gerade das zu würdigen, was speziell einigen seiner Psychoanalytiker-Kollegen zunehmend missfiel: Fromms Mut zur schlichten These, sein Hang, die Dinge nicht vertrackter darzustellen, als sie waren, und seine noch immer ungebrochene Wissbegier, die sich zu der Einsicht bekannte, dass es Sachverhalte und Problembereiche gab, vor denen eine ins Methodenkorsett gezwängte Seelenbeschau klein beigeben musste. Größere Zusammenhänge waren gefragt, und Fromm wechselte in aller Stille die Profession: Der Psychologe in ihm wurde zum Philosophen, der sich zusätzliche Kenntnisse erwarb, ohne erprobte Überzeugungen aufzugeben. Der Philosoph Fromm brachte Bücher auf den Markt, deren schnörkellose, ja zutiefst eingängige Titel – wie etwa *Die Kunst des Liebens, Wege aus einer kranken Gesellschaft, Die Furcht vor der Freiheit, Haben oder Sein* – schon anklingen ließen, dass sich hier ein Wissenschaftler zu Wort meldete, der die Kunst, einfach zu schreiben, fast bis zur Simplizität zu perfektionieren verstand. Seiner These von der Nekrophilie blieb Fromm treu; er erweiterte sie sogar um die notwendigen ordnungspolitischen und soziologischen Komponenten, so dass schließlich eine zeitgeistige Diagnose entstand, die auch heute noch von bedrückender Aktualität ist: »Intellektualisierung, Quantifizierung, Abstrahierung, Bürokratisierung und Verdinglichung – die Kennzeichen der heutigen Industriegesellschaft also – sind keine Lebensprinzipien, sondern mechanische Prinzipien, wenn man sie auf den Menschen statt auf Dinge anwendet. Menschen, die in einem solchen System leben, werden gleichgültig gegenüber dem Leben und fühlen sich vom Toten angezogen … Die Welt des Lebens ist zu einer Welt des ›Nichtlebendigen‹ geworden: Menschen sind zu ›Nichtmenschen‹ geworden – eine Welt des Toten. Symbolisch für das Tote sind nicht mehr unangenehm riechende Exkremente oder Leichen. Die Symbole des Toten sind jetzt saubere, glänzende Maschinen; die Menschen fühlen sich nicht mehr von übelriechenden Toiletten angezogen, sondern von Strukturen aus Aluminium und Glas. Aber die Wirklichkeit hinter dieser antiseptischen Fassade wird immer deutlicher sichtbar. Im Namen des Fortschritts verwandelt der Mensch die Welt in einen stinkenden, vergifteten Ort (und das nicht im symbolischen Sinn). Er vergiftet die Luft, das Wasser, den Boden, die Tiere – und sich selbst.«

Die letzten sechs Jahre seines Lebens verbrachte Fromm zusammen mit seiner dritten Frau Annis Freeman im Tessin. Zuvor hatte er sich noch diverse Aktivitäten zugemutet: Er trat zahlreichen

Assoziationen bei, darunter der amerikanischen Sozialistischen Partei, die er jedoch bald wieder verließ; er engagierte sich im Wahlkampf-Team des demokratischen Präsidentschaftskandidaten McCarthy, und er war in einer Weise an der Bildung des öffentlich auftretenden guten Gewissens beteiligt, die unter den Intellektuellen alsbald den einen oder anderen Spötter auf den Plan rief. Fromm galt als Experte für alles: Man amüsierte sich darüber, dass er vermessen genug war, in seinen Büchern Themen zu behandeln, die andere für längst abgehandelt hielten. Seine Leser musste dies nicht erschrecken: Sie fühlten sich von ihm, nach wie vor, gut informiert, was immer auch noch am Kunstgriff des Autors lag, das Einfache einfach und das Komplizierte möglichst unkompliziert darzustellen. Fromms Abhandlungen wurden zu bemerkenswerten Erfolgen, so auch sein Traktat über *Die Kunst des Liebens*, in dem er ein Plädoyer hält für den Erhalt individueller Selbständigkeit im Kraftfeld der großen Gefühle: »Liebe ist nur möglich, wenn sich zwei Menschen aus der Mitte ihrer Existenz heraus miteinander verbinden, wenn also jeder sich selbst aus der Mitte seiner Existenz heraus erlebt. Nur dieses ›Leben aus der Mitte‹ ist menschliche Wirklichkeit, nur hier ist Lebendigkeit, nur hier ist die Basis für Liebe. Die so erfahrene Liebe ist eine ständige Herausforderung; sie ist kein Ruheplatz, sondern bedeutet, sich zu bewegen, zu wachsen, zusammenzuarbeiten. Ob Harmonie waltet oder ob es Konflikte gibt, ob Freude oder Traurigkeit herrscht, ist nur von sekundärer Bedeutung gegenüber der grundlegenden Tatsache, dass zwei Menschen sich vom Wesen ihres Seins her erleben, dass sie miteinander eins sind, anstatt vor sich selber auf der Flucht zu sein.«

In seinem Buch *Haben oder Sein* schließlich lieferte der Philosoph Erich Fromm ein gesamtgesellschaftliches Erklärungsmodell, das in seiner scheinbaren Einfachheit jene Rückwendung vornahm, die der von undurchschaubaren Verfügungs- und Einschränkungsmechanismen genervte Einzelne vielleicht auch selbst schon erwogen hatte und deshalb als erfolgversprechend begreifen konnte: die Rückwendung in die eigene Gewissheit, in ein Selbst, in dem sich jeder der

Nächste ist. Damit war allerdings nicht ein neuer Egoismus gemeint, sondern ein Sozialverständnis, das Veranlassung gibt, dem allseits grassierenden Besitzdenken eine Absage zu erteilen und stattdessen den Versuch zu wagen, die andere Wahrheit des Lebens zu erfahren – ein Sein nämlich, das Glück und Zufriedenheit aus sich selbst heraus schafft. Fromms Philosophie suchte ihre eigene Bestätigung zu guter Letzt in einer Art innerweltlichen Erlösungslehre, die Überschneidungen mit religiösen Glaubensinhalten keineswegs scheute – der Mensch, so lautet die Botschaft, kann lernen, Mensch zu sein, und die Gewissheiten, die er in sich selber zum Leuchten bringt, errichten ihm eine Welt, in der man noch staunen darf: »Ein Mensch empfindet zum ersten Mal, dass er eitel ist, dass er Angst hat, dass er hasst, während er in seinem Bewusstsein geglaubt hatte, bescheiden, mutig und liebevoll zu sein. Die neue Einsicht schmerzt ihn vielleicht, aber sie öffnet eine Tür; sie ermöglicht ihm, ein Ende damit zu machen, auf andere das zu projizieren, was er in sich selbst verdrängt. Er geht weiter; er erlebt den Säugling, das Kind, den Heranwachsenden, den Verbrecher, den Wahnsinnigen, den Heiligen, den Künstler, den Mann und die Frau in sich; er kommt mit der Menschheit, mit dem universalen Menschen in Berührung; er verdrängt weniger, ist freier, hat weniger Bedürfnis zu projizieren und gedanklich zu verarbeiten; dann erlebt er vielleicht zum ersten Mal, wie er Farben sieht, wie er einen Ball rollen sieht und wie sich seine Ohren plötzlich für die Musik auftun, während er bisher nur zugehört hat. Wenn er sein Einssein mit den anderen fühlt, sieht er vielleicht zum ersten Mal, dass es eine Illusion ist, sein isoliertes, individuelles Ich für etwas zu halten, das er festhalten, kultivieren und bewahren soll; er wird empfinden, wie nutzlos es ist, die Antwort auf das Leben darin zu suchen, sich zu haben, anstatt er selbst zu sein und zu werden.«

Geister der Nacht

Cioran und die verderblichen Wahrheiten

Wenn ihm danach ist, gibt es der Herr den Seinen im Schlaf, was manchmal sogar noch anhält, wenn der Schlaf sich rarmacht und zur Schlaflosigkeit wird, die mit hellsichtigen und illusionslosen Einsichten schmerzliche Aufmerksamkeit einfordert. Dies hat der Philosoph Emil Michel Cioran unter Beweis gestellt, der kein Philosoph sein wollte und aus nächtlicher Ruhelosigkeit einen ganz eigenen abgründigen Skeptizismus bezog. Cioran, der 1911 in Rășinari bei Hermannstadt in Rumänien zur Welt kam, verfiel auf seine Grundgedanken als junger Mann von gerade einundzwanzig Jahren: »Ich habe damals Philosophie studiert, ganz ernsthaft. Philosophie ist sehr gefährlich für junge Leute, man wird dünkelhaft, man bläht sich auf, man ist unglaublich von sich selbst eingenommen. Die Philosophiestudenten sind eigentlich unerträglich, überheblich, von einer provozierenden Eitelkeit … Dann geschah etwas in meinem Leben, ein Zusammenbruch. Ich habe den Schlaf verloren. Alle meine Nächte wurden schlaflose Nächte, ich war Tag und Nacht ununterbrochen wach. Ich wohnte in einer Stadt, die sehr schön ist, sie ist fast so schön wie Tübingen: Hermannstadt in Siebenbürgen. Ich ging bei Nacht spazieren, ich wurde zu einem Gespenst, so dass die Leute in dieser Kleinstadt glaubten, ich sei geistesgestört. Und dann habe ich mir gesagt: Du musst ein Buch schreiben! So entstand mein erstes Buch. Der Titel ist pompös und zugleich banal: ›Auf den Höhen der Verzweiflung‹. Das war damals eine übliche journalistische Redewendung in der Rubrik ›Verschiedenes‹. Wenn jemand Selbstmord beging, hieß es, er habe es ›auf der Höhe der Verzweiflung‹ getan. Ich hatte mehrere Titel im Kopf, aber ich konnte mich nicht entscheiden. Ich habe es dann mehrmals so gemacht: ich ging ins Café und fragte einen Kellner: Welchen von diesen drei oder vier Titeln würden Sie wählen? So war es bei meinem ersten Buch und beim nächsten auch. Nachdem ich dieses erste, dieses extreme Buch geschrieben hatte, war ich absolut überzeugt, dass ich entweder Selbstmord begehen würde oder dass etwas passieren musste.«

Ciorans Erstlingswerk, der Geniestreich eines grenzenlos übermüdeten jungen Mannes, der seine Nächte als Stadtstreicher wider Willen zubrachte, ist ein Buch von irritierender Haltlosigkeit, eine Gedächtnisschrift für das hintergründige Leid der Welt, zu dem sich ein Chronist herablässt, der nicht mehr an den Symptomen herumkurieren möchte, sondern den literarisch geläuterten Untergang will, aus dem nur entkommen kann, wer sich einzurichten versteht inmitten eines allgegenwärtigen Grauens. Der Titel des Buches, den, wie zu vernehmen war, ein genialischer Kellner ausgeheckt hat, ist von bemerkenswert plakativer Genauigkeit: Tatsächlich erreicht Cioran seine Gipfel der Verzweiflung, ein vergleichsweise ödes Plateau, auf dem er genau das sieht, was er immer schon sehen wollte. Die Bergtour in das Massiv der Verzweiflung, ein Aufstieg ohne Sicherung, dafür aber mit gleichbleibendem Schwierigkeitsgrad, bleibt ohne verwertbares Ergebnis; wer verzweifelt ist, so zeigt sich, kann dies auch in den Niederungen sein, von denen aus man die Gipfelkette im Blick behält, einen Kranz von düsteren Bergen, die den Himmel verstellen. Cioran beschreibt seine Exkursion in die Höhenwelt der Verzweiflung auf merkwürdig gravitätische Weise; sein Bericht ist kein Aufschrei, sondern eine sehr subjektiv angelegte, fast verschmockt anmutende Aufrechnung von Gedankenexperimenten, deren Bekenntnis zum persönlichen Leiden so leidenschaftlich ausfällt wie die Kondolenzbekundung des Bestattungsunternehmers im Haus des Toten: »Die Tatsache, dass ich lebe, beweist, dass die Welt keinen Sinn hat. Denn wie könnte ich in der Ruhelosigkeit eines übermäßig erregten und unglücklichen Menschen, für den sich alles letztlich auf das Nichts beschränkt und über dem das Leiden als Weltgesetz waltet, einen Sinn aufspüren? Wenn die Schöpfung ein Menschenwesen meines Schlages zugelassen hat, kann dies nur beweisen, dass die Flecken der sogenannten Sonne des Lebens derart gewaltig sind, dass sie ihr Licht allgemach ersticken. Die Bestialität des Lebens hat mich zertreten und gedrückt, mir die schwebenden Schwingen gestutzt und alle Freuden, auf welche ich ein Recht hatte, entrissen. Alle überspannte Beflissenheit und alle irrsinnige, paradoxe Leidenschaft, die ich daransetzte, um im Diesseits zu glänzen, aller teuflischer Zauber, den ich verbrauchte, um mir einen künftigen Nimbus zu erwerben, und der ganze Elan, den ich auf eine organische Wiedergeburt oder innerliche Morgenröte verschwendete, haben sich als schwächer erwiesen als die Bestialität und Urgründigkeit dieser Welt, welche alle ihre Vorräte an Verderbnis und Gift in mich ausgegossen hat. Das Leben hält hohen Temperaturen nicht stand.«

Die Erhitzung des Daseins, in schlaflosen Nächten vorbereitet, erweist sich als fataler Dauerzustand. An der Glut der Gedanken allerdings, so Cioran, erwärmt sich nicht der durchschnittliche Bruder im Geiste, sondern der Seher, ein ruheloser Streuner, dem es zur Überlebenspflicht wird, sein Leiden zu kultivieren, auf dass es sich tauglich erhält und ein Gegenstand bleibt für die Kunst des insistierenden Bedenkens. In Ciorans Erstlingswerk indes gleichen die ausgegebenen Durchhalteparolen einem Bekenntnis zur elitären Nachbesserung der wahnwitzigen, vielleicht auch nur versehentlich ausgetragenen Schöpfung. Die einmal geschaute Wahrheit ist schrecklich, aber nicht schrecklich genug, um nicht noch zusätzlichen Zunder vertragen zu können, eine Flammenkur, der zumindest die herrschende Mittelmäßigkeit und ihr massenhaft über den Erdball verbreitetes Bedienungspersonal zum Opfer fallen müsste: »Wenn ich nur könnte, würde ich die gesamte Schöpfung in Agonie versetzen, um des Lebens Wurzeln von Grund auf zu läutern, sie mit weißglühenden und einschmeichelnden Flammen zu entzünden, jedoch nicht um sie zu zerstören, sondern um sie mit frischem Saft und unverbrauchter Glut zu beleben. Der Weltbrand, den ich entfachen wollte, würde nicht Trümmer, sondern kosmische, wesentliche Verklärung abwerfen. Auf diese Weise würde sich das Leben an höhere Temperaturen gewöhnen und keinen Nährboden mehr für Mittelmäßigkeit abgeben. Und vielleicht wäre in diesem Traum auch der Tod dem Leben nicht mehr immanent – (Zeilen, die ich heute, am 8. April 1933, da ich zweiundzwanzig Jahre alt werde, geschrieben habe. Mir ist seltsam zumute, wenn ich bedenke, dass ich bereits zu einem Spezialisten des Todes geworden bin).«

Die Beschwörung des kosmischen Weltbrandes als irdische Leidensfeier für nichtsahnende Gäste – ein solches Szenario, vorgetragen von einem gerade mal zweiundzwanzigjährigen Autor, der sich zudem nicht scheute, auf der Klaviatur der Begriffe nur die hohen, gelegentlich leicht schrägen Töne zu wagen, durfte nicht nur als erstaunlich gelten, sondern schien auch dazu geeignet, Hohn und Spott sowie einige handfeste Verdächtigungen hervorzurufen. Cioran konnte damit umgehen; er begegnete seinen Kritikern mit ruhigem, in der Sache jedoch unnachgiebigem Humor, der die eigene Person, einen besessenen, zunehmend in die Jahre kommenden und noch immer leidensverliebten Jungautor, keineswegs zu schonen beabsichtigte: »Dieses erste Buch war von einer höllischen und dadurch provokativen Aufrichtigkeit. Ein Bekannter erzählte mir: Meine Frau hat Ihr Buch ins Feuer geworfen, sie sagte: Es hat mich so bedrückt, ich konnte es nicht mehr aushalten. Meine Mutter war besonders beängstigt: Was wird aus Dir werden? Wer so etwas geschrieben hat, der ist verdammt. Ich werde einen Arzt rufen. Der Arzt kam, er stellte mir Fragen, und danach hat er meiner Mutter gesagt: Ihr Sohn ist höchstwahrscheinlich Syphilitiker. Damals stand die Syphilis im Ruf einer Prestigekrankheit; wenn man die kleinste Extravaganz zeigte, hieß es gleich: er hat Syphilis. Ich habe damals ein Buch gelesen, dessen Verfasser ein Jugoslawe war, es hieß ›Das Genie und die Syphilis‹ … Er wollte beweisen, dass für jemanden, der nicht das Glück hat, an Lues zu leiden, es keinen Zweck hat, Ansprüche zu stellen. Und dann zitierte er viele Namen von hochbegabten und angesteckten Geistern. Ich war sehr beeindruckt. Ich wollte Syphilitiker sein. Meine Mutter hat mich gezwungen, eine Blutuntersuchung machen zu lassen. Ich suchte einen Spezialisten auf, der sagte: Sie können in einigen Tagen wiederkommen. Meine Einstellung war zwiespältig, einerseits wünschte ich mir diese unverhoffte Chance, andererseits auch wieder nicht. Als ich bald darauf zu dem Arzt zurückkam, sagte er triumphierend: Ihr Blut ist rein. Sind Sie nicht froh darüber? – Eigentlich nicht, war meine Antwort.«

Ciorans Denken, angetrieben durch eine wachtraumhafte Abfolge nächtlicher Inspirationen, verblieb nicht im Bannkreis jener zweifelhaften Höhen, die von den »Gipfeln der Verzweiflung« markiert wurden. In der Folgezeit sah es sich zur Versachlichung angehalten, die mit einer Veränderung der realen Lebensumstände des Autors zu tun hatte: Ende 1937 ging Cioran nach Paris, wo er sich dem Wagnis unterzog, eine Existenz als sogenannter freier Schriftsteller zu führen und, was einer zusätzlichen Herausforderung gleichkam, in französischer Sprache zu schreiben. Als Philosoph mochte sich Cioran noch immer nicht sehen, eher als »missglückten Buddhisten«, wie er später einmal zu Protokoll gab. An der Philosophie störte ihn ihr ausgeprägter Ordnungssinn, ein fast beamtenhaftes Bemühen, das Chaos der Weltläufigkeit in Regelwerke zu kleiden, die nicht haltbarer sein konnten als die vom regen Zerfall bedrohten Körper ihrer Urheber. Cioran schrieb, um zu überleben, was grotesk anmuten durfte bei einem Schriftsteller, der, prädestiniert durch seine literarischen Anfänge unter dem Signum prätentiöser Verzweiflung, mit dem Selbstmord auf besonders vertrautem Fuße zu stehen schien – eine Vermutung allerdings, die Cioran nicht zu teilen vermochte: »Schreiben ist die einzige Behandlung, wenn man keine Arzneien nimmt. Dann muss man schreiben. Auch der Akt des Schreibens allein ist eine Genesung … Formulieren ist Heilung,

auch wenn man Unsinn schreibt, auch wenn man kein Talent hat …«
Und »über den Selbstmord« schrieb er: »Man hat mich oft als seinen
Apologeten gebrandmarkt. Ich bin es eigentlich nicht. Ich muss
mich hier selbst zitieren: Ohne die Idee des Selbstmordes hätte ich
mich seit Langem getötet. Damit wollte ich sagen: diese Idee ist eine
unglaubliche Hilfe. Das Leben wird dadurch erträglich, weil man
sich sagt, ich kann mich töten, wenn ich will. Mit so einer Hoffnung
kann man fast alles aushalten.«

Mit zunehmendem Alter legte sich Cioran eine Gelassenheit zu,
die man auch als Gleichgültigkeit auslegen durfte, zumal alles darauf hinzuweisen schien, dass Veränderungen nur als Illusionen
Bestand haben konnten. Mochten in der Theorie noch große Visionen möglich sein, kühne Entwürfe, radikale Umgestaltungen, so
erwies sich die Praxis als Durchgangsstation und Betätigungsfeld für
fanatisierte Menschheitsbeglücker, deren jeweiliges Scheitern mit
dem Aufstieg neuer Ideologen verbunden war. Ein Fortschritt in der
Geschichte fand nicht statt, allenfalls ein Fortschreiten im lauernd-
gehässigen Umgang der Menschen miteinander, die sich von Generation zu Generation versierter darin zeigten, den Schrecken zu ver-
harmlosen und das Entsetzen unter Kontrolle zu halten. Cioran
registrierte dies als Aphoristiker, der im modern ausgebauten Unter-
stand der Skepsis längst eine Art Hausrecht beanspruchen durfte.
Statt der Verzweiflung bediente er sich des Zweifels, den er zu einer
Erkenntnisinstanz ausbaute, die für tragisch-spielerische Einsichten
zuständig wurde, nicht jedoch für moralische Gewissheiten oder die
möglichen Ansprüche der Verantwortung. Den Gang der Geschichte
konnte der Skeptizist getrost außer Acht lassen; es blieb ohnehin
(fast) alles beim Alten, auch wenn man, bei wohlwollender Betrachtung, Nuancen entdecken mochte, in denen sich historische Abläufe
noch voneinander unterschieden: »Die Stunde des Verbrechens
schlägt nicht für alle Völker gleichzeitig. So erklärt sich die Perma-
nenz der Geschichte … Die Geschichte lässt sich nicht verteidigen.
Ihr gegenüber muss man mit der unbeugsamen Apathie des Zyni-
kers reagieren, wenn man sich nicht in die Allerweltsordnung ein-

reihen und mit den Herden der Aufbegehrenden, der Mörder und der Gläubigen zusammen marschieren will … Wenn ihre Grausamkeit befriedigt ist, werden die Tyrannen leutselig; alles würde in seine Ordnung zurückkehren, wenn die Sklaven, eifersüchtig wie sie sind, nicht ihrerseits Anspruch darauf erhöben, die ihrige zu befriedigen. Das Bestreben des Lammes, ein Wolf zu werden, ist der Anlass für die meisten Ereignisse. Solche, die keine Fangzähne besitzen, träumen davon, welche zu haben; sie wollen auch einmal diejenigen sein, die die andern verschlingen, und es gelingt ihnen dank der rohen Kraft ihrer Überzahl. – Die Geschichte – diese Dynamik der Geopferten.«

An der Virtuosität, mit der sein perfekt funktionierender Zweifel zu Werke ging, konnte man sich beruhigen, ohne das Leid selbst, vor allem seine absoluten und zeitlosen Dimensionen, aus dem Blick zu verlieren. Der Beobachterstatus, den Cioran einnahm, glich dem eines perfekt desillusionierten Chronisten, der keine Anmerkungen mehr zum Tagesgeschehen machte, sondern nur noch Nachbetrachtungen lieferte, künstlich animierte Reminiszenzen an eine Ereigniswelt, deren Stillstand durch höchsteigenen Richterspruch besorgt worden war. Wahrnehmung, ohnehin präjudiziert, blieb auf das Wesentliche beschränkt, das nur so wesentlich sein konnte, wie es die flankierenden Erkenntnismaßnahmen des Zweifels zuließen, der sein eigentliches Geschäft nach wie vor in der Nacht besorgte. Tagsüber ließ er sich scheinbar beruhigen, einlullen vom Gleichmaß der Alltäglichkeit, während er sich in den Nächten zu einem Zweckbündnis mit der Schlaflosigkeit zusammenfand, an das sich Cioran seit seinen schriftstellerischen Anfängen auf eine fast innige Weise gewöhnt hatte: »Zweierlei Geister: des Tages und der Nacht. Sie haben weder die gleiche Methode noch die gleiche Moral. Am hellen Tag beobachtet man sich, in der Dunkelheit sagt man alles. Die heilsamen oder ärgerlichen Folgen dessen, was er denkt, gelten dem nicht viel, der sich in den Stunden befragt, in denen die anderen dem Schlaf verfallen. Auch dreht und wendet er den Gedanken an die Misslichkeit, geboren zu sein, ohne sich um das Böse zu kümmern, das er andern oder sich selbst zufügen kann. Nach Mitternacht beginnt der Rausch der verderblichen Wahrheiten.«

Die von der Schlaflosigkeit gelieferten Einsichten erwiesen sich in doppelter Hinsicht als verderblich: Zum einen nämlich waren sie für den alsbaldigen Verbrauch bestimmt, und ihr Verfallsdatum schlug bereits mit dem jeweilig nächsten Morgengrauen; zum anderen ging eine chronische Bitterkeit von ihnen aus, eine in zahllosen Wachträumen gefestigte Übellaunigkeit, die sich bei Bedarf in ihr Gegenteil verkehren ließ, eine grundlose, unangestrengte Heiterkeit, die zu gegebener Zeit problemlos als Altersweisheit durchgehen konnte. Cioran wurde mit den Jahren zum Routinier durchwachter Nächte, die keine ganz großen Abenteuer mehr boten; Schlaflosigkeit ließ sich demnach, bei pfleglicher Behandlung, auch als zweifelhaftes Geschenk begreifen, als die Gewähr eines Zustands verschärfter Hellsichtigkeit, der von existentieller Bedrohung ebenso kündete wie von den Ritualen der Bestätigung und einer ihr heimlichtuerisch zuarbeitenden Überlebensstrategie: »Diese Raserei mitten in der Nacht, dieses Bedürfnis einer letzten Auseinandersetzung mit sich, mit den Elementen. Mit einem Mal wallt das Blut auf, man zittert, man erhebt sich, man sagt sich nochmals, dass es keinen Grund mehr gibt, den Rückzug anzutreten: diesmal gilt's. Kaum ist man draußen – eine unmerkliche Beruhigung. Man schreitet, durchdrungen von der Geste, die man vollbringen wird, von der Mission, die man sich angemaßt hat. Eine Spur von Jubel tritt an die Stelle der Raserei, wenn man sich sagt, dass man endlich ans Ziel gelangt ist, dass die Zukunft sich auf wenige Minuten beschränkt, auf eine Stunde höchstens, und dass man aus eigener Befugnis die Aufhebung der Gesamtheit der Augenblicke entschieden hat. – Dann folgt der beruhigende Eindruck, den die Abwesenheit des Nächsten hervorruft. Alle schlafen. Wie soll man eine Welt verlassen, in der man noch allein sein kann? Diese Nacht, die die letzte sein sollte, man bringt es nicht fertig, sich von ihr zu trennen, man kann nicht begreifen, dass sie schwinden kann, und man möchte sie gegen den Tag verteidigen, der sie untergräbt und bald überflutet.«

Der Sinn, der sich aus einem Weiterleben in offensichtlicher Sinnlosigkeit ergibt, ist eine bruchstückhafte, unendlich subjektivierte Wahrheit, die ihre Berechtigung aus einem einzigen gelebten Augenblick bezieht. Diesen Augenblick kann man auskosten, man kann ihn erinnern, aber er lässt sich nicht für andere Zwecke verbiegen, und er bleibt haltlos in reiner Gegenwärtigkeit. Das lebenslang abschnurrende Tag- und Nachtwerk des Zweifels zeigt sich davon unberührt; es geht seinen Gang, der einer immer wieder neu ansetzenden Vernichtung bei intensiver Selbstversorgung entspricht. Mit dem Wissen, das der Zweifel ermöglicht, lässt sich kein Staat machen; es ist brüchig und strafverschärfend zugleich, ein Wissen, das sich selbst erlösen kann, weil es vor den eigenen Gewissheiten kapituliert, die in einem entgrenzten und damit nichtssagenden Kosmos aufgehen. Was kostbar anmuten mag an den Erfahrungen des Zweifels, sind bloße Momentaufnahmen, denkwürdige Bilder, die den Stillstand ihrer eigenen Vergänglichkeit aufscheinen lassen: »Feststellen, dass allem die Grundlage fehlt, und nicht ein Ende machen, diese Inkonsequenz ist keine: im äußersten ist die Wahrnehmung der Leere mit der Wahrnehmung des Ganzen gleich, mit dem Eingehen ins Ganze. Man beginnt endlich zu sehen, man tastet nicht mehr ziellos, man beruhigt sich, man erlangt Festigkeit. Wenn es eine Chance des Heils außerhalb des Glaubens gibt, sollte man sie in der Fähigkeit suchen, sich am Kontakt der Irrealität anzureichern. – Und wenn die Erfahrung der Leere nur ein Trug wäre, sie verdiente dennoch, gemacht zu werden. Was diese Erfahrung sich vornimmt, das Leben und den Tod auf das Nichts zurückzuführen, und das mit dem einzigen Ziel, sie uns unerträglich zu machen. Gelingt es ihr manchmal – was mehr können wir wünschen? Ohne sie keine Remedur gegen die Krankheit des Seins, keine Hoffnung, auch nur für kurze Augenblicke die Süße der Ungeborenheit, das Licht des reinen Vorher wieder zu finden.«

Mit zunehmendem Alter hat sich Cioran immer mehr vom Tagesgeschäft der Verzweiflung zurückgezogen. Dass sich für sein Weltverständnis heute mehr Belange denn je finden lassen, musste ihn nicht sonderlich beeindrucken: Die Menschheit geht den Weg, den sie gehen muss, wider besseres Wissen vielleicht, aber mit jener dummdreisten Sturheit, die auch den nächtlich wiederkehrenden Alpträumen eignet. Obwohl Untergangsszenarien an der Tagesordnung sind, möchte man das gute alte Prinzip Hoffnung noch nicht aufgeben, welches allerdings immer weniger Anlässe findet, sich bestätigt zu sehen. Cioran machte keine Anstalten, einem dahinsiechenden Optimismus wieder auf die Beine zu helfen; die Zukunftsvision, die er anzubieten hat, ist dafür von boshafter Eindringlichkeit: Der Mensch bringt sich selbst um, nicht weil er zu wenig, sondern weil er zu viel weiß: »Immer wieder stellt sich die Frage, wie der Mensch enden wird. Es gibt zwei Möglichkeiten: durch Kriege oder durch inneren Verschleiß. Der Mensch ist ein Abenteurer. Und ein Abenteurer kann nicht gut enden. Ich habe eine Marotte, ich glaube, dass der Mensch enden wird, wenn man auch das letzte Heilmittel gefunden haben wird. Man kann sich vorstellen, dass die Wissenschaft eines Tages alle Krankheiten besiegen kann, und daran wird der Mensch zerbrechen. Man muss die Idee annehmen, dass der Mensch verschwinden muss. Der Mensch war von Anfang an von der Obsession des Wissens beherrscht, er hat also sein Unglück gewollt. Sein Schicksal ist klar vorausgesagt in der Genesis. Er ist Opfer seiner Wissensbegierde, das ist heute offensichtlich; er war bereits offensichtlich für den oder die Verfasser des Ersten Buches der Bibel, so dass diese ursprünglichen Wahrheiten die wahren Wahrheiten sind.«

Der Untergang also, über Jahrhunderte hinweg verzweifelt genau vorbereitet, scheint unabwendbar; die Frage bleibt nur, welche Generation das zweifelhafte Vergnügen haben wird, ihn endlich und endgültig zu erleben. Eine solche Gewissheit kann mutlos machen, sie kann aber auch zu einer stabilen Gelassenheit führen, die sich über das alltägliche Elend erhebt und nur noch jene großen Gedanken pflegt, die der persönlichen Endzeit und ihrer Entsorgung gelten. So verliert letztlich sogar der Tod seinen gewöhnlichen Schrecken, über den sich ohnehin streiten lässt. Cioran, längst ein mehr oder weni-

ger weiser alter Herr, ließ die gepflegte Düsternis seiner Lebens-
erwartung in Heiterkeit ausklingen, einer Heiterkeit, die therapeutische Wirkung zeigt und als begründete Fortsetzung der Verzweiflung
mit anderen Mitteln gelten kann: »In meiner Jugend dachte ich ununterbrochen an den Tod. Es ist merkwürdig: mit dem Alter denkt man
weniger daran. Ich habe kürzlich einen Brief von einem Jugendfreund bekommen, der älter ist als ich. Er schrieb mir, dass er kein
Interesse mehr am Leben habe. Ich wusste, dass meine Antwort ihm
ziemlich wichtig sein würde, und schrieb ihm: Wenn du einen Rat
von mir willst, dann nimm diesen: Wenn Du nicht mehr lachen
kannst, dann kannst Du Dich töten. Aber solange Du noch lachen
kannst, warte, denn das Lachen ist ein Sieg über das Leben und über
den Tod, es ist ein Zeichen dafür, dass man Herr über alles ist. – Mein
Vater war Priester. Einmal, nach einem Begräbnis, hat er uns erzählt,
dass, nachdem man den Sarg eines jungen Mädchens ins Grab
gesenkt hatte, deren Mutter ins Lachen ausbrach. Das war Wahnsinn,
aber es ist nicht absolut sicher, dass es Wahnsinn war. Wenn ich es
auch damals nicht ganz klar begreifen konnte, habe ich doch gespürt,
dass der Tod und erst recht die Beerdigung eine unerträgliche und
provokatorische Tragikomödie darstellen. Die Mutter konnte etwas
so Ungeheuerliches und Undenkbares nicht ertragen. Das Leben
und der Tod sind ein substanzloses Schauspiel, das das Lachen rechtfertigt. Die Schöpfung ist bloß ein Vorwand des Absoluten. Das
Vedanta, das tiefste metaphysische System der Inder, behauptet mit
Recht, dass Gott die Welt ›nur aus Spiel‹ geschaffen hat.«

Das Leben also ein Spiel, das in der Regel tödlich endet; wer es
gelassen durchsteht, ohne von größeren Schicksalsschlägen gebeu-
telt zu werden, darf wohl schon von Glück reden. Ein gutes Gelingen
ist damit noch längst nicht angezeigt, zumal das Gute selbst, wie
auch im Übrigen alles andere, durchgehend bezweifelt werden kann.
Cioran, der den Zweifel zur metaphysischen Kunstform erhoben hat,
ist seinen Anfängen bis zum Ende im Jahre 1995 treu geblieben. Den
Gedanken seiner schlaflosen Nächte bewahrte er ein ehrendes
Andenken; sie begleiteten ihn, Sinnbilder ihrer selbst, in denen die

Zeit auf Erinnerungsgröße schrumpfte und die lange Weile des Lebens auf den Stand ihrer menschenfernen Erlösung fiel: »Es ist dasselbe Lebensgefühl, dasselbe Seinsgefühl …, die Reaktion eines Aussätzigen, der nicht mehr der Menschheit angehören kann, ein Gefühl also von völliger Einsamkeit. Meine Vision des Lebens ist dieselbe geblieben. Ich kann die Art, wie ich das Leben gesehen habe, nicht ändern. Nur die Ausdrucksform ist eine andere … Die Schmach des Alterns besteht darin, dass man die Ideen mit verringerter Intensität erlebt. Man wird fast zur Karikatur seiner selbst. Zumindest war es kein Zufall, dass mein erstes Buch ein Buch der totalen Verzweiflung war. – Das Nichts lag in mir selbst, ich brauchte es nicht zu entdecken. Ein Vorgefühl davon hatte ich schon als Kind, durch die Langeweile, diesen Schlüssel zu abgründigen Entdeckungen. Ich kann genau sagen, wann ich als Kind zum ersten Mal die plötzliche Gewissheit hatte, dass ich die Zeit wahrnehme, dass mir die Zeit schlagartig fremd wurde … Auf einmal hatte ich dieses Gefühl der Leerheit, das Gefühl, an jenem Nachmittag, mit fünf Jahren, dass ich außerhalb der Zeit sei. Das habe ich seit damals immer wieder gespürt, es ist eine fast tägliche Erfahrung geworden.«

Der Gegensänger
Sloterdijk und die Höchstgewächse des Denkens

Philosophische Debatten sind, passend zur randständigen Existenz der akademischen Philosophie, die sich von Seiten der Erfolgswissenschaften eines dauerhaften Misstrauensvotums ausgesetzt sieht, eher selten geworden. Wenn sie aber, warum auch immer, entfacht werden, kann man sicher sein, dass ein Philosoph mit dabei ist: Peter Sloterdijk. Dieser Mann, den nicht wenige seiner Kollegen mit hartnäckigem Misstrauen beäugen, ist ein Phänomen: Er äußert sich zu den unterschiedlichsten Themen und scheint in einer Weise belesen zu sein, dass der normale Denksterbliche entweder vor Neid erblasst oder selbst ins Grübeln kommt, was indes nie schaden kann. Dabei argumentiert Sloterdijk eher zukunftsorientiert als vergangenheitshörig; er präsentiert sich als Innovations- und Anverwandlungskünstler, der eigenen Originalitätsvorgaben mehr vertraut als dem Überlieferungskanon der Philosophiegeschichte, die er, auch das trägt nicht zur Beruhigung seiner Kollegen bei, bevorzugt gegen den Strich liest, um auf diese Weise an neu anmutende Fundstücke zu gelangen, aus denen sich zusätzliches Theoriekapital beziehen lässt.

Eine solche Arbeitsweise kommt bei philosophischen Selbstversorgern und Seiteneinsteigern gut an, stößt in der Zunft aber auf Widerwillen. Der Tübinger Philosophieprofessor Manfred Frank etwa, ein ausgewiesener Kenner des deutschen Idealismus, konstatierte ungnädig, dass Sloterdijk gar nichts anderes übrig bleibe, als für sich einen Außenseiterstatus zu reklamieren, da er das philosophische »Handwerk verachtet und wirklich auch nicht gelernt hat«, weshalb er »sein Schulmanko hinter einer gleisnerisch-geistreichen und belebenden Suada voller aufgedonnerter wie erlesener Fremdworte« verbergen müsse. Teilt man diese Einschätzung, ließe sich als Beleg beispielsweise Sloterdijks Definition des »Homo sapiens« heranziehen, den er »ein basal verwöhntes, polymorph luxurierendes, multipel steigerungsfähiges Zwischenwesen« nennt, »zu dessen Bildung genetische und symbolisch-technische Formkräfte zusammengewirkt haben«.

Tatsächlich macht es Sloterdijk seinen Lesern nicht leicht; er bevorzugt die pointierte, gern auch ausufernde und in sich kreisende Rede, die das Publikum zum Staunen bringt und dem Autor zur Freude gereicht. Verständlichkeit ist nicht das bevorzugte Ziel, wohl aber das Genügen an den eigenen, durchweg hochgesteckten Maßstäben, die sich zudem listig konterkarieren lassen: »Es war immer mein Ideal, so wie es Albert Camus vermochte, ganz einfache und unendlich tiefe Sätze schreiben zu können; Sätze, die grammatisch jeder hätte schreiben können, inhaltlich aber nur ein einziger in einer ganzen Generation.« Das klingt bescheiden und hochfahrend zugleich, bietet jedoch wenig Angriffsflächen, zumal Sloterdijk sich, auf seine Art, auch der philosophischen Traditionspflege und Lagerhaltung widmet: »Ich bringe alte Höchstgewächse des Denkens in neue Gefäße, ich habe die Metaphysiker wiedergelesen und umgefüllt, ich lese Heidegger mit neuen Augen und lasse seine Verschrobenheiten ablüften – das sind alles Dekantierpraktiken. Was soll denn ein Theoretiker den ganzen Tag machen? Man ist eine Art Mundschenk in den Ideenströmen, ein Kellermeister, ein Gegensänger.« Was im Keller des Denkens abgefüllt und umetikettiert wird, sollte als Premiumware kenntlich sein: »Ich habe mir nie ein Problem vorgeben lassen. Wenn man das tut, ist man dazu verurteilt, es in der Sprache zu diskutieren, in der es als gegebenes Problem schon existiert. Ich stelle mir das Problem stets neu. Dadurch bleibt der freie Sprachstrom, die rhapsodische Zugangsart immer auch möglich.«

Später, mit dem Abstand der Jahre, die ihm heitere Anwandlungen und eine am eigenen Wissen geschulte Gelassenheit einbrachten, machte Sloterdijk, der sich inzwischen auch Ausflüge in die Selbstironie gönnte, sein Erkenntnisprogramm endgültig nachweltfest: »Letztlich … geht es mir darum, den Abgrund zwischen Leben und Philosophie zu überbrücken. Ich frage mich, ob dazu nicht vielleicht ein einziger Satz genügt, bei welchem dem Kollegen Descartes die Ohren klingeln: Man denkt an mich, also bin ich. Mit etwas Glück wird daraus: Ich bin, seit sie an mich denkt. Je mehr Plagiatoren in der Zukunft herumlaufen, die die Quelle weder kennen noch nennen, desto besser.«

Als der Gegensänger Peter Sloterdijk die philosophische Bühne betrat, tat er dies schon selbstbewusst, ließ sich aber zunächst nichts anmerken. 1983 debütierte er mit einem Werk namens *Kritik der zynischen Vernunft*, das im Suhrkamp Verlag vorgestellt wurde – eine im Rückblick fast kurios anmutende Veranstaltung: Der Verleger Siegfried Unseld saß neben seinem neuen Autor und blickte eher missmutig drein, vielleicht weil ihm die große, polemisch zugespitzte Theorie schon immer suspekt war und nicht wirklich interessierte. Sloterdijk schien das zu merken, er wirkte fast schüchtern an der Seite dieses schon zu Lebzeiten legendenumwobenen Herrn der Bücher, der es nicht ungern hatte, wenn vom Ruhm der Dichter und Denker, die er in seinem Verlag versammelte, auch etwas für ihn abfiel. Die Presse, nicht so zahlreich erschienen, wie es sich die Presseabteilung des Hauses gewünscht hätte, geriet bei der Buchpräsentation nicht gerade in Entzücken, was an der Jahreszeit liegen mochte, aber wohl auch mit dem Buch selbst zu tun hatte, das bereits ein typischer Sloterdijk war: Luzide Einsichten, lässig eingestreute Bonmots wechseln mit breit angelegten Argumentationspassagen, die allerdings durchweg in einem erfreulich aufmüpfigen, ironisch durchwirkten Tonfall gehalten sind, dem man mit einigem

Vergnügen zu folgen vermag. *Die Kritik der zynischen Vernunft* wird denn auch zum Überraschungserfolg, der vor allem den Nichtphilosophen zu verdanken ist, die sich daran erfreuen, dass der Philosophie, die so lange schon in die Jahre gekommen ist, gleich zu Beginn eine fröhliche Verlängerung ihres Todeskampfes versprochen wird: »Seit einem Jahrhundert liegt die Philosophie im Sterben und kann es nicht, weil ihre Aufgabe nicht erfüllt ist.« Was aber ist ihre Aufgabe? Sicher nicht weiterzumachen wie bisher; die alte Philosophie hat viel versucht und wenig erreicht, außerdem fehlt es ihr an Personal, das bereit wäre, Neues zu wagen. Dabei gibt es durchaus den einen oder anderen Denker, an den man sich halten könnte, wobei der Autor Sloterdijk vor allem den Philosophen Sloterdijk im Auge hat, bei dem nachzulesen ist, dass die alten Themen ausgedient haben, sie »waren Ausflüchte und halbe Wahrheiten. Die vergeblich schönen Höhenflüge – Gott, Universum, Theorie, Praxis, Subjekt, Objekt, Körper, Geist, Sinn, Nichts –, das alles ist es nicht. Das sind Substantive für junge Leute, für Außenseiter, Kleriker, Soziologen«. Sloterdijk geht vor allem die schlechtgelaunte Aufklärungsphilosophie der Frankfurter Schule auf die Nerven, die sich selbst überholt hat, davon aber nichts wissen will: »Weil alles problematisch wurde, ist alles irgendwo egal.«

Auch die Protestbewegung der 68er, der Sloterdijk, 1947 in Karlsruhe geboren, eigentlich hätte nahestehen können, missfällt ihm, er hält sie für eine »Verbitterungs-, Stagnations- und Anmaßungsgeschichte«. Das Aufbegehren, auf das dieser Philosoph in seinem Erstlingswerk setzt, ist ein anderes, es setzt auf reanimierte Sinnlichkeit, der Körper soll als »Weltfühler« dienen. Wenn die bisherige Aufklärung abgewirtschaftet hat, muss eine andere Aufklärung her, die sich »an die ganze Natur« hält, an »das volle Leben«, und ihr Mandat aus einem »Dasein im Widerstand, im Gelächter, in der Verweigerung« bezieht, von dem die zeitgenössische Philosophie, in der nur noch »Unarten belohnt und Fehlleistungen hochgezogen werden«, nicht mal mehr zu träumen wagt. Schon der frühe Sloterdijk zeigt sich vom Entdeckergeist fasziniert, in dem der Mensch, meist eher spielerisch als angestrengt, zum Wissen kommt und die eigene Selbstfindung probt, ein Vorgang, der sich als wiederholte Geburt begreifen lässt. Diesem Gedanken ist Sloterdijk treu geblieben, er wird ihn, in den vielfältigsten Variationen, auch in seinen späteren Werken verfolgen. Mit dabei ist zudem fast immer einer seiner liebsten Kronzeugen, der Philosoph Friedrich Nietzsche, der seine persönliche Leidensgeschichte umschrieb und zu einer Weltgeschichte des Glücks und der Stärke erklärte; von ihm kann man, damals wie heute, noch lernen: »Nietzsches Reformatorentraum« war es, »eine Gegenrevolution der Gesundheit auszulösen gegen den *morbus metaphysicus*, der die westliche Welt von den Tagen des Sokrates und des Paulus an mit seinen Hemmungen in Bann geschlagen hatte. Wer die Münze umprägen will, muss die Texte umschreiben, die platonischen nicht anders als die des Neuen Testaments«. Sloterdijk hat bis heute fast alle Texte umgeschrieben, die ihm untergekommen sind, und das waren nicht wenige. Der Anfang dieser Lesarten-Tour wurde mit der *Kritik der zynischen Vernunft* gemacht, die er im Nachhinein so bewertet: »Mein Buch war wie eine chirurgische Intervention, bei der man eine bösartige Zyste ansticht, um diese Giftkultur anzugreifen und sie zur Entleerung zu zwingen. Die *Kritik der zynischen Vernunft* hatte eine gewisse vorwegnehmende Kraft im Hinblick auf die gesellschaftlichen Veränderungen.«

Sloterdijks fulminanter Einstieg auf dem Buchmarkt, der auch Neider auf den Plan rief, hat nicht bestätigt, was einige seiner Kritiker erwartungsfroh zu prophezeien wagten: Dieser »Jungstar«, ein »Blender vor dem Herrn« und »ungenierter Falschmünzer«, werde genauso schnell wieder von der philosophischen Bühne verschwinden, wie er sie betreten habe, man dürfe also, nicht ohne Genugtuung, in absehbarer Zeit die »nachgereichte Geschichte vom Aufstieg und Fall des Peter S.« schreiben. Das Gegenteil ist der Fall, Sloterdijk scheint präsenter als je zuvor. Wer genauer hinschaut, wird erkennen, dass dieser Philosoph, ungeachtet seines Rufs als Durchlauferhitzer für Themen aller Art, bis heute ein konsequentes Weltanschauungsmodell betreibt. Er hat eine erfrischende Angriffsstimmung in die Philosophie gebracht, möchte sie, fußballanalytisch gesprochen, offensiv ausrichten und von allen taktischen Zwängen befreien. Nicht mehr auf ihre Schwächen soll sie sich besinnen, sondern auf ihre Stärken: »Kreatives Leben blüht auf, wo immer wir auf unsere Fähigkeit des Behinderns verzichten.«

Sloterdijk, wie vor ihm vielleicht nur Ernst Bloch, denkt voraus, für ihn ist der Mensch »ein Mehrwelttier«: »Wer angefangen hat, in der Welt zu sein, ist immer schon unterwegs zu einem Zuwachs an Welt ... Indem es mit dem Zur-Welt-Kommen beginnt, nimmt es seine Kolumbusfahrten ins Potentielle auf.« Dabei verzichtet der Philosoph auf ungebetenen Begleitschutz; das Abenteuer des Denkens sollte man sich nicht von Therapeuten und Bedenkenträgern zerreden lassen, die sich, anders als seriöse Altphilosophen, ungebrochenen Zuspruchs erfreuen: »Es wimmelt von Priestern, Dealern und Therapeuten, die für suspekte Dienste überhöhte Preise fordern. Sind wir nicht alle, die so leichtsinnig waren, ins Freie zu kommen, aus dem Takt gebrachte, auf Entzug gesetzte Anstaltsinsassen – wenn auch keine ganz hoffnungslosen Fälle, solange wir uns als Zwischenhändler der Ersatzdroge Lebenshilfe auf dem Markt behaupten?«

Sloterdijks Schriften haben immer wieder willkommenen Anlass zu Missverständnissen geboten. Seine 1999 gehaltene »Elmauer Rede«, die sich unter anderem mit einem ramponierten Humanismus-Begriff befasste, wurde als Beleg für »totalitärfaschistoide Sympathien« eines Autors genommen, der noch einmal, entgegen wiederholter Selbstauskünfte, als »enttäuschter 68-er« herhalten musste. Sloterdijks Kritiker, über Jahre nur mühsam ruhiggestellt, hatten ihren Autor in der Ecke, in der sie ihn haben wollten; die Kampfhandlungen durften wieder aufgenommen werden. Von der Häme, die ihn traf, zeigte sich Sloterdijk, der selbst kein Kind von Traurigkeit ist, überrascht; er erinnerte daran, dass er im Grunde nur Fragen gestellt hatte, die überfällig waren. »Was zähmt den Menschen noch, wenn der Humanismus als Schule der Menschenzähmung scheitert? Oder lässt sich die Frage nach der Hegung und Formung des Menschen im Rahmen bloßer Zähmungs- und Erziehungstheorien gar nicht mehr auf kompetente Weise stellen?« Als sich der Pulverdampf der damaligen Debatte gelegt hatte, in der es, nach Medienwahrnehmung, der »Züchtungsideologe Sloterdijk« mit den »Mudschahidin der Kritischen Theorie« zu tun bekam, gab es nur Verlierer, die beleidigt ihre Papiere zusammenpackten. Sloterdijk, der unter dem fortgesetzten Liebesentzug der Habermas-Schule mehr litt, als er wahrhaben wollte, beendete die Kontroverse mit einem bemüht sachlichen Schlusswort: »Was mir nicht gefällt, ist, dass bei Habermas letzten Endes hinter dem Dialog wieder eine monologische Konzeption auftaucht, dass der Dialog in Richtung auf einen Konsensus geführt werden und sich am Ende doch das Absolute in der Geschichte durchsetzen muss. Es ist nicht so, dass ich an Habermas nichts Gutes finden könnte. Ich würde nur sagen: er ist es, der auf der ganzen Linie enttäuscht hat, weil er sich nicht auf der Höhe seiner Versprechungen halten konnte.«

In den Jahren 1998 bis 2004 erschien die *Sphärologie*, Sloterdijks eigentliches Hauptwerk, das aus drei Bänden (*Sphären I – Blasen, Mikrosphärologie; Sphären II – Globen, Makrosphärologie; Sphären III – Schäume, Plurale Sphärologie*) besteht und der Philosophie unerhörte Wege weist. Die herkömmlichen Grenzen zwischen Ich und Welt, Sein und Nichtsein werden aufgehoben und durch Perspektiven ersetzt, die sich ihrem Gegenstand einschmiegen, ihn unterwandern und Fahrt aufnehmen. Der von Rilke so genannte *Weltinnenraum* wird neu durchmessen, er ist fließend, entzieht sich allen Bebauungs- und Erbpachtplänen. Mit leisem Spott spricht Sloterdijk von »demokratischer Esoterik«, die er da betreibe, der es aber um nichts Geringeres gehe, als der »unerträglich gewordenen Spaltung der Wissensgesellschaft« entgegenzutreten. Die *Sphärologie* lässt sich denn auch als ein groß angelegtes Epos des Zur-Welt-Kommens lesen, das sich in Zwischenräumen bewegt, in Blasen, Kugeln und Schäumen, die uranfänglich schon dort aufzuspüren sind, wo jede Menschwerdung ihren in wohltätiges Dunkel getauchten Anfang nimmt. »Wir erforschen einen gehauchten Kontinent im matriarchalen Meer, den wir in subjektiv vorgeschichtlicher Zeit bewohnt und mit dem Anfang der scheinbaren Eigengeschichten verlassen haben. In dieser aparten Welt blitzen ausweichende Größen am Rande der konventionellen Logik auf. Mit der Einsicht in unsere unvermeidliche, begriffliche Hilflosigkeit, als einzigem sicheren Begleiter, durchqueren wir Landschaften des prä-objektiven Daseins und der vorgängigen Beziehungen. Wäre Eindringen das richtige Wort, so könnte man sagen, wir drängen in das Reich der intimen Undinge ein.«

2009 landete Sloterdijk einen weiteren Bestseller, der allerdings weniger inhaltlichen Kriterien, sondern einem griffigen Titel geschuldet war, den sich fast jeder von uns, mindestens einmal die Woche und meist ohne Folgen, durch den Kopf gehen lässt: *Ändere dein Leben*. Wenn Sloterdijk eines Tages genug von der Philosophie hat, wird er, wie er selbst schon mal selbstironisch in Erwägung zog, vielleicht den »großen Roman des 21. Jahrhunderts schreiben« – an dem er sich zwischenzeitlich versucht hat. Das Zeug zum begnadeten Literaten hat Sloterdijk allemal, er müsste sich nur bei der Arbeit ein wenig bremsen und nicht allen Metaphern Einlass gewähren, die bei ihm anklopfen. Dann hätte wohl auch der Leser etwas davon, dem, im günstigsten Fall, eine Erfahrung zuteilwerden könnte, die auf lichte Momente setzt und bereits in der *Kritik der zynischen Vernunft* beschrieben worden ist: »In unseren besten Augenblicken, wenn vor lauter Gelingen auch das energischste Tun im Lassen aufgeht und die Rhythmik des Lebendigen spontan in uns trägt, kann sich der Mut plötzlich melden wie eine euphorische Klarheit oder ein wunderbar in sich gelassener Ernst. Er weckt in uns die Gegenwart. In ihr steigt die Wachheit mit einem Mal auf die Höhe des Seins ... Schlechte Erfahrungen weichen zurück vor den neuen Gelegenheiten. Keine Geschichte macht dich alt ... Im Lichte solcher Geistesgegenwart ist der Bann der Wiederholungen gebrochen. Jede bewusste Sekunde tilgt das hoffnungslose Gewesene und wird zur ersten einer Anderen Geschichte.«

Literaturhinweise

Die säumenden Jahre des Lebens
Platon und der Feuerfunke

Platon: *Sämtliche Werke*. Herausgegeben von W. F. Otto et al. 6 Bde. Reinbek
  1957 ff.
Hans-Georg Gadamer: *Plato im Dialog*. Tübingen 1991
Gernot Böhme: *Platons theoretische Philosophie*. Stuttgart 2000
Uwe Neumann: *Platon*. Reinbek 2001
Wilhelm Windelband: *Platon*. Stuttgart 1921

Nimm und lies!
Augustinus und der Augenblick höchster Gewissheit

Augustinus: *Bekenntnisse*. Eingeleitet und übertragen von Wilhelm Thimme.
  München 1982
Augustinus: *Werke in deutscher Sprache*. Hg. v. Carl Johann Perl. Paderborn
  1940 ff.
Karl Adam: *Die geistige Entwicklung des heiligen Augustinus*. Darmstadt 1957
Uwe Neumann: *Augustinus*. Reinbek 1998

In der geheimsten Kammer des Herzens
Dante und der Weg ins Licht

Dante: *Vita Nuova. Das Neue Leben*. Aus dem Italienischen von Karl Federn. Hg. v.
  Ulrich Leo. Frankfurt a. M. 1964
Dante: *Die Göttliche Komödie*. Übertragen von August Vezin. Dülmen i. W. 1926
Kurt Leonhard: *Dante*. Reinbek 1970
Olof Lagercrantz: *Dante und die Göttliche Komödie*. Frankfurt a. M. 1997

Der unwissende Philosoph
Voltaire und das eingeschränkt freie Leben

Voltaire – Friedrich der Große: Briefwechsel. Ausgewählt, vorgestellt und übersetzt von Hans Pleschinski. München 1994
Voltaire: *Aus dem Philosophischen Wörterbuch.* Frankfurt a. M. 1967
Voltaire: *Über den König von Preußen. Memoiren.* Herausgegeben und übersetzt von Anneliese Botond. Frankfurt a. M. 1967
Georg Holmsten: *Voltaire.* Reinbek 1971
Jean Orieux: *Das Leben des Voltaire.* 2 Bde. Frankfurt a. M. 1968

Deine Wissenschaft sei menschlich
Hume und die gemischte Lebensweise

David Hume: *Eine Untersuchung über den menschlichen Verstand.* Hamburg 1993
David Hume: *Traktat über die menschliche Natur.* Hamburg 1973
David Hume: *Brief eines Edelmanns.* Hamburg 1980
Gerhard Streminger: *Hume.* Reinbek 1992

Dass ihn der Teufel hole
Diderot und die Schwerkraft des Wissens

Denis Diderot: *Ästhetische Schriften.* 2 Bde. Berlin 1984
Denis Diderot: *Philosophische Schriften.* 2 Bde. Berlin 1984
Denis Diderot: *Briefe 1742–1781.* Frankfurt a. M. 1984
Hans Magnus Enzensberger: *Diderots Schatten.* Frankfurt a. M. 1994
Pierre Lepape: *Diderot.* Frankfurt a. M. 1994

Ich weiß, dass alle Länder gute Menschen tragen
Lessing und der Glaube an die Vernunft

Gotthold Ephraim Lessing: *Werke.* Hg. v. Herbert G. Göpfert (u. a.). München 1970 ff.
Wolfgang Drews: *Lessing.* Reinbek 1962
Dieter Hildebrandt: *Lessing. Biographie einer Emanzipation.* München 1979
Hugh Barr Nisbet: *Lessing. Eine Biographie.* München 2008
Wilhelm von Sternburg: *Gotthold Ephraim Lessing.* Reinbek 2010

Wer Augen hat zu sehen
Goethe und das große Ganze

Johann Wolfgang Goethe: *Werke.* Hamburger Ausgabe. Hg. v. Erich Trunz. München 1964 ff.
Johann Wolfgang Goethe: *Leben und Welt in Briefen.* Zusammengestellt v. Friedhelm Kemp. München 1996

Karlheinz Schulz: *Goethe. Eine Biographie in sechzehn Kapiteln.* Stuttgart 1999
Nicholas Boyle: *Goethe. Der Dichter in seiner Zeit.* München 1999 ff.
Richard Friedenthal: *Goethe. Sein Leben und seine Zeit.* München 1963
Ernst Beutler: *Essays um Goethe.* Frankfurt a. M. 1995
Otto A. Böhmer: *Goethe.* Zürich 2005
Rüdiger Safranski: *Goethe. Kunstwerk des Lebens.* München 2013

Wie die erste Liebe
Schiller und die Freiheit der Gedanken

Friedrich Schiller: *Werke in drei Bänden.* Hg. v. Herbert G. Göpfert unter Mitwirkung von Gerhard Fricke. München 1966
Friedrich Burschell: *Schiller.* Reinbek 1958
Peter André Alt: *Schiller. Eine Biographie.* München 2004
Rüdiger Safranski: *Friedrich Schiller oder die Erfindung des deutschen Idealismus.* München 2004
Otto A. Böhmer: *Schiller.* Zürich 2005

Am warmen Winterofen
Fichte und der Urgrund des Wirklichen

Johann Gottlieb Fichte: *Werke.* Hg. v. I. H. Fichte. Berlin/Bonn 1834 ff. (Nachdruck Berlin 1971)
Johann Gottlieb Fichte: *Briefwechsel.* Hg. v. Walter Schulz. Frankfurt a. M. 1968
Immanuel Hermann Fichte: *Johann Gottlieb Fichtes Leben und literarischer Briefwechsel.* 2 Bde. Leipzig 1862
E. Fuchs (Hg.): *Johann Gottlieb Fichte im Gespräch. Berichte der Zeitgenossen.* Stuttgart/ Bad Cannstatt 1978 ff.
Wilhelm G. Jacobs: *Fichte.* Reinbek 1984
Otto A. Böhmer: *Faktizität und Erkenntnisbegründung. Eine Untersuchung zur Bedeutung des Faktischen in der frühen Philosophie J. G. Fichtes.* Frankfurt a. M. 1979

Der Geist in den Alpen
Hegel und der Aufstieg zur Philosophie

Georg Wilhelm Friedrich Hegel: *Werke in 20 Bänden.* Redaktion: Eva Moldenhauer und Karl Markus Michel. Frankfurt a. M. 1970 ff.
Johannes Hoffmeister: *Briefe von und an Hegel.* 4 Bde. Hamburg 1969 ff.
Karl Rosenkranz: *Georg Wilhelm Friedrich Hegels Leben.* Berlin 1844 (Nachdruck Darmstadt 1977)
Franz Wiedmann: *Hegel.* Reinbek 1965
Otto A. Böhmer: *Hegel & Hegel oder Der Geist des Weines.* Tübingen 2011

Eine Art Maschine
Darwin und die Variationen

Charles Darwin: *Über die Entstehung der Arten*. Stuttgart 1867
Charles Darwin: *Ein Leben. Autobiographie, Briefe, Dokumente*. Hg. v. Siegfried Schmitz. München 1982
Johannes Hemleben: *Darwin*. Reinbek 1990
Franz Wuketis: *Charles Darwin. Der stille Revolutionär*. München/Zürich 1987
Christopher Ralling (Hg.): *Die Reise von Charles Darwin*. Wiesbaden 1979

In Ferne und Verborgenheit
Kierkegaard und das still Erhebende

Søren Kierkegaard: *Philosophisch-theologische Schriften*. Hg. v. Hermann Diem und Walter Rest. Köln 1951 ff.
Søren Kierkegaard: *Existenz im Glauben. Aus Dokumenten, Briefen und Tagebüchern*. Hg. v. Liselotte Richter. Berlin 1956
Søren Kierkegaard: *Briefe*. Hg. v. Walter Boehlich. Köln und Olten 1955
Søren Kierkegaard: *Die Tagebücher*. Ausgewählt und übertragen von Theodor Haecker. München 1949 ff.
Harald von Mendelssohn: *Kierkegaard. Ein Genie in einer Kleinstadt*. Stuttgart 1995
Joakim Garff: *Kierkegaard*. München 2000
Otto A. Böhmer: *Reif für die Ewigkeit. Kierkegaard und die Kunst der Selbstfindung*. München 2013

Ein origineller Mensch
Thoreau und das naturgemäße Leben

Henry David Thoreau: *Walden oder Leben in den Wäldern*. Übers. v. Emma Emmerich und Tatjana Fischer. Zürich 1971
Henry David Thoreau: *Über die Pflicht zum Ungehorsam gegen den Staat und andere Essays*. Übers. v. Walter E. Richartz. Zürich 1973
Denken mit Henry David Thoreau. Ausgewählt, aus dem Amerikanischen übersetzt und mit einem Nachwort von Philipp Wolff-Windegg. Zürich 2008
Susan Cheever: *American Bloomsbury*. Aus dem Englischen von Ebba D. Drolshagen. Frankfurt a. M. 2017
Frank Schäfer: *Henry David Thoreau. Waldgänger und Rebell*. Frankfurt a. M. 2017

Ein Blick des Glücks
Nietzsche und der Zuspruch in eigener Sache

Friedrich Nietzsche: *Kritische Studienausgabe in 15 Bänden*. Hg. v. Giorgio Colli und Mazzino Montinari. München/Berlin/New York 1980
Friedrich Nietzsche: *Sämtliche Briefe. Kritische Studienausgabe*. Hg. v. Giorgio Colli und Mazzino Montinari. München/Berlin/New York 1986

Werner Ross: *Der ängstliche Adler. Friedrich Nietzsches Leben*. Stuttgart 1980
Peter Sloterdijk: *Der Denker auf der Bühne*. Frankfurt a. M. 1980
Rüdiger Safranski: *Nietzsche. Biographie seines Denkens*. München 2002
Otto A. Böhmer: *Der Hammer des Herrn*. Frankfurt a. M. 1994
Otto A. Böhmer: *Nietzsche*. Zürich 2007

Im klaren Herzen einer Kristallkugel
Conrad und der Abgesandte der Zukunft

Joseph Conrad: *Werke*. Zürich 1977 ff.
Joseph Conrad: *Bericht über mich selbst*. Aus dem Englischen übertragen von Renate Berger. Leipzig 1979
Peter Joseph Nicolaisen: *Joseph Conrad*. Reinbek 1988
Olof Lagercrantz: *Reise ins Herz der Finsternis. Eine Reise mit Joseph Conrad*. Frankfurt a. M. 1988
Renate Wiggershaus: *Joseph Conrad*. München 2000

Alles scheint anders, als es ist
Tschechow und die Ähnlichkeit mit Menschen

Anton Tschechow: *Das erzählerische Werk*. Hg. v. Peter Urban. Zürich 1976
Anton Tschechow: *Das dramatische Werk*. Hg. v. Peter Urban. Zürich 1973 ff.
Anton Tschechow: *Briefe*. Hg. v. Peter Urban. Zürich 1979
Henri Troyat: *Tschechow. Leben und Werk*. Stuttgart 1987
Maxim Gorki: *Erinnerungen an Zeitgenossen*. Frankfurt a. M. 1962
Elsbeth Wolffheim: *Anton Tschechow*. Reinbek 1982

Die Anschauung von der Geisteswelt
Steiner und das Seelenwesen

Rudolf Steiner: *Mein Lebensgang*. Dornach 1923 ff.
Rudolf Steiner: *Die Rätsel der Philosophie*. Dornach 1914 ff.
Rudolf Steiner: *Philosophie und Anthroposophie*. Dornach 1904 ff.
Rudolf Steiner: *Ein Weg zur Selbsterkenntnis des Menschen*. Dornach 1912
Erika Beltle und Kurt Vierl (Hg.): *Erinnerungen an Rudolf Steiner*. Stuttgart 1979
Christoph Lindenberg: *Rudolf Steiner*. Reinbek 1992

Ein kleines Quantum reiner Zeit
Proust und die Zeichen des Glücks

Marcel Proust: *Auf der Suche nach der verlorenen Zeit*. Übers. v. Eva Rechel-Mertens. Frankfurt a. M. 1953 ff.
Marcel Proust: *Jean Santeuil*. Übers. v. Eva Rechel-Mertens. Frankfurt a. M. 1964
Marcel Proust: *Briefe zum Werk*. Hg. v. Walter Boehlich. Frankfurt a. M. 1977
Marcel Proust: *Briefe zum Leben*. Hg. v. Uwe Daube. Frankfurt a. M. 1978

Claude Mauriac: *Proust*. Reinbek 1958
André Maurois: *Von Proust bis Camus*. München 1964
Ulrike Sprenger: *Proust-ABC*. Leipzig 1997

Die Stimmen, die da kommen sollen
Rilke und das Glück eines Sommers

Rainer Maria Rilke: *Sämtliche Werke*. Hg. v. Ernst Zinn. Frankfurt a. M. 1955 ff.
Rainer Maria Rilke: *Briefe*. Hg. v. Rilke-Archiv in Weimar in Verbindung mit
 Ruth Sieber-Rilke besorgt durch Karl Altheim. Frankfurt a. M. 1987
Wolfgang Leppmann: *Rilke*. Bern 1981
Donald A. Prater: *Ein klingendes Glas. Das Leben Rainer Maria Rilkes*. München 1986
Lou Andreas-Salomé: *Rainer Maria Rilke*. Leipzig 1928
Egon Schwarz: *Das verschluckte Schluchzen. Poesie und Politik bei Rainer Maria Rilke*.
 Frankfurt a. M. 1972
Hans Egon Holthusen: *Rilke*. Reinbek 1958

Das Spiel kommt zu Würden
Thomas Mann und die Zeitentiefe der Welt

Thomas Mann: *Gesammelte Werke in Einzelbänden*. Hg. v. Peter de Mendelssohn.
 Frankfurt a. M. 1980
Thomas Mann: *Über mich selbst*. Frankfurt a. M. 1994
Thomas Mann: *Altes und Neues. Kleine Prosa aus fünf Jahrzehnten*. Frankfurt a. M.
 1953
Katia Mann: *Meine ungeschriebenen Memoiren*. Frankfurt a. M. 1976
Golo Mann: *Erinnerungen und Gedanken. Eine Jugend in Deutschland*. Frankfurt a. M.
 1986
Klaus Schröter: *Thomas Mann*. Reinbek 1964
Hermann Kurzke: *Thomas Mann. Das Leben als Kunstwerk*. München 1999
Heinrich Breloer: *Die Manns*. Frankfurt a. M. 2001

Mehr Sehnsucht als Erfüllung
Hesse und die Stufen des Lebens

Hermann Hesse: *Sämtliche Werke in 20 Bänden*. Hg. v. Volker Michels. Frankfurt
 a. M. 2001
Bernhard Zeller: *Hermann Hesse*. Reinbek 1993
Helga Esselborn-Krumbiegel: *Hermann Hesse*. Stuttgart 1996
Siegfried Unseld: *Hermann Hesse – eine Werkgeschichte*. Frankfurt a. M. 1985
Volker Michels (Hg.): *Über Hermann Hesse*. 2 Bde. Frankfurt a. M. 1976 f.
Ralph Freedman: *Hermann Hesse. Autor der Krisis*. Frankfurt a. M. 1982

Als ein Schweben
Kafka und das nicht gelebte Leben

Franz Kafka: *Gesammelte Werke in acht Bänden*. Hg. v. Max Brod. Frankfurt a. M.
  1969
Anthony Northey: *Kafkas Mischpoche*. Berlin 1988
Elias Canetti: *Der andere Prozeß. Kafkas Briefe an Felice*. München 1977
Hans-Gerd Koch (Hg.): *Als Kafka mir entgegenkam. Erinnerungen an Franz Kafka*. Berlin 1995
Margarete Buber-Neumann: *Kafkas Freundin Milena*. München 1963
Hartmut Binder: Kafka. *Der Schaffensprozeß*. Frankfurt a. M. 1983
Heinz Politzer: *Franz Kafka. Der Künstler*. Frankfurt a. M. 1978
Klaus Wagenbach: *Kafka*. Reinbek 1964
Hanns Zischler: *Kafka geht ins Kino*. Reinbek 1996

Mühe, Dunkel, krachendes Eis
Bloch und das Noch-Nicht-Bewusste

Ernst Bloch: *Werkausgabe in sechzehn Bänden*. Frankfurt a. M. 1985
Ernst Bloch: »Über Eigenes selber«, in: *Morgenblatt für Freunde der Literatur*, Nr. 14,
  Sondernummer Ernst Bloch. Frankfurt a. M. 1959
Heinz Brandt: *Ein Traum, der nicht entführbar ist*. München 1967
Silvia Markun: *Ernst Bloch*. Reinbek 1977
Arno Münster (Hg.): *Tagträume vom aufrechten Gang*. Frankfurt a. M. 1977
Rainer Traub/Harald Wieser (Hg.): *Gespräche mit Ernst Bloch*. Frankfurt a. M. 1975
Peter Zudeick: *Der Hintern des Teufels. Ernst Bloch – Leben und Werk*. Baden-Baden
  1987

Die Erklärungen haben ein Ende
Wittgenstein und die Grenzen der Sprache

Ludwig Wittgenstein: *Werkausgabe in acht Bänden*. Frankfurt a. M. 1989
Ludwig Wittgenstein: *Vorlesungen und Gespräche über Ästhetik, Psychologie und Religion*. Hg. v. C. Barrett. Göttingen und Zürich 1968
Brian McGuiness: *Wittgensteins frühe Jahre*. Frankfurt a. M. 1988
Paul Engelmann (Hg.): *Ludwig Wittgenstein. Porträts und Gespräche*. München 1970
Wilhelm Baum: *Ludwig Wittgenstein*. Berlin 1985
Adolf Hübner/Kurt Wuchterl: *Wittgenstein*. Reinbek 1986

So will es der Träumer
Benjamin und der Alltag der Utopie

Walter Benjamin: *Gesammelte Schriften*. Hg. v. Rolf Tiedemann und Hermann
  Schweppenhäuser. Frankfurt a. M. 1972 ff.

Walter Benjamin: *Briefe*. Herausgegeben und eingeleitet von Theodor W. Adorno und Gershom Scholem. Frankfurt a. M. 1966

Momme Brodersen: *Spinne im eigenen Netz. Walter Benjamin – Leben und Werk*. Baden-Baden 1990

Werner Fuld: *Walter Benjamin*. München 1979

Eckhard Nordhofen: *Der Engel der Bestreitung*. Würzburg 1993

Bernd Witte: *Walter Benjamin*. Reinbek 1985

Charlotte Wolff: *Innenwelt und Außenwelt*. München 1971

Die gewissen Möglichkeiten
Brecht und der Gebrauchswert der Literatur

Bertolt Brecht: *Gesammelte Werke. Werkausgabe in 20 Bänden*. Frankfurt a. M. 1990

Marianne Kesting: *Brecht*. Reinbek 1959 ff.

Hans Mayer: *Erinnerung an Brecht*. Frankfurt a. M. 1996

Werner Mittenzwei: *Das Leben Bertolt Brechts oder Der Umgang mit den Welträtseln*. Berlin 1986

Franz-Josef Payrhuber: *Bertolt Brecht*. Stuttgart 1995

Reinhold Jaretzky: *Brecht*. Reinbek 2006

Ein Grab an seiner Seite
Fromm und die Marketing-Orientierung des Menschen

Erich Fromm: *Gesamtausgabe in zehn Bänden*. Hg. v. Rainer Funk. Stuttgart 1980 f.

Erich Fromm: *Über die Liebe zum Leben*. München 1986

Rainer Funk: *Erich Fromm*. Reinbek 1982

Rainer Funk: *Mut zum Menschen. Erich Fromms Denken und Werk*. Stuttgart 1978

M. Kessler/R. Funk (Hg.): *Erich Fromm und die Frankfurter Schule*. Tübingen 1991

Helmut Wehr: *Erich Fromm*. Hamburg 1990

Geister der Nacht
Cioran und die verderblichen Wahrheiten

E. M. Cioran: *Vom Nachteil geboren zu sein*. Frankfurt a. M. 1979

E. M. Cioran: *Die verfehlte Schöpfung*. Frankfurt a. M. 1979

E. M. Cioran: *Der Absturz in die Zeit*. Stuttgart 1980

E. M. Cioran: *Syllogismen der Bitterkeit*. Frankfurt a. M. 1980

E. M. Cioran: *Gevierteilt*. Frankfurt a. M. 1982

E. M. Cioran: *Dasein als Versuchung*. Stuttgart 1983

E. M. Cioran: *Auf den Gipfeln der Verzweiflung*. Frankfurt a. M. 1989

E. M. Cioran: *Das Buch der Täuschungen*. Frankfurt a. M. 1990

Gerd Bergfleth: *Ein Gespräch mit E. M. Cioran*. Tübingen 1984

Richard Reschika: *E. M. Cioran*. Hamburg 1995

Literaturhinweise

Der Gegensänger
Sloterdijk und die Höchstgewächse des Denkens

Peter Sloterdijk: *Kritik der zynischen Vernunft*. 2 Bde. Frankfurt a. M. 1983
Peter Sloterdijk: *Im selben Boot. Versuch über die Hyperpolitik*. Frankfurt a. M. 1993
Peter Sloterdijk: *Sphären I – III*. Frankfurt a. M. 1998 ff.
Peter Sloterdijk: *Nicht gerettet. Versuche nach Heidegger*. Frankfurt a. M. 2001
Peter Sloterdijk: *Du mußt dein Leben ändern. Über Anthropotechnik*. Frankfurt a. M. 2009
»Man denkt an mich, also bin ich. Peter Sloterdijk im Gespräch mit Sven Michaelsen«, in: *Süddeutsche Zeitung Magazin*, November 2017
Hans-Jürgen Heinrichs: *Peter Sloterdijk. Die Kunst des Philosophierens*. München 2011